Anton Ochsenkühn

iPad iOS 12 Handbuch

Anton Ochsenkühn

iPad iOS 12 Handbuch

Copyright © 2018 amac-buch Verlag

ISBN 978-3-95431-064-7

Hergestellt in Deutschland

Trotz sorgfältigen Lektorats schleichen sich manchmal Fehler ein. Autoren und Verlag sind Ihnen dankbar für Anregungen und Hinweise!

>amac-buch Verlag
>Erlenweg 6
>D-86573 Obergriesbach
>E-Mail: info@amac-buch.de
>http://www.amac-buch.de
>Telefon +49(0) 82 51/82 71 37
>Telefax +49(0) 82 51/82 71 38

Alle Rechte vorbehalten. Die Verwendung der Texte und Bilder, auch auszugsweise, ist ohne die schriftliche Zustimmung des Verlags urheberrechtswidrig und strafbar. Das gilt insbesondere für die Vervielfältigung, Übersetzung, die Verwendung in Kursunterlagen oder elektronischen Systemen. Der Verlag übernimmt keine Haftung für Folgen, die auf unvollständige oder fehlerhafte Angaben in diesem Buch zurückzuführen sind. Nahezu alle in diesem Buch behandelten Hard- und Softwarebezeichnungen sind zugleich eingetragene Warenzeichen.

Inhalt

Vorwort — 9

Kapitel 1 – Der erste und zweite Kontakt — 11

Das erste Mal ein iPad — 11
Von iPad zu iPad — 19
    Umzug via iCloud — 19
    Umzug via iTunes — 21
Daten von Android übertragen — 24

Kapitel 2 – Wichtige Einstellungen — 27

Die Tasten — 27
Sperrcode und Touch ID — 28
    Code einrichten — 29
    Touch ID — 30
    Code anfordern — 31
    Automatische Sperre — 32
Darstellung der Oberfläche — 33
    Textgröße — 33
    Helligkeit — 34
    Anzeigezoom für iPad Pro 12,9 Zoll — 35
    Night Shift — 36
WLAN Raffinessen — 37
    WLAN-Passwort von anderem Gerät übernehmen — 37
    Automatisch verbinden — 37
    Persönlicher Hotspot — 38
Hintergrund — 40
Nachrichtentöne — 41
Nicht stören — 43
Das Kontrollzentrum — 46
    Kontrollzentrum anpassen — 46
    Erweiterte Funktionen — 48
Querformat — 50
Gesten — 51
Bildschirmzeit — 52
    Bildschirmfreie Zeit planen — 54
    App-Limits — 56
    Beschränkungen und Sperrcode als Kindersicherung — 57

Bedienungshilfen ... 59
    Lupe ... 59
    Display-Anpassungen ... 60
    Sprachausgabe ... 62
    Fetter Text ... 63
    Tastenformen ... 63
    Bewegung reduzieren ... 64
    Ein/Aus-Beschriftungen ... 64
    AssistiveTouch ... 64
    Zum Widerrufen schütteln ... 66
Tastatur ... 67
    Die Tasten ... 68
    Die Tastatur des iPad Pro 12,9 Zoll ... 71
    Die Tastatur als Trackpad nutzen ... 71
    Korrektur- und Textvorschläge ... 72
    Mehrfache Zeichenbelegung (Zeichenvorschau) ... 75
    Andere und fremdsprachige Tastaturen ... 76
    Textlupe ... 77
    Nachschlagen ... 78
    Bluetooth-Tastatur ... 78
    Smart Keyboard für das iPad Pro ... 81
    Apple Pencil für das iPad ... 82
iCloud ... 85
AirPods ... 88

Kapitel 3 – Nichts mehr verpassen und alles finden   91

Mitteilungen ... 91
    Wer darf Mitteilungen erzeugen? ... 92
    Die Mitteilungszentrale ... 94
    Sperrbildschirm ... 96
Widgets in der Heute-Ansicht ... 98
Spotlight ... 100
    Suche innerhalb einer App ... 102
Hinweise in Karten ... 104

Kapitel 4 – Kommunikation via Internet   107

Nachrichten ... 107
    iMessage aktivieren ... 107
    Nachrichten versenden und empfangen ... 109
    Fotos, Audio- und Videodaten sowie Standort versenden ... 112
    Was kann sonst noch versendet werden? ... 117
    Nachrichten an Gruppen ... 125
    Nachrichten verwalten ... 126
    Uhrzeit anzeigen ... 128
    SMS Nachrichten senden und empfangen ... 128

Mail **129**
    Postfach einrichten 129
    E-Mails versenden 131
    E-Mails empfangen 140
    E-Mails verwalten 149
    Wichtige und interessante Einstellungen 154
    Data Detector 157
FaceTime **159**
Telefonieren mit dem iPad **161**

Kapitel 5 – Mit Safari im Internet unterwegs   163

Die Oberfläche **163**
Optionen für das Surfen **165**
    Mobil-Version oder Desktop-Version? 165
    Reader-Modus 166
    Als PDF sichern 168
    Auf der Internetseite suchen 169
    Texte/Bilder von Webseiten weiterverwenden (Zwischenablage) 170
Zwischenablage – von iOS zu macOS und umgekehrt **172**
Internetadressen organisieren **173**
    Lesezeichen 173
    Icons auf dem Home-Bildschirm 175
    Leseliste 175
    Tabs und iCloud-Tabs 177
Teilen mit anderen Apps **179**
Einstellungen **180**
    Suchen 180
    Passwörter im Browser 181
    Einstellungen –> Passwörter & Accounts 182
    Datenschutz und Sicherheit 184
    Privater Modus 185

Kapitel 6 – Die Stores   187

App Store **188**
    Eine App suchen und installieren 189
    Gutscheine 191
    Apps organisieren 194
    Apps ohne Datenverlust löschen 198
    Das Dock 199
    Das Dock bestücken 199
    Zwischen den geöffneten Apps wechseln: der App Switcher 201
    Updates 202
    Familienfreigabe 203
iTunes Store **205**
    Oberfläche 205
    Vorschau 206
    Kaufen oder ausleihen? 207
    Die Musik-App 209
    Die TV-App 214

Apple Book Store ... 218
    Bibliothek ... 219
    Bücher aus der Bibliothek entfernen ... 221
    Bücher lesen und anhören ... 223
    Bücher aus anderen Quellen nutzen ... 228

Kapitel 7 – Ein Bild sagt mehr als tausend Worte   233

Die Kamera ... 233
    Die Bedienung ... 234
    Aufnahmearten ... 236
    Aufnahmen bearbeiten ... 238
    QR-Codes scannen ... 239
    Einstellungen für die Kamera ... 240
Die App „Fotos" ... 242
    Alben ... 242
    Sortierung nach Datum und Ort ... 244
    Rückblicke ... 245
    Fotostreams ... 248
    Bilder und Videos bearbeiten ... 250

Kapitel 8 – Das Allroundtalent   253

Split View ... 253
    Slide over ... 254
    Split View aktivieren ... 256
    Drag-and-Drop via Split View ... 260
Erinnerungen ... 262
    Aufgaben und Erinnerungen erstellen ... 263
    Aufgaben für heute ... 264
    Listen erstellen, löschen und teilen ... 265
    Erinnerungen synchronisieren ... 267
Kalender ... 269
    Termine erstellen und bearbeiten ... 269
    Kalender anlegen und teilen ... 271
Notizen ... 275
    Notiz erstellen und bearbeiten ... 275
    Tabellen in Notizen ... 277
    Dokumente scannen ... 278
    Notizen im Sperrbildschirm ... 280
    Zusammenarbeit mit anderen Apps ... 281
    Ordner für Notizen ... 282
    Notizen im Account „Auf meinem iPad" ... 285
    Notizen anheften ... 285
    Notizen teilen ... 286
    Notizen sperren ... 287

Karten **288**
    Standort zeigen 289
    Orte suchen und Route planen 290
    Parkplatzmarkierung 293
    Kartenansicht ändern 294
    Zusätzliche Informationen 296
Aktien **297**
Wecker und Timer **299**
    Schlafenszeit 300
    Timer 301
Sprachmemos **302**
    Aufnahmen kürzen 303
    Teilbereiche löschen 303
    Die Aufnahme überschreiben oder fortführen 304
    Mit iCloud und anderen Geräten synchronisieren 304
Maßband **305**
Siri – alles noch einfacher **307**
    Schreiben statt sprechen 308
    Siri und die Apps 309
    Siri und iCloud 310
    Diktieren 310
    Fragen Sie Siri 312
    Dinge erledigen 312
    Siri Kurzbefehle 313
    Hey Siri 315
Kontakte **316**
    Neuen Kontakt anlegen 316
    Gruppen 318
    Kontakt löschen 318
    Kontakte verwenden 319
    Einstellungen 319

Kapitel 9 – Datenaustausch   321

AirDrop **321**
AirPlay **324**
AirPrint **325**
Die App „Dateien" **326**
    Oberfläche 327
    Dateiverwaltung mit iCloud Drive 328
    Dateien teilen 329
    Favoriten 330
    Mit Tags arbeiten 330
    Andere Cloud-Dienste nutzen 333
Handoff **334**
Datenaustausch via iTunes **335**

Kapitel 10 – Sicherheit und Datenschutz   337

Sperrcode und Touch ID 337
Safari 339
Zwei-Faktor-Authentifizierung für die Apple-ID 339
Ortungsdienste 342
Sperrbildschirm 344
Sonstiger Datenschutz 345
Mein iPad suchen 346
    Vorbereitungen für das iPad 346
    Das iPad mit der Web-Applikation suchen 347

Kapitel 11 – Strom sparen und Troubleshooting   351

Strom sparen 351
    Kosten und Strom sparen beim iPad Wi-Fi + Cellular 354
Troubleshooting 356
    Neustart, wenn das iPad nicht mehr reagiert 356
    Eine App beenden 356
    Das iPad löschen 357
    Aufnahmen vom Display 358
    System aktualisieren 361

Index   363

Vorwort

Ein iPad ist ein sehr faszinierendes Gerät. Es ist wenige Millimeter dick, wiegt nur einige Hundert Gramm und ist dennoch so leistungsfähig wie ein Computer.

Darüber hinaus ist es unkompliziert in der Bedienung. Zahlreiche nützliche Apps sind bereits vorinstalliert, und alles andere steht im App Store bereit. Möchten Sie in E-Books schmökern oder Filme bzw. Musik auf dem iPad genießen? Kein Problem – auch das ist möglich, denn über den iBooks- bzw. iTunes Store können Sie diese Inhalte beziehen und ganz einfach auf Ihr iPad herunterladen.

Sofern Sie ein iPad Pro bzw. die Modelle aus 2018 besitzen, können Sie über den optional erhältlichen Apple Pencil fein aufgelöste Zeichnungen und Skizzen erstellen. Mit einer Zusatztastatur (per Bluetooth oder in Form des Smart Keyboard für die iPad-Pro-Modelle) verwandelt sich Ihr iPad vollends in einen Computer mit allen Finessen. So können Sie nicht nur mühelos Texte eingeben, sondern mithilfe von Tastenkombinationen besonders effizient auf Ihrem iPad arbeiten.

Und wenn Sie es noch bequemer haben möchten, dann aktivieren Sie einfach Siri, den Sprachassistenten. Siri steht Ihnen nicht nur bei der Texteingabe per Diktat umgehend zur Verfügung, sondern kann in Sekundenbruchteilen auch eine Fülle von Antworten auf Ihre Fragen hervorzaubern.

Das alles und noch viel mehr kann ein iPad mit seinem Betriebssystem leisten. Das Betriebssystem iOS ist mittlerweile bei Version 12 angekommen. Apple legt dabei großen Wert auf Optimierungen und Verbesserungen. So können Sie nun bis zu 15 Apps im Dock vorhalten, um diese schnell im Zugriff zu haben. Mit ein wenig Geschick bringen Sie zwei Apps dazu, nebeneinander auf dem Bildschirm zu erscheinen. Ziehen Sie ganz einfach per Drag & Drop Texte, Fotos oder andere Dinge von der einen App zur anderen.

Nutzen Sie das Kontrollzentrum, um noch effizienter oft benötigte Funktionen aufzurufen. Und natürlich können Sie das Kontrollzentrum Ihren Wünschen entsprechend gestalten.

Via E-Mail, Nachrichten, FaceTime etc. bleiben Sie in Kontakt mit Freunden und Familie. Dabei gibt es viele nützliche Zusatzfunktionen zu entdecken, die allesamt in diesem Buch präsentiert werden.

Datenschutz ist für Apple ein hohes Gut. Deshalb gibt es in den Einstellungen den gleichnamigen Menüpunkt. In diesem Buch zeige ich Ihnen, wie Sie Ihr iPad konfigurieren sollten, damit Ihre Daten auch bei Ihnen bleiben.

Ich habe dieses Buch geschrieben, damit Sie das Potenzial Ihres iPads effektiv einsetzen können. Von der optimalen Installation und Konfiguration bis hin zu Details in der Nutzung der Standard-Apps – hier finden Sie auf alles eine Antwort. Die Themen Sicherheit und Troubleshooting werden ebenfalls ausführlich behandelt.

Ich wünsche Ihnen viel Freude bei Ihrer Entdeckungsreise mit Ihrem iPad und diesem Buch.

Anton Ochsenkühn, im Oktober 2018

Kapitel 1 Erster Kontakt

Sie wollen auf ein neues iPad-Modell umziehen? Sie wollen von einem Android-Gerät zum iPad wechseln? Sie haben bisher noch kein Tablet gehabt und wollen nun das iPad nutzen? Wenn Sie eine dieser Fragen mit „Ja" beantworten können, dann sind Sie in diesem Kapitel genau richtig. Hier erfahren Neueinsteiger, wie sie das iPad einrichten können, und „alte Hasen" lernen, wie sie ihre Daten und Einstellungen auf das neue iPad übertragen.

Das erste Mal ein iPad

Wenn Sie bisher noch kein iPad hatten, dann werden Ihnen die folgenden Seiten beim erstmaligen Einrichten des Geräts behilflich sein. Es gibt einige Einstellungen, die beim ersten Einschalten des iPads konfiguriert werden müssen.

Schalten Sie nun das iPad ein, indem Sie ca. drei Sekunden lang die Stand-by-Taste (an der oberen Kante) des iPads drücken. Das iPad startet, und der Einrichtungs-Assistent führt Sie Schritt für Schritt durch die Konfigurationen. Als Erstes werden Sie nach der Landessprache und anschließend nach dem Land gefragt.

Das erste Mal ein iPad

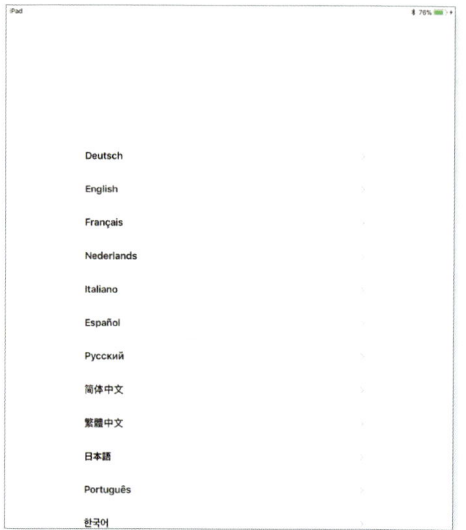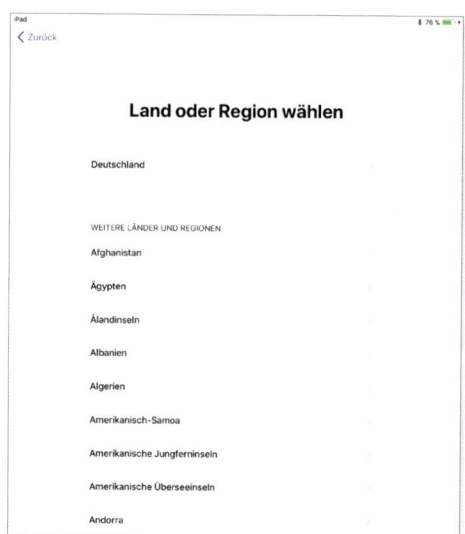

Zuerst müssen Sie die Sprache einstellen.

Beim nächsten Schritt werden Sie gefragt, ob Sie die Einstellungen für das iPad von einem anderen Gerät übernehmen wollen, z. B. von Ihrem iPhone. Dazu legen Sie das zweite Gerät neben das iPad. Auf dem zweiten Gerät werden Sie dann anschließend gefragt, ob die Einstellungen auf das iPad übertragen werden sollen.

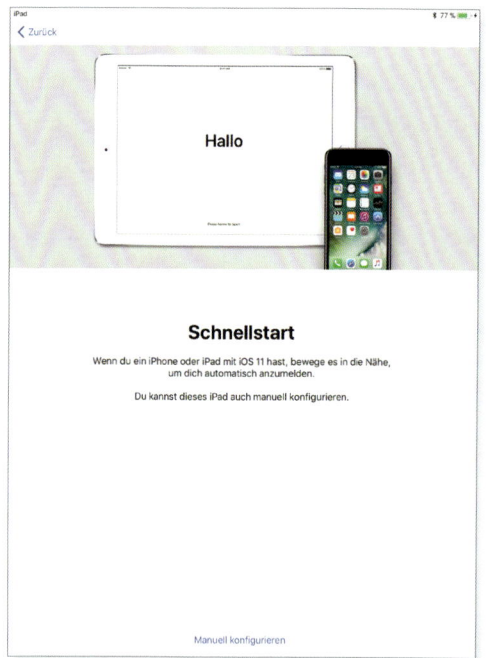

Die Einstellungen können von einem zweiten Gerät übernommen werden.

Wenn Sie auf *Weiter* tippen, müssen Sie anschließend die beiden Geräte koppeln. Dies geschieht mithilfe der Kamera. Jetzt geben Sie noch den Entsperrcode des zweiten Geräts auf dem iPad ein, und die Datenübertragung beginnt. Der gleiche Code ist nun auch für das Entsperren des iPad eingerichtet. Als Nächstes wird dann Touch ID eingerichtet.

Wenn Sie kein zweites Apple-Gerät besitzen, dann müssen Sie beim *Schnellstart* auf *Manuell konfigurieren* tippen. Danach werden Sie nach einem WLAN gefragt. In der Liste erscheinen alle aktuell erreichbaren WLANs. Das WLAN wird zur Aktivierung des iPads benötigt. Falls Ihnen kein WLAN zur Verfügung steht, können Sie das iPad auch über iTunes am Rechner aktivieren. Dazu schließen Sie das iPad per USB-Kabel an den Rechner an und starten iTunes.

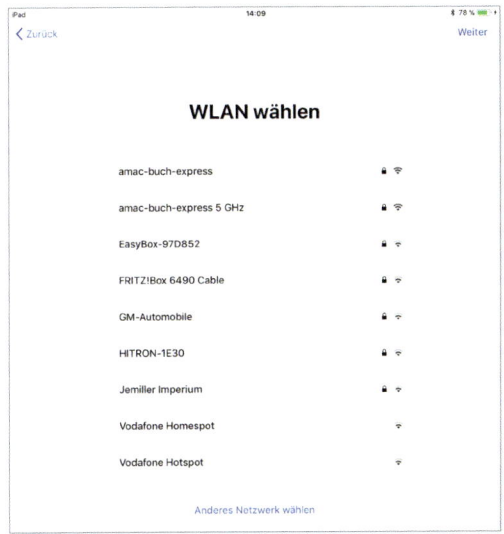

Über WLAN oder ein mobiles Netzwerk wird das iPad aktiviert.

Der nächste Arbeitsschritt dreht sich um *Touch ID*, den Fingerabdrucksensor des iPads. Wenn Sie Ihren Fingerabdruck zum Entsperren des iPads verwenden wollen, dann tippen Sie auf *Fortfahren*. Anschließend wird der Fingerabdruck gescannt. Touch ID kann aber auch zu einem späteren Zeitpunkt eingerichtet werden, und zwar bei *Einstellungen –> Touch ID & Code*. Wie das genau funktioniert, können Sie in Kapitel 2 ab Seite 30 nachlesen.

Ein weiterer sicherheitsrelevanter Punkt kommt nach Touch ID bzw. wenn Sie Touch ID noch nicht einrichten wollen, nämlich der Code zum Entsperren des iPads. Standardmäßig wird ein sechsstelliger Code verlangt, wenn Sie aber auf *Codeoptionen* tippen, können Sie auf einen vierstelligen oder sogar alphanumerischen Code wechseln. Der Code kann natürlich zu einem späteren Zeitpunkt wieder geändert werden. Dazu müssen Sie zu *Einstellungen* –> *Touch ID & Code* wechseln. In Kapitel 2 ab Seite 29 ist beschrieben, wie Sie den Code ändern können.

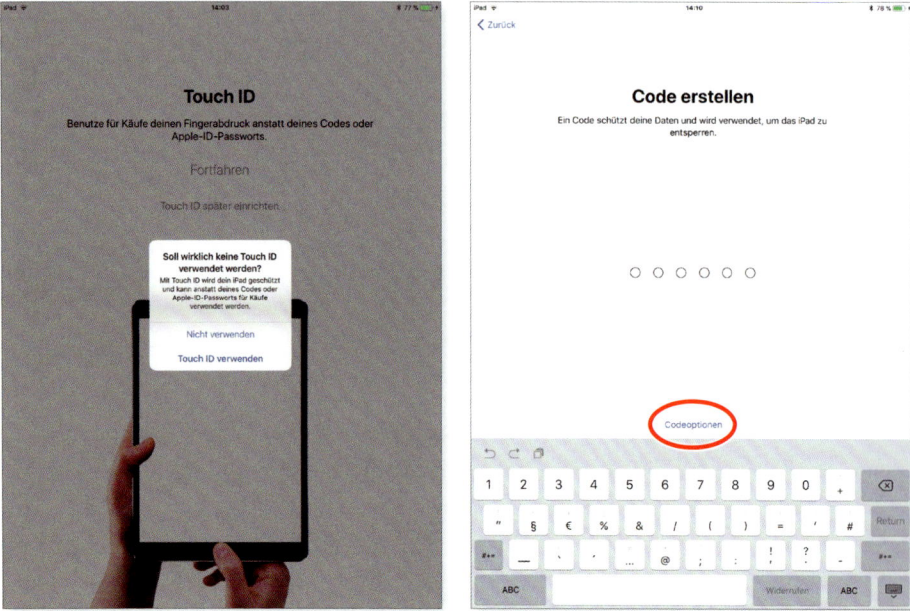

Mit „Touch ID" lässt sich das iPad per Fingerabdruck entsperren. Zusätzlich gibt es einen Code zum Entsperren.

Der nächste Schritt betrifft die Apps und deren Einstellungen, die auf das neue iPad übernommen werden sollen. Wie man die Daten von einem anderen iPad oder einem Android-Gerät überträgt, erfahren Sie weiter hinten in diesem Kapitel. Wenn Sie ein Neueinsteiger sind und dies Ihr erstes iPad ist, dann wählen Sie *Als neues iPad konfigurieren*.

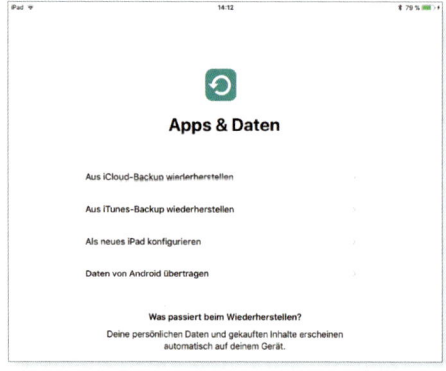

Welche Daten bzw. Einstellungen sollen übernommen werden?

Danach werden Sie nach einer *Apple-ID* gefragt. Die Apple-ID wird zum Einkaufen in diversen Stores gebraucht, aber auch für iCloud verwendet. Wenn Sie noch keine Apple-ID besitzen oder Sie keine Angaben machen wollen, dann tippen Sie auf den Text *Passwort vergessen oder noch keine Apple-ID?*

Anschließend können Sie entweder eine neue Apple-ID beantragen oder den gesamten Vorgang überspringen. Tippen Sie dazu auf *Später in „Einstellungen" konfigurieren*. Auch eine Apple-ID kann zu einem späteren Zeitpunkt eingerichtet werden.

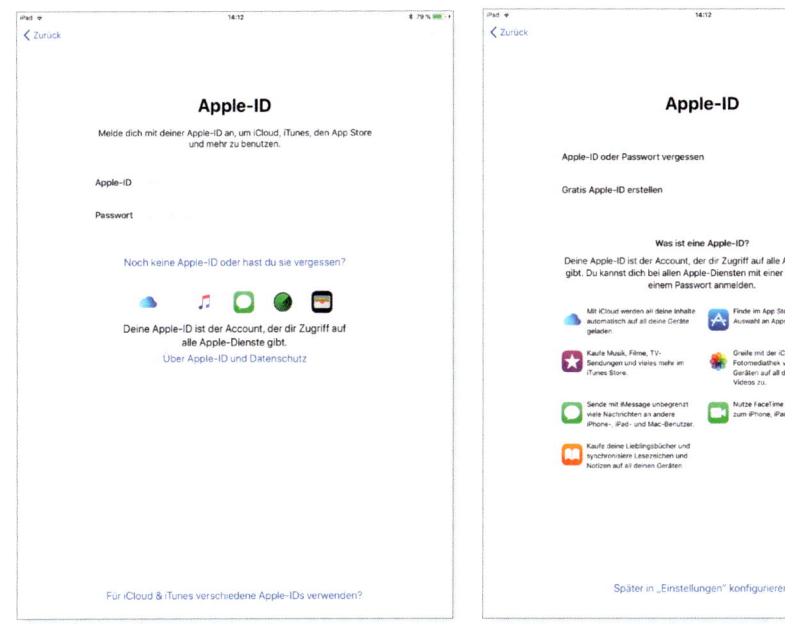

Die „Apple-ID" benötigen Sie zum Einkaufen und für die iCloud.

Um die Sicherheit Ihrer Apple-ID zu erhöhen, stellte Apple in der Vergangenheit die Zweistufige Bestätigung zur Verfügung. Dadurch wurde die Nutzung der Apple-ID auf fremden Geräten sehr effektiv verhindert. Die Zweistufige Bestätigung wurde weiterentwickelt und durch die *Zwei-Faktor-Authentifizierung (2FA)* abgelöst. Falls Sie in der Vergangenheit also die alte Methode verwendet haben, werden Sie nach der Eingabe Ihrer Apple-ID gefragt, ob Sie die Zwei-Faktor-Authentifizierung aktivieren wollen. Sie können diesen Schritt auch überspringen und zu einem späteren Zeitpunkt nachholen. (Wählen Sie den obersten Eintrag in der App *Einstellungen* und dort *Passwort & Sicherheit* – siehe Kapitel 10 ab Seite 339).

Als Nächstes müssen Sie die Nutzungsbedingungen akzeptieren. Anschließend müssen Sie entscheiden, ob das iPad automatisch auf den neuesten Stand gehalten werden soll. Wenn Sie diese Funktion einschalten, werden Systemupdates automatisch geladen. Diese Option kann auch später in den Einstellungen wiederrufen bzw. eingeschalten werden.

Danach kommt die Frage, ob die *Ortungsdienste* eingeschaltet werden sollen. Die Ortungsdienste werden gebraucht, um Ihren aktuellen Standort zu ermitteln. So werden z. B. beim Fotografieren die GPS-Daten mit dem Bild gespeichert und Sie können dann genau sehen, an welchem Ort das Bild entstanden ist. Außerdem benötigen einige Apps die Ortungsdienste zur Standortbestimmung, z. B. Karten. Sie können diesen Punkt auch überspringen und die Ortungsdienste zu einem späteren Zeitpunkt bei *Einstellungen –> Datenschutz* einschalten bzw. dort auch wieder ausschalten.

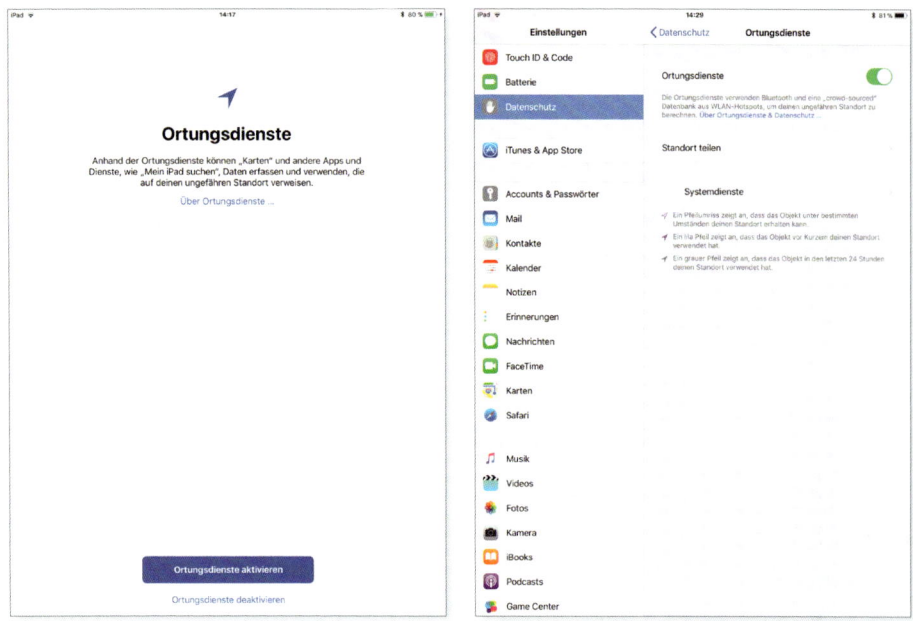

Die „Ortungsdienste" werden zur Standortbestimmung benötigt und können jederzeit wieder deaktiviert werden.

Jetzt kommt das Aktivieren von Siri, dem Sprachassistenten. Wie fast alle Funktionen kann auch Siri später in den *Einstellungen* konfiguriert werden. Sie können also auch diesen Punkt überspringen, wenn Sie wollen.

Kapitel 1 Erster Kontakt

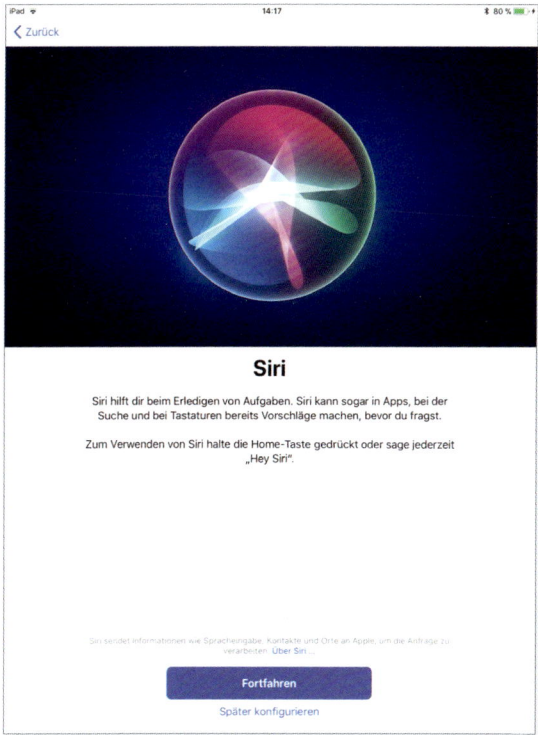

Soll „Siri" Sie bei der Bedienung des iPads unterstützen?

Nun haben Sie es fast geschafft! Sie werden noch gefragt, ob das iPad die Nutzung mit Hilfe der Bildschirmzeit dokumentieren soll. Wenn Sie die Funktion aktivieren, erhalten Sie eine Statistik über die tägliche und wöchentliche Nutzung des iPads (siehe Kapitel 2 ab Seite 52). Sie können auch diese Funktion zu einem späteren Zeitpunkt wieder ein- und ausschalten.

Im letzten Schritt werden Sie noch gefragt, ob das iPad Nutzungsdaten zu Apple übertragen darf, um bei der Weiterentwicklung des iPads behilflich zu sein. Außerdem erhalten Sie noch eine Erläuterungen zur Nutzung des iPads. Haben Sie alle Seiten gesehen, ist das iPad fertig konfiguriert, und mit *Los geht's* erreichen Sie den Home-Bildschirm.

 Besitzer eines iPads mit True Tone-Display werden zuvor noch gefragt, ob diese Funktion für den Display aktiviert werden soll. True Tone passt die Farbgebung des Displays automatisch an die Umgebung an.

Das erste Mal ein iPad

Geschafft! Das iPad ist konfiguriert.

> **!** Wenn Sie während des Einrichtens einige Punkte übersprungen haben, z. B. Siri, Touch ID oder die Apple-ID, werden Sie in der App Einstellungen daran erinnert, die Konfiguration abzuschließen. Wenn Sie auf diese Option tippen, werden die entsprechenden Assistenten gestartet und Sie können Siri oder Touch ID ganz bequem einrichten.

Elemente, die während des Einrichtens übersprungen wurden, können nachträglich ganz leicht konfiguriert werden.

Von iPad zu iPad

Wenn Sie als Besitzer eines alten iPads zu einem aktuellen Modell wechseln wollen, dann müssen Sie natürlich das neue iPad nicht manuell konfigurieren. Sie können mit allen Apps und Einstellungen vom alten iPad auf das neue umziehen. Dazu können Sie zwei Methoden verwenden.

Umzug via iCloud

Die Voraussetzung für einen Umzug via iCloud ist natürlich ein vorhandenes iCloud-Konto. Falls Sie noch keines besitzen, können Sie sich eines kostenlos unter icloud.com besorgen. Der erste Schritt besteht darin, ein Backup via iCloud von Ihrem alten iPad zu machen. Dazu öffnen Sie auf dem alten iPad *Einstellungen –> Ihr Name (Apple-ID, iCloud, iTunes & App Store) –> iCloud*. Schalten Sie *iCloud-Backup* ein und tippen Sie dann auf *Backup jetzt erstellen*. Je nach Menge der Apps bzw. Daten kann es mehrere Minuten dauern, bis das Backup fertig ist.

Zuerst müssen Sie auf dem alten iPad ein iCloud-Backup erstellen.

Nun schalten Sie das neue iPad ein und lassen den Einrichtungs-Assistenten durchlaufen (siehe vorherigen Abschnitt). Nach der Angabe des Entsperrcodes beim Einrichten (siehe weiter vorn) haben Sie dann die Möglichkeit, das neue iPad aus einem iCloud-Backup wiederherzustellen.

Von iPad zu iPad

> ! Falls Sie Ihr iPad bereits eingerichtet haben und den Assistenten benötigen, müssen Sie unter **Einstellungen –> Allgemein –> Zurücksetzen** die Option **Alle Inhalte & Einstellungen löschen** auswählen. Dadurch wird das iPad in den Auslieferungszustand zurückversetzt und der Assistent automatisch gestartet.

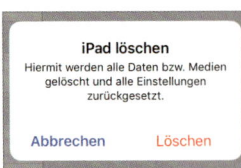

Damit Sie den Einrichtungs-Assistenten aufrufen können, müssen Sie den Inhalt des iPads komplett löschen.

Tippen Sie beim Assistent also auf die Option *Aus iCloud-Backup wiederherstellen* und geben Sie anschließend Ihre Apple-ID ein. Nach kurzer Zeit werden alle Backups angezeigt, die auf der iCloud verfügbar sind. Nun müssen Sie nur noch das Backup von Ihrem alten iPad auswählen, und schon beginnt das Gerät damit, die Einstellungen und Apps herunterzuladen und zu installieren. Das kann je nach Menge der Apps und der Qualität Ihrer Internetleitung einige Minuten Zeit in Anspruch nehmen. Daher sollten Sie Ihr iPad an das Ladegerät anschließen.

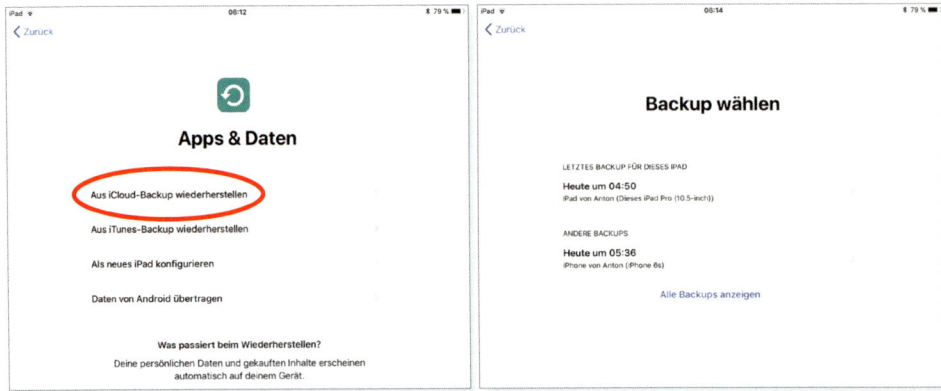

Im Einrichtungs-Assistenten können Sie das neue iPad mit einem iCloud-Backup wiederherstellen.

Kapitel 1 Erster Kontakt

Bitte beachten Sie, dass bei einem iCloud-Backup aus Sicherheitsgründen keinerlei Passwörter mitgesichert werden. Sie müssen also nach der Wiederherstellung alle Passwörter für Ihre E-Mail-Postfächer oder Internetseiten erneut eintippen. Einen Teil davon können Sie wiederherstellen, wenn Sie mit dem **iCloud-Schlüsselbund** arbeiten. Dieser kann Zugangsdaten zu Internetseiten und Kreditkarteninformationen speichern und zwischen Ihren iCloud-Geräten synchronisieren.

Sobald der Home-Bildschirm wieder angezeigt wird, beginnt das iPad im Hintergrund die Apps aus dem App Store herunterzuladen. Sie können dies an den Bezeichnungen *Warten* und *Laden* unterhalb der Apps erkennen. Außerdem sind die Apps dunkelgrau markiert.

Die Apps müssen noch heruntergeladen werden.

Ältere Apps, die keine 64-Bit-Unterstützung besitzen, lassen sich unter iOS 12 nicht mehr installieren. Es kann also sein, dass sich einige Apps vom Backup nicht wiederherstellen lassen, das sie ganz einfach zu alt sind. In einem solchen Fall sollten Sie im App Store nachsehen, ob es eine neue Version der App gibt.

Umzug via iTunes

Der zweite Weg, um die Daten vom alten iPad auf das neue zu bekommen, führt über das Programm *iTunes*. Auch mit iTunes können Backups von iOS-Geräten gemacht werden. Aber anstatt die Daten bei iCloud zu speichern, werden diese lokal auf Ihrem Rechner abgelegt. Für diese Methode benötigen Sie also keinen iCloud-Zugang.

Der Weg über iTunes hat noch einen weiteren Vorteil: Sie können die Passwörter des iPads für die E-Mail-Postfächer und WLAN-Netzwerke mitsichern und dann wiederherstellen lassen. Eine erneute Eingabe der Passwörter auf dem neuen iPad wird dadurch überflüssig.

Zunächst müssen Sie ein iTunes-Backup von Ihrem alten iPad machen. Dazu öffnen Sie iTunes auf Ihrem Rechner und wechseln dort zur Anzeige des iPads. Je nach Konfiguration des iPads erscheint es automatisch in iTunes (WLAN-Synchronisation), oder Sie müssen es per USB-Kabel an den Rechner anschließen.

In den iPad-Optionen in iTunes finden Sie dann bei *Übersicht* den Bereich *Backups*. Dort wählen Sie die Option *Dieser Computer* und zusätzlich *Lokales Backup verschlüsseln* aus. Damit werden die Passwörter für die E-Mail-Postfächer mitgesichert. Klicken Sie dann auf die Schaltfläche *Backup jetzt erstellen*. Anschließend müssen Sie noch ein Passwort für die Verschlüsselung des Backups definieren.

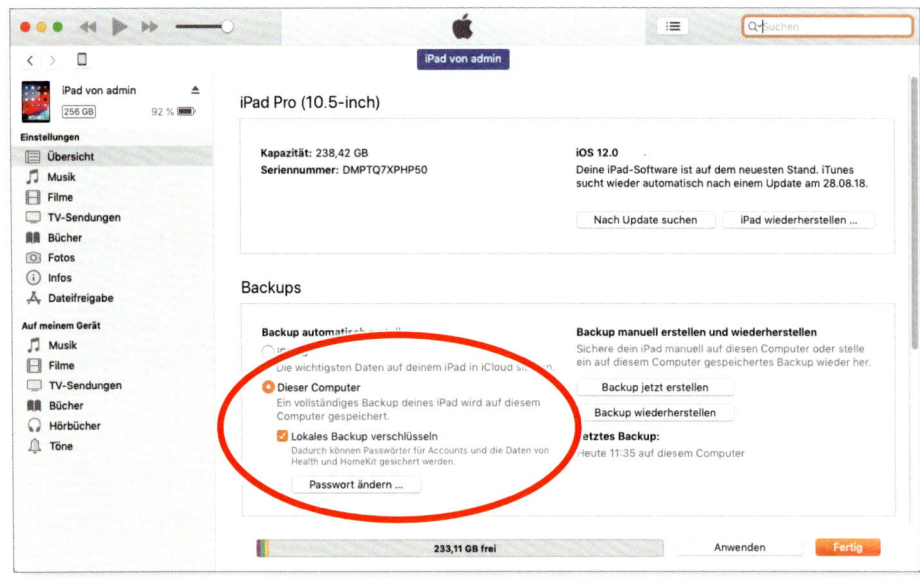

Das Backup für das alte iPad wird mit iTunes am Rechner erstellt.

Wenn das Backup vom alten iPad fertiggestellt ist, starten Sie auf dem neuen iPad den Einrichtungs-Assistenten (siehe den vorigen Abschnitt) und führen ihn bis zum Punkt *Apps & Daten* aus. Dort wählen Sie dann die Option *Aus iTunes-Backup wiederherstellen* und schließen das iPad per USB-Kabel an den Rechner an. In iTunes sollte nun automatisch eine Seite erscheinen, auf der Sie das Backup auswählen können, mit dem das iPad bestückt werden soll.

Kapitel 1 Erster Kontakt

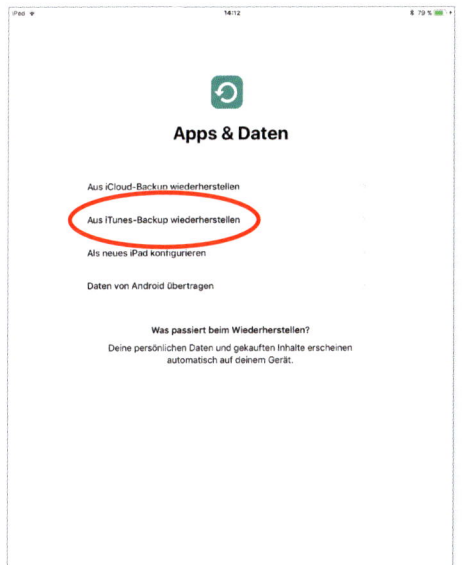

Das iPad wird mit dem Backup von iTunes wiederhergestellt, …

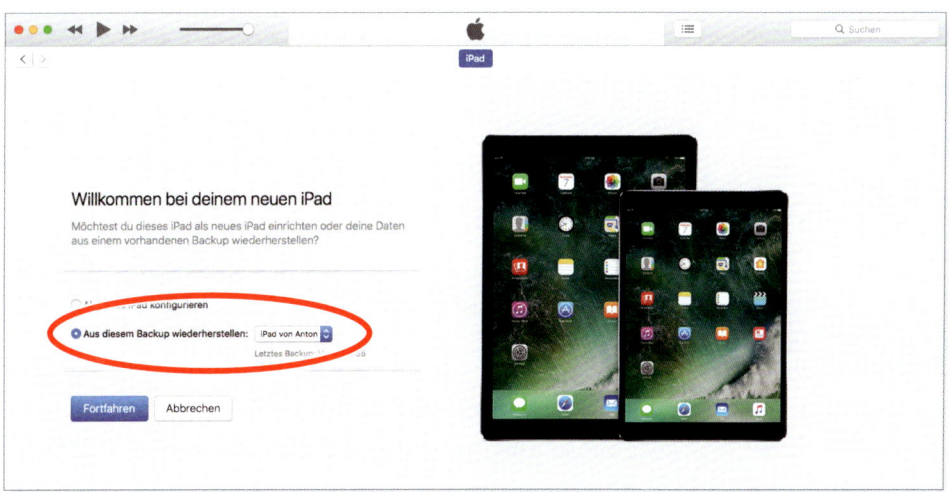

… das in iTunes ausgewählt werden muss.

Je nach Größe des Backups bzw. je nach Anzahl der Apps, die installiert werden müssen, kann es wieder einige Zeit dauern, bis das Backup aufgespielt ist. Nach einem automatischen Neustart des iPads sehen Sie den Home-Bildschirm. Sie können das neue iPad nun benutzen.

Daten von Android übertragen

In iTunes gibt es auch noch eine andere Möglichkeit, ein Backup aufzuspielen: Wenn das neue iPad bereits fertig eingerichtet ist, können Sie in iTunes auf die Schaltfläche **Backup wiederherstellen** klicken. Damit lässt sich ein Backup sofort aufspielen, ohne den Einrichtungs-Assistenten auf dem iPad starten zu müssen.

Das Backup kann auch ohne Einrichtungs-Assistent auf das iPad übertragen werden.

Daten von Android übertragen

Falls Sie bisher im Besitz eines Android-Geräts waren und nun zu einem iPad wechseln, können Sie die Daten von Android auf Ihr neues iPad übernehmen. Apple stellt dafür eine kostenlose App für Android-Geräte zur Verfügung. Diese hat den Namen *Auf iOS übertragen*. Wenn Sie nach diesem Begriff im Google Play Store suchen, werden Sie sehr schnell fündig.

Voraussetzung für die Übertragung der Daten von Android zu iOS ist, dass sich die beiden Geräte im gleichen WLAN-Netzwerk befinden.

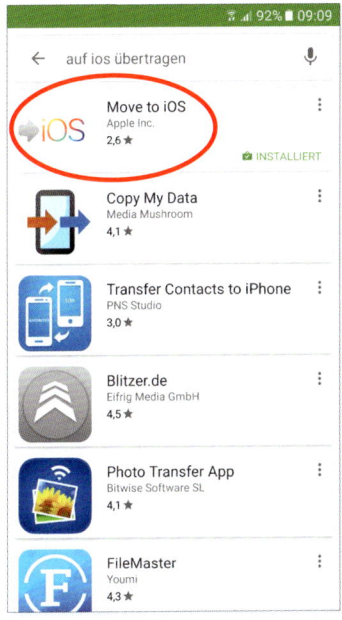

Mit einer speziellen App für Android-Geräte können Sie die Daten und Einstellungen auf ein iPad übertragen.

Um die Übertragung zu starten, müssen Sie auf dem iPad zuerst die Funktion *Daten von Android übertragen* auswählen und danach auf *Fortfahren* tippen, genauso wie auf dem Android-Gerät, wenn Sie die App gestartet haben.

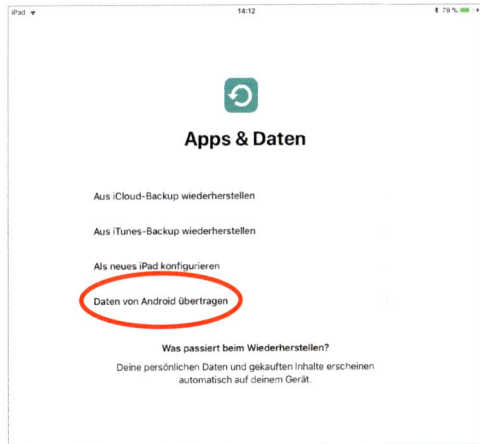

Die Übernahme der Daten kann beginnen.

Wenn auf beiden Geräten die Funktionen gestartet sind, erhalten Sie auf dem iPad einen Zifferncode angezeigt, den Sie dann auf dem Android-Gerät eingeben müssen. Auf diese Weise werden die beiden Geräte gekoppelt und es wird verhindert, dass eine andere Person die Daten während der Übertragung abfängt.

Daten von Android übertragen

Nach kurzer Zeit haben sich die beiden Geräte verbunden, und Sie müssen dann auf dem Android-Gerät auswählen, welche Daten übernommen werden sollen. Ist dies geschehen, kann die Übertragung beginnen. Je nach Datenmenge dauert das Überspielen einige Minuten. Ist der Vorgang beendet, können Sie das iPad weiter einrichten und auf dem Android-Gerät die App beenden.

Nach dem Auswählen der Daten kann die Übertragung beginnen.

Haben Sie das iPad fertig eingerichtet, können Sie noch entscheiden, ob die Apps, die Sie auf dem Android-Gerät hatten, nun auch auf dem iPad installiert werden sollen. Alle kostenlosen Apps, die es auch für iOS gibt, werden dabei automatisch installiert.

Und da beim Überspielen keine Passwörter übertragen werden, sollten Sie unbedingt noch das Passwort für Ihr Google-Konto in den *Einstellungen* bei *Accounts & Passwörter* eingeben. Erst dann können Sie die E-Mails von dem Konto abrufen und Kontakte, Kalender und Notizen mit Ihrem Google-Konto synchronisieren.

Auf dem iPad können die gleichen Apps wie auf dem Android-Gerät installiert werden (links), sofern sie auch für iOS verfügbar sind. Das asswort für Ihr Google-Konto wird benötigt, damit -Mails, Kalender, Kontakte und Notizen synchronisiert werden (rechts).

Kapitel 2 Einstellungen

Bevor Sie das iPad für Ihre alltäglichen Aufgaben nutzen, sollten Sie sich ein bisschen Zeit nehmen und das Gerät nach Ihren eigenen Bedürfnissen konfigurieren. Dazu gehört nicht nur das Einstellen des Klingeltons, sondern auch das Auswählen des Hintergrunds oder das Einrichten der Touch ID. Dieses Kapitel hilft Ihnen, Ihr iPad richtig einzustellen und es dadurch noch effektiver zu nutzen.

 Bevor Sie richtig loslegen, sollten Sie Ihrem iPad noch einen Namen geben: **Einstellungen –> Allgemein –> Info –> Name**.

Die Tasten

Damit Sie das iPad effektiv bedienen können, ist es wichtig, die Funktionen der Tasten zu kennen. Wir sehen uns also zuerst die Tasten am Gehäuse des iPads an. Das iPad hat insgesamt vier bzw. fünf Tasten mit unterschiedlichen Funktionen:

Die vier bzw. fünf verschiedenen Tasten eines iPads. (Foto: Apple)

Sperrcode und Touch ID

❶ Eine der wichtigsten Tasten ist die *Home-Taste*. Sie enthält nicht nur den Sensor für die Touch ID zum Entsperren per Fingerabdruck, sondern wird zum Aufwecken des iPads und zum Aufrufen des Home-Bildschirms verwendet. Jedes Mal, wenn Sie diese Taste drücken, verlassen Sie die aktuelle App und gelangen zum Home-Bildschirm zurück. Ein zweifaches Drücken hintereinander öffnet das Kontrollzentrum bzw. die Multitaskingleiste (bzw. den sogenannten App-Umschalter) zum Wechseln der App bzw. zum Beenden einer App. Sie sehen, die Taste hat es wirklich in sich.

❷ Die zweite wichtige Taste ist die *Stand-by-Taste*. Diese Taste haben Sie bereits in Kapitel 1 kennengelernt. Damit wird das iPad ein- und ausgeschaltet sowie in den Stand-by-Modus versetzt und auch wieder aufgeweckt.

❸/❹ Die Tasten *Lauter* und *Leiser* befinden sich auf der linken Seite. Sie regeln natürlich die Lautstärke (Nachrichtenton, Musik, sonstige Töne) des iPads. Allerdings werden sie auch beim Fotografieren verwendet und ersetzen in der App *Kamera* die Funktion des Auslösers. Mithilfe dieser beiden Tasten können Sie beim Fotografieren ganz bequem nur eine Hand verwenden.

❺ *Seitenschalter* (nicht beim iPad Pro, iPad Air 2 bzw. iPad mini 4): Dieser Schalter kann entweder die *Ausrichtungssperre* oder die Funktion *Ton aus* besitzen. Sie können das unter *Einstellungen –> Allgemein –> Seitenschalter* definieren.

Sperrcode und Touch ID

Das Erste, was Sie bei Ihrem iPad einstellen sollten, ist der Sperrcode und die Touch ID. Beides kann bereits bei der Installation des Systems konfiguriert werden (siehe Kapitel 1 ab Seite 13). Falls Sie dies noch nicht gemacht haben, sollten Sie es unbedingt nachholen. Mit dem Sperrcode können Sie Ihr iPad automatisch sperren, sobald es in den Ruhezustand geht. Außerdem wird der Sperrcode für einige Sicherheitsfunktionen des iPads verwendet. Sollte Ihr iPad einmal gestohlen werden oder verlorengehen, kann der Dieb bzw. Finder es nur mit dem richtigen Sperrcode entsperren und nutzen.

Zusätzlich zum Sperrcode kann auch Touch ID zum Entsperren verwendet werden. Das iPad Pro, iPad Air 2 sowie das iPad mini 3 und 4 besitzen im Home-Button einen Fingerabdrucksensor. Ist Touch ID eingerichtet, reicht es aus, mit dem Finger auf den Home-Button zu tippen, um das iPad zu entsperren. Möchten Sie das iPad entsperren, ohne den Button zu drücken, sollten Sie die Funktion *Zum Öffnen Finger auflegen* aktivieren (*Einstellungen –> Allgemein –> Bedienungshilfen –> Home-Taste*).

Außerdem kann die Touch ID auch zum Einkaufen im iTunes-, App- und iBooks-Store verwendet werden. Der Sperrcode und die Touch ID können in den *Einstellungen* bei *Touch ID & Code* konfiguriert werden.

Falls Sie beim Einrichten des iPads bereits einen Code vergeben haben, müssen Sie diesen nun hier eingeben, um die Funktionen zu öffnen bzw. die Einstellungen zu ändern.

Haben Sie beim Einrichten des iPads weder einen Code noch Touch ID eingerichtet, gelangen Sie sofort zu den Einstellungen. Zuerst wollen wir einen Code konfigurieren.

Code einrichten

Tippen Sie zuerst auf *Code aktivieren*. Standardmäßig können Sie einen sechsstelligen numerischen Code angeben. Wenn Sie allerdings auf *Codeoptionen* tippen, können Sie auch auf einen alphanumerischen, einen eigenen oder einen vierstelligen numerischen Code umstellen.

Beachten Sie bitte: Je länger und komplizierter (alphanumerisch) der Code ist, desto schwerer haben es Diebe, ein geschütztes iPad zu entsperren.

Sperrcode und Touch ID

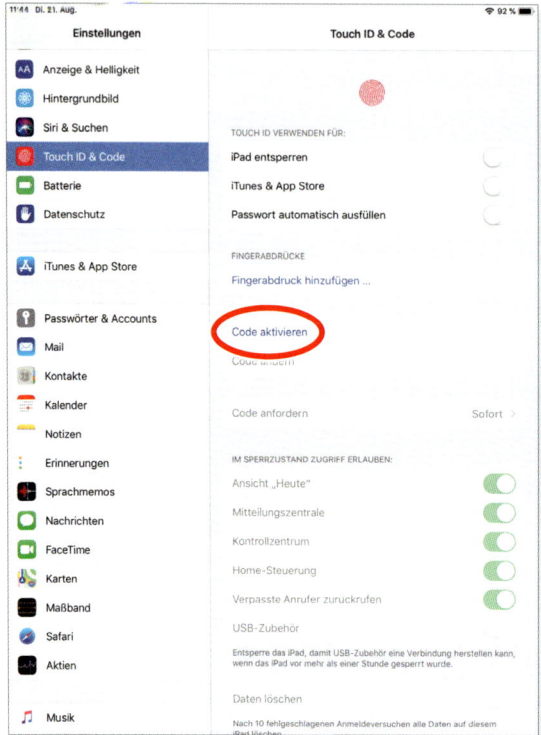

So richten Sie den Code für das Entsperren ein.

Haben Sie sich für eine Code-Art entschieden, müssen Sie den Code zweimal nacheinander eintippen. Der Code ist nun aktiv und kann zum Entsperren des iPads verwendet werden.

>  Wollen Sie den Code zu einem späteren Zeitpunkt ändern, dann rufen Sie wieder die Einstellungen auf und wählen die Funktion **Code ändern**. Danach müssen Sie zuerst den alten und anschließend den neuen Code eintippen.

Touch ID

Touch ID ist eine weitere Sicherheitsfunktion von iOS, um das iPad zu entsperren oder Einkäufe in den Stores durchzuführen. Falls Sie beim Konfigurieren des iPads Touch ID nicht eingerichtet haben oder einen zweiten Fingerabdruck verwenden wollen, müssen Sie die *Einstellungen* und dort *Touch ID & Code* öffnen. Dort finden Sie dann die Option *Fingerabdruck hinzufügen* ❶. Jetzt müssen Sie nur noch die Anweisungen auf dem Display befolgen.

Kapitel 2 Einstellungen

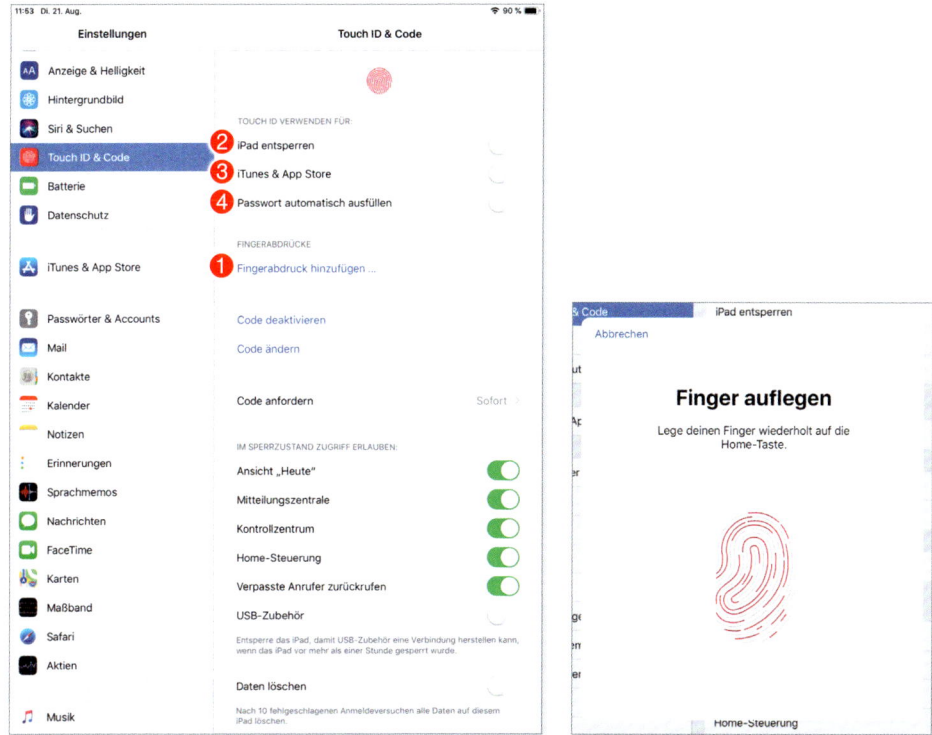

Eine Schritt-für-Schritt-Anleitung führt Sie durch das Hinzufügen eines Fingerabdrucks.

Nach erfolgreichem Abschluss lassen Sie sich weitere Fingerabdrücke hinzufügen, die Sie zur Unterscheidung auch benennen können. Als Nächstes müssen Sie nun entscheiden, wofür Touch ID verwendet werden soll. Sobald Sie einen Fingerabdruck hinzugefügt haben, ist standardmäßig die Option *iPad entsperren* ❷ für Touch ID aktiviert. Jetzt können Sie noch zusätzlich *iTunes & App Store* ❸ einschalten, damit Sie per Fingerabdruck in den Stores einkaufen können. Und *Passwort automatisch ausfüllen*, um in Safari gespeicherte Passwörter für Internetportale automatisch einzutragen.

Code anfordern

Eine Sache, die Sie unbedingt wissen und einstellen müssen, ist der Zeitpunkt, zu dem das iPad automatisch gesperrt wird und ab dem Sie zum Entsperren den Code oder Touch ID brauchen. Dafür gibt es nämlich eine Einstellung mit dem Namen *Code anfordern*. Sie befindet sich ebenfalls in den *Einstellungen* bei *Touch ID & Code*.

Sperrcode und Touch ID

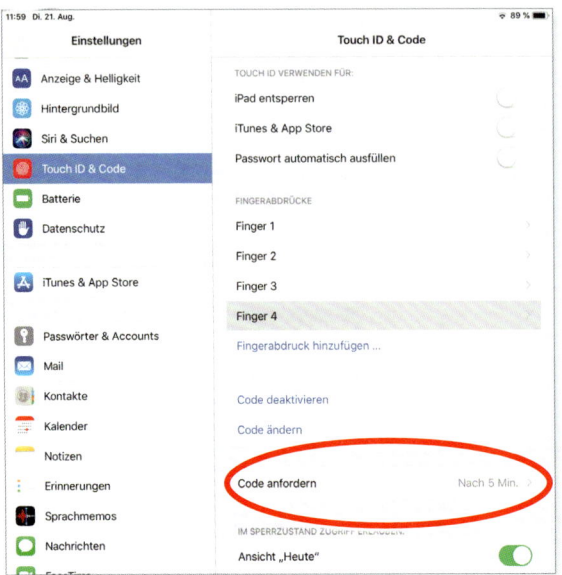
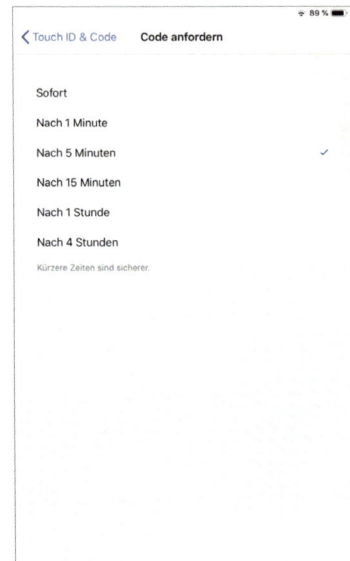

Nach welchem Zeitraum muss der Code eingegeben werden?

Dort stellen Sie nun den Zeitraum ein, nach dessen Ablauf die Eingabe des Codes zum Entsperren des iPads benötigt wird. Wenn Sie z. B. *5 Minuten* einstellen, bedeutet das: Wenn Sie das iPad durch Drücken der Stand-by-Taste in den Ruhezustand versetzen, können Sie es innerhalb von fünf Minuten wieder aufwecken, ohne den Code eintippen zu müssen. Wird das iPad nach Ablauf der fünf Minuten aufgeweckt, wird der Code benötigt.

 Falls Sie Touch ID zum Entsperren des iPads verwenden, wird die Funktion **Code anfordern** auf **Sofort** gestellt und kann auch nicht geändert werden.

Automatische Sperre

Wenn Sie das iPad manuell über die Stand-by-Taste in den Ruhezustand versetzen, muss das nicht bedeuten, dass es auch gesperrt wird. Wenn Sie nur mit einem Code arbeiten, hängt es von der Einstellung *Code anfordern* ab, ab welchem Zeitpunkt die Sperre aktiv wird (siehe den vorigen Abschnitt).

Es gibt aber noch eine andere Funktion, die nicht nur das iPad automatisch in den Ruhezustand versetzt, sondern es zusätzlich auch sperrt. Unter *Einstellungen –> Anzeige & Helligkeit –> Automatische Sperre* können Sie den Zeitraum festlegen, nach dem das iPad in den Ruhezustand geht und gesperrt wird.

Kapitel 2 Einstellungen

 Falls Sie weder einen Code noch Touch ID aktiviert haben, wird mit der automatischen Sperre nur der Ruhezustand aktiviert. Das iPad kann dann ohne Codeeingabe oder Fingerabdruck wieder aufgeweckt werden. Allerdings ist nach einem Neustart die Codeeingabe zwingend erforderlich.

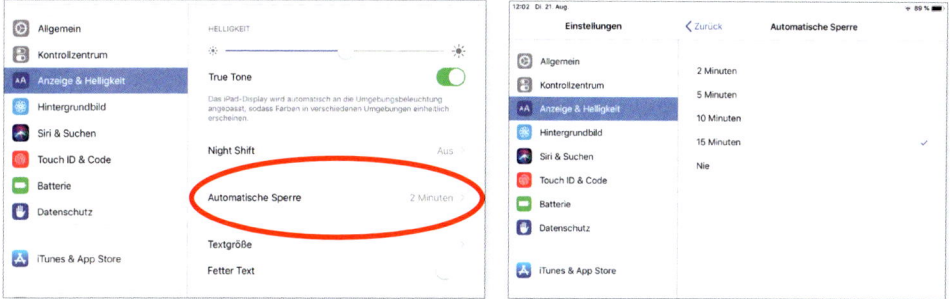

Die „Automatische Sperre" versetzt das iPad in den Ruhezustand und sperrt es dabei.

Haben Sie sich für Ihr iPad ein Smart Cover oder ein Smart Case zugelegt, dann können Sie zusätzlich die Funktion *Sperren / Entsperren* aktivieren, damit beim Zuklappen der Hülle das iPad automatisch verriegelt wird.

Darstellung der Oberfläche

Ein wichtiger Punkt bei der Nutzung des iPads ist das Aussehen der Oberfläche. Das Aussehen umfasst nicht nur die Auswahl des Hintergrundbildes, sondern auch die Helligkeit und die Anzeigegröße von Text.

Textgröße

Auf dem iPad lässt sich die Größe von Text einstellen. Allerdings betrifft das nicht alle Texte in allen Apps, sondern nur diejenigen Apps, die eine dynamische Textgröße unterstützen, z. B. *Mail* oder *Notizen*. Besonders bei Apps von anderen Herstellern kann das Ändern der Textgröße unter Umständen keine Auswirkung haben.

Darstellung der Oberfläche

Öffnen Sie *Einstellungen –> Anzeige & Helligkeit* und tippen Sie anschließend auf die Option *Textgröße*. Dort finden Sie dann einen Schieberegler, mit dem Sie die Textgröße anpassen können.

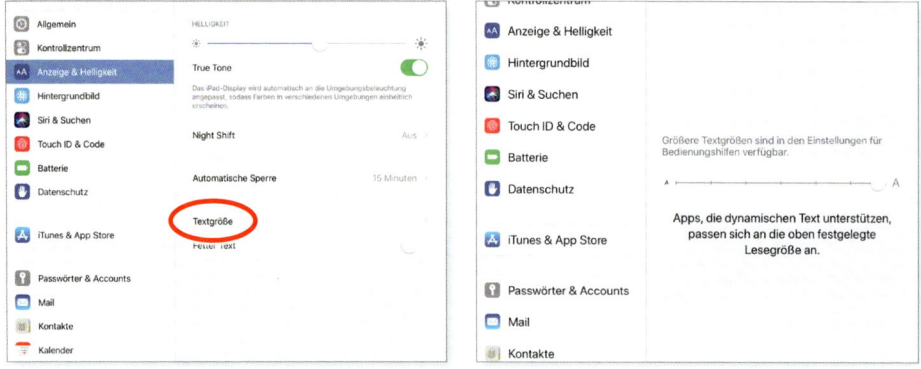

Die Größe von Texten können Sie an Ihre Bedürfnisse anpassen.

 Falls Sie noch größeren Text haben wollen, müssen Sie zu **Einstellungen –> Allgemein –>Bedienungshilfen –> Größerer Text** wechseln. Dort gibt es einen weiteren Schieberegler, mit dem Sie den Text noch größer machen können, wenn Sie die Option **Größerer dynamischer Text** einschalten.

Helligkeit

Die Helligkeit des Displays beeinflusst besonders stark die Anzeige der Apps. Wenn Sie z. B. bei einer dunklen Umgebung die Helligkeit auf voller Stärke haben, werden Sie sehr schnell müde Augen bekommen, da das Auge ständig zwischen dem sehr hellen Licht des Displays und der dunklen Umgebung hin- und herwechselt. Ein abgedunkeltes Display ist in solchen Fällen besser.

Die Helligkeit des Displays kann unter *Einstellungen –> Anzeige & Helligkeit* justiert werden. Dort befindet sich ein Schieberegler zum Ändern der Helligkeit. Außerdem gibt es hier noch die Funktion *Auto-Helligkeit* bzw. *True Tone* (beim iPad Pro 9,7 Zoll und 10,5 Zoll), die die Helligkeit des Displays automatisch an das Umgebungslicht anpasst. Bei einer düsteren Umgebung wird damit das Display automatisch abgedunkelt.

 Einen schnellen Zugriff auf die Display-Helligkeit haben Sie im **Kontrollzentrum**. Dort gibt es einen eigenen Schieberegler für die Helligkeit.

Kapitel 2 Einstellungen

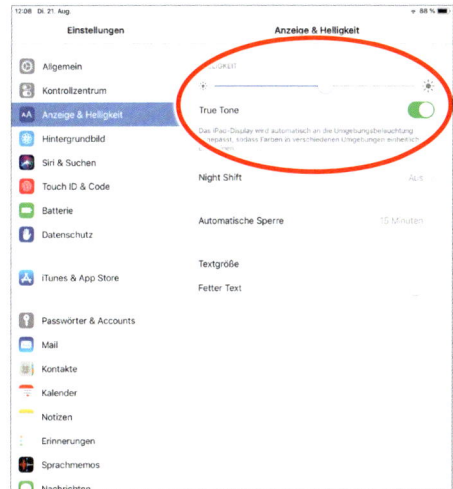

Die Helligkeit des Displays können Sie sowohl in den „Einstellungen" als auch im Kontrollzentrum ändern.

Anzeigezoom für iPad Pro 12,9 Zoll

Das iPad Pro 12,9 Zoll besitzt ein größeres Display, das zwar mehr Platz auf dem Home-Bildschirm zur Verfügung stellt, aber auch die App-Symbole bzw. die App-Umgebung dementsprechend kleiner anzeigt. Deswegen gibt es eine Einstellung, um die Anzeige zu vergrößern. Dabei wird nicht nur der Home-Bildschirm größer dargestellt, sondern auch z. B. die App-Umgebung von *Nachrichten* oder *Mail*.

Um die Anzeigegröße zu ändern, müssen Sie *Einstellungen –> Anzeige & Helligkeit* öffnen und anschließend bei *Anzeigezoom* auf *Anzeige* tippen. Dort können Sie dann im oberen Bereich zwischen *Standard* und *Vergrößert* wählen. Der untere Bereich zeigt Ihnen eine Vorschau der jeweiligen Anzeigestufen.

Die Darstellung der Symbole und Bedienelemente kann auf dem iPad Pro 12,9 Zoll vergrößert werden.

35

Darstellung der Oberfläche

Night Shift

Night Shift ist eine Funktion, die das Betrachten des Displays bei dunkler Umgebung noch weiter erleichtert. Bei aktiviertem Night-Shift wird das Display nicht einfach abgedunkelt, sondern auch farblich angepasst. Auch das trägt dazu bei, dass Ihre Augen beim Lesen in dunkler Umgebung länger fit bleiben.

Night Shift aktivieren Sie unter *Einstellungen –> Anzeige & Helligkeit*. Dort schalten Sie die Option *Geplant* ❶ ein und geben anschließend an, von wann bis wann ❷ Night Shift automatisch eingeschaltet sein soll. Ganz unten haben Sie noch einen Schieberegler für die *Farbtemperatur* ❸, mit der Night Shift arbeiten soll. Wollen Sie die Display-Anzeige wärmer, also mit mehr Gelb und weniger Blau haben, schieben Sie den Regler nach rechts. Die kältere Farbtemperatur erhöht den Blau- und reduziert den Gelb-Anteil der Anzeige.

> ❗ „Night Shift" kann jederzeit auch manuell direkt im Kontrollzentrum ein- und ausgeschaltet werden. Tippen Sie mit dem Finger etwas länger auf den Helligkeitsregler, um zu den erweiterten Einstellungen zu gelangen. Nach dem Einschalten bleibt es so lange aktiv, bis Sie es entweder manuell ausschalten oder die Ausschaltzeit erreicht ist.

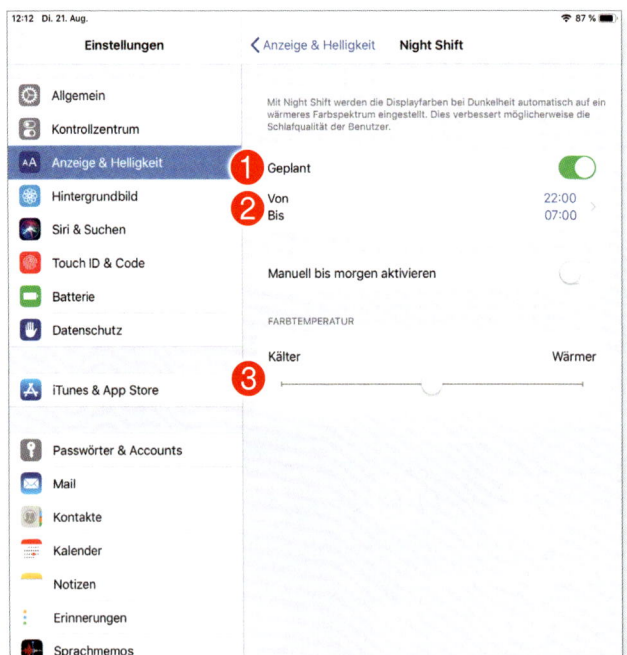
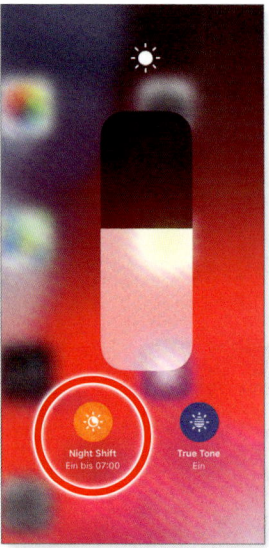

Mit „Night Shift" werden die Farben des Displays bei dunkler Umgebung in einen wärmeren oder kälteren Farbtonbereich verschoben.

WLAN Raffinessen

WLAN-Passwort von anderem Gerät übernehmen

Wenn Sie sich mit Ihrem iPad in ein neues WLAN einloggen wollen, benötigen Sie meistens ein Passwort, das Sie manuell eintippen müssen. Seit iOS 11 können Sie allerdings ein WLAN-Passwort von einem anderen Gerät automatisch übernehmen. Dazu bedarf es einiger Voraussetzungen.

Das zweite Gerät muss ein iPhone, iPad oder Mac sein, das mit dem WLAN verbunden ist, in das Sie sich einloggen wollen. Außerdem müssen Ihre Kontaktdaten auf dem zweiten Gerät in der App *Kontakte* hinterlegt sein. Das zweite iPhone/iPad muss übrigens mit iOS 11 oder neuer arbeiten und der Mac mit macOS High Sierra oder neuer. Wenn diese Voraussetzungen erfüllt sind, dann wählen Sie unter *Einstellungen –> WLAN* das Netzwerk aus, mit dem Sie sich verbinden wollen. Nun werden Sie aufgefordert, das Passwort einzugeben. Legen Sie das zweite Gerät in die Nähe Ihres iPads. Auf dem zweiten Gerät erscheint nun eine Anfrage nach dem WLAN-Passwort. Wird die Anfrage bestätigt, überträgt das zweite Gerät automatisch das Passwort auf Ihr iPad. Fertig!

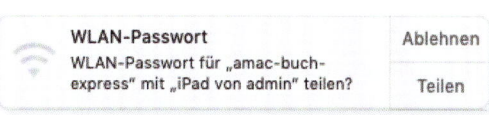

Das Passwort für ein WLAN lässt sich mithilfe eines zweiten Geräts auf Ihr iPad übertragen.

Automatisch verbinden

Das Handling von WLAN-Netzwerken wurde mit jeder iOS-Version verbessert. Normalerweise verbindet sich das iPad automatisch mit WLAN-Netzwerken, die Sie in der Vergangenheit einmal benutzt haben, sobald sie in Reichweite sind. Besonders in der Stadt ist das manchmal ein Problem, wenn man Dutzende von populären WLANs streift. Aus diesem Grund können Sie seit iOS 11 das automatische Verbinden mit WLAN-Netzwerken blockieren.

WLAN Raffinessen

Unter *Einstellungen –> WLAN* tippen Sie auf das blaue Info-Symbol Ⓐ, um die Eigenschaften des aktuellen WLANs zu öffnen. Dort finden Sie dann die Option *Autom. verbinden* Ⓑ, die Sie nun ausschalten müssen.

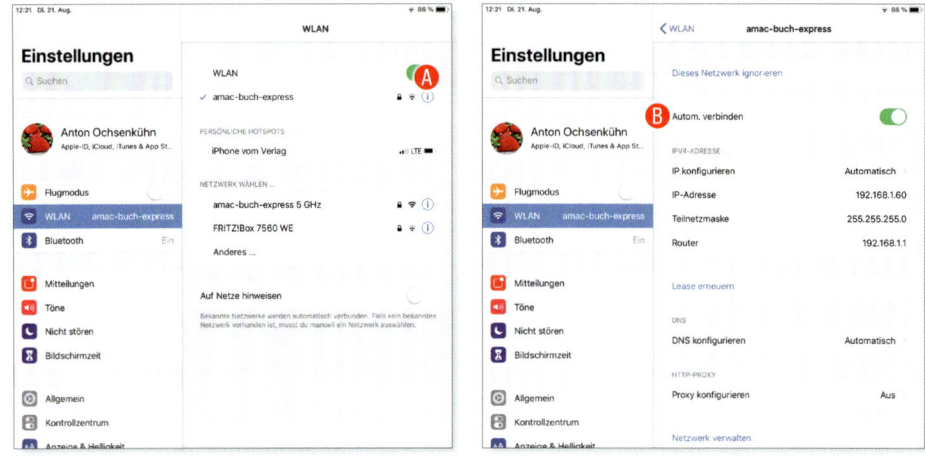

Der automatische Verbindungsaufbau zu einem WLAN kann nun ausgeschaltet werden.

Persönlicher Hotspot

Das iPad bietet noch einen besonderen Service für Apple-Geräte, die über kein eigenes mobiles Netzwerk verfügen. Dazu zählen die iPad-Modelle mit WLAN, alle Macs und auch die Apple Watch. Normalerweise müssen sich diese Geräte in einem WLAN befinden, um iMessages senden und empfangen zu können. Wenn Sie unterwegs sind und kein WLAN zur Verfügung haben, dann sieht es bei diesen Geräten schlecht aus. Diese Probleme können Sie umgehen, wenn Sie ein iPad mit mobilem Datennetz (Cellular) besitzen. Sie können Ihr iPad so konfigurieren, dass auch ein anderes iPad, ein Mac und die Apple Watch iMessages empfangen bzw. senden können.

Für iMessages benötigen die anderen Geräte eine mobile Internetverbindung, die sie aber nicht besitzen, wie z. B. der Mac. Daher können Sie Ihr iPad jetzt als *WLAN-Hotspot* aktivieren, um die Nutzung des mobilen Internets für die anderen Geräte freizugeben. Öffnen Sie *Einstellungen –> Persönlicher Hotspot* und aktivieren Sie die Funktion. Ab sofort wird das iPad als WLAN-Router verwendet. Sie können sich nun mit den anderen Geräten via WLAN beim iPad anmelden (Passwort nicht vergessen!) und das mobile Internet und damit auch iMessage nutzen. Sobald ein anderes Gerät auf dem iPad angemeldet ist, wird dieser Umstand durch einen blauen Balken am oberen Displayrand angezeigt.

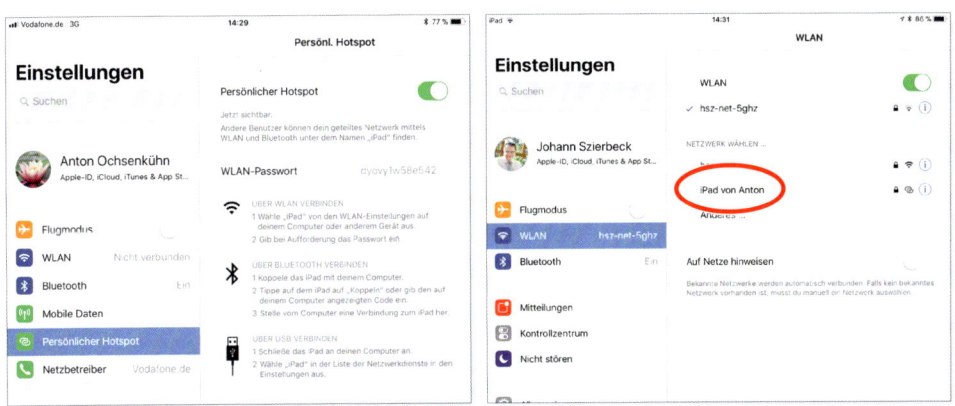

Ist der persönliche Hotspot aktiviert (links), kann z. B. ein anderes iPad den Internetzugang per WLAN nutzen (rechts).

Haben Sie auf Ihrem iPad oder Mac die gleiche Apple-ID wie auf dem iPad und zusätzlich WLAN und Bluetooth aktiv, dann meldet sich das iPad meist von selbst – auch ohne die Aktivierung des Persönlichen Hotspots.

Über den sogenannten „Instant Hotspot" meldet sich das iPad im Regelfall automatisch am Mac.

Es geht aber auch umgekehrt: das iPad kann das mobile Datennetz eines iPhones nutzen. Dazu muss auf dem iPhone der persönliche Hotspot aktiviert sein. Auf dem iPad erscheint dann das iPhone in den WLAN-Einstellungen.

39

Hintergrund

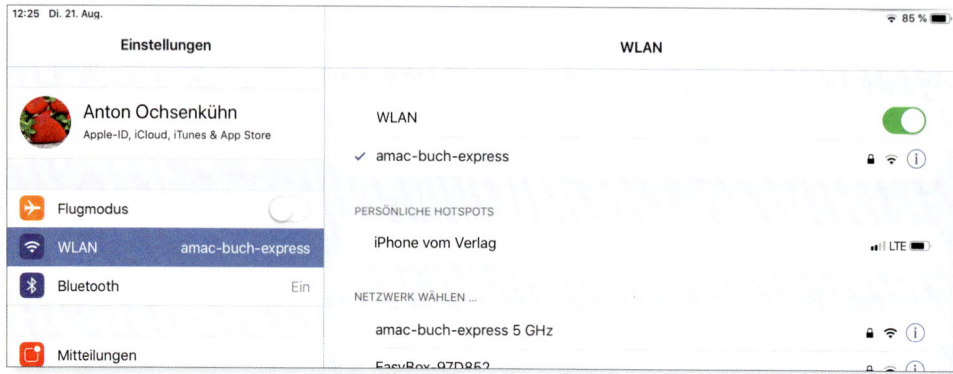

Das iPhone kann am iPad für den Zugang zum mobilen Internet genutzt werden.

Hintergrund

Ein geeigneter Hintergrund des Home- und Sperrbildschirms macht die Nutzung des iPads ebenfalls angenehmer. Wenn Sie einen Hintergrund gewählt haben, der die App-Symbole fast verschwinden lässt, wird das Auffinden einer App am Home-Bildschirm erschwert. Deswegen sollten Sie vor allem für den Home-Bildschirm einen Hintergrund wählen, der die Apps nicht „überstrahlt".

Den Hintergrund ändern Sie unter *Einstellungen –> Hintergrundbild*. Tippen Sie dort auf *Neuen Hintergrund wählen* und wählen Sie anschließend ein neues Hintergrundbild aus den mitgelieferten Bildern oder aus Ihrem Fotoalbum.

 Beachten Sie bei der Auswahl des Hintergrunds bitte, dass „dynamische" Hintergründe die Akkulaufzeit des iPads verkürzen können. Beide Bildarten enthalten Animationen, die etwas mehr Akkustrom benötigen als einfache Standbilder.

Wenn Sie ein passendes Bild gefunden haben, müssen Sie noch entscheiden, ob die *Perspektive* ❶ eingeschaltet werden soll. Die Option *Perspektive* ändert den Betrachtungswinkel auf das Bild, sobald Sie das iPad kippen oder stürzen. Man hat dann den Eindruck, dass die Apps auf dem Home-Bildschirm über dem Bild „schweben". Die Perspektiv-Option verringert allerdings die Akkulaufzeit.

Entscheiden Sie dann, für welchen Bildschirm der Hintergrund verwendet werden soll: entweder für den *Sperrbildschirm* ❷, den *Home-Bildschirm* ❸ oder für *Beide* ❹.

Kapitel 2 Einstellungen

Die Hintergründe für den Home- und den Sperrbildschirm können individuell eingestellt werden.

 Ist **Einstellungen –> Allgemein –> Bedienungshilfen –> Bewegung reduzieren** aktiv, dann werden Sie die dynamischen Hintergründe erst gar nicht zu Gesicht bekommen.

Nachrichtentöne

Das iPad verwendet verschiedene Töne, um Sie z. B. über eine neue iMessage zu informieren oder einen Anruf via FaceTime zu melden. Sogar der Empfang einer neuen E-Mail wird mit einem speziellen Ton signalisiert.

Alle diese Töne können Sie individuell anpassen bzw. ändern. Dazu müssen Sie die *Einstellungen* öffnen und dort auf *Töne* tippen.

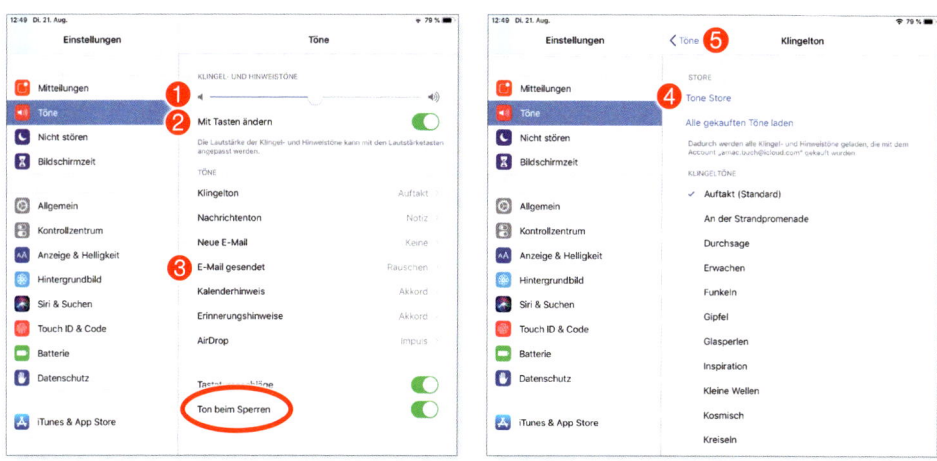

Die Einstellungen für die Klingel- und Nachrichtentöne. Am unteren Ende der Liste finden Sie übrigens „Ton beim Sperren".

Nachrichtentöne

Im Bereich *Töne* können Sie die Lautstärke ❶ der Töne anpassen und zusätzlich noch festlegen, ob die Tasten *Lauter* und *Leiser* am iPad-Gehäuse für das Ändern der Klingelton-Lautstärke verwendet werden sollen ❷.

> Wenn Sie die Option **Mit Tasten ändern** ausschalten, wird mit den Tasten die Lautstärke für die Musikwiedergabe geändert. Wollen Sie dann die Klingeltöne lauter oder leiser machen, müssen Sie sich zu den Einstellungen bemühen.

Weiter unten finden Sie die Toneinstellungen für die verschiedenen iPad-Funktionen ❸. Wenn Sie z. B. auf *Klingelton* tippen, wird eine Liste mit allen verfügbaren Tönen angezeigt, aus der Sie nur noch einen aussuchen müssen. Falls Ihnen keiner dieser Klingeltöne gefällt, können Sie auch über den iTunes Store ❹ andere Klingeltöne erwerben. Mit dem Pfeil links oben ❺ können Sie die Liste wieder verlassen. Den kompletten Vorgang können Sie anschließend für die anderen Funktionen wiederholen und z. B. einen speziellen Ton für den Nachrichtenempfang auswählen. Neben dem normalen Klingelton für Anrufe können Sie auch jeder Person, die in Ihren Kontakten gespeichert ist, einen individuellen Klingelton zuweisen. Somit können Sie bereits am Klingeln erkennen, welche Person via FaceTime anruft.

Öffnen Sie die App *Kontakte* und wählen die Person aus, deren Klingelton Sie ändern wollen. Tippen Sie anschließend rechts oben auf *Bearbeiten* und scrollen Sie danach etwas weiter nach unten zu *Klingelton* bzw. *Nachrichtenton*. Wenn Sie nun die entsprechende Option antippen, können Sie einen individuellen Klingel- bzw. Nachrichtenton festlegen.

Kapitel 2 Einstellungen

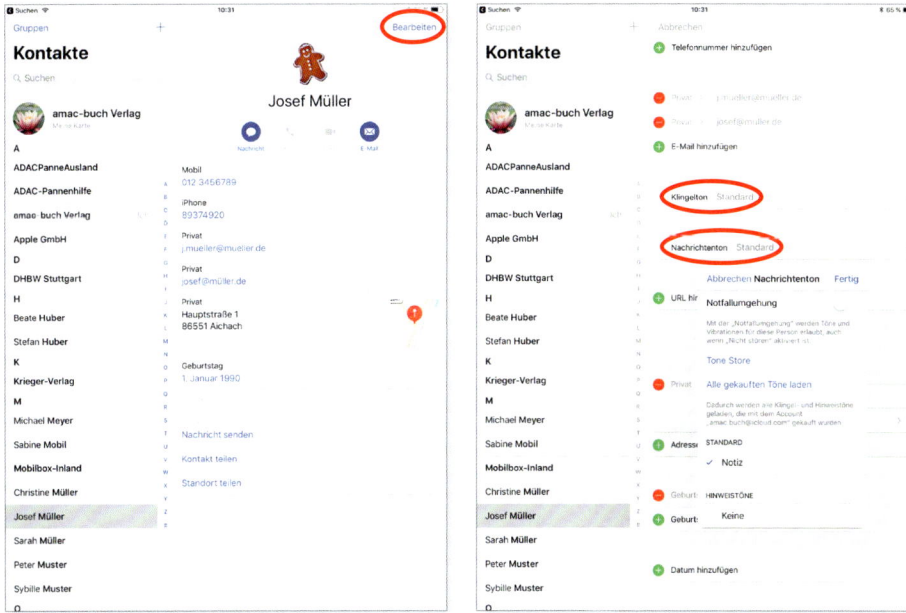

Jeder einzelne Kontakt kann mit eigenen Klingel- und Nachrichtentönen versehen werden. Weiterhin kann diese Telefonnummer der Notfallumgehung zugeordnet werden, so dass diese Telefonnummer, während „Nicht stören" aktiv ist, dennoch durchklingeln darf.

Nicht stören

Vielleicht kennen Sie ja folgende Situation: Es ist 23 Uhr, Sie liegen im Bett und sind gerade kurz vor dem Einschlafen, als plötzlich ein lauter Ton vom iPad Sie wieder wachrüttelt. Was ist passiert? Sie haben eine neue E-Mail erhalten! Und weil Sie vergessen haben, das iPad stummzuschalten oder leiser zu machen, werden Sie durch den Nachrichtenton aufgeschreckt.

Solche Situationen lassen sich vermeiden, wenn Sie die Funktion *Nicht stören* einschalten. Dies ist eine spezielle Funktion, die automatisch innerhalb eines bestimmten Zeitraums alle Anrufe und Nachrichten stummschaltet. Somit werden Sie nachts nicht aus dem Schlaf gerissen oder aber während einer Besprechung nicht mit Anrufen belästigt.

Nicht stören

 Anrufe, die eingehen, während **Nicht stören** aktiviert ist, werden auf dem Sperrbildschirm und in der Nachrichtenzentrale angezeigt.

Die Funktion *Nicht stören* finden Sie in den *Einstellungen*. Dort können Sie im oberen Bereich bei *Nicht stören* ❶ die Funktion außerhalb des Zeitplans ein- und ausschalten. Die aktivierte Funktion wird durch ein spezielles Zeichen in der Symbolleiste angezeigt .

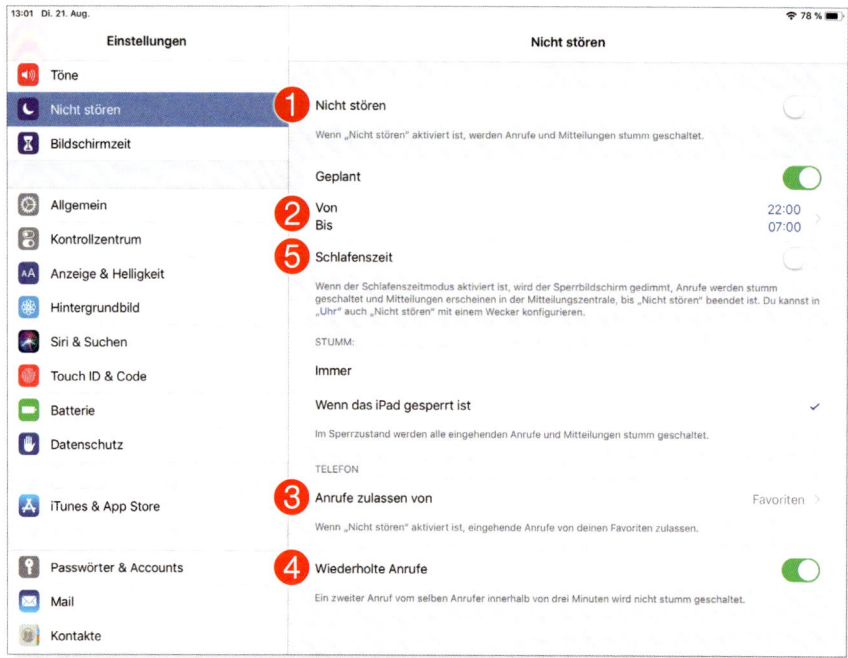

Die Einstellungen für die Funktion „Nicht stören".

 Nicht stören kann auch im **Kontrollzentrum** manuell ein- und ausgeschaltet werden.

Bei der Option *Geplant* ❷ lässt sich der Zeitplan einstellen, nach dem die Funktion automatisch aktiviert und wieder deaktiviert werden soll. Haben Sie im Kalender einen mehrstündigen Termin eingetragen, so schlägt Ihnen iOS beim Start des Termin zudem vor, *Nicht stören* für die Länge des Termins zu aktivieren. Seit iOS 12 lässt sich die Nicht-stören-Funktion automatisch nach einer Stunde oder auch ortsabhängig deaktivieren. Wenn Sie das *Kontrollzentrum* öffnen und dort etwas länger auf das *Nicht-stören-Symbol* tippen, können Sie das Zeitintervall und die Ortsabhängigkeit einschalten.

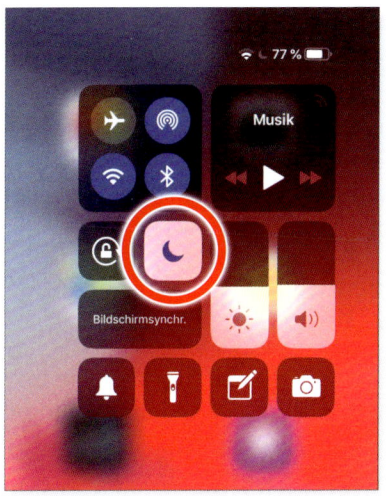 

„Nicht stören" kann über das „Kontrollzentrum" auch ortsabhängig deaktiviert werden.

Zusätzlich können Sie festlegen, dass bestimmte Anrufer immer durchgelassen werden, auch wenn *Nicht stören* eingeschaltet ist. Dazu müssen Sie bei *Anrufe zulassen von* ❸ definieren, für welchen Personenkreis Sie immer erreichbar sind.

Besonders hartnäckige Anrufer können *Nicht stören* allerdings umgehen, wenn sie innerhalb von drei Minuten mehrmals anrufen. Wollen Sie auch solche Anrufer abblocken, dann sollten Sie die Option *Wiederholte Anrufe* ❹ ausschalten.

Achten Sie zudem darauf, dass auf Ihrem iPad die korrekte Uhrzeit eingestellt ist. Prüfen Sie dies via *Einstellungen –> Allgemein –> Datum & Uhrzeit*. Und kontrollieren Sie dabei auch noch die *Einstellungen* bei *Sprache & Region*.

Seit iOS 12 gibt es noch zusätzlich die Option *Schlafenszeit* ❺. Damit wird zusätzlich der Sperrbildschirm beim Eintreffen einer Nachricht bzw. Mail gedimmt und es werden keine Mitteilungen angezeigt. Die Mitteilungen landen dann automatisch in der Mitteilungszentrale und können eingesehen werden, sobald *Nicht stören* deaktiviert wurde.

Das Kontrollzentrum

Das Kontrollzentrum wurde schon mehrfach erwähnt. Es ist eine zentrale Schnittstelle, die einen schnellen Zugriff auf einige der am häufigsten verwendeten Funktionen und Einstellungen bietet. Um z. B. Bluetooth ein- bzw. auszuschalten, müssen Sie sich nicht zu der App *Einstellungen* begeben, sondern können dies sehr schnell und bequem über das Kontrollzentrum tun.

Das Kontrollzentrum folgendermaßen eingeblendet werden: Schieben Sie mit einem Finger die Akku- und WLAN-Anzeige in der rechten oberen Ecke nach unten. Dabei sollten Sie mit dem Wischen außerhalb des Displays beginnen.

 Sie können den Zugriff auf das Kontrollzentrum innerhalb einer App auch beschränken. Dazu müssen Sie unter **Einstellungen –> Kontrollzentrum** die Option **Zugriff von Apps aus** ausschalten. Damit haben Sie nur über den Home-Bildschirm Zugriff auf das Kontrollzentrum.

Kontrollzentrum anpassen

Welche Funktionen das Kontrollzentrum enthält, lässt sich seit iOS 11 einstellen. Das bedeutet, Sie können weitere Funktionen in das Kontrollzentrum aufnehmen bzw. auch vorhandene entfernen. Wenn Sie *Einstellungen –> Kontrollzentrum* öffnen, finden Sie dort die Option *Steuerelemente anpassen*. Dort sehen Sie dann alle Funktionen aufgelistet, die im Kontrollzentrum angesteuert werden können. Mit dem grünen Plussymbol Ⓐ können Sie weitere Elemente hinzufügen, während mit dem roten Minussymbol Ⓑ das jeweilige Element aus dem Kontrollzentrum entfernt wird. Sie können sogar die Reihenfolge der Elemente ändern, wenn Sie sie an den drei Strichen Ⓒ auf der rechten Seite fassen und verschieben.

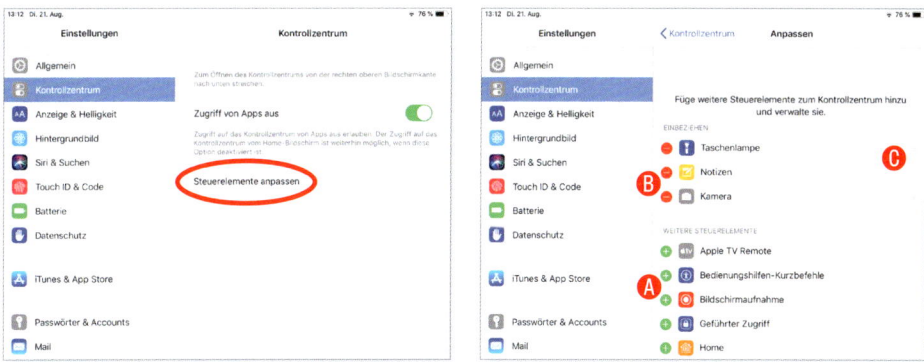

Das Kontrollzentrum kann angepasst werden.

Wenn alle Funktionen eingeblendet sind, dann sieht das Kontrollzentrum wie folgt aus:

Das Kontrollzentrum mit allen Funktionen.

❶ *Flugmodus* ein- oder ausschalten: Bei eingeschaltetem Flugmodus wird jegliche Kommunikation unterbunden.

❷ *AirDrop* dient zum Datenaustausch zwischen Apple-Geräten (siehe Kapitel 9 ab Seite 321).

❸ *WLAN* bis zum nächsten Tag ein- und ausschalten.

❹ *Bluetooth* ein- und ausschalten, ansonsten gilt das Deaktivieren genauso wie bei WLAN nur bis zum nächsten Tag.

47

Das Kontrollzentrum

- ❺ *Musiksteuerung*
- ❻ *Rotationssperre:* Wenn Sie die Rotationssperre aktivieren, wird die Darstellung des iPads fixiert. Wenn Sie es vom Hoch- ins Querformat drehen, wird das Display nicht neu ausgerichtet.
- ❼ *Nicht stören*
- ❽ Die *Display-Helligkeit* steuern und *Night Shift* und *True Tone* ein- und ausschalten
- ❾ *Lautstärkeregler*
- ❿ Die *AirPlay*-Funktionen für die Display-Synchronisation ein- und ausschalten bzw. das Ausgabegerät auswählen (siehe Kapitel 9 ab Seite 324)
- ⓫ *Stummschalten*
- ⓬ *Taschenlampe*
- ⓭ Die *Notizen* öffnen
- ⓮ Die *Kamera* öffnen
- ⓯ Die Steuerung für das *Apple TV* öffnen. Damit lässt sich ein verbundenes Apple TV steuern.
- ⓰ Die *Bedienungshilfen-Kurzbefehle* öffnen
- ⓱ *Bildschirmaufnahme* erstellen
- ⓲ Die Funktion *Geführter Zugriff* öffnen
- ⓳ *HomeKit*-Steuerung
- ⓴ Hiermit wird die Funktion *Hören* aktiviert, wobei das iPad als externes Mikrofon dient und die Töne und Geräusche auf angeschlossenen AirPods überträgt. Das iPad dient damit im Zusammenhang mit AirPods als Hörgerät.
- ㉑ *Zoom-Funktion* der *Bedienungshilfen* öffnen
- ㉒ Damit wir die *Kamera* geöffnet, um sofort *QR-Codes* einzulesen.
- ㉓ Die App *Sprachmemos* öffnen
- ㉔ Die *Stoppuhr* öffnen
- ㉕ Die *Schriftgröße* ändern
- ㉖ Den *Timer* öffnen
- ㉗ Den *Wecker* öffnen

Erweiterte Funktionen

Viele der Elemente im Kontrollzentrum haben erweiterte Funktionen, die man auf den ersten Blick nicht sieht. Um an die erweiterten Funktionen zu gelangen, müssen Sie nur etwas länger auf ein Symbol drücken. Dadurch wird ein kleines Fenster geöffnet, in dem Sie dann noch zusätzliche Einstellungen zur jeweiligen

Kapitel 2 Einstellungen

Funktion vornehmen können. Wenn Sie z. B. etwas länger auf das Notiz-Symbol drücken, können Sie sofort eine neue Notiz anlegen. Oder drücken Sie mal etwas länger auf die Musiksteuerung: Dann können Sie den aktuellen Musiktitel lauter und leiser machen und die Audioausgabe auf ein AirPlay-fähiges Gerät auslagern.

Das Kontrollzentrum stellt für viele der Funktionen ein erweitertes Einstellungsmenü zur Verfügung, z. B. für AirPlay, Timer und Musiksteuerung (von links).

 Um das Kontrollzentrum wieder zu schließen, brauchen Sie nur die Home-Taste am iPad zu drücken oder Sie schieben es mit einem Finger wieder nach oben.

Querformat

Bei einigen Apps bekommen Sie durch das Drehen des iPads ins Querformat eine andere Darstellung als im Hochformat. Zwei Apps haben im Querformat auf dem iPad Pro 12,9 Zoll sogar eine dreispaltige Darstellung, die natürlich die Nutzung der jeweiligen App erleichtert:

- Notizen (siehe Bildschirmfoto)
- Mail

Und diese Apps besitzen eine zweispaltige Darstellung, die auf jedem iPad zum Einsatz kommen kann:

- Einstellungen
- Nachrichten
- Erinnerungen
- Kontakte

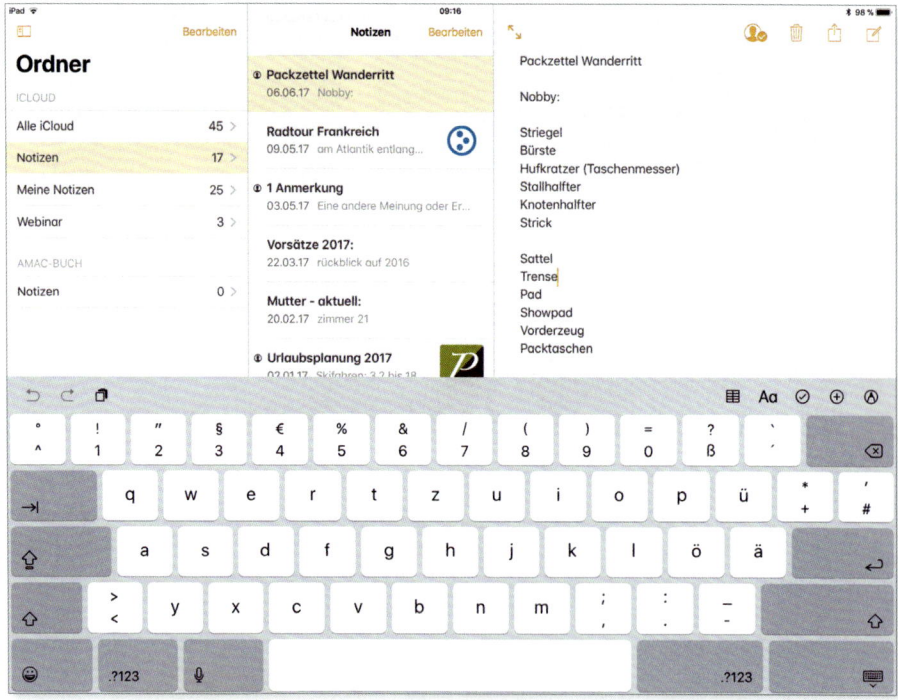

In der dreispaltigen Darstellung der Notizen-App auf dem iPad Pro hat man noch mehr Übersicht.

 Die dreispaltige Funktionalität beim iPad Pro 12,9 Zoll gibt es nicht, wenn der Anzeigezoom **Vergrößert** eingestellt ist (**Einstellungen –> Anzeige & Helligkeit –> Anzeigezoom**).

Gesten

Es gibt einige nützliche Mehrfingergesten, mit denen Sie Ihr iPad ganz einfach bedienen können:

- Legen Sie alle Finger einer Hand auf das Display und ziehen die Finger zusammen. Sogleich wird die aktuelle App geschlossen und der Home-Bildschirm erscheint.
- Wenn Sie in einer App sind und mit vier Fingern nach rechts oder links wischen, wechseln Sie damit automatisch zu anderen gestarteten Apps.
- Haben Sie eine App auf dem Bildschirm, dann können Sie durch Ziehen von vier Fingern nach oben den App-Switcher erreichen. Dort sehen Sie alle geöffneten Apps im Multitasking-Menü.

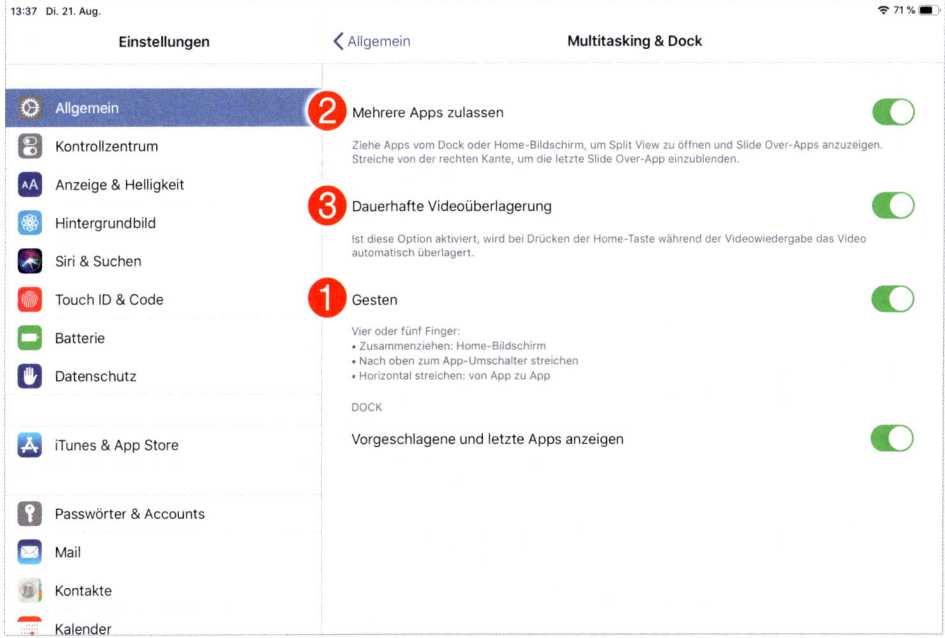

Aktivieren Sie in „Einstellungen –> Allgemein –> Multitasking & Dock" alle drei Funktionen, um „Gesten" ❶, „Split View" ❷ (siehe Seite 253) und „Bild-in-Bild Videos" ❸ (siehe Seite 216) verwenden zu können.

> ! Wenn Sie in Safari mehrere Tabs geöffnet haben, können Sie durch Zusammenziehen zweier Finger von der aktuellen Webseite zur Tab-Übersicht gelangen.

Bildschirmzeit

Die Nutzung von mobilen Endgeräten, wie Smartphone und Tablet, kann zu einer Sucht werden. Man nimmt oft unbewusst das Tablet in die Hand und sieht nach, ob es eine neue Nachricht oder eine neue E-Mail gibt. Man weiß eigentlich gar nicht, wie oft das Gerät in der Hand hat bzw. wie lange man es am Tag nutzt. Damit Sie etwas mehr Kontrolle über die Nutzung des Geräts haben, hat Apple mit iOS 12 die *Bildschirmzeit* eingeführt.

Mit dieser neuen Funktion erhalten Sie eine Statistik darüber, wie oft Sie das iPad am Tag genutzt haben, und wie lange Sie die jeweiligen Apps verwendet haben. Zusätzlich zu der Statistik können Sie sich selbst eine Beschränkungsdauer der jeweiligen Apps auferlegen. Wenn Sie also das Gefühl haben zu oft und zu lange Safari oder MNail zu nutzen, dann beschränken Sie die Nutzung einfach.

Die Funktion *Bildschirmzeit* ist ein Bestandteil der *Einstellungen*. Dort sehen Sie zuerst die aktuelle Nutzungsdauer für den heutigen Tag ❶. Etwas weiter unten können Sie die Aufzeichnung der Bildschirmzeit auch ausschalten ❷. Um eine detaillierte Statistik zu erhalten, tippen Sie oben auf den Gerätenamen bzw. auf *Alle Geräte* ❸ wenn Sie die Bildschirmzeit auch auf anderen Geräten nutzen und mit iCloud synchronisiert haben.

> Wenn Sie die Statistiken und Einstellungen für die Bildschirmzeit mit anderen Geräten synchronisieren wollen, dann aktivieren Sie **Geräteübergreifen teilen** ❿. Damit werden alle Geräte, die unter Ihrer Apple-ID bei iCloud registriert sind, in der Statistik erfasst.

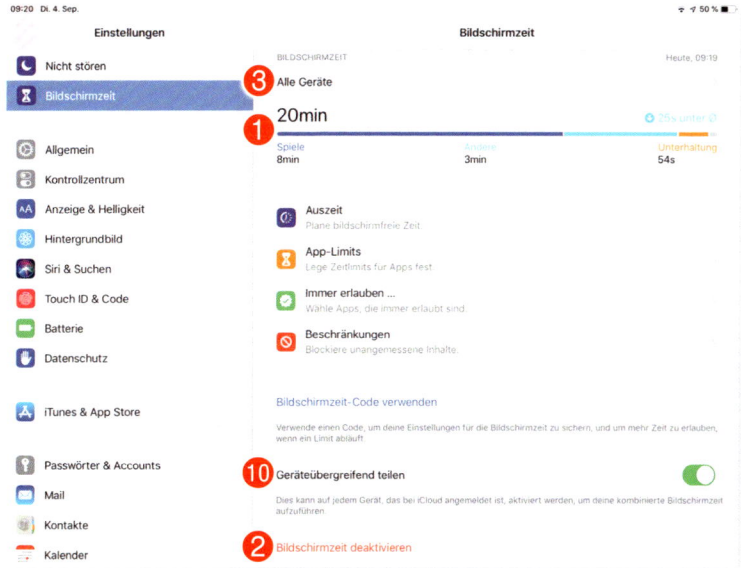

Die „Bildschirmzeit" ist ein Bestandteil der „Einstellungen"

In der detaillierten Statistik können Sie die Nutzungsdauer für den heutigen Tag oder der letzten 7 Tage anzeigen lassen ❹. Rechts oben bei *Geräte* ❺ können Sie die Bildschirmzeit von einem Ihrer verwendetet Geräte (iPhone, iPad) anzeigen lassen. Im Bereich *Meist verwendet* ❻ sind die Apps aufgelistet, mit denen Sie am meisten Zeit verbracht haben. Wenn Sie eine der Apps antippen, können Sie die genaue Statistik dafür einsehen und dann auch ein Limit für die Nutzung festsetzen ❼.

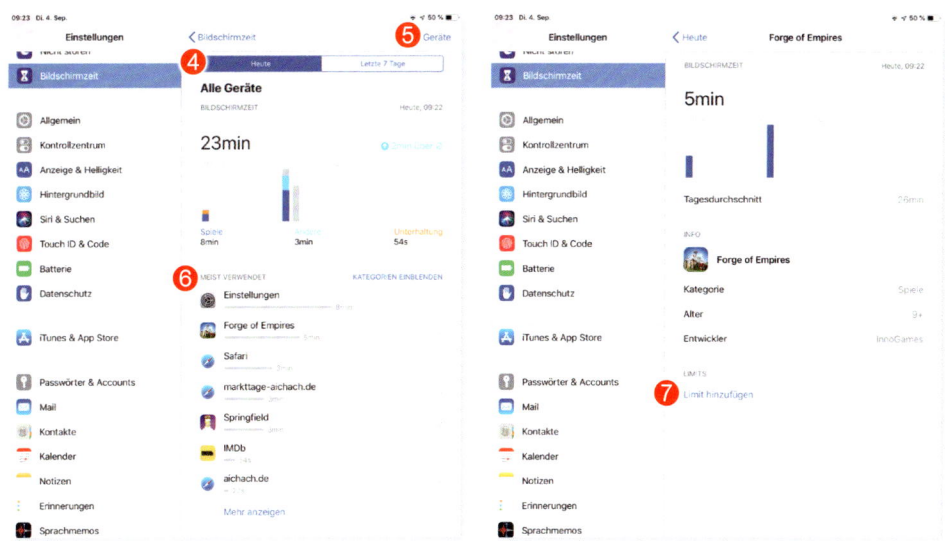

Die Nutzungsdauer für eine App kann beschränkt werden.

53

Bildschirmzeit

Wenn Sie wissen wollen, wie oft am Tag Sie das iPad in die Hand nehmen, dann müssen Sie in der Geräteübersicht nur etwas weiter nach unten scrollen. Dort finden Sie dann den Bereich *Aktivierungen* ❽. Dieser Bereich enthält die Statistik darüber, wie oft Sie das iPad am Tag in die Hand genommen haben bzw. entsperrt haben. Direkt darunter ❾ können Sie auch ablesen, von welchen Apps Sie die meisten Mitteilungen erhalten haben.

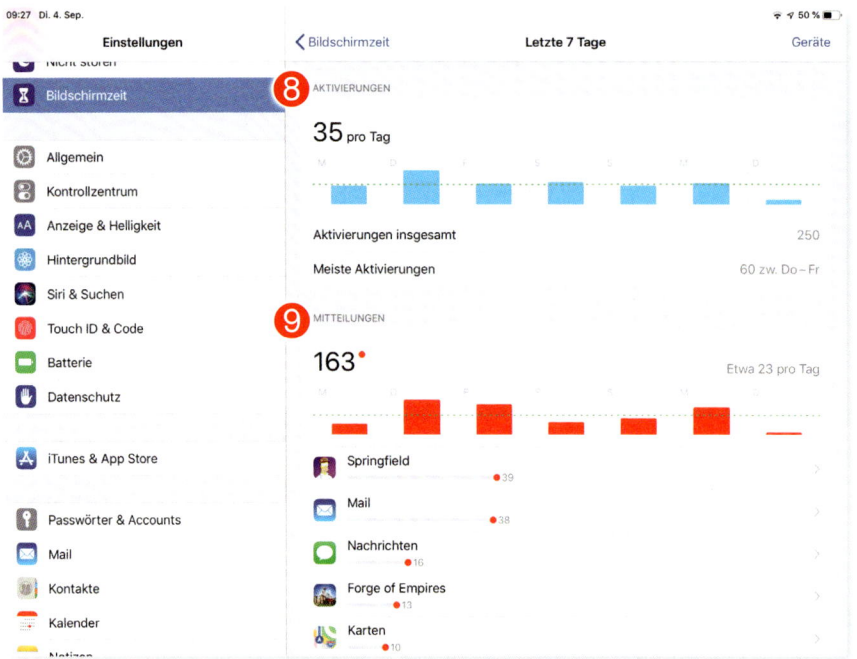

Wie oft haben Sie das iPad pro Tag in die Hand genommen? Die Statistik verrät es Ihnen.

Bildschirmfreie Zeit planen

Um die Nutzung des iPads zu beschränken, können Sie eine bildschirmfreie Zeit festlegen. Während des definierten Zeitraums können Sie dann nur die von Ihnen zugelassenen Apps nutzen. Wenn Sie *Einstellungen –> Bildschirmzeit* öffnen und auf *Auszeit* tippen, dann können Sie die bildschirmfreie Zeit aktivieren und direkt im Anschluss den Zeitraum dafür festlegen. Wenn die Auszeit aktiviert ist, dann werden auf dem Home-Bildschirm alle Apps, die nicht genutzt werden dürfen, abgedunkelt und mit einer Sanduhr versehen.

Kapitel 2 Einstellungen

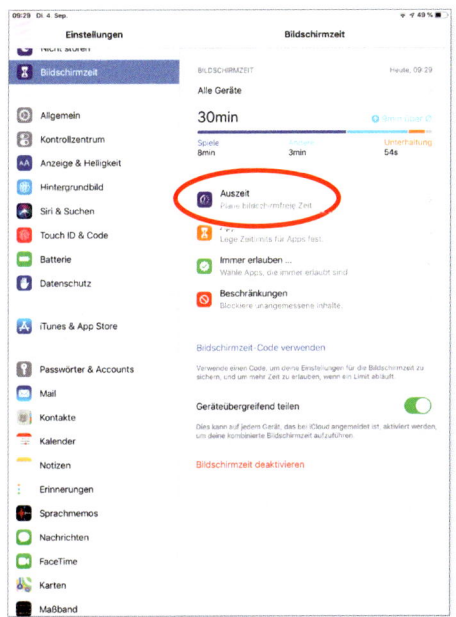

Mit „Auszeit" können Sie die Nutzung der Apps auf eine Tageszeit beschränken.

Welche App während der Auszeit verwendet werden dürfen, können Sie bei *Immer erlauben* festlegen. Fügen Sie dort einfach die Apps hinzu, die während der Auszeit erlaubt sind.

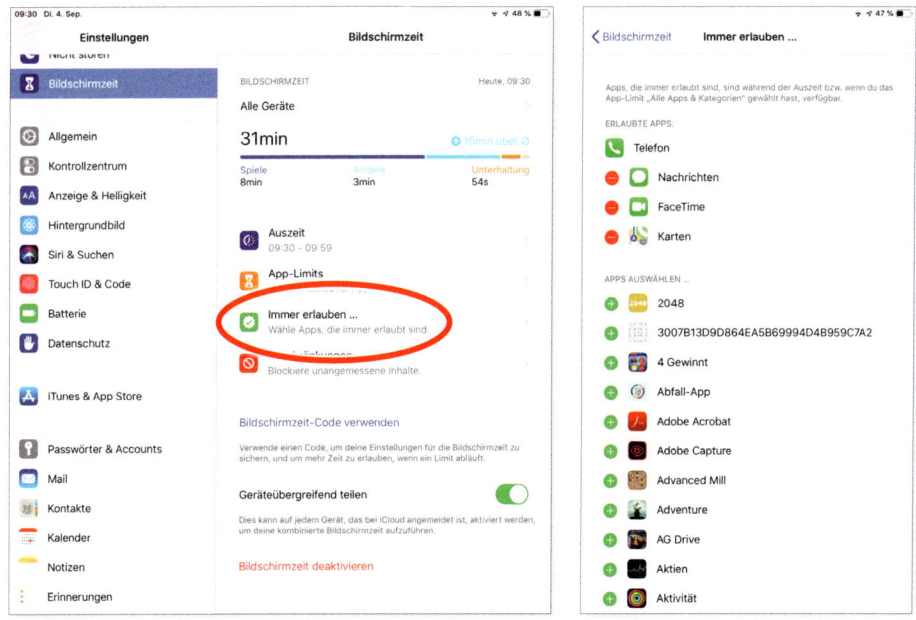

Legen Sie fest, welche Apps genutzt werden dürfen.

Bildschirmzeit

App-Limits

Um noch mehr Kontrolle über die Nutzung des iPads zu haben, können Sie für jede einzelne App eine Nutzungsdauer festlegen. Wenn Sie also das Gefühl haben zu viel Zeit mit Twitter zu verwenden, dann legen Sie sich ein Limit fest. Unter *Einstellungen –> Bildschirmzeit –> App-Limits* ❶ können Sie für die unterschiedlichen App-Kategorien eine Nutzungsdauer einrichten. Tippen Sie dafür auf *Limit hinzufügen* ❷ und wählen die entsprechende Kategorie aus, wie z. B. *Soziale Netzwerke*.

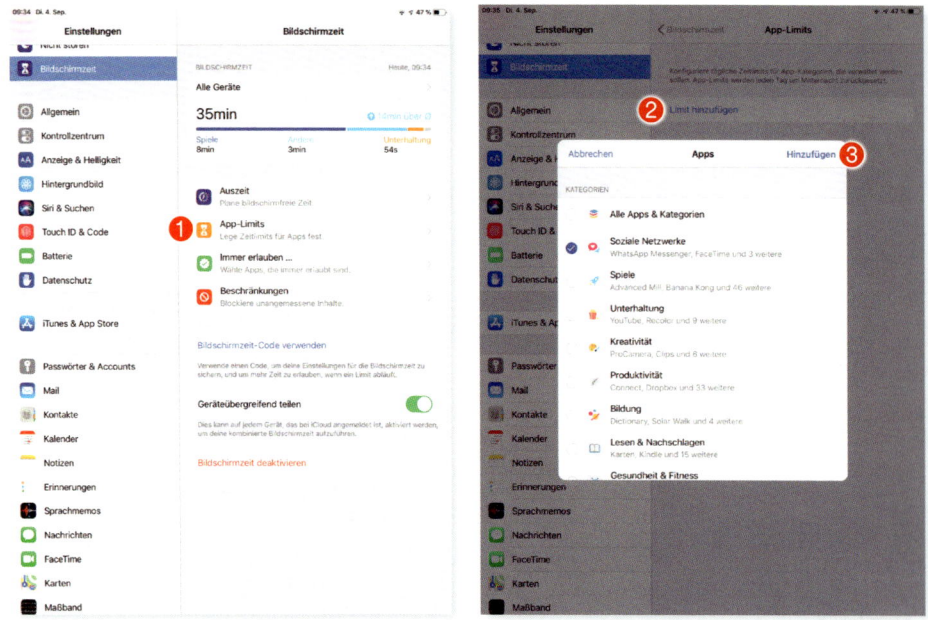

Legen Sie eine Nutzungsdauer für die verschiednen Apps fest.

Danach tippen Sie rechts oben auf *Hinzufügen* ❸ und bestimmen die Nutzungsdauer. Diese gilt immer pro Tag für jeden Wochentag. Wenn Sie z. B. für das Wochenende eine andere Nutzungsdauer benötigen, dann tippen Sie auf *Tage anpassen* ❹. Dort lassen Sie dann für jeden Wochentag individuelle Zeitspannen festlegen.

Diese Arbeitsschritte wiederholen Sie dann für jede App-Kategorie, die eine Nutzungsdauer haben soll. Um ein Limit zu löschen, öffnen Sie es über die Liste und tippen anschließend auf *Limit löschen* ❺.

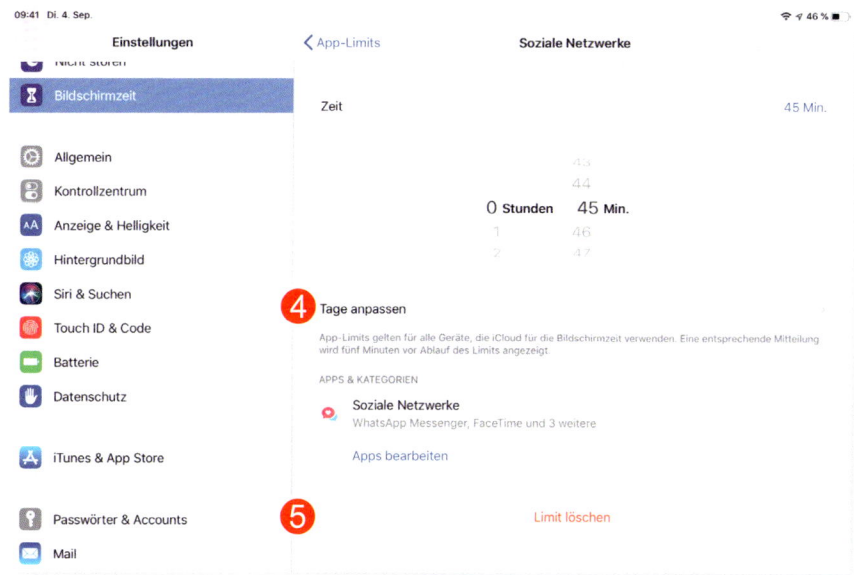

Wie lange sollen die Apps einer Kategorie pro Tag nutzbar sein?

Ist das App-Limit erreicht, erhalten Sie diese Information (links). Sie können das Limit ignorieren, für heute außer Kraft setzen oder sich in 15 Minuten erneut erinnern lassen. Wenn Sie auf den Home-Bildschirm zurückkehren (rechts) erkennen Sie an den kleinen Sanduhren, welche Apps vom Limit betroffen sind.

Beschränkungen und Sperrcode als Kindersicherung

Neben der Auszeit und den App-Limits gibt es noch eine dritte Möglichkeit die Nutzung des iPads einzuschränken, die *Beschränkungen*. Diese können dann auch als Kindersicherung herangezogen werden, wenn Sie verhindern wollen, dass Ihre Kinder bestimmte Dinge auf dem iPad nutzen oder ungefragt Apps aus dem App Store laden.

Bildschirmzeit

Bevor Sie die Beschränkungen aktivieren, sollten Sie einen Sperrcode für die Änderung der Einstellungen definieren. Denn ohne Sperrcode könnten Ihre Kinder ganz einfach die Beschränkungen wieder aufheben. Unter *Einstellungen –> Bildschirmzeit* müssen Sie dafür die Funktion *Bildschirmzeit-Code verwenden* **A** aktivieren. Dort geben Sie dann einen vierstelligen Code ein, der das Verändern der Einstellungen für die Bildschirmzeit verhindert. Jedes Mal, wenn Sie oder jemand anderes eine Einstellung bei der Bildschirmzeit vornehmen will, muss dann zuerst der vierstellige Code angegeben werden.

Haben Sie einen Sperrcode definiert, öffnen Sie *Einstellungen –> Bildschirmzeit –> Beschränkungen* **B**. Dort aktivieren Sie dann die Funktion **C** und wählen anschließend aus, welche Dinge erlaubt oder verboten sein sollen. Unter *Käufe im iTunes & App Store* **D** können Sie den Einkauf in den Stores sperren. Außerdem lässt sich unter *Inhaltsbeschränkungen* **E** die Altersfreigabe für Filme, Musik, Apps, Bücher und dergleichen einstellen.

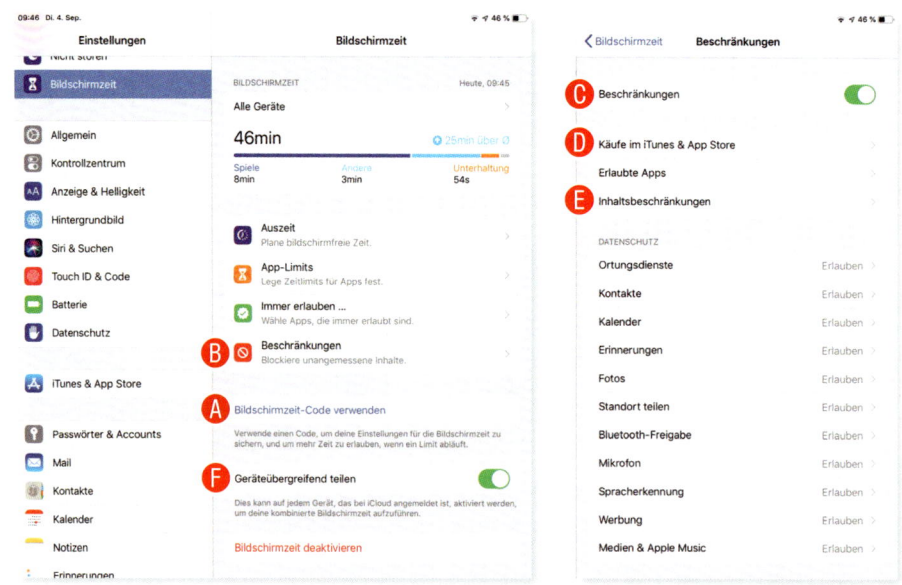

Stellen Sie ein, welche Dienste auf dem iPhone genutzt werden dürfen.

Und sofern Sie auch ein iPhone nutzen, könnten Sie *Gerätebergreifend teilen* **F** zusätzlich aktivieren, um die Bildschirmzeit-Daten via iCloud auf das andere Gerät zu übertragen.

Und noch etwas ist möglich: Über die *Familienfreigabe* können Sie die *Bildschirmzeit* z. B. Ihrer Kinder aus der Ferne einrichten und nachjustieren (*Einstellungen –> Ihr Name (Apple-ID, iCloud, iTunes & App Store) –> Familienfreigabe –> Bildschirmzeit*).

Über die „Familienfreigabe" kann die „Bildschirmzeit" ebenfalls konfiguriert werden.

Über *Kind hinzufügen* können Sie nach Eingabe einer Apple-ID und des dazugehörigen Kennwortes diesen Account und dessen Bildschirmzeit definieren. Natürlich können Sie hier zudem einen neuen Account (*Einen Kinderaccount erstellen*) anlegen.

Bedienungshilfen

Das iPad hat neben dem Kontrollzentrum noch weitere Gadgets, die Ihnen bei der Bedienung des Geräts helfen können. In den *Bedienungshilfen* finden sich Funktionen, die nicht nur für Personen mit Handicap nützlich sind. In diesem Abschnitt lernen Sie noch weitere Hilfen kennen, die Ihnen die Nutzung des iPads erleichtern können.

 Die Funktionen der Bedienungshilfen finden Sie unter **Einstellungen –> Allgemein –> Bedienungshilfen**.

Lupe

Eine äußerst nützliche Funktion ist die *Lupe*. Damit wird die Kamera des iPads als Vergrößerungsglas zweckentfremdet. Bei aktivierter Funktion können Sie durch ein dreifaches kurzes Drücken der Home-Taste die Lupe einschalten. Dadurch wird automatisch die Kamera mit einem voreingestellten Zoomfaktor aktiviert. Und Sie können das iPad z. B. zum Lesen von kleinen Texten verwenden.

Bedienungshilfen

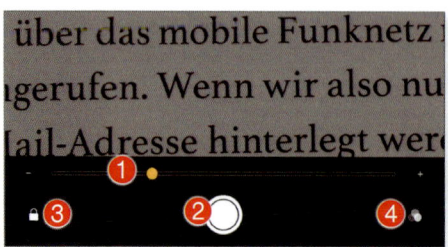 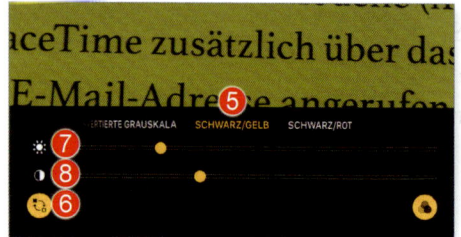

Die „Lupe" ist hilfreich, um Text mit kleiner Schriftgröße besser lesen zu können.

Die aktivierte Lupe bietet noch einige Einstellungen, mit denen Sie das Lesen an Ihre Bedürfnisse anpassen können:

❶ Das ist der Schieberegler, mit dem Sie die Zoomstufe regulieren können.
❷ Die große Taste friert das aktuelle Bild ein, sie macht also ein Standbild. Durch ein erneutes Drücken wird das Standbild wieder ausgeschaltet und Sie können das iPad auf einen anderen Teil des Textes bewegen.
❸ Mit dem Schloss können Sie den Autofokus fixieren. Der Autofokus wird bei der geringsten Bewegung des iPads immer wieder neu justiert, was bei längerer Verwendung der Lupe sehr nervig ist. Aus diesem Grund lässt er sich fixieren.
❹ Diese Taste wechselt zu den Filtereinstellungen der Lupe, die Sie im Screenshot rechts daneben sehen.
❺ Falls Ihnen die normale Darstellung zu wenig Farbkontrast bietet, können Sie auf eine andere Farbkombination umschalten, z. B. auf *Gelb/Blau* oder *Weiss/Blau*.
❻ Diese Taste wechselt die Farben des Farbkontrastes.
❼ Hiermit wird die Helligkeit reguliert.
❽ Dieser Regler steuert den Kontrast.

 Um die Lupe wieder zu verlassen, reicht es, die **Home-Taste** des iPads nur einmal zu drücken. Auch die Darstellung des iPad-Bildschirms kann mittels der Zoom-Funktion vergrößert werden (**Einstellungen –> Allgemein –> Bedienungshilfen –> Zoom**).

Display-Anpassungen

Eine weitere Bedienungshilfe, die besonders für Personen mit Sehschwäche nützlich sein kann, sind die *Display-Anpassungen*. Dort können Sie nicht nur die komplette Darstellung der *Farben umkehren* ❶, sondern auch einen *Farbfilter* ❷ aktivieren. Farben umkehren gibt es auch in einer intelligenten Version. Wenn

Sie die Funktion antippen, können Sie die Option *Umkehren - Intelligent* aktivieren. Damit werden Bilder, Medien und Apps die eine dunkle Darstellung haben, nicht umgekehrt.

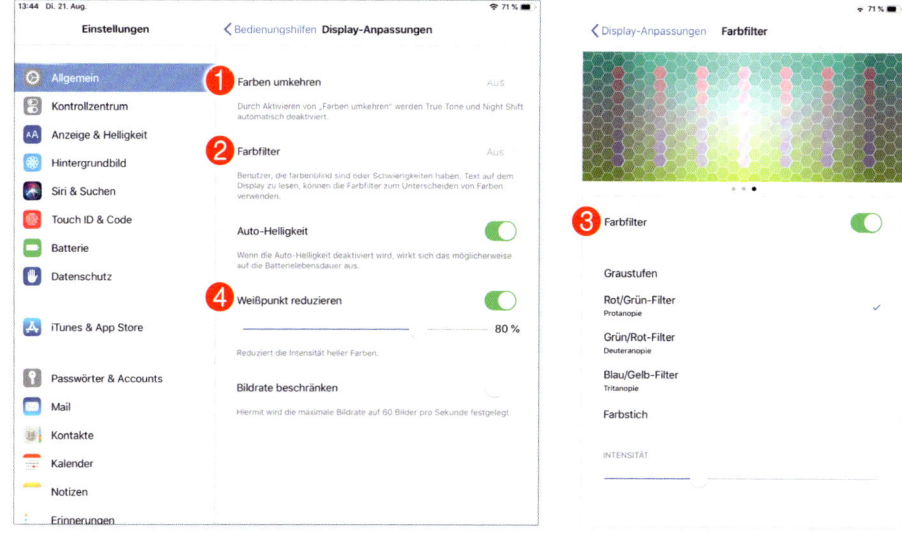

Personen, die Probleme mit dem Farbensehen haben, können die Darstellung ändern.

Wenn der *Farbfilter* ❸ eingeschaltet ist, kann man z. B. eine Rot/Grün-Sehschwäche mit dem entsprechenden Filter ausgleichen. Die Farben Rot bzw. Grün werden dann durch andere Farben ersetzt.

Als nächste Einstellung können Sie noch die Intensität von hellen Farben verändern, wenn Sie die Option *Weißpunkt reduzieren* ❹ einschalten. Wenn Sie dann den eingeblendeten Regler nach rechts verschieben, wird die Intensität reduziert.

In den Bedienungshilfen sind die Funktionen *Kontrast erhöhen* und *Transparenz reduzieren* sehr interessan. Damit können Sie die Darstellung auf dem Display weiter optimieren.

Links ist das Dock transparent, rechts dagegen nicht mehr.

Bedienungshilfen

Sprachausgabe

Die *Sprachausgabe* ist ebenfalls eine sehr nützliche Bedienungshilfe. Damit können Sie Texte vorlesen lassen. Dabei ist es egal, ob es ein E-Mail-Text oder eine Textpassage aus einem E-Book ist.

Um die Sprachausgabe zu nutzen, reicht es, die Option *Auswahl sprechen* Ⓐ oder *Bildschirminhalt sprechen* Ⓑ einzuschalten. Wenn Sie anschließend z. B. einen Text in einem E-Book markieren, können Sie im Kontextmenü die Funktion *Sprechen* auswählen. Damit wird der markierte Text vorgelesen.

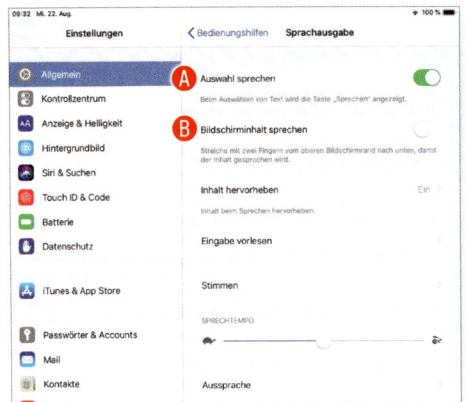
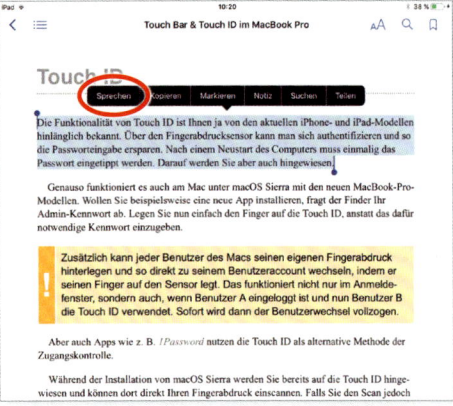

Markierte Textpassagen können vorgelesen werden. Aktivieren Sie zusätzlich „Bildschirminhalt sprechen", um das gesamte Display für die Sprachausgabe zu nutzen.

Während des Vorlesens können Sie zusätzlich die jeweiligen Wörter bzw. Sätze hervorheben lassen. Dazu müssen Sie die Option *Inhalt hervorheben* Ⓒ einschalten und anschließend bestimmen, was hervorgehoben und wie es hervorgehoben werden soll.

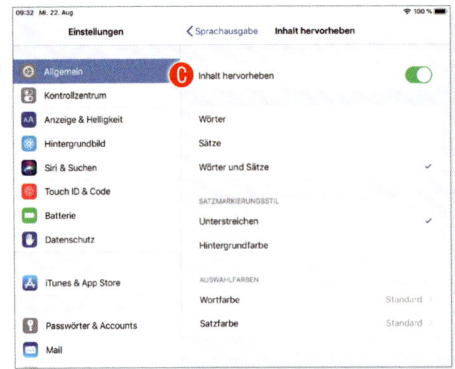
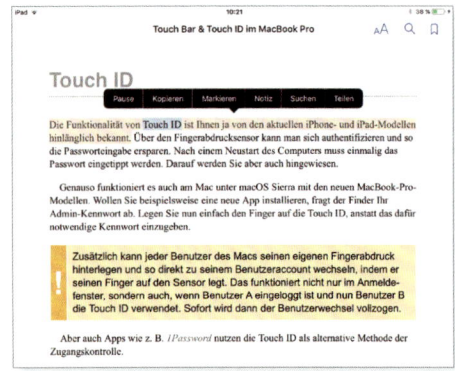

Der gesprochene Text wird nun während des Vorlesens markiert.

Da das iPad nun mal kein Mensch ist, passiert es öfter mal, dass einige Wörter falsch ausgesprochen werden – besonders bei Fremdwörter aus anderen Sprachen. Dem können Sie aber entgegenwirken, indem Sie bei *Aussprache* am Ende der Sprachausgabe-Einstellungen die problematischen Wörter hinterlegen.

Tippen Sie dort rechts oben auf das Plussymbol und geben Sie anschließend das Wort im Feld *Text* ein. Im Feld *Ersetzung* direkt darunter lässt sich mit dem Mikrofonsymbol die Aussprache aufzeichnen. Das iPad greift für die Aussprache auf die Datenbank von „Pronunciation Manual" zurück und trägt die phonetischen Zeichen dafür ein. Das war's schon! Wenn Sie weitere Wörter hinzufügen wollen, wiederholen Sie den Vorgang.

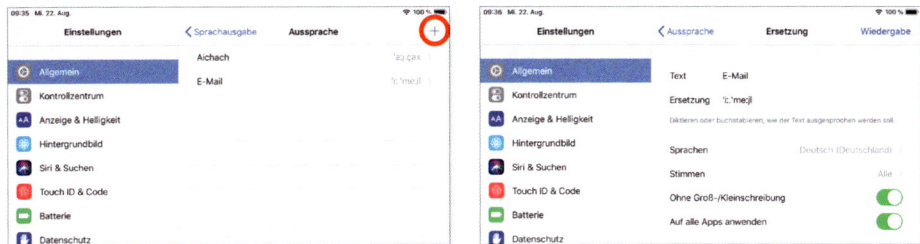

Die Aussprache von schwierigen Wörtern kann justiert werden.

Fetter Text

Wenn Ihnen die Schrift auf dem iPad zu dünn ist, dann aktivieren Sie die Bedienungshilfe *Fetter Text*. Nach einem Neustart des iPads wird dann die Schrift auf dem Display etwas dicker dargestellt.

Tastenformen

Eine wirklich hilfreiche Funktion ist *Tastenformen*. Manchmal ist es sehr schwer zu erkennen, was auf dem Display eine Taste ist oder nur einfacher Text. Bei aktivierter Funktion werden die Tasten speziell hervorgehoben und können somit viel leichter identifiziert werden.

 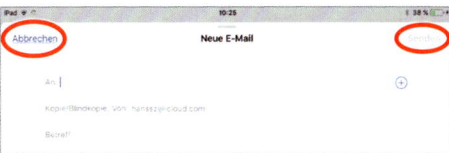

Das linke Bild zeigt die Tasten in normaler Darstellung, während im rechten Bild die Tasten besser zu erkennen sind, nachdem „Tastenformen" aktiviert wurde.

Bedienungshilfen

Bewegung reduzieren

Diese Funktion in den Bedienungshilfen kann die Akkuleistung Ihres iPads erhöhen. Damit wird der Parallaxeffekt des Hintergrunds bzw. der App-Symbole ausgeschaltet. Wenn Sie das iPad kippen oder neigen, wird normalerweise die Perspektive des Hintergrunds auf dem Home-Bildschirm verändert. Somit entsteht eine optische Täuschung, die die App-Symbole über dem Hintergrund „schweben" lässt. Diese Funktion benötigt allerdings etwas mehr Akkuleistung. Falls Sie also Ihren Akku schonen wollen, aktivieren Sie die Funktion *Bewegung reduzieren*.

Ein/Aus-Beschriftungen

Wenn Sie diese Funktion aktivieren, werden bei den diversen Schaltern zusätzliche Symbole als Kennzeichnung für den Ein- und Aus-Zustand eingeblendet. Für „eingeschaltet" wird ein senkrechter Strich und für „ausgeschaltet" ein Kreis eingeblendet.

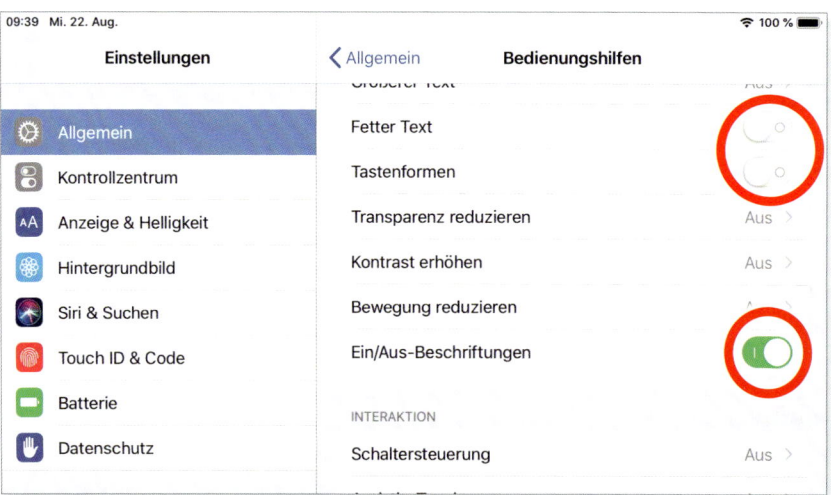

Die Schalter erhalten eine zusätzliche Kennzeichnung für ihren Zustand.

AssistiveTouch

Eine der besten Bedienungshilfen ist der *AssistiveTouch*. Dadurch können Sie viele Funktionen (z. B. das Öffnen des Kontrollzentrums oder die Rotationssperre) mit einem Fingertipp erreichen, ohne sich mühsam durch irgendwelche Menüs oder Einstellungen zu quälen.

Kapitel 2 Einstellungen

Wenn Sie den *AssistiveTouch* einschalten, erhalten Sie auf dem Display ein zusätzliches Symbol in Form eines runden Buttons, der übrigens frei positioniert werden kann. Wenn Sie ihn antippen, wird ein Menü geöffnet, das einige Standardfunktionen enthält. Ein einfaches Antippen führt die jeweilige Funktion aus, z. B. das Öffnen des Kontrollzentrums.

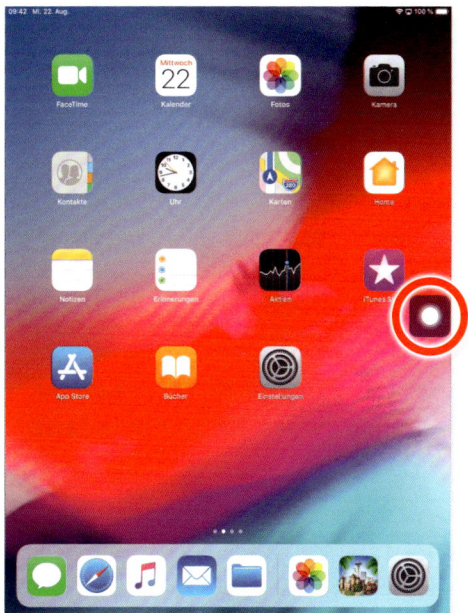 

Das Menü von „AssistiveTouch" bietet schnellen Zugriff auf einige Standardfunktionen.

Das Beste an der Funktion ist aber, dass Sie zusätzliche Funktionen zum Menü hinzufügen bzw. auch nicht benötigte entfernen können. In den *Bedienungshilfen* bei *AssistiveTouch* können Sie das *Hauptmenü anpassen*. Tippen Sie rechts unten auf das Plussymbol ❶, um eine zusätzliche Funktion hinzuzufügen, bzw. auf das Minussymbol ❷, um etwas zu entfernen.

Sie können aber auch die vorhandenen Elemente austauschen. Dafür müssen Sie auf eines der Symbole ❸ tippen. Dadurch wird eine Liste geöffnet, in der Sie dann eine andere Funktion auswählen können ❹.

 In der Funktion **Gerät** sind bereits viele Funktionen enthalten, wie z. B. **Lauter**, **Leiser**, **Ton aus** oder das Multitaskingmenü. Es ist also ratsam, diese Funktion zu AssistiveTouch hinzuzufügen. Dadurch ersparen Sie sich das Hinzufügen der einzelnen Funktionen.

65

Bedienungshilfen

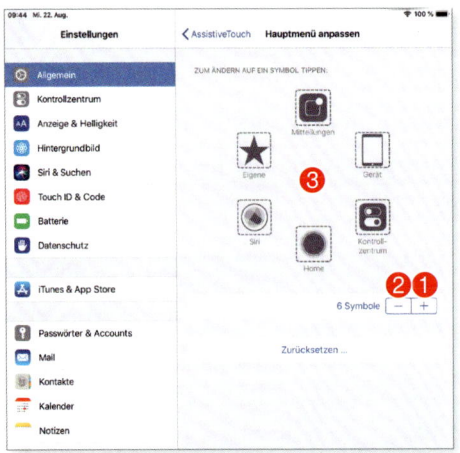 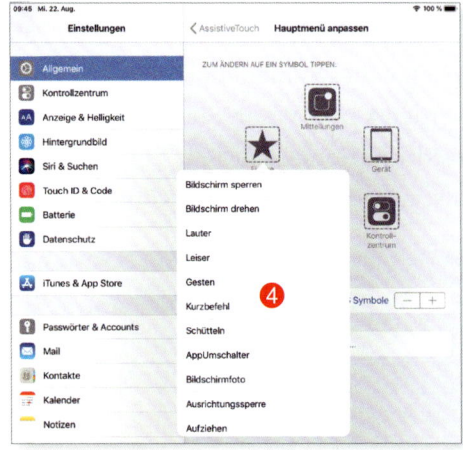

Das Menü für „AssistiveTouch" können Sie Ihren eigenen Bedürfnissen entsprechend anpassen und erweitern.

> AssistiveTouch kann minimal eine Funktion und maximal acht Funktionen enthalten. Um **AssistiveTouch** schnell aufzurufen, wählen Sie die **Bedienungshilfen –> Kurzbefehl**. Damit können Sie durch **Dreifachtippen** auf die **Home-Taste** die Funktion ein- bzw. ausschalten.

Zum Widerrufen schütteln

Ihnen ist wahrscheinlich bekannt, dass man in fast allen Computerprogrammen (z. B. in Word) den letzten Arbeitsschritt rückgängig machen kann. Auch das iPad besitzt eine solche Funktion. Damit sie auch funktioniert, muss *Zum Widerrufen schütteln* eingeschaltet sein. Wenn Sie nun den letzten Arbeitsschritt, z. B. die Texteingabe bei einer E-Mail, widerrufen wollen, müssen Sie Ihr iPad nur etwas schütteln. Eine Sicherheitsabfrage gewährleistet, dass Sie nicht unabsichtlich etwas rückgängig machen.

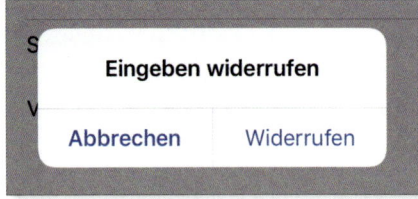

Durch einfaches Schütteln kann der letzte Arbeitsschritt rückgängig gemacht werden.

Tastatur

Wenn Sie das iPad in die Hand nehmen, fragen Sie sich vielleicht, wie Sie etwas eintippen können, da das Gerät offensichtlich keine Tastatur besitzt. Das iPad verwendet eine Bildschirmtastatur, die bei Bedarf eingeblendet wird. Dabei bietet die Tastatur einige zusätzliche Funktionen, um Ihnen die Texteingabe so leicht wie möglich zu machen.

 Verwenden Sie das iPad im Querformat, dann sind die Tasten größer und etwas einfacher zu bedienen. Oder Sie koppeln eine externe Bluetooth-Tastatur mit Ihrem iPad.

Die Tastatur im Querformat ist größer in der Darstellung und damit einfacher zu bedienen.

Sicher haben Sie in der rechten unteren Ecke das kleine Icon schon erkannt. Durch Antippen dieses Icons verschwindet die Tastatur wieder von Ihrem Bildschirm. Ein erneuter Fingertipp irgendwo im Dokument bringt die Tastatur wieder zum Vorschein. Außerdem können Sie das Icon dazu verwenden, die Tastatur vom unteren Rand des Bildschirms nach oben zu ziehen (*Abdocken*) und dabei in zwei Teile zu splitten (*Teilen*). Belassen Sie dazu den Finger auf der Tastatur und wählen Sie die gewünschte Funktion aus. *Andocken/Tastatur ins Dock* und *Zusammenführen* machen die Aktionen wieder rückgängig.

 Beim iPad Pro kann die Tastatur nicht geteilt werden. Aber das Abdocken funktioniert.

Tastatur

Die Tastatur kann auch geteilt und verschoben werden.

Die Tasten

Die Tastatur wird automatisch eingeblendet, sobald eine Texteingabe erforderlich ist. Sie kann sowohl im Hochformat als auch im Querformat genutzt werden. Je nach verwendeter App werden oberhalb der Tastatur noch zusätzliche Funktionen eingeblendet wie z. B. in der App Mail, wo Sie über der Haupttastatur auch Funktionen für E-Mail-Anhänge oder Schriftstile finden.

Die Bildschirmtastatur im Hoch- und Querformat.

Die Tastatur hat einige spezielle Tasten:
- ❶ Das ist der Hauptbereich der Tastatur, der die Buchstaben, Ziffern und Sonderzeichen für die Eingabe enthält.
- ❷ Das ist die *Shift*-Taste zum Umschalten auf die Großbuchstaben. Wollen Sie permanent Großschreiben, dann tippen Sie zweimal auf die Taste. Damit wird „Capslock" aktiviert und Sie können nur noch Großbuchstaben eingeben. Ein erneutes Tippen auf die Taste deaktiviert Capslock.

Kapitel 2 Einstellungen

❸ Seit iOS 11 gibt es mehrere Möglichkeiten, um die Ziffern und Sonderzeichen zu erreichen. Vielleicht haben Sie bereits beim iPad Pro 10,5 Zoll bemerkt, dass auf der Tastatur über den Buchstaben zusätzliche Zeichen abgebildet sind. Diese Tasten haben eine Mehrfachbelegung, die Sie erreichen können, wenn Sie mit dem Finger nach unten ziehen. Wenn Sie also z. B. die Ziffer 6 benötigen, dann reicht es aus, mit dem Finger den Buchstaben Z nach zu ziehen. Eine einfache und effiziente Möglichkeit Sonderzeichen einzutippen.

Alternativ dazu können Sie auch auf eine andere Tastaturdarstellung umschalten. Wenn Sie auf die Taste ❸ tippen. Damit werden im Hauptbereich der Tastatur andere Zeichen eingeblendet. Wenn Sie z. B. die Ziffern eingeblendet haben, können Sie die Sonderzeichen durch die Taste Ⓐ erreichen. Die Buchstaben erreichen Sie wieder, wenn Sie die Taste Ⓑ antippen.

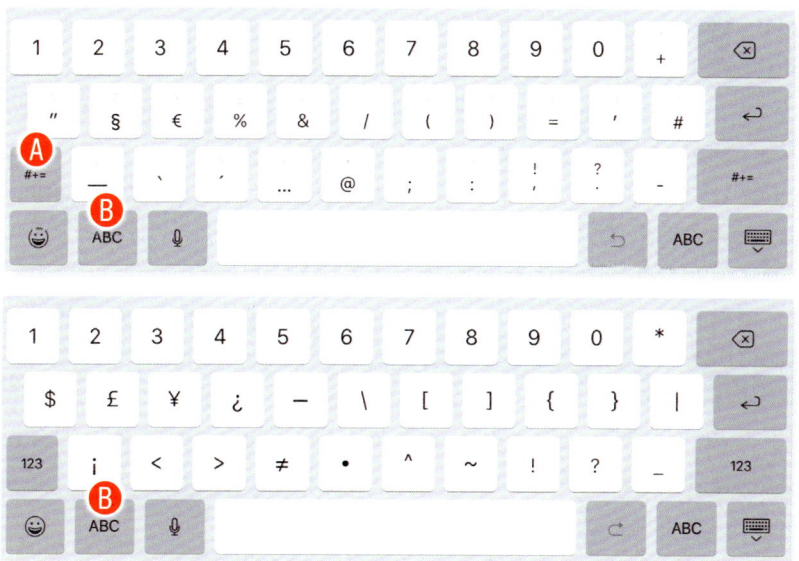

Die Ziffern (oben) und die Sonderzeichen (unten).

❹ Mit dieser Taste lassen sich andere Tastaturlayouts wie z. B. die Emojis einblenden. In der Emoji-Tastatur können Sie im unteren Bereich Ⓒ zwischen den verschiedenen Kategorien wechseln. Zur normalen Tastatur zurück kommen Sie mit der Taste Ⓓ.

Tastatur

Die Emoji-Tastatur.

❺ Das Mikrofon wird zum Diktieren verwendet. Damit müssen Sie den Text nicht mehr tippen, sondern können ihn ganz einfach diktieren. Der gesprochene Text wird automatisch in bearbeitbaren Text umgewandelt. Voraussetzung dafür ist, dass Sie unter *Einstellungen –> Allgemein –> Tastatur* die Diktierfunktion aktiviert haben und dass eine Internetverbindung per WLAN oder Mobilfunk besteht.

❻ Mit dieser Taste wird der Text links vom Cursor gelöscht. Die Taste heißt auch *Backspace*-Taste. Wenn Sie die Taste etwas länger drücken, wird nicht buchstaben- sondern wortweise nach links gelöscht.

❼ Die *Return*-Taste dürfte jedem bekannt sein: Mit ihr wird eine Zeilenschaltung eingefügt („Neue Zeile").

❽ In diesem Bereich werden die Korrektur- und Textvorschläge für die Eingabe anzeigt. Mit dieser Funktion werden wir uns gleich anschließend beschäftigen.

❾ Damit lässt sich die Tastatur vorübergehend ausblenden. Um sie wieder sichtbar zu machen, müssen Sie nur den Textcursor wieder im Dokument platzieren. Ein einfacher Fingertipp auf das Display reicht dazu meistens aus.

❿ Hier finden Sie Funktionen zum *Rückgängigmachen* bzw. *Wiederherstellen* des letzten Arbeitsschrittes und zum Einfügen vom Inhalt der Zwischenablage. Wenn Sie einen Text ausgewählt haben, werden die Tasten durch die Funktionen *Ausschneiden* und *Kopieren* ersetzt.

⓫ In diesem Bereich befinden sich die speziellen Funktionen der jeweiligen App, wie in diesem Beispiel die Funktionen von Mail oder Notizen.

Die Funktionen ❿ und ⓫ nennt Apple *Kurzbefehle*. Diese können bei *Einstellungen –> Allgemein –> Tastatur* auch ausgeblendet werden.

Kapitel 2 Einstellungen

Wenn Sie aus einem anderen Tastaturlayout nur ein Zeichen – z. B. das @-Zeichen – benötigen, dann können Sie das zeitsparender so durchführen: Sie tippen auf die Taste 123 und halten sie gedrückt. Ziehen Sie nun den Finger zum gewünschten Zeichen und heben Sie jetzt erst den Finger vom Display. Sogleich wird das Zeichen erscheinen und Sie sind wieder im vorherigen Tastaturlayout.

Sollten Ihnen die akustischen Rückmeldungen während des Eintippens nicht gefallen, dann können Sie sie unter *Einstellungen –> Töne –> Tastaturanschläge* deaktivieren.

Die Tastatur des iPad Pro 12,9 Zoll

Die Tastatur des iPad Pro bietet noch einige Tasten mehr. Dazu muss allerdings der *Anzeigezoom* unter *Einstellungen –> Anzeige & Helligkeit* auf *Standard* gesetzt sein. Nur mit dieser Einstellung erhalten Sie die zusätzlichen Tasten.

Die erweiterte Tastatur vom iPad Pro.

❶ Für die Ziffern und Sonderzeichen gibt es eine eigene Tastenreihe. Das Umschalten auf diese Zeichen ist also nicht mehr nötig.
❷ Mit der Tabulator-Taste können Sie Einzüge bzw. Tabulatoren bei einem Text hinzufügen.
❸ Die Capslock-Taste ermöglicht ein permanentes Großschreiben der Buchstaben.

Die Tastatur als Trackpad nutzen

Die Tastatur des iPads kann auch als Trackpad gennutzt werden. Dazu müssen Sie zuerst zwei Finger auf die Tastatur legen. Nach kurzer Zeit schaltet die Tastatur in den Trackpad-Modus. Sie können dies daran erkennen, dass die Tasten-

Tastatur

beschrifung ausgeblendet ist. Wenn Sie nun die zwei Finger über die Tastatur bewegen (links/rechts bzw. rauf/runter), wird der Cursor verschoben. Falls Sie zuvor etwas ausgewählt hatten, wird durch die Bewegung die Markierung erweitert bzw. verringert. Sobald Sie die zwei Finger vom Display heben, erscheint wieder die reguläre Tastatur.

Ist kein Text markiert, wird der Cursor verschoben. Wenn zuvor ein Text markiert wird, können Sie die Auswahl erweitern bzw. verringern. Tippen Sie mit zwei Fingern, wird ein Wort markiert und durch Doppeltippen der Satz. Und ein Dreifachtippen markiert schließlich den gesamten Absatz.

Korrektur- und Textvorschläge

Um sich die Texteingabe auf dem iPad zu erleichtern, können Sie die Leiste mit den Korrektur- und Textvorschlägen verwenden. Die graue Leiste oberhalb der Tastatur zeigt während der Eingabe drei Vorschläge an. Dabei handelt es sich nicht nur um Korrekturvorschläge, sondern auch um Wortvorschläge. Anhand der Eingabe der ersten paar Buchstaben eines Wortes kann das System eine Vermutung über das benötigte Wort anstellen. Wenn Sie z. B. nur die Buchstaben „Hamb" eintippen, weil Sie „Hamburg" haben wollen, wird in der Leiste bereits das vollständige Wort angezeigt. Sie müssen es nur noch antippen ❶, um es zu vervollständigen. Es ist also meistens nicht nötig, das ganze Wort manuell einzugeben. Auf diese Weise können Sie die Texteingabe erheblich beschleunigen.

Die Leiste zeigt auch Korrekturvorschläge an, z. B. wenn Sie sich vertippt haben. In der Mitte wird das möglicherweise korrekte Wort angezeigt ❷. Sie müssen nur die Leertaste drücken, um das falsche Wort durch das korrekte zu ersetzen.

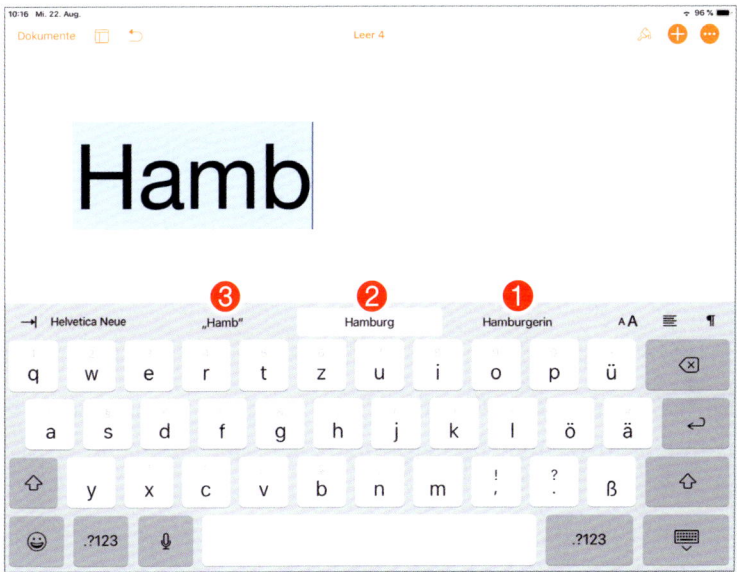

Die Korrekturleiste zeigt Vorschläge und Rechtschreibkorrekturen an.

Um eine automatische Korrektur zu verhindern, können Sie den linken Bereich ❸ antippen. Damit wird das Wort so übernommen, wie Sie es eingetippt haben.

Die automatischen Vorschläge und Korrekturen können auch etwas nervig sein, besonders dann, wenn bei der Korrektur ein richtiges Wort durch ein falsches ersetzt wird. Aus diesem Grund lassen sich die Funktionen der Leiste auch ausschalten. Dazu müssen Sie die *Einstellungen* öffnen und hier *Allgemein –> Tastatur* aufrufen. Dann lassen sich die Funktionen der Korrekturleiste einzeln abschalten, z. B. die *Rechtschreibprüfung* ❹ oder die *Auto-Korrektur* ❺. Sogar die *Vorschläge* ❻ können ausgeschaltet werden. Und die *Intelligente Interpunktion* ❼ sorgt dafür, dass die richtigen Satzzeichen der aktuellen Sprache verwendet werden. Dadurch erhalten Sie z. B. die richtigen Anführungszeichen der aktuellen Sprache.

Tastatur

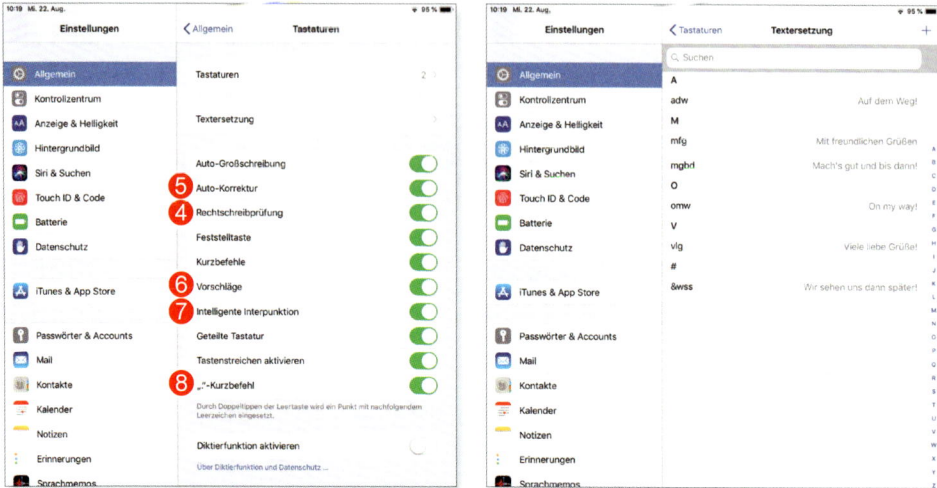

Die automatischen Korrekturfunktionen bei der Texteingabe können einzeln ein- und ausgeschaltet werden (links). Da Sie wohl, ebenso wie ich, häufig Floskeln verwenden, können Sie diese im Bereich „Textersetzung" definieren (rechts).

Ein Highlight bei den Korrekturen ist die Erkennung der Sprache für die Vorschläge. Wenn Sie also einen Text eintippen, der auch englische Wörter enthält, dann wird in der Korrekturleiste nicht nur ein deutscher Vorschlag angezeigt, sondern zudem ein englischsprachiger.

Die Korrekturleiste zeigt auch fremdsprachige Vorschläge an.

Es gibt noch eine Funktion in Bezug auf die Texteingabe und die Korrekturleiste zu bieten. Wenn Sie z. B. in der Nachrichten-App ein Wort eintippen und es dafür ein entsprechendes Emoji gibt, dann können Sie das getippte Wort über die Korrekturleiste durch das Emoji austauschen lassen. Der manuelle Wechsel zur Emoji-Tastatur entfällt dadurch.

Kapitel 2 Einstellungen

Bilder sagen oft mehr als tausend Worte.

> **!** Was aber bedeutet im Bereich **Textersetzung** die Option **„."-Kurzbefehl** ❽? Nun, ganz einfach: Nach einem Satz kommt normalerweise ein Punkt. Ist diese Funktion eingeschaltet, dann können Sie den Satzpunkt auch dadurch erzeugen, dass Sie zweimal hintereinander das Leerzeichen eingeben. Dadurch wird zuerst der Punkt gesetzt und dann direkt dahinter eben ein Leerschritt, bevor es mit dem nächsten Satz weitergeht.

Mehrfache Zeichenbelegung (Zeichenvorschau)

Neben der speziellen Tastatur mit den Sonderzeichen gibt es noch zusätzliche Sonderzeichen, besonders Akzentzeichen, die Sie über die Tastatur eingeben können. Für viele Buchstaben gibt es Akzentzeichen, die auf den ersten Blick auf der iPad-Tastatur nicht sichtbar sind. Wenn Sie z. B. den Buchstaben „U" mit einem Zirkumflex benötigen (Û), werden Sie diesen Buchstaben nicht auf der Tastatur sehen. Erst wenn Sie das U etwas länger gedrückt halten, klappt ein Kontextmenü auf, in dem alle Variationen des Buchstabens aufgelistet sind. Sie müssen nun nur noch den gewünschten Buchstaben auswählen.

Das Kontextmenü mit den alternativen Zeichen gibt es aber nicht nur für die Buchstaben. Wenn Sie z. B. das Pfundsymbol (£) benötigen, müssen Sie das Eurosymbol etwas länger antippen. Im Kontextmenü finden Sie dann die anderen Währungssymbole. Das Prozentzeichen enthält das Promillezeichen; oder öffnen Sie mal das Anführungszeichen: Dort finden Sie alle anderen Variationen von An- und Abführungen.

Tastatur

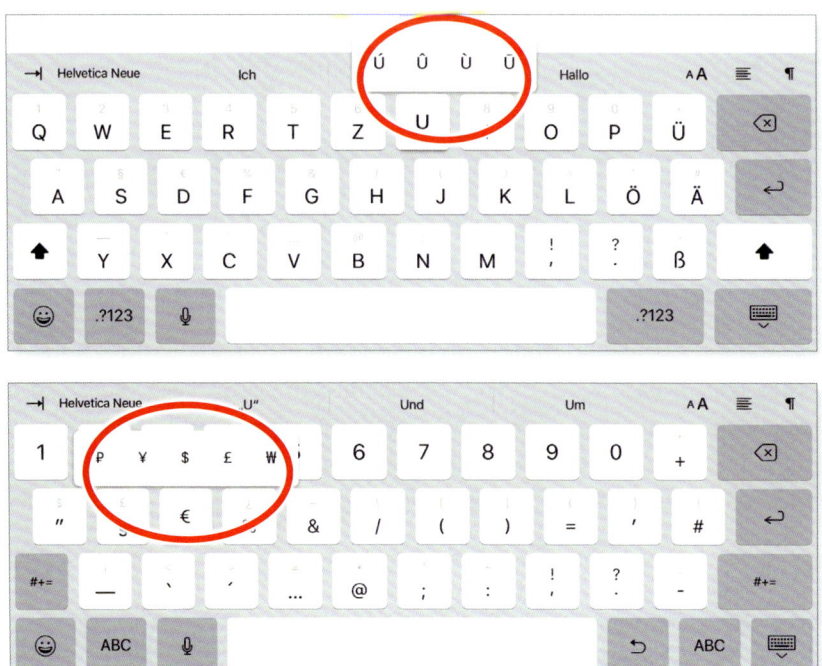

Über das Kontextmenü erreichen Sie die anderen Variationen des jeweiligen Zeichens.

Andere und fremdsprachige Tastaturen

Wenn Sie nicht nur mit deutschem Text arbeiten, sondern auch zwischendrin eine englische oder französische Tastatur benötigen, ist das am iPad kein Problem. Sie können nämlich noch zusätzliche Tastaturlayouts für Fremdsprachen einblenden. Außerdem ist es seit iOS 9 möglich, beliebige Tastaturlayouts von anderen Herstellern zu installieren. Der App Store bietet eine ganze Fülle von zusätzlichen Tastaturen.

Für zusätzliche Tastaturen müssen Sie *Einstellungen –> Allgemein –> Tastatur –> Tastaturen* öffnen. Dort sehen Sie im oberen Bereich ❶ die bereits aktivierten Tastaturlayouts. Wenn Sie auf *Tastatur hinzufügen* ❷ tippen, können Sie noch weitere Tastaturlayouts verwenden, eben auch die von anderen Herstellern ❸, die Sie zuvor im App Store erworben haben. Die fremdsprachigen Tastaturen finden Sie im unteren Bereich ❹.

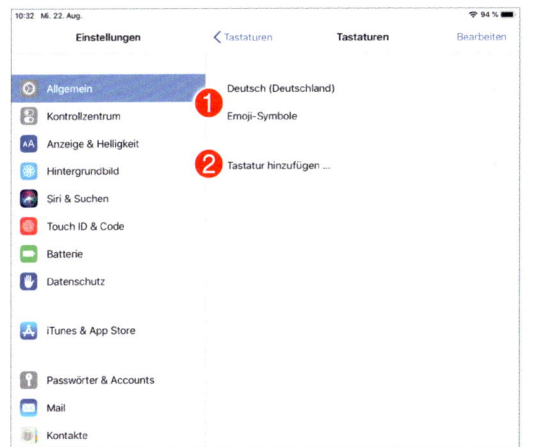
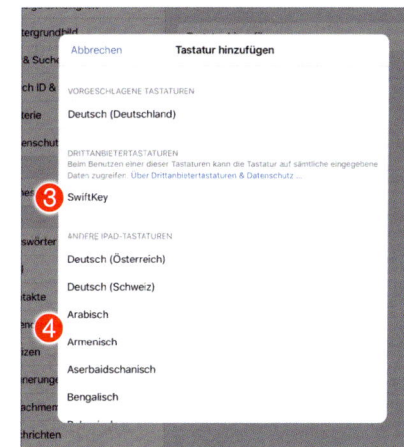

Für die Texteingabe können noch zusätzliche Tastaturlayouts verwendet werden.

Wie erreicht man nun die anderen Tastaturen bei der Texteingabe? Sobald Sie eine zusätzliche Tastatur verwenden, wird bei der Texteingabe das Symbol einer Weltkugel eingeblendet ❺. Wenn Sie dieses Symbol etwas länger drücken, wird das Kontextmenü geöffnet, in dem nun alle aktivierten Tastaturen aufgelistet sind und ausgewählt werden können.

Über die Weltkugel wechseln Sie zwischen den Tastaturen.

Textlupe

Bei der Texteingabe kommt es öfter vor, dass Sie ein Wort austauschen oder einen Satz ergänzen wollen. Dazu müssen Sie den Textcursor an die entsprechende Stelle platzieren. Da aber die Tastatur des iPads keine Cursortasten hat, müssen Sie auf eine andere Methode ausweichen. Zwar kann man mit einem einfachen Fingertippen den Cursor platzieren, dazu müssen Sie allerdings sehr treffsicher sein. Besser ist es, mit der Textlupe zu arbeiten. Mit ihrer Hilfe lässt sich der Cursor zielgenau platzieren.

Die Textlupe erhalten Sie, wenn Sie den Finger etwas länger auf den Text legen. In einem kleinen Fenster sehen Sie nun eine vergrößerte Darstellung des

Tastatur

Textes inklusive des Cursors. Nun müssen Sie mit dem Finger nur die Lupe bzw. den Textcursor an die gewünschte Stelle verschieben. Sobald Sie den Finger vom Display nehmen, wird die Lupe wieder ausgeblendet und der Cursor platziert. Alternativ dazu können Sie die Methode von Seite 71 verwenden

Mithilfe der Lupe lässt sich der Textcursor exakt platzieren.

Nachschlagen

In sehr vielen Apps kann man durch doppeltes Antippen ein Wort markieren. Sobald das getan ist, erscheint ein Kontextmenü: Hier können Sie nach rechts blättern und werden den Begriff *Nachschlagen* finden.

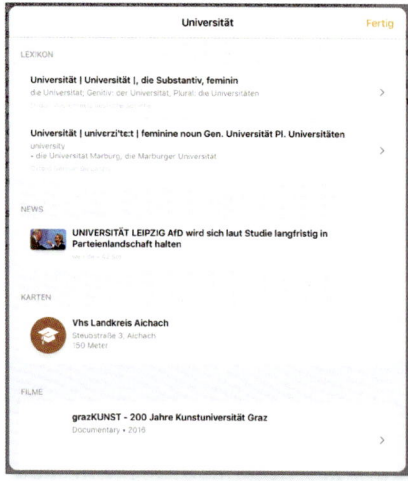

Die Funktion „Nachschlagen" ist ziemlich pfiffig und zeigt Ihnen neben dem Lexikon-Eintrag auch Fundstellen aus dem Internet an. Wenn Sie an das untere Ende scrollen, können Sie die Suche im Web weiterführen.

Bluetooth-Tastatur

Per Bluetooth lässt sich sehr einfach eine externe Tastatur mit dem iPad verbinden. Wer mit der Softwaretastatur nicht so recht klarkommt, kann so das Problem lösen und mit einer „richtigen" Tastatur schreiben.

Besonders sinnvoll ist, dass Sie mit der kabellosen Apple-Tastatur eine Reihe von hilfreichen Funktionen in Zusammenarbeit mit dem iPad bekommen:
- Die *CD-Auswurftaste* blendet die Tastatur ein und aus.
- *F10* stellt den Ton ab, mit *F11* verringern Sie die Lautstärke, mit *F12* erhöhen Sie sie.
- *F1* und *F2* machen das Display dunkler beziehungsweise heller.
- Besonders dann gut, wenn Sie am iPad Musik hören: *F8* steht für Play und Pause, drücken Sie zweimal *F7*, rufen Sie darüber den Track davor (einmal Drücken springt zum Anfang des Liedes) und mit *F9* rufen Sie den Titel danach auf. Wenn Sie *F7* oder *F9* gedrückt halten, spulen Sie schnell zurück oder nach vorne.
- Mit der *Tabulatortaste* springen Sie beim Erstellen einer neuen E-Mail der Reihe nach die einzelnen Eingabefelder an. Beim Ausfüllen eines Webformulars gelangen Sie damit ebenfalls zum jeweils nächsten Feld. In reinen Textfeldern erstellen Sie damit einen Einzug.
- Die *Cursortasten* können dazu verwendet werden, die Einfügemarke zu verschieben. Wird zusätzlich die Shift-Taste gedrückt gehalten, wird der Text zeichenweise, bei Navigation nach oben oder unten zeilenweise markiert.
- Haben Sie eine Bluetooth-Tastatur mit Ihrem iPad verbunden, halten Sie in den Apple-eigenen Apps doch mal die *cmd*-Taste gedrückt. Dann informiert Sie das System über nützliche Tastenkürzel, die Ihnen das Leben mit dem iPad noch einfacher machen.

Anhang hinzufügen	⇧ ⌘ A	Senden	⇧ ⌘ D
Als Zitat einsetzen	⇧ ⌘ V	Abbrechen	⌘ W
Zitatebene erhöhen	⌘ '	Blindkopie hinzufügen	⌥ ⌘ B
Zitatebene verringern	⌥ ⌘ '	Entwurf minimieren	⌘ M

Hier sehen Sie beispielhaft die zur Verfügung stehenden Tastenkürzel der App „Mail", beim Erstellen einer neuen E-Mail.

Weitere wichtige Shortcuts ausgewählter Apps finden Sie in den nachfolgenden Tabellen:

Tastatur

App-übergreifende Tastenkürzel:	
Spotlight-Suche aufrufen	cmd + Leertaste
Homescreen zeigen	cmd + H
Zwischen den Apps wechseln	cmd + Tab bzw. cmd + Shift + Tab
Suche aktivieren in Safari, Notizen, Karten, Pages, Keynote, Numbers etc.	cmd + F
Markierten Text formatieren z. B. in Notizen, Pages, Numbers, Keynote, etc.	cmd + B (Fett), cmd + U (Unterstrichen), cmd + I (Kursiv)
Aktion abbrechen	esc
Cursor bewegen	Cursortasten
Entfernen-Taste (buchstabenweise nach rechts löschen)	fn + Backspace

Via „cmd + Tab" kann man – wie bei macOS – die App wechseln.

Safari:	
An den Anfang bzw. das Ende der Webseite springen	cmd + Cursor nach oben bzw. nach unten
Neue URL eintippen	cmd + L
Neuen Tab öffnen	cmd + T
Zweites Fenster in Split View öffnen	cmd + N
Tab schließen	cmd + W
Zwischen Tabs wechseln	ctrl + Tab bzw. ctrl + Shift + Tab
Reader-Ansicht öffnen bzw. verlassen	cmd + Shift + R
Internetseite neu laden	cmd + R

Mail:

Anhang hinzufügen	⌘ shift A	Senden	⌘ shift D
Als Zitat einsetzen	⌘ shift V	Blindkopie hinzufügen	⌘ option B
Zitatebene erhöhen	⌘ '	Entwurf minimieren	⌘ M
Zitatebene verringern	⌘ option '	Neue E-Mail	⌘ N

Neben „cmd + N" (Neue E-Mail) gibt es eine Reihe von weiteren Tastenkürzeln, sobald eine neue E-Mail erstellt wird.

Kalender:	
Tages-, Wochen-, Monats- oder Jahresansicht	cmd + 1, cmd +2, cmd + 3, cmd +4
Den heutigen Tag anzeigen	cmd + T
Neuen Termin erstellen	cmd + N

Notizen:	
Checkliste erstellen	cmd + alt + L
Checklistenpunkt abhaken	cmd + Shift + U
Text als Überschrift bzw. als Titel formatieren	cmd + alt + H bzw. T

Smart Keyboard für das iPad Pro

Alle Funktionen, die bis hierher für eine Bluetooth-Tastatur beschrieben wurden, gelten auch für das Smart Keyboard des iPad Pro.

Es gibt lediglich drei relevante Unterschiede:

1. Das Smart Keyboard wird nicht über Bluetooth mit dem iPad Pro gekoppelt, sondern über die drei Anschlusspins (Smart Connector), die sich auf der linken Seite des iPad Pro befinden. Darüber wird das Keyboard mit Strom versorgt, und zugleich laufen hierüber auch die Daten.

Das Smart Keyboard für das iPad Pro benötigt kein Bluetooth.

Tastatur

2. Auf der Tastatur des Smart Keyboards finden Sie ganz links unten ein Weltkugelsymbol, mit dem Sie sehr einfach zwischen verschiedenen Tastaturen wechseln können.

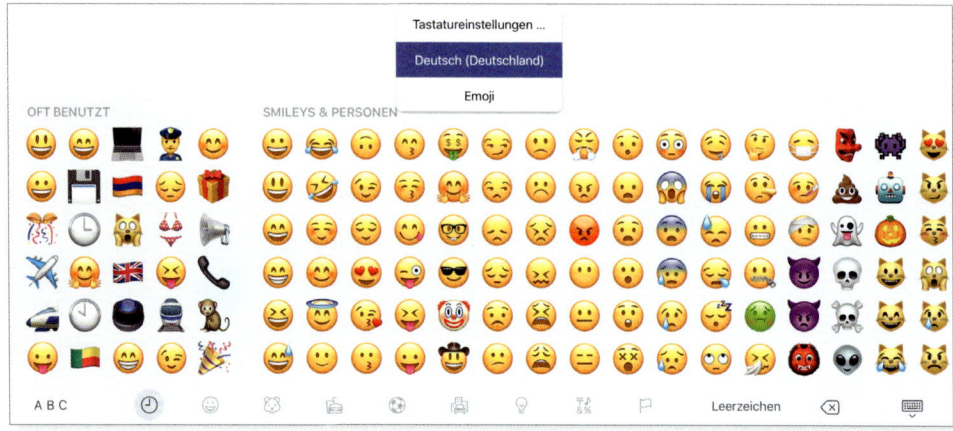

Über die Taste mit dem Weltkugelsymbol können Sie rasch zwischen verschiedenen Tastaturen wechseln.

3. Das Smart Keyboard besitzt leider keine Funktionstasten, so dass einige der vorhin erwähnten Tastenkürzel hier nicht verwendbar sind.

Apple Pencil für das iPad

Auch der Apple Pencil ist derzeit wie das Smart Keyboard ausschließlich für die Verwendung am iPad Pro und das iPad von 2018 konzipiert. Der Grund hierfür liegt auf der Hand: Denn nur das iPad Pro und das neue iPad ist bei angeschlossenem Pencil in der Lage, das Display bis zu 240-mal pro Sekunde abzufragen, wo sich der Stift aktuell befindet. Übrigens: Ohne Verwendung des Apple Pencils fragt das iPad das Display bis zu 120-mal pro Sekunde ab, um Ihre Fingergesten korrekt interpretieren zu können. Damit fühlt sich der Stift so „natürlich" an, als würden Sie auf Papier arbeiten.

Wie ist der Apple Pencil mit dem iPad zu verbinden? Ganz einfach:

Kapitel 2 Einstellungen

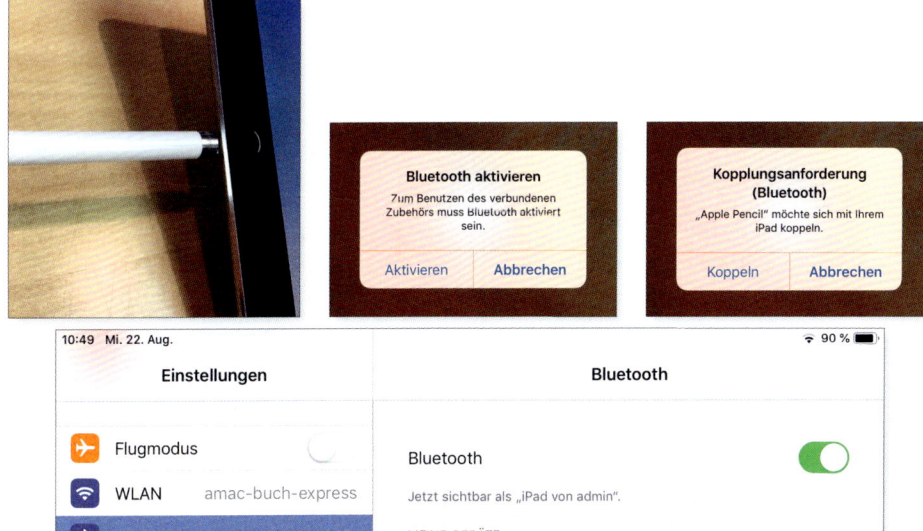

Stecken Sie den Pencil in den Lightning-Anschluss des iPad. Daraufhin sollte Bluetooth aktiviert werden, um die Kopplung herzustellen.

> **!** Über das Anstecken an das iPad Pro wird der Stift auch aufgeladen. Dabei genügen ca. 15 Sekunden, um anschließend 30 Minuten mit dem Stift arbeiten zu können. Ist der Stift voll aufgeladen, können Sie ihn ca. zwölf Stunden einsetzen. Im Lieferumfang des Apple Pencils ist übrigens ein Adapter enthalten, mit dem sich der Stift auch bequem über das Lightning-Kabel an einer Steckdose aufladen lässt. Um den Ladezustand des Pencils zu erfahren, können Sie das Widget **Batterien** in die **Heute-Ansicht** einbringen.

Sind Apple Pencil und iPad verbunden, dann können Sie direkt loslegen. Sie können mit dem Apple Pencil alles das tun, was Sie auch mit einem Finger tun können: Scrollen, Antippen, den Wackelmodus starten etc.

Aber der Pencil kann noch mehr. Voraussetzung hierfür ist die Verwendung geeigneter Apps wie Notizen, Paper, Adobe Comp CC, Microsoft Office für das iPad. Alle diese und viele weitere Apps für erlauben das Skizzieren und Zeichnen auf dem iPad. Da der Apple Pencil auf Druck und Neigung reagiert, können Sie ganz einfach auch unterschiedlich starke Linien zeichnen, Objekte schraffieren und vieles mehr tun. Abhängig von den Zeichenwerkzeugen der App lässt sich so mit dem Apple Pencil sehr kreativ und intuitiv arbeiten.

Tastatur

Die App „Paper" (https://itunes.apple.com/de/app/paper-notizen-fotokommentare/ id506003812?mt=8) ist ein prima Werkzeug, um den Apple Pencil auszutesten.

Aber auch die Apple-eigenen Apps wie Notizen oder Mail funktionieren prima in Zusammenarbeit mit dem Apple Pencil. Mit der optionalen App „Stylus" erhält man ein Tastaturlayout, dass handschriftlichen Text in bearbeitbaren Text umwandelt.

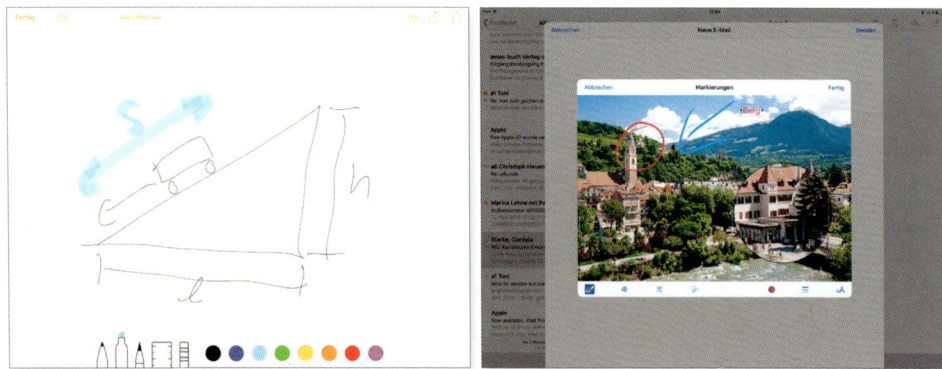

Die „Notizen"-App stellt eine Reihe von Zeichenwerkzeugen zu Verfügung. Möchten Sie in der App „Mail" Bilder oder PDF-Dateien versenden, so können Sie mit dem Apple Pencil in die Dateien auch Anmerkungen einfügen. Weitere Infos hierzu erhalten Sie in Kapitel 7.

 Es ist übrigens kein Problem, den Handballen auf dem iPad zu haben, während Sie mit dem Apple Pencil zeichnen. Das iPad erkennt das und interessiert sich fortan nicht mehr für Ihren Handballen.

 Achten Sie im App Store darauf, dass die gewünschte App explizit die Zusammenarbeit mit dem Apple Pencil anbietet. Denn es gibt für das iPad auch andere Stifte, die verwendet werden können, aber nicht den Funktionsumfang und die Genauigkeit des Apple Pencils aufweisen.

iCloud

Apple bietet seit Herbst 2011 einen Cloud-Dienst mit dem Namen *iCloud* an. Dieser Dienst steht jedem iPad-, iPhone-, Mac- oder Windows-Anwender kostenlos zur Verfügung. Der iCloud-Account umfasst 5 GByte kostenlosen Speicherplatz für Mails, Dokumente und Backups. Die gekauften Musiktitel, Apps, Bücher und TV-Sendungen werden nicht auf den Account angerechnet. Er reicht also aus, um eine ganze Menge Bilder, Videos, E-Mails und Dokumente in der Cloud zu speichern. Bei Bedarf kann zusätzlich kostenpflichtiger Speicher erworben werden, der zu den kostenfreien 5 GByte hinzugefügt wird.

Die Konditionen sehen zur Zeit (Stand: Oktober 2018) so aus:
5 GByte = kostenlos
zusätzliche 50 GByte = € 0,99 pro Monat
zusätzliche 200 GByte = € 2,99 pro Monat
zusätzliche 2 TByte = € 9,99 pro Monat

iCloud

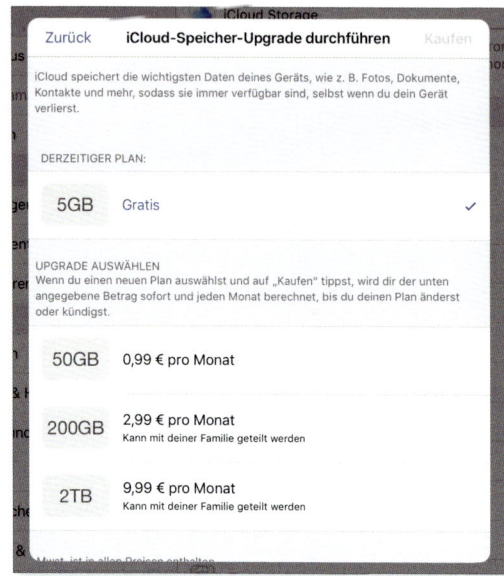

Zusätzlicher Speicherplatz für iCloud ist nicht kostenlos.

Voraussetzung für iCloud ist eine gültige Apple-ID. Wenn Sie eine besitzen, müssen Sie sich damit in den *Einstellungen* bei *iCloud* anmelden. Nach erfolgreicher Aktivierung von iCloud lassen sich die einzelnen Funktionen einschalten.

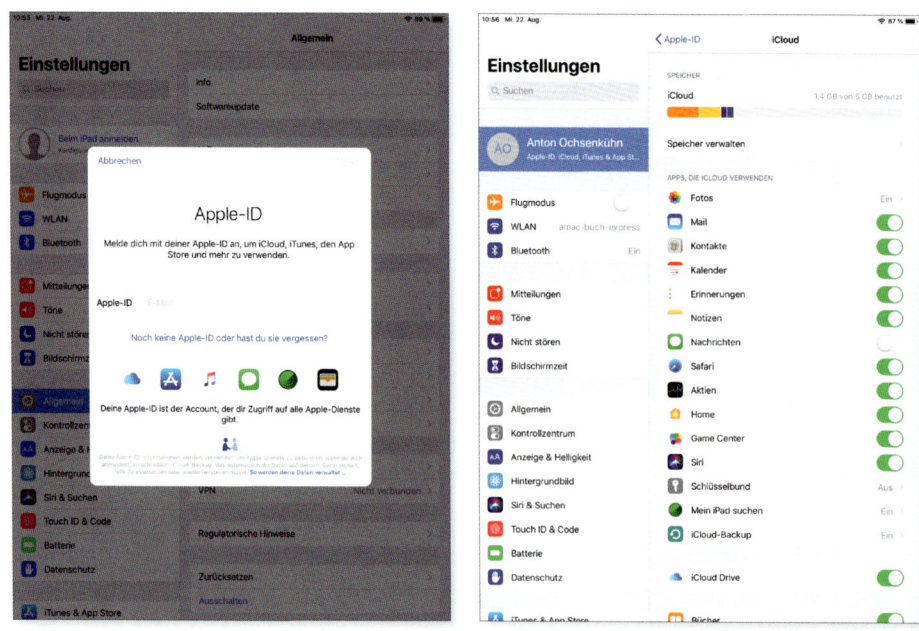

Der Zugang zu iCloud ist sehr schnell eingerichtet, wenn Sie Ihre Apple-ID angeben.

Da das Thema iCloud sehr umfangreich ist und den Rahmen dieses Buches sprengen würde, empfehle ich Ihnen das Buch „iCloud & Apple-ID". In diesem Buch wird ausführlich über die Vorzüge, Möglichkeiten und Einstellungen der Apple-ID und iCloud berichtet.

„iCloud & Apple-ID" (ISBN 978-3-95431-062-3), € 16,95, amac-buch Verlag.

AirPods

Sie sehen nicht nur extrem chic aus, sie überzeugen auch durch ihren Tragekomfort und begeistern durch eine hohe Akkulaufzeit: die kabellosen AirPods. Die Air Pods verbinden sich per Bluetooth faktisch mit jedem Gerät – also auch mit dem iPhone, dem iPad, der Apple Watch und natürlich mit Ihrem Mac.

Ist die Kopplung vollzogen, genügt es, die Kopfhörer aus der Schale zu nehmen, ins Ohr zu stecken und schon kann es losgehen. Sie erhalten zudem eine kurze akustische Rückmeldung, dass die AirPods bereit sind und sich erfolgreich mit einem Gerät verbunden haben. Die Schale lädt übrigens die Kopfhörer während des Nichtbenutzens automatisch wieder auf. Die Schale selbst verfügt über einen Lightning-Anschluss und kann über ihn aufgeladen werden.

Wollen Sie die AirPods z. B. mit einem iPad verbinden, dann öffnen Sie die Schale in der Nähe des Geräts. Achten Sie darauf, dass beim iOS-Gerät Bluetooth eingeschaltet ist.

  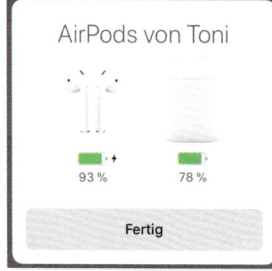

Tippen Sie auf „Verbinden" und halten Sie die Taste auf der Rückseite der AirPod-Schale gedrückt. Schwups ist die Verbindung hergestellt.

Sobald die Verbindung steht, sollten Sie noch in die *Einstellungen -> Bluetooth* navigieren. Tippen Sie dort das *i* hinter den AirPods an, um einige Feinheiten konfigurieren zu können.

Kapitel 2 Einstellungen

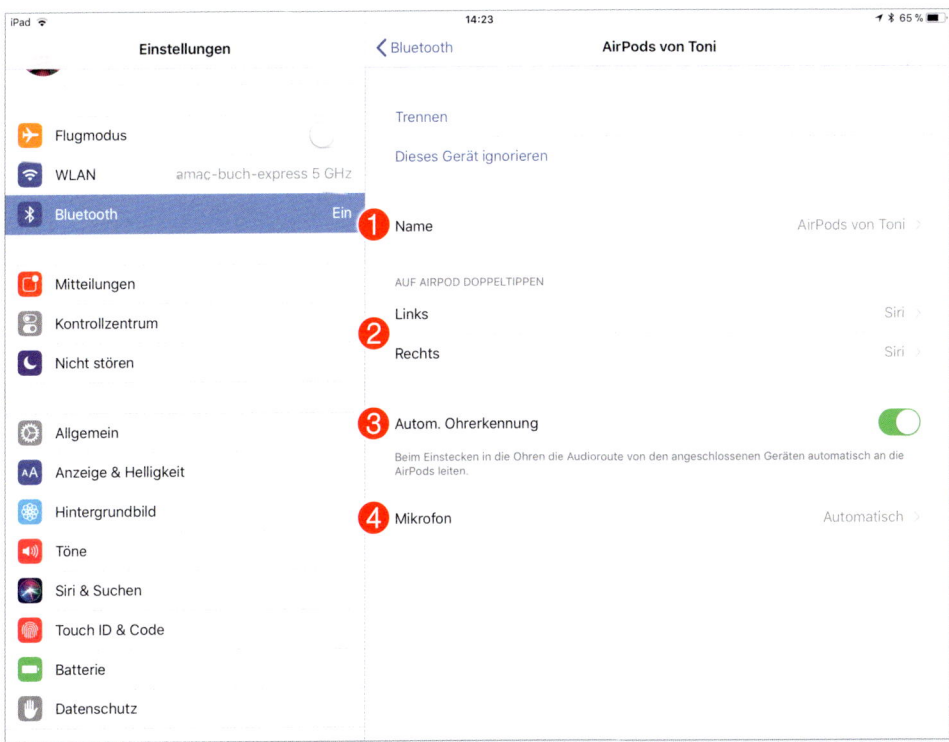

Über die Bluetooth-Einstellungen können Sie die AirPods noch detaillierter anpassen.

Natürlich können Sie Ihren AirPods einen eigenen Namen geben ❶. Dieser Name wird dann auch verwendet, wenn Sie die AirPods beispielsweise mit der Apple Watch koppeln.

Interessant sind die Einstellungen bei *Auf AirPod doppeltippen* ❷. Dort können Sie getrennt für die beiden Kopfhörer definieren, was bei einem Doppeltipp passieren soll. Zur Verfügung stehen: *Siri, Wiedergabe/Pause, Nächster Titel, Voriger Titel, Deaktiviert.* Ich verwende *Siri* auf dem rechten AirPod und *Nächster Titel* auf dem linken.

Die *Autom. Ohrerkennung* ❸ habe ich bereits erwähnt: AirPods aus der Schale nehmen, in beide Ohren stecken und schon geht's los. Und zu guter Letzt können Sie noch angeben, ob der linke oder der rechte AirPod sein Mikrofon für z. B. Siri zur Verfügung stellen soll oder beide aktiv sind. eben beide ❹.

Wenn Sie nun Musik hören, können Sie über das Kontrollzentrum relativ einfach auf die AirPods oder andere Lautsprecher umschalten. Um die erweiteren Funktionen der Musiksteuerung zu öffnen, müssen Sie sie etwas länger antippen. Anschließend tippen Sie rechts oben auf das AirPlay-Symbol.

AirPods

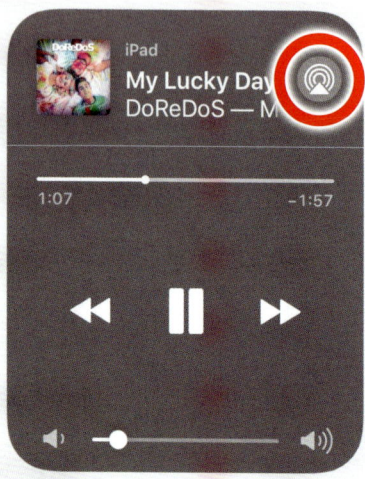

Über die Musiksteuerung im Kontrollzentrum gelingt das Umschalten auf die AirPods im Handumdrehen.

Sogleich erscheinen alle potenziellen Wiedergabegeräte. Tippen Sie dann auf die AirPods, und schon hören Sie Musik etc. bequem über diese innovativen Kopfhörer. Die Lautstärke regeln Sie dabei am iOS-Gerät und nicht an den AirPods.

Ab sofort verwendet mein iPad die AirPods zur Musikwiedergabe.

Kapitel 3 Informationen im Griff

Das iPad ist nicht nur ein einfaches Tablet, sondern vielmehr eine Schaltzentrale für das tägliche Leben. Mit ihm können Termine verwaltet, Nachrichten verschickt und empfangen, Orte gesucht und Neuigkeiten erhalten werden. Die Informationen, die dadurch fast minütlich auf dem iPad angezeigt werden, können manchmal nervig werden. Es stellt sich auch sehr schnell das Gefühl ein, etwas zu verpassen, wenn man nicht alle fünf Minuten auf das Display sieht. Aber keine Sorge – auf dem iPad verpassen Sie nichts! Alle Informationen von den verschiedenen Diensten und Anwendungen werden gesammelt und können zu jedem beliebigen Zeitpunkt abgerufen und auch durchsucht werden.

In diesem Kapitel erfahren Sie, welche Möglichkeiten und Funktionen das iPad bietet, um z. B. Mitteilungen anzuzeigen oder um etwas auf dem iPad, im Internet oder an bestimmten Orten zu finden. Des Weiteren lernen Sie die Widgets kennen, mit deren Hilfe Sie sich die Informationen der verschiedenen Apps gesammelt und übersichtlich anzeigen lassen können.

Mitteilungen

Was sind Mitteilungen? Dabei handelt es sich nicht um SMS-Nachrichten oder iMessages, sondern vielmehr um Benachrichtigungen von einzelnen Apps, z. B. von der App FaceTime, dass Sie einen Anruf verpasst haben. Die Mitteilungen lenken Ihre Aufmerksamkeit also durch kleine Nachrichten auf die diversen Apps, bei denen gerade etwas passiert ist. Die Mitteilungszentrale wiederum sammelt alle diese Nachrichten der Apps. Dort können Sie dann jederzeit die Mitteilungen in Ruhe durchsehen und natürlich auch entfernen.

Mitteilungen

Wer darf Mitteilungen erzeugen?

Bevor wir uns die Mitteilungszentrale genauer ansehen, sollten Sie zuerst kontrollieren, welche Apps überhaupt das Recht haben, Mitteilungen zu generieren bzw. Ihre Mitteilungen in der Zentrale darzustellen.

Dazu müssen Sie *Einstellungen –> Mitteilungen* öffnen. Dort sind alle Apps aufgelistet, die eine Mitteilung machen können. Sie können nun in den Apps individuell einstellen, in welcher Art und Weise eine Mitteilung erfolgt und ob sie auch in der Mitteilungszentrale aufgelistet werden soll. Wenn Sie eine App antippen, z. B. *Erinnerungen*, können Sie anschließend die Einstellungen einsehen und ändern.

Unter „Einstellungen –> Mitteilungen" sind alle Apps aufgelistet, die Mitteilungen generieren können.

❶ *Mitteilungen erlauben:* Mit diesem Regler können Sie festlegen, ob die jeweilige App Mitteilungen machen darf oder nicht. Wenn Sie den Regler auf *Aus* stellen, sind die darunterliegenden Funktionen ausgeblendet.

❷ *Töne:* Auf jede neue Mitteilung wird nicht nur visuell, sondern auch akustisch hingewiesen. Welcher Hinweiston dabei ertönt, können Sie hier definieren.

❸ *Kennzeichen:* Das sind die kleinen weiß-roten Ziffern, die bei den App-Symbolen auftauchen, wenn es z. B. eine neue E-Mail oder Nachricht gibt.

Kapitel 3 Nichts mehr verpassen und alles finden

Anhand der Ziffern können Sie dann erkennen, wie viele neue Nachrichten oder E-Mails es gibt. Wenn die Ziffern Sie stören, schalten Sie diese Funktion aus.

❹ *Sperrbildschirm:* Wenn diese Funktion aktiviert ist, werden die Mitteilungen nicht nur auf dem Home-Bildschirm angezeigt, sondern auch auf dem Sperrbildschirm, falls das iPhone gesperrt ist.

❺ *Mitteilungen:* Mit dieser Option gestatten Sie der App ihre Mitteilungen auch im Nachrichtenverlauf des Sperrbildschirms bzw. Deckblattes aufzulisten. Dadurch werden also auch ältere Mitteilungen noch aufgelistet.

❻ *Banner* und *Bannerstil:* Hier können Sie noch festlegen, ob die Mitteilung als Banner auf dem Display erscheinen soll, und wie lange. Direkt darunter bei *Bannerstil* stellen Sie ein, auf welche Art und Weise das Banner erscheinen soll. Die Option *Temporär* lässt das Banner nur einige Sekunden eingeblendet, während die Option *Dauerhaft* das Banner solange sichtbar lässt, bis der Anwender auf die Mitteilung reagiert.

Bei Nachrichten, Mail, Kalender, Erinnerungen, WhatsApp etc. kann zudem noch eingestellt werden, ob die Mitteilungszentrale nur den Hinweis auf eine eingegangene E-Mail bzw. eine erhaltene Nachricht anzeigt oder auch einiges aus dem Inhalt (**Vorschau zeigen** ❼).

Um die Nachrichtenvorschau zu verbergen, deaktivieren Sie „Vorschauen zeigen ❼". Zudem können Sie für die App „Nachrichten" Wiederholungshinweise festlegen (bis zu 10-mal!)

❽ *Mitteilungsgruppierung*: Mit dieser Einstellung können Sie festlegen, dass Mitteilungen aus der gleichen Quelle, wie z. B. Mail, als Gruppe in der Mitteilungszentrale angezeigt werden.

Mitteilungen

Die Mitteilungszentrale

Normalerweise erscheinen Mitteilungen direkt auf dem Display des iPads. Es kommt aber sehr oft vor, dass man sie verpasst oder übersieht. Aus diesem Grund gibt es die Mitteilungszentrale, wo alle Mitteilungen gesammelt werden. Um die Mitteilungszentrale einzublenden, müssen Sie vom oberen Rand außerhalb des Displays mit einem Finger nach unten wischen.

> ! Seit iOS 11 sind die Mitteilungszentrale und der Sperrbildschirm zusammengelegt. Wundern Sie sich also bitte nicht, wenn Sie die Mitteilungszentrale herunterziehen, dass dann der Sperrbildschirm erscheint. Das bedeutet nicht, dass das iPad plötzlich gesperrt ist.

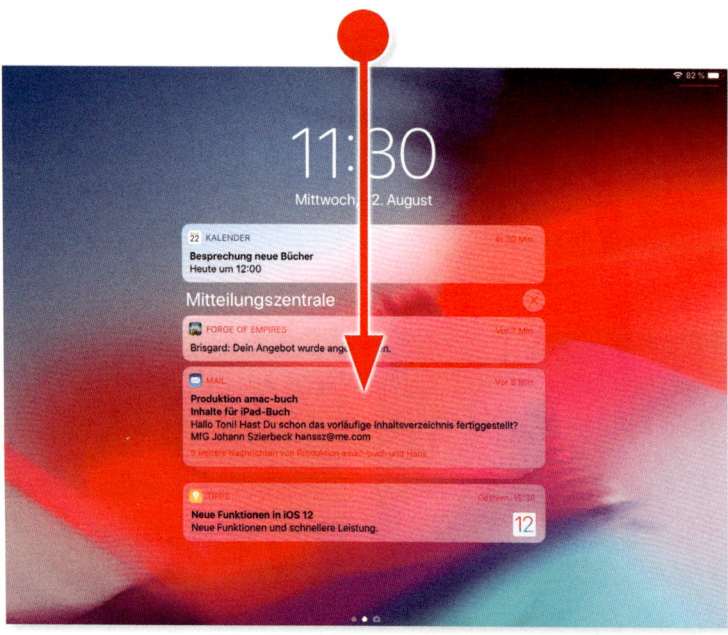

Um die Mitteilungszentrale einzublenden, müssen Sie unbedingt von außerhalb des Displays nach unten wischen.

In der Mitteilungszentrale sehen Sie nun die verschiedenen Nachrichten nach Apps sortiert. Wenn Sie eine dieser Nachrichten antippen (z. B. eine Erinnerung), wird die entsprechende App geöffnet und die Erinnerung angezeigt. Bei verpassten Anrufen wird auch sofort der Rückruf in der jeweiligen App gestartet.

Es geht aber noch besser: Anstatt auf die Mitteilung zu tippen, können Sie sie auch nach links verschieben und dadurch Optionen für die weitere Vorgehensweise einblenden. Bei einem Facetime-Anruf z. B. können Sie dem Anrufer eine Nachricht schicken. Außerdem lässt sich dadurch die Mitteilung auch ganz einfach löschen, ohne irgendeine weitere Aktion auszulösen.

Sie können die Mitteilung aber auch nach rechts verschieben. Dadurch können Sie direkt die App öffnen, von der die Mitteilung stammt.

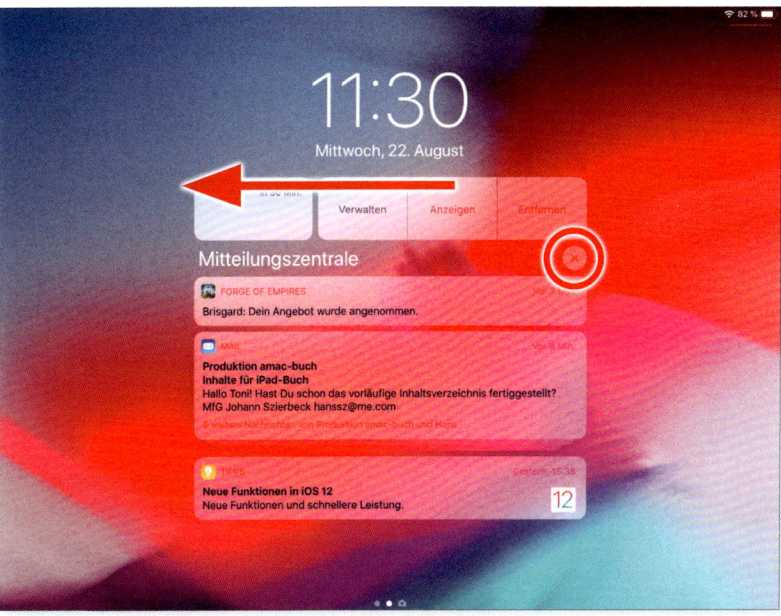

Wenn man eine Mitteilung nach links verschiebt, werden die Optionen eingeblendet, die je nach Art der Mitteilung unterschiedlich sind.

 Wenn Sie alle Mitteilungen in einem Rutsch löschen wollen, dann tippen Sie auf das X-Symbol rechts oben.

Mit iOS 12 werden Mitteilungen, die aus der gleichen Quelle stammen gruppiert. Somit ist die Mitteilungszentrale übersichtlicher, da die Mitteilungen nach der jeweiligen Quelle zusammengefasst werden. Um die einzelnen Mitteilungen zu lesen, müssen Sie nur die Gruppe antippen und schon klappen die Mitteilungen auf.

Mitteilungen

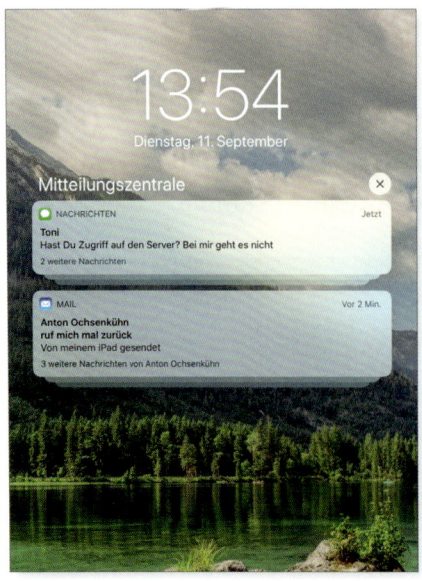

Mitteilungen die aus der gleichen Quelle stammen, werden gruppiert (Einstellungen –> Mitteilungen –> Nachrichten –> Mitteilungsgruppierung).

Sperrbildschirm

Mit iOS 11 wurden, wie bereits erwähnt, die Mitteilungszentrale und der Sperrbildschirm zusammengelegt. Wenn Sie nun im Sperrbildschirm die verpassten Mitteilungen sehen wollen, müssen Sie mit dem Finger nach oben wischen. Im Sperrbildschirm stehen Ihnen dann alle Funktionen zur Verfügung, die Sie auch sonst in der Mitteilungszentrale nutzen.

Wenn man im Sperrbildschirm nach oben wischt, erhält man die Mitteilungszentrale.

Weiterhin lässt sich festlegen, welche Informationen auf dem Sperrbildschirm angezeigt werden sollen. Dazu müssen Sie *Einstellungen –> Touch ID & Code* öffnen. Im unteren Bereich können Sie dann einstellen, was im Sperrbildschirm angezeigt wird bzw. erlaubt sein soll.

 Die Einstellungen haben keinerlei Auswirkungen auf die Mitteilungszentrale, die über den Home-Bildschirm aufgerufen wird.

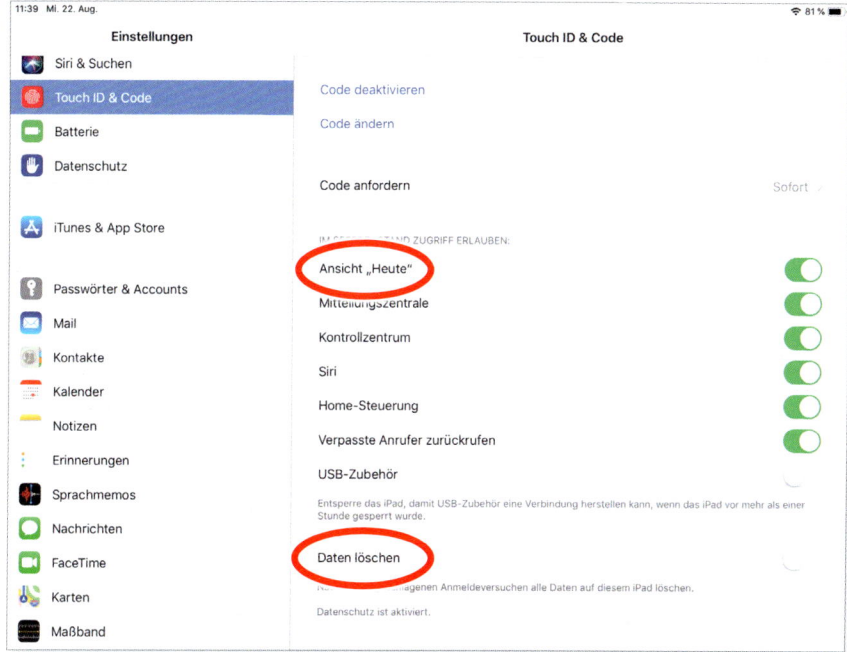

Unter „Einstellungen –> Touch ID & Code" definieren Sie, was der Sperrbildschirm anzeigen soll. Auch das automatische Löschen des iPads nach zehn fehlgeschlagenen Anmeldeversuchen kann hier aktiviert werden.

 Wenn Sie die Option **Ansicht „Heute"** deaktivieren, dann haben Sie im Sperrbildschirm keinen Zugriff mehr auf die Widgets (siehe nächsten Abschnitt).

Widgets in der Heute-Ansicht

Widgets sind eine andere Art von Elementen zur einfachen und schnellen Bedienung des iPads. Widgets sind kleine Ableger Ihrer Apps. Sie zeigen in einem eigenen Fenster die wichtigsten Informationen an, z. B. aktuelle Nachrichten oder Restaurants in der unmittelbaren Umgebung. Mit den Widgets erhalten Sie also sofort wichtige Informationen, ohne die jeweilige App öffnen zu müssen.

Die Widgets sind ein Bestandteil des Home-Bildschirms und befinden sich ganz links in der *Heute-Ansicht*. Verschieben Sie den Home-Bildschirm also so lange nach rechts, bis die Widgets eingeblendet sind. Wie Sie erkennen können, wird jedes Widget in einem eigenen Fenster dargestellt. Wenn Sie auf ein Widget tippen, wird die dazugehörige App gestartet.

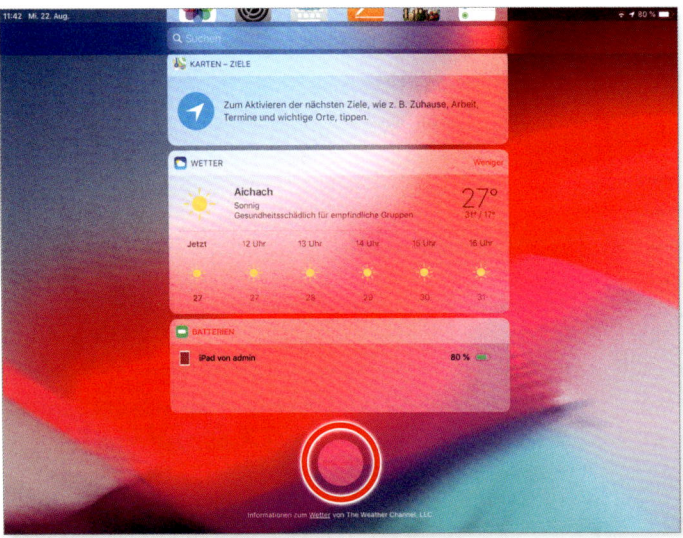

Der Widgets-Bildschirm.

Welches Widget angezeigt wird und in welcher Reihenfolge sie aufgelistet werden, das kann von Ihnen geändert werden. Wenn Sie ganz nach unten scrollen, finden Sie die Schaltfläche *Bearbeiten*. Damit können Sie die Einstellungen für die Widgets öffnen. Im oberen Bereich sind die Widgets aufgelistet, die aktuell angezeigt werden. Sie können ihre Reihenfolge ändern, indem Sie sie an den drei grauen Linien auf der rechten Seite ❶ fassen und an eine andere Position verschieben.

Kapitel 3 Nichts mehr verpassen und alles finden

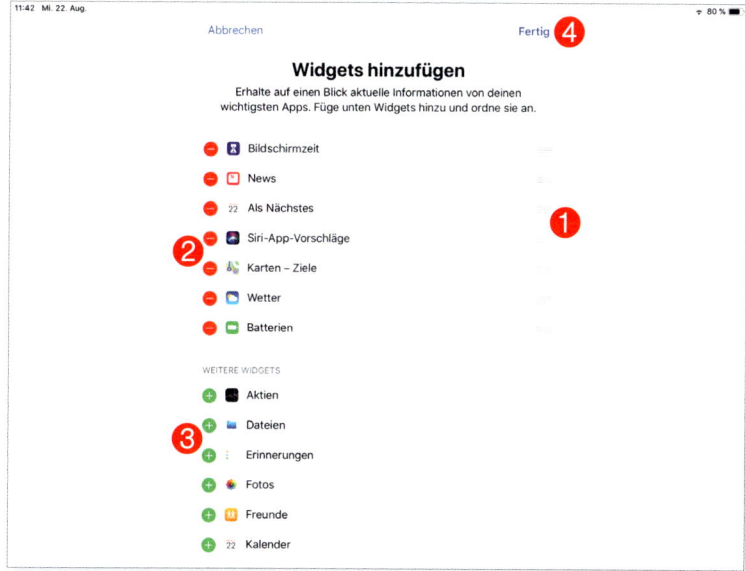

Sie können Widgets umsortieren, entfernen und weitere einblenden.

Wenn Sie ein Widget entfernen wollen, dann tippen Sie auf das weiß-rote Minussymbol . Damit wird das jeweilige Widget auf dem Widget-Bildschirm ausgeblendet. Das Widget wird dann automatisch in die untere Liste einsortiert. Dort können Sie mithilfe des weiß-grünen Pluszeichens  die Widgets wieder dem Bildschirm hinzufügen. Wenn alles nach Ihrer Zufriedenheit passt, tippen Sie rechts oben auf *Fertig* ❹, um wieder zum Widget-Bildschirm zu gelangen.

> ! Sie können übrigens in den Widgets noch zusätzliche Informationen sichtbar machen, wenn Sie auf **Mehr** tippen.

Den Widget-Bildschirm können Sie wieder verlassen, indem Sie entweder den ganzen Bildschirm nach links verschieben oder einmal auf die Home-Taste drücken.

> ! Wenn Sie das Widget **Als Nächstes** verwenden, dann werden Ihnen hierbei die anstehenden Termine oder Aufgaben aus den Apps Kalender bzw. Erinnerungen angezeigt. Prädikat wertvoll!

Spotlight

Hinter dem Schlagwort „Spotlight" verbirgt sich die Suchfunktion des iPads. Mit Spotlight lassen sich fast alle Dinge sehr schnell auf dem iPad finden. Die Spotlight-Suche beschränkt sich aber nicht nur auf die Inhalte des iPads, sondern auch eine Websuche und eine Wikipedia-Suche sind integriert. Spotlight forscht auf Wunsch sogar im App Store und im iTunes Store nach.

Die Spotlight-Suche können Sie auf zwei verschiedene Arten einblenden: Entweder schieben Sie den Home-Bildschirm mit dem Finger von der Mitte aus nach unten, oder Sie verschieben ihn ganz nach rechts zu den Widgets. In beiden Fällen wird das Eingabefeld für die Spotlight-Suche im oberen Bereich eingeblendet. Dort müssen Sie dann nur noch den Suchbegriff eintippen, und die Ergebnisse werden direkt darunter angezeigt. Wenn Sie anschließend auf das gewünschte Ergebnis tippen, wird die dazugehörige App geöffnet und die Fundstelle angezeigt.

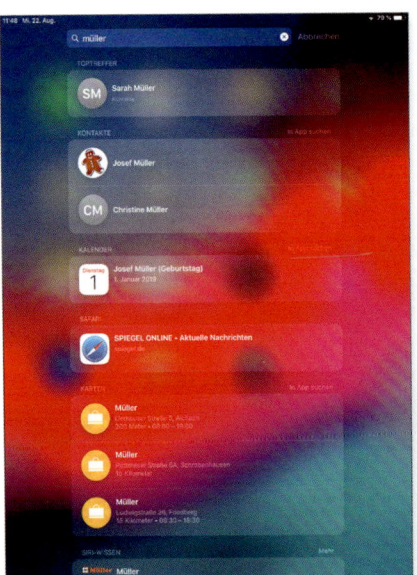 

Die Suche nach „Müller" ergab nicht nur einen Treffer in den Kontakten.

 Wenn Sie auf **Mehr anzeigen** ❶ tippen, wird das Feld aufgeklappt und Sie sehen alle Ergebnisse. Sie können aber auch auf **In App suchen** ❷ tippen, um die Suche auf die jeweilige App zu beschränken.

Kapitel 3 Nichts mehr verpassen und alles finden

Wenn Sie weiter nach unten scrollen, werden Sie feststellen, dass nicht nur lokale Kontakte, E-Mails, Apps, Nachrichten oder das eigene Lexikon durchsucht wurden, sondern dass auch Vorschläge für Filme, Websites, Apps und dergleichen aufgelistet sind. Das lässt sich aber ändern. Sie können genau festlegen, welche Ergebnisse Spotlight auflisten soll. Dazu müssen Sie *Einstellungen –> Siri & Suchen* öffnen. Sie können dort nun gezielt festlegen, von welcher App bzw. Funktion Sie das Suchergebnis in Spotlight haben wollen.

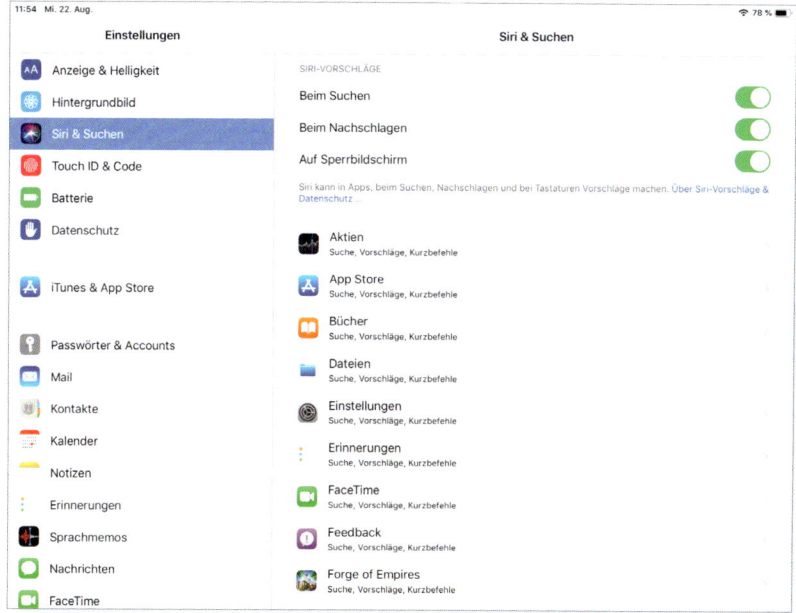

Von welchen Funktionen und Apps sollen die Suchergebnisse angezeigt werden?

Die Einstellungen enthalten auch noch die Option *Siri-Vorschläge*. Siri ist der Sprachassistent des iPads und kann bei der Spotlight-Suche einige Vorschläge unterbreiten. So werden z. B. Apps eingeblendet, die Sie sehr oft benutzen bzw. gerade gebrauchen können, damit Sie sofort Zugriff darauf haben.

Die Vorschläge von Siri.

Spotlight

 Noch ein kleiner Tipp: Wenn Sie die Liste der Suchergebnisse bis zum Ende scrollen, finden Sie die Funktionen **Im Web suchen**, **Im App Store suchen** und **In „Karten" suchen**. Mit diesen drei Funktionen können Sie die Suche direkt zu den jeweiligen Apps transportieren (Safari, App Store, Karten).

Suche innerhalb einer App

Viele Apps bieten auch eine eigene Suche an, die diese natürlich nur auf die App beschränkt. Wenn Sie z. B. nur nach E-Mails suchen wollen, dann müssen Sie die Suche in der App *Mail* starten. Das Gleiche gilt natürlich auch für die Suche nach Kontakten oder Terminen im Kalender. Fast jede App hat eine eigene Suchfunktion, die aber manchmal etwas versteckt ist.

In den Apps *Mail*, *Kontakte*, *Notizen*, *Nachrichten*, *Einstellungen* und *Erinnerungen* ist die Suchfunktion sehr leicht zu finden: Sie müssen die jeweilige Liste in den Apps nur nach unten verschieben, dann wird ganz oben das Suchfeld eingeblendet.

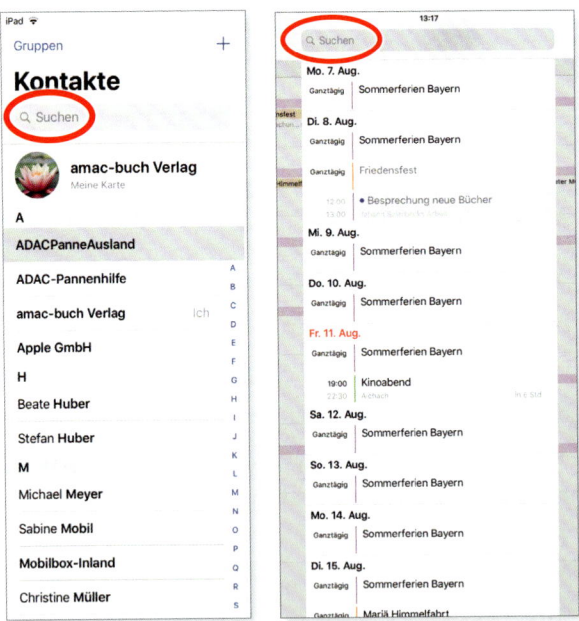

In „Kontakte" (links) und „Kalender" (rechts) steht die Suchfunktion am Anfang der Liste.

Andere Apps verwenden für die Suchfunktion das Symbol einer Lupe. Die Apps *Kalender*, *Musik* und *Fotos* haben diese Lupe. Sie müssen das Symbol nur antippen, um die Suche zu aktivieren.

Kapitel 3 | Nichts mehr verpassen und alles finden

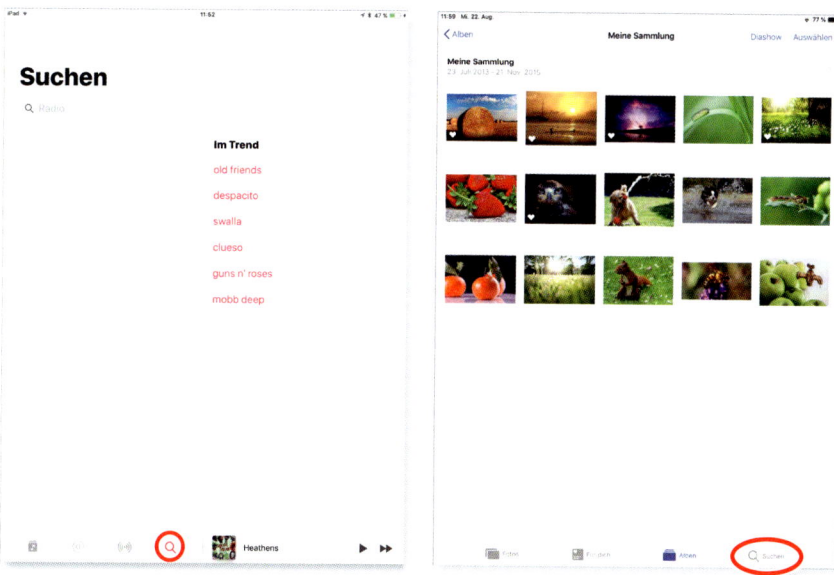

Die Suche in diesen Apps verbirgt sich hinter der Lupe.

Bei Safari ist es anders gestaltet: Wenn Sie eine Websuche durchführen wollen, tippen Sie einfach den Suchbegriff in die Adressleiste. Soll aber eine Textsuche auf der aktuellen Internetseite durchgeführt werden, gehen Sie anders vor: Sie tippen den Suchbegriff zwar auch in die Adressleiste ein, steuern aber – anstatt mit *Return* die Suche zu bestätigen – im Kontextmenü, das direkt unterhalb des Eingabefelds erscheint, den Punkt *Auf dieser Seite* an. Dort wird Ihnen die Anzahl der Treffer angezeigt. Tippen Sie dort auf den Suchbegriff, und die Suche findet nur auf der aktuellen Seite statt.

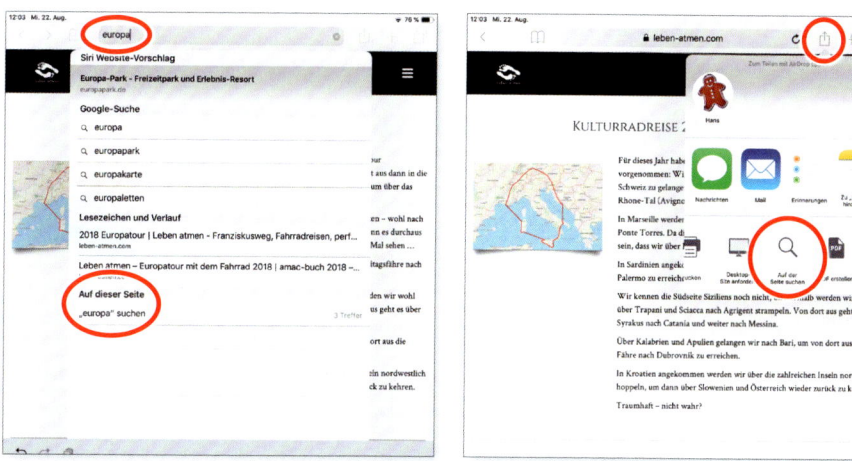

In „Safari" ist die Suche auf der aktuellen Seite etwas versteckt (links). Ein wenig eleganter ist es, die Suchfunktion über das „Teilen-Menü" aufzurufen (rechts).

Hinweise in Karten

Nicht nur Spotlight kann Ihnen bei der Suche behilflich sein. Speziell wenn es um bestimmte Orte geht, ist die App *Karten* die erste Wahl. In der App werden sofort Vorschläge für Ziele gemacht, sobald die App geöffnet wird. Die Vorschläge basieren auf Ihrem aktuellen Standort und darauf, wie häufig diese Vorschläge von Ihnen und anderen Personen ausgewählt wurden. Sobald Sie auf einen der vorgeschlagenen Orte tippen, wird dieser eingeblendet und Sie können eine Route zu diesem Ziel berechnen lassen.

 Wollen Sie noch mehr Vorschläge sehen, dann scrollen Sie die Liste weiter nach oben.

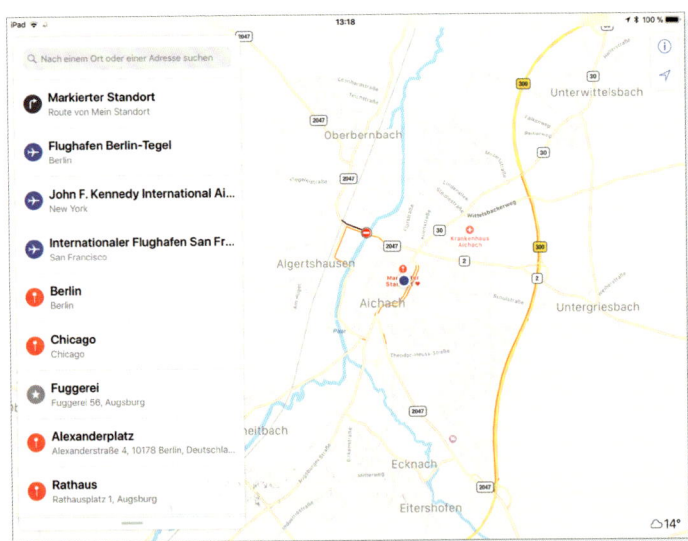

Die App „Karten" macht automatisch Vorschläge für beliebte und häufig genutzte Ziele.

Die App geht aber noch weiter: Sobald Sie den Fokus auf das Eingabefeld legen, indem Sie es antippen, können Sie rund um Ihren aktuellen Standort nach verschiedenen Adressen suchen lassen. Wenn Sie z. B. auf der Suche nach einem Restaurant sind, dann tippen Sie auf *Essen & Trinken* – und schon werden alle Lokale in der unmittelbaren Umgebung aufgelistet. Die Liste kann dann sogar noch verfeinert werden: Bestimmen Sie zudem, welche Art von Restaurant Sie suchen. Das Gleiche gilt auch für die Kategorien *Einkaufen*, *Spaß* und *Reisen*. Diese bieten Unterkategorien wie z. B. *Tankstellen* oder *Hotels*. Auf diese Weise lassen sich sehr schnell wichtige Informationen einblenden, ohne eine umständliche Websuche durchführen zu müssen.

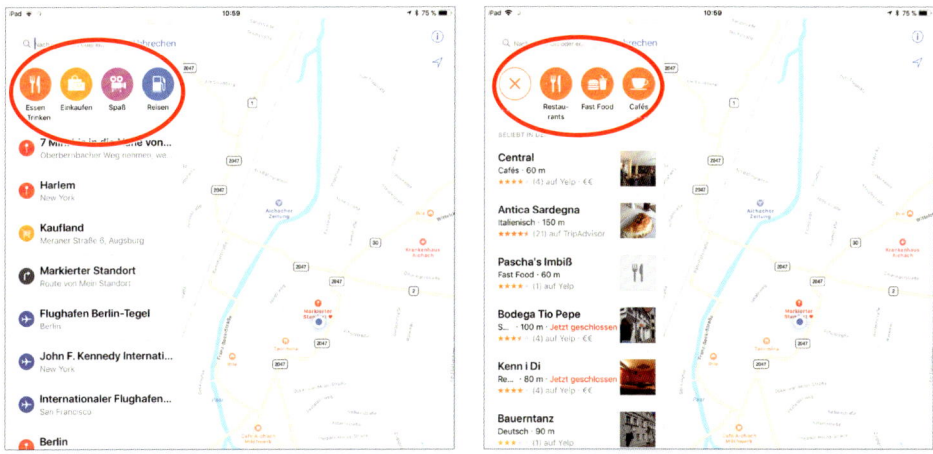

Zum schnellen Auffinden von Orten kann man in der direkten Umgebung nach speziellen Zielen wie z. B. Restaurants suchen lassen.

Die automatischen Vorschläge gehen sogar noch ein Stück weiter: Auf dem iPad mit SIM-Karte sind sie nämlich auch während einer Routenführung verfügbar, wenn Sie das iPad bzw. die App *Karten* als Navigationssystem verwenden. Wenn Sie also mit dem Auto unterwegs sind und dringend eine Tankstelle benötigen, müssen Sie nur das Tankstellensymbol antippen, und schon erhalten Sie eine Liste der Tankstellen in der Umgebung. Wenn Sie dann auf eine Tankstelle tippen, wird die Routenführung entsprechend angepasst. Wirklich clever!

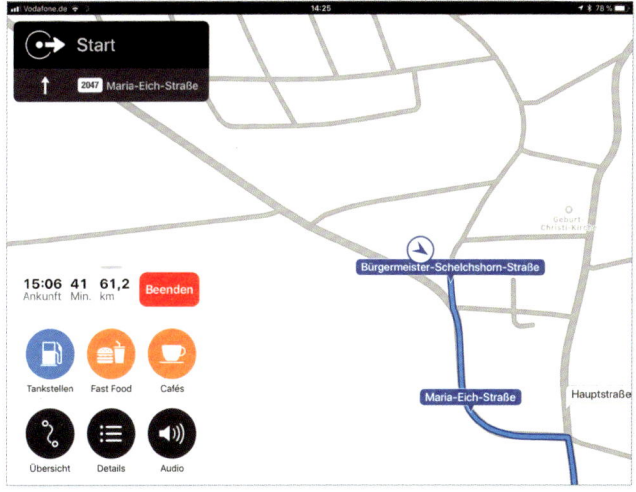

Während der Routenführung haben Sie auch Zugriff auf die Vorschläge.

Kapitel 4 Kommunikation

Mit einem Tablet wie dem iPad kann man über verschiedene Wege kommunizieren. Es gibt eine Reihe von Kommunikationsarten die eine Internetverbindung nutzen. Diese Kommunikation erfolgt über iMessage, E-Mail und FaceTime. Der Vorteil dieser Kommunikationswege ist, dass man nicht nur Textnachrichten, sondern auch Bilder und Videos versenden kann. In diesem Kapitel erfahren Sie, wie Sie die Apps *Nachrichten*, *Mail* und *FaceTime* nutzen können, um mit anderen Personen über Ihr iPad zu kommunizieren.

Nachrichten

Die App *Nachrichten* ist auf dem iPad vorinstalliert und kann zum Versenden von Textnachrichten, Sprachnachrichten, Bildern und Videos genutzt werden. Die App verwendet iMessage zum Versenden von Nachrichten. Eine iMessage, ein Service von Apple, wird über das mobile Datennetz, also das Internet, verschickt und verursacht deswegen keinerlei Zusatzkosten. Aus diesem Grund ist der Einsatz von iMessage zu bevorzugen.

 iMessage hat aber auch einen Nachteil: iMessage-Nachrichten können nur zwischen Apple-Geräten (iPad, iPhone, Mac und Apple Watch) verschickt werden, und der Empfänger muss eine Apple-ID besitzen.

iMessage aktivieren

Damit Sie mit der App *Nachrichten* auch eine iMessage versenden und empfangen können, müssen Sie diesen speziellen Service von Apple zuerst einmal aktivieren. Voraussetzung für iMessages ist der Besitz einer Apple-ID. Die Apple-ID benötigen Sie z. B. auch, um in den diversen Online-Stores von Apple etwas einzukaufen, z. B. eine App oder einen Film. Zudem wird die Apple-ID für iCloud benötigt. Wenn Sie noch keine kostenlose Apple-ID besitzen, dann können Sie sie direkt mit Ihrem iPad anlegen. Unter *Einstellungen –> Beim iPad anmelden* (ganz am Anfang der Einstellungen). Sie können aber auch die Seite *appleid.apple.com/de/* in *Safari* aufrufen und dort eine neue Apple-ID beantragen.

Wenn Sie also eine Apple-ID besitzen, öffnen Sie *Einstellungen –> Nachrichten*. Dort finden Sie gleich zu Beginn den Schalter, um *iMessage* zu aktivieren. Dadurch werden auch weitere Optionen sichtbar, die für den Service wichtig sind.

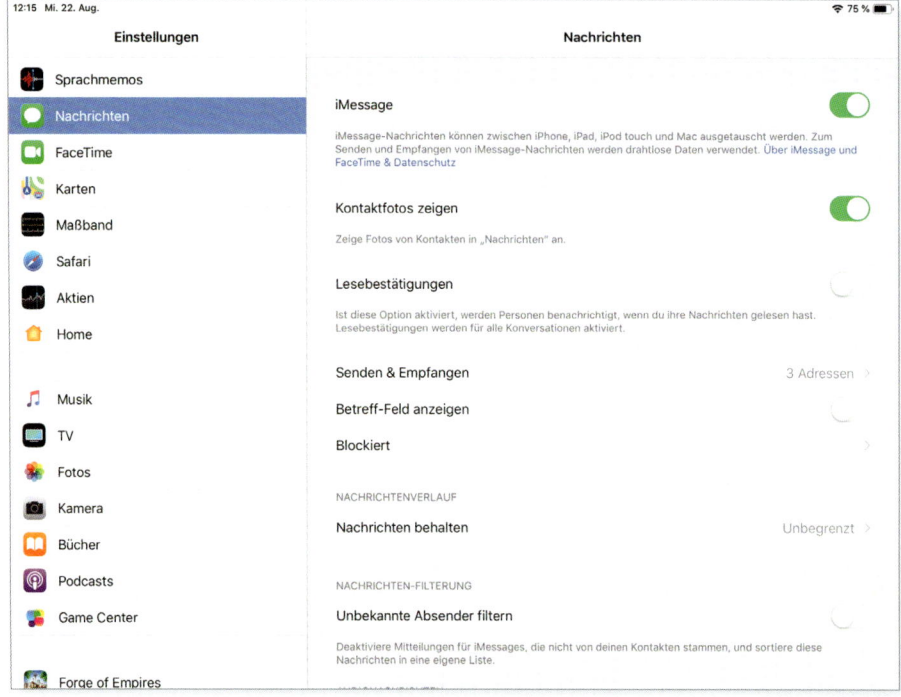

Sobald „iMessage" eingeschaltet ist, erhalten Sie zusätzliche Optionen.

Nach der Aktivierung sind Sie automatisch per iMessage unter Ihrer Apple-ID erreichbar. Wenn Ihnen jemand also eine iMessage schicken will, muss diese Person nur Ihre Apple-ID als Empfänger angeben.

Neben der Apple-ID können Sie noch weitere E-Mail-Adressen nutzen, um per iMessage erreichbar zu sein. Das ist hilfreich, wenn Sie nicht jeder Person Ihre Apple-ID oder Telefonnummer weitergeben wollen, besonders wenn es sich um geschäftliche Kontakte handelt. In den *Einstellungen* bei *Ihr Name* finden Sie den Punkt *Name, Telefonnummern, E-Mail*. Dort sind bei *Erreichbar unter* alle Adressen aufgelistet, mit denen Sie per iMessage erreichbar sind. Wenn Sie dort auf

Bearbeiten und anschließend auf *E-Mail oder Telefon hinzufügen* tippen, können Sie noch zusätzliche Adressen für den iMessage-Empfang angeben.

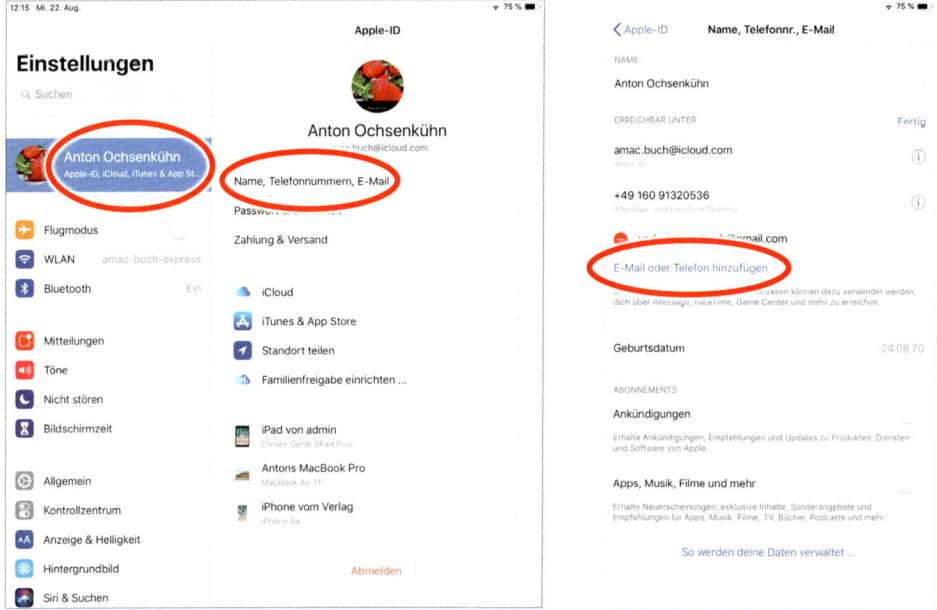

Sie können auch eine andere E-Mail-Adresse für den Empfang von iMessages anlegen und nutzen.

> **!** Nach der Eingabe einer weiteren E-Mail-Adresse erhalten Sie eine gesonderte E-Mail an diese Adresse. In dieser E-Mail müssen Sie die Nutzung der Adresse noch bestätigen – erst dann ist sie für iMessage nutzbar. Das ist eine Sicherheitsfunktion, die verhindern soll, dass fremde Personen Ihre E-Mail-Adressen für iMessage verwenden.

Wenn Sie eine E-Mail-Adresse wieder entfernen wollen, dann tippen Sie auf das rote Minus-Symbol links neben der Adresse.

Nachrichten versenden und empfangen

Das Versenden und Empfangen von Nachrichten ist sehr einfach. Öffnen Sie die App *Nachrichten* und tippen Sie links oben auf das Symbol *Neu* ❶, um eine Nachricht zu erstellen. Anschließend tippen Sie den Empfänger in das Feld *An* ❷ ein. Jetzt brauchen Sie nur noch den Nachrichtentext einzutippen ❸ und auf den *Senden*-Knopf ❹ zu drücken. Das war's!

Nachrichten

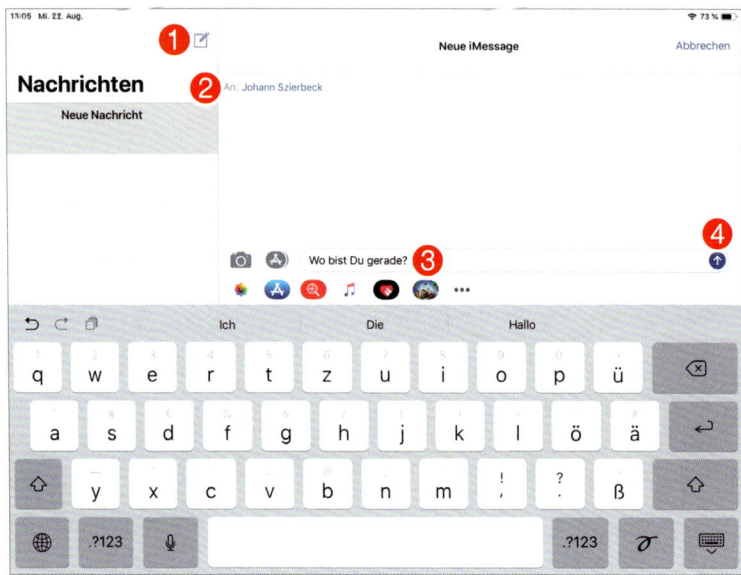

Eine neue Nachricht ist schnell und einfach erstellt.

Wenn Sie eine Nachricht verschickt haben, wird diese auf der rechten Seite des Displays angezeigt. Die Antwort darauf wird am linken Rand dargestellt. Somit können Sie zu jedem Zeitpunkt die Konversation nachverfolgen. Eine Liste mit allen Konversationen sehen Sie in der linken Spalte. Dort können Sie dann eine Konversation antippen, um deren genauen Verlauf abzulesen.

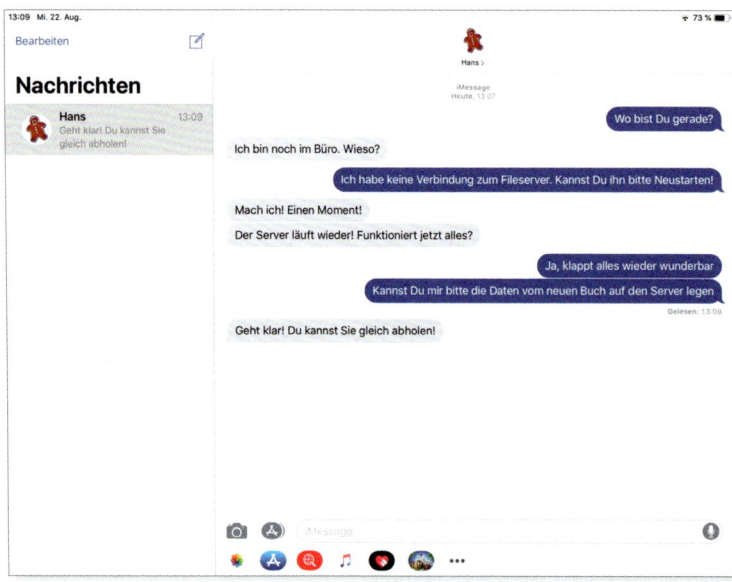

Die Konversation mit Personen kann detailliert nachverfolgt werden.

Zum Empfang von Nachrichten sollten Sie noch ein paar Dinge wissen. Vielleicht ist Ihnen schon aufgefallen, dass unterhalb einer Nachricht der Begriff *Zugestellt* auftaucht. Das ist ein Hinweis darauf, dass die Nachricht den Empfänger erreicht hat, aber kein Hinweis, dass die Nachricht auch gelesen wurde. Dafür gibt es eine eigene Funktion, die wir uns gleich ansehen. Der Hinweis *Zugestellt* ist also ein Zeichen dafür, dass die Nachricht zugestellt wurde und nicht irgendwo verloren gegangen ist, weil Ihr iPad vielleicht gerade keinen guten Empfang hat.

Um nun zu erfahren, ob die Nachricht auch gelesen wurde, müsste der Empfänger eine automatische Lesebestätigung senden. Dazu muss die Option *Lesebestätigungen* eingeschaltet sein. Diese findet sich in den *Einstellungen* bei *Nachrichten*. Wenn diese Option aktiviert ist, dann wird immer beim Lesen einer empfangenen Nachricht automatisch eine Bestätigung an den Absender geschickt. Dieser kann dann sehen, ob und wann Sie die Nachricht gelesen haben.

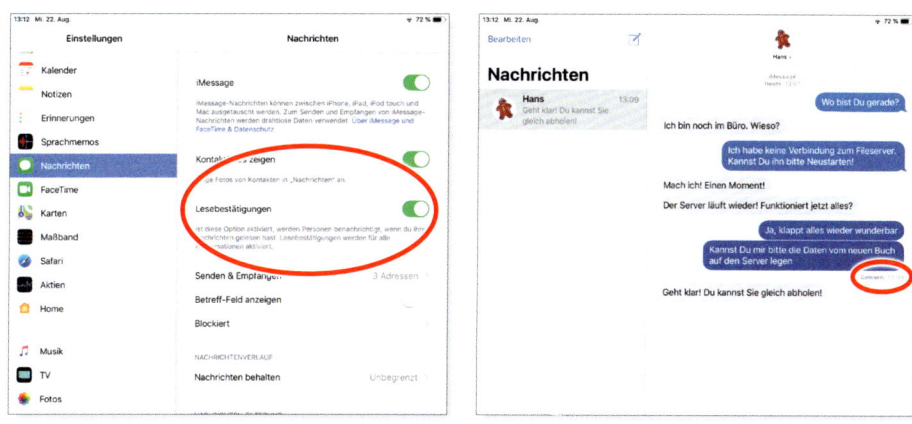

Wenn Sie und der Empfänger der Nachricht die „Lesebestätigungen" aktiviert haben, können Sie erkennen, ob und wann die Nachricht gelesen wurde.

Die Lesebestätigung wird normalerweise für alle Personen aktiviert, denen Sie Nachrichten schicken. Sie können aber auch die Lesebestätigung nur für ganz bestimmte Personen ein- und ausschalten. Dazu müssen Sie in einer Konversation zuerst auf den Namen Ⓐ und danach auf das Infosymbol Ⓑ tippen, um die Details zu öffnen. Dort gibt es auch eine *Lesebestätigung* Ⓒ, die nur für die jeweilige Person gültig ist.

Nachrichten

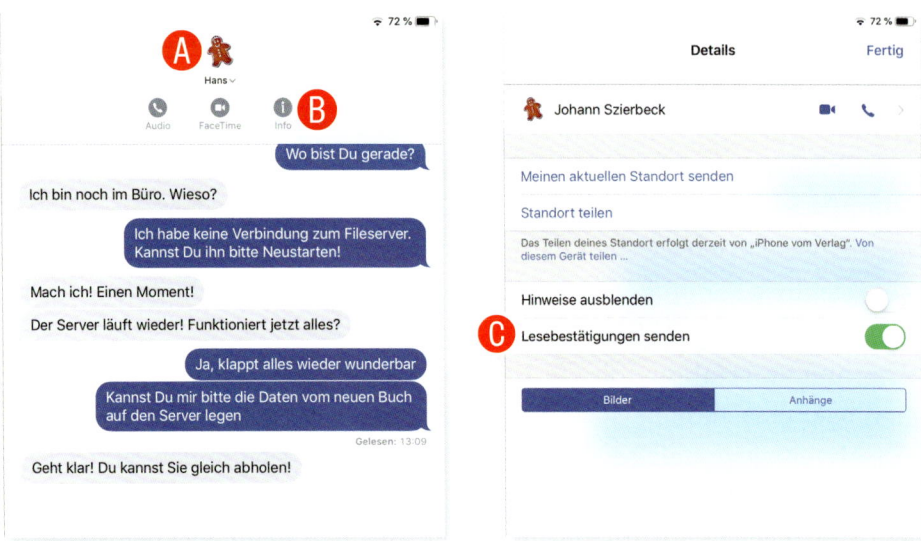

Die „Lesebestätigung" kann auch individuell für jede Person aktiviert werden.

Fotos, Audio- und Videodaten sowie Standort versenden

Außer einfachen Texten können Sie mit der Nachrichten-App noch andere Dinge verschicken. Sie können Fotos, Audionachrichten, Videos und sogar den aktuellen Standort mit einer Nachricht versenden.

Fotos und Videos versenden

Um ein Bild oder ein Video zu versenden, müssen Sie Folgendes tun:
1. Tippen Sie auf das Kamerasymbol ❶, um direkt ein Foto oder ein Video aufzunehmen. Für Fotos aus Ihrer Mediathek, tippen Sie auf das Fotos-Symbol ❷. Die jüngsten Fotos bzw. Videos werden direkt darunter angezeigt ❸. Den Bereich, der die Fotos enthält können Sie an dem Strich ❹ größer ziehen.
2. Wenn Sie ein Bild bzw. Video ausgewählt oder ein neues mit der Kamera aufgenommen haben, müssen Sie die Nachricht nur noch abschicken ❺.

Kapitel 4 Kommunikation

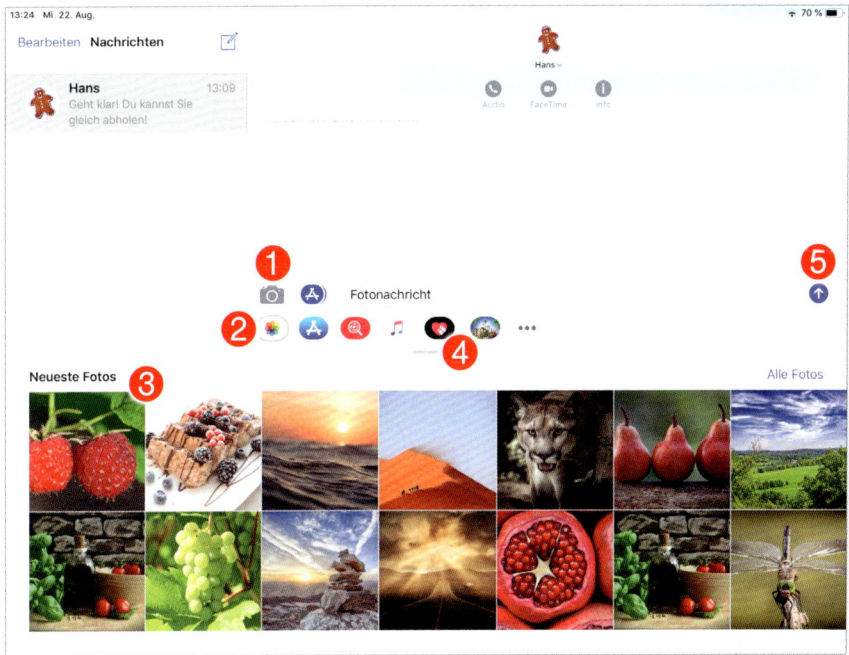

Mit wenigen Handgriffen können Sie Fotos als Nachricht versenden.

Möchten Sie Fotos grundsätzlich in geringerer Qualität übermitteln, dann sollten Sie in *Einstellungen –> Nachrichten –> Bildmodus: niedrige Qualität* dies auch festlegen.

Audionachrichten

Mithilfe von iMessage lassen sich auch gesprochene Nachrichten verschicken. Dadurch entfällt das mühsame Tippen der Nachricht auf der kleinen Bildschirmtastatur. Eine Audionachricht ist sehr schnell aufgezeichnet und verschickt:

1. Im Eingabefeld für den Text befindet sich auf der rechten Seite ein Symbol in Form eines Mikrofons ❶. Damit werden Audionachrichten aufgezeichnet.
2. Tippen Sie dieses Symbol an, halten Sie es mit dem Finger fest und sprechen Sie anschließend die Nachricht auf das iPad. Solange Sie den Finger auf dem Symbol belassen, wird aufgezeichnet. Sobald Sie ihn wegnehmen, ist die Aufzeichnung beendet.
3. Sie können nach der Aufzeichnung die Aufnahme zur Kontrolle abspielen ❷ oder löschen ❸. Wenn alles in Ordnung ist, tippen Sie auf *Senden* ❹.

Nachrichten

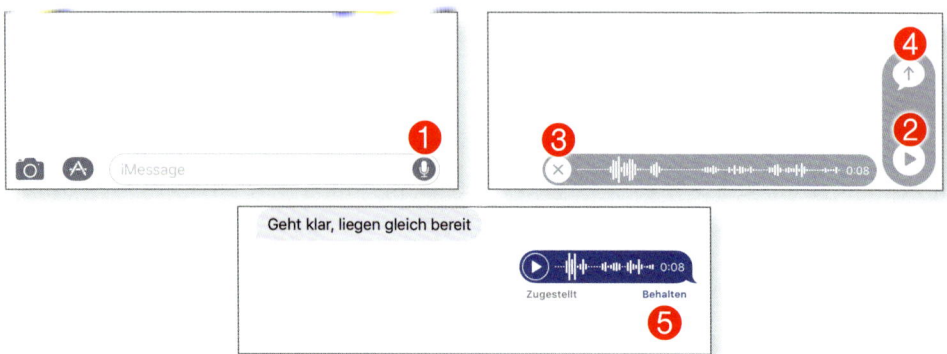

Mit der App „Nachrichten" lassen sich auch Sprachnachrichten verschicken.

> ! Eine versendete Audionachricht wird normalerweise nach zwei Minuten aus der Konversation gelöscht. Sie können dies verhindern, indem Sie entweder auf **Behalten** ❺ tippen oder in den **Einstellungen** bei **Nachrichten** das automatische Löschen der Audionachrichten ausschalten.

Damit die Audionachrichten nach dem Versenden bzw. Anhören nicht automatisch gelöscht werden, müssen Sie diese Funktion ändern.

Standort versenden

Mit der Nachrichten-App können Sie auch Ihren aktuellen Standort inklusive Karte versenden. Somit weiß der Empfänger, wo Sie sich gerade befinden. Der Empfänger muss dazu ebenfalls ein Apple-Gerät mit aktivem iMessage besitzen.

1. Tippen Sie zuerst auf den Namen und dann auf das blaue Infosymbol Ⓐ rechts oben neben dem Empfängernamen.

Damit das Infosymbol erscheint, müssen Sie zuerst eine Konversation mit dem Empfänger starten. Bei einer komplett neuen Konversation ist das Symbol nicht sichtbar. Schicken Sie also zuerst eine kurze Textzeile, damit das Infosymbol auftaucht.

2. Im Infobereich finden Sie dann die Option *Meinen aktuellen Standort senden* Ⓑ. Tippen Sie die Option an, und das iPad ermittelt Ihren aktuellen Standort anhand der WLAN- und GPS-Daten (GPS nur beim iPad Wi-Fi + Cellular). Voraussetzung dafür ist natürlich, dass Sie die *Ortungsdienste* eingeschaltet haben (*Einstellung –> Datenschutz*).
3. Nach der Ermittlung des aktuellen Standorts wird dieser inklusive eines kleinen Kartenausschnitts verschickt. Der Empfänger muss diese kleine Karte nur antippen, um den Standort in der App *Karten* zu öffnen.

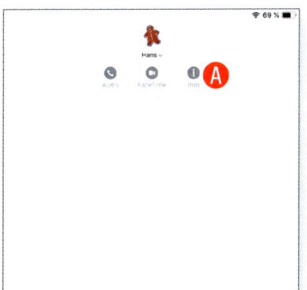 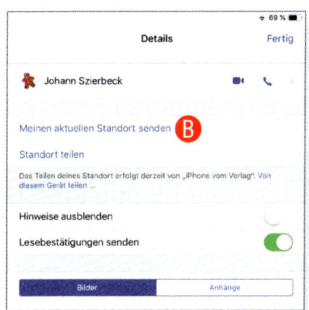 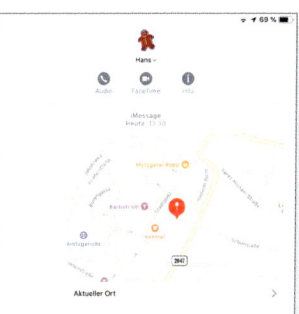

Auch der aktuelle Standort kann per iMessage verschickt werden.

Fotos und Videos mit Effekten und Stickern

Wie man Fotos oder Videos versendet, haben Sie bereits weiter vorne erfahren. Seit iOS 12 haben Sie nun auch die Möglichkeit Ihre Fotos und Videos, die Sie mit der iPad-Kamera aufnehmen, mit Effekten und Stickern zu versehen.

Dabei müssen Sie nicht die App wechseln, sondern erledigen alles innerhalb von Nachrichten.

Um z. B. ein eigenes Video mit Effekten zu erstellen, müssen Sie zuerst eine neue Nachricht anlegen. Dann tippen Sie auf das Kamerasymbol, um auf die iPad-Kamera umzuschalten. Stellen Sie dort zuerst ein, ob Sie ein *Video* oder ein *Foto* ❶ machen wollen. Danach tippen Sie auf das Symbol für die Effekte ❷.

Wenn Sie für eine Nachricht Fotos oder Videos aufnehmen wollen, können Sie direkt bei der Aufnahme diverse Effekte hinzufügen.

Nun werden vier Effektkategorien und die installierten Sticker in einer eigenen Leiste angezeigt. Um z. B. einen Filtereffekt anzuwenden, tippen Sie auf das erste Symbol ❸ und wählen den gewünschten Filter aus. Außerdem können Sie Text ❹, animierte Formen ❺ oder Sticker ❻ hinzufügen. Sobald Sie eine der Kategorien geöffnet und ein Element angetippt haben, erscheint es im Kamerabereich und kann von Ihnen noch verschoben werden. Die platzierten Elemente folgen dabei der Kamerabewegung. Wenn Sie also z. B. eine Sprechblase hinzugefügt haben, wird diese immer dem aktuellen Blickwinkel angepasst.

Sobald Sie die gewünschten Filter, Elemente oder Sticker platziert haben, können Sie eine Aufnahme machen und diese dann per Nachricht verschicken.

Kapitel 4 Kommunikation

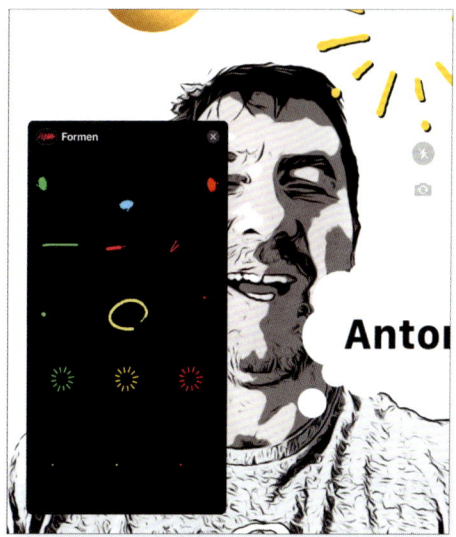

Die verschiedenen Effekte folgen der Bewegung der Kamera.

Was kann sonst noch versendet werden?

Neben den bekannten Dingen wie Text, Bild, Audio und Video kann die Nachrichten-App noch weitere Sachen versenden. Dazu gehören Zeichnungen (Scribble), animierte Sprechblasen und Hintergründe. Die Nachrichten-App kann nun auch auf die Daten von anderen Apps zugreifen und somit z. B. den aktuellen Song von der App *Musik* verschicken. Außerdem können Sie über einen speziellen Store zusätzliche Stickers, die auch animiert sein können, laden bzw. installieren lassen.

Ein Scribble bzw. eine handschriftliche Notiz versenden

Ein Scribble ist eine handschriftliche Zeichnung, die Sie direkt am iPad malen und versenden können. Dabei wird eine Animation von Ihrer Zeichnung erstellt, also von der Art und Weise, wie Sie das Scribble erstellt haben. Besitzer einer Apple Watch kennen diese Funktion vielleicht schon: Dort gibt es die Scribbles ja schon seit einiger Zeit.

Um nun ein Scribble zu erstellen, tippen Sie in der Optionsleiste auf das Programm-Symbol ❶ um die App-Schublade einzublenden. Anschließend tippen Sie auf das Herz-Symbol ❷. Dadurch erscheint anstelle der Tastatur der Scribble-Bereich. Sie können nun entweder direkt in das Feld ❸ etwas mit dem Finger zeichnen, oder Sie tippen auf den Trennstrich ❹, um den Scribble-Bereich zu vergrößern und dann dort mit der Aufzeichnung zu beginnen.

Nachrichten

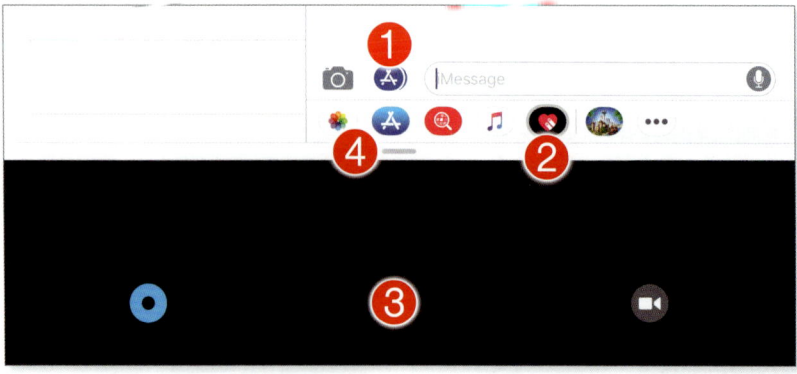

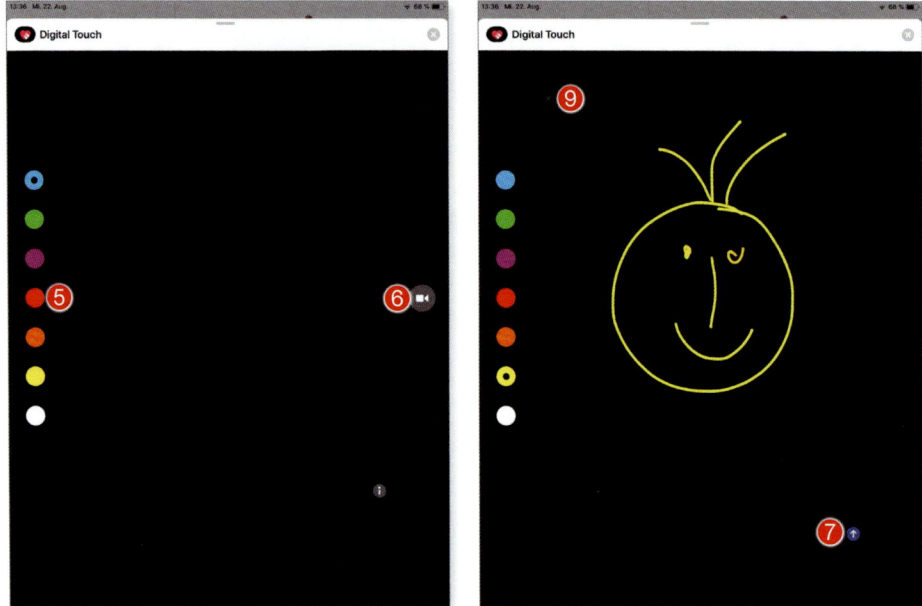

Auch animierte Zeichnungen lassen sich als iMessage versenden.

Im vergrößerten Scribble-Bereich können Sie nicht nur die Farbe ❺ für die Zeichnung auswählen, sondern haben auch Zugriff auf die iPad-Kamera ❻. Damit können Sie gleichzeitig einen Film und ein Scribble aufnehmen. Drücken Sie einfach auf den Aufnahmeknopf ❽ und zeichnen Sie Ihr Scribble. Mit dem Symbol links oben ❾ können Sie die Aufzeichnung löschen und von vorne beginnen. Wenn Ihr Scribble fertig ist, wird es mit einem Fingertipp auf das *Senden*-Symbol ❼ abgeschickt.

Kapitel 4 Kommunikation

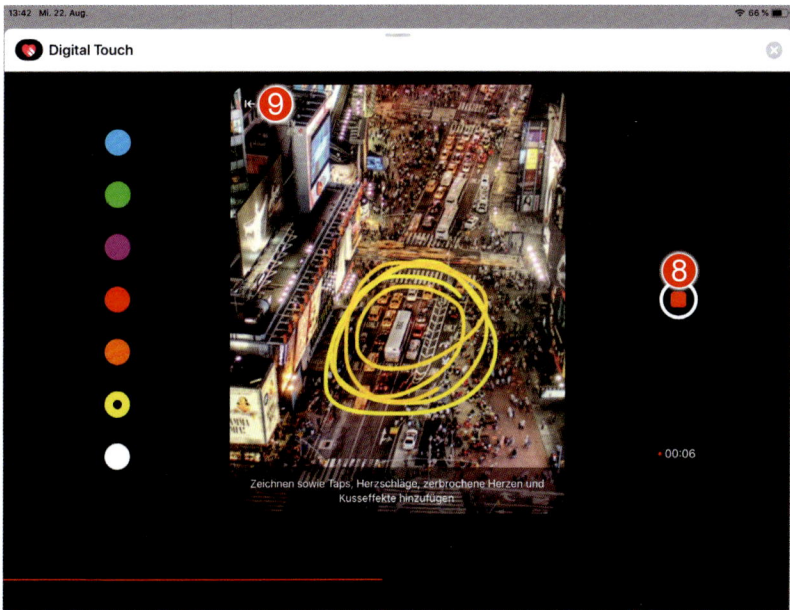

Für ein Scribble kann man zusätzlich die iPad-Kamera nutzen und so ein Foto oder Video mit einer Zeichnung zu versehen.

! Es gibt noch eine zweite Möglichkeit, eine handschriftliche Notiz zu erstellen: Klicken Sie auf das Scribble-Symbol **A** rechts unten in der Tastatur; anschließend können Sie entweder mit dem Finger etwas zeichnen **B**, oder Sie wählen eine der vorgefertigten Scribble **C** aus. Mit dem Tastatursymbol **D** wird wieder die normale Tastatur eingeblendet oder Sie tippen auf **Fertig E**.

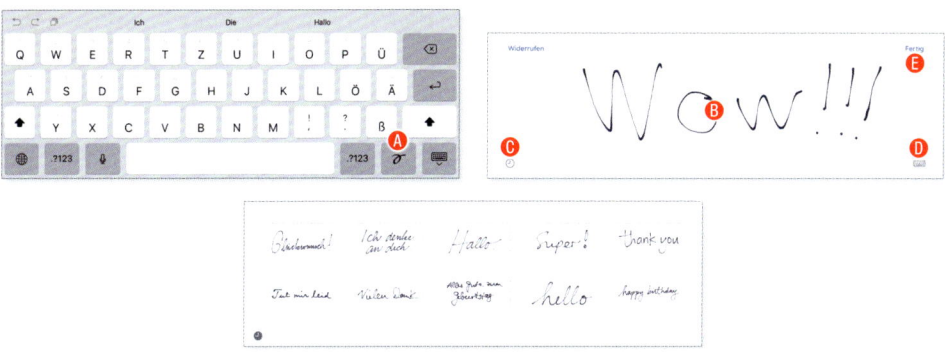

Handschriftliche Nachrichten können ebenfalls verschickt werden.

Neben einem Scribble können Sie durch diverse Fingertaps Botschaften versenden, wie zum Beispiel einen Feuerball oder einen Herzschlag. Die Beschreibung für die einzelnen Digital-Touch-Nachrichten erhalten Sie, wenn Sie auf das Info-Symbol rechts unten tippen.

Nachrichten

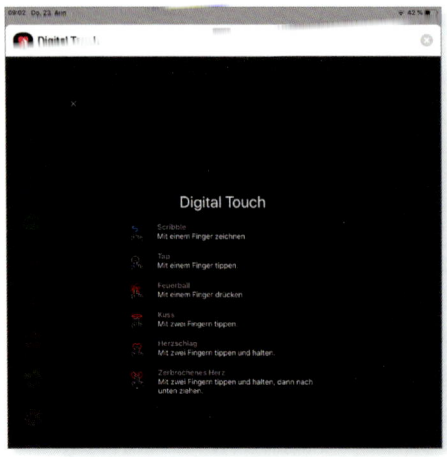 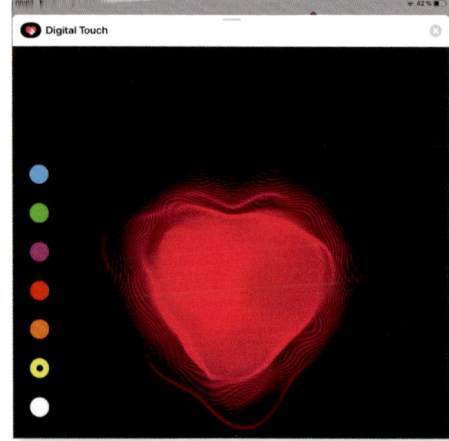

Das Tippen auf ein Fingersymbol (oben) öffnet eine Liste mit den verschiedenen Digital-Touch-Botschaften (links). Das Bild rechts zeigt einen Digital Touch in Form eines Kussmunds.

 Achtung! Es gibt hier keinen speziellen Senden-Knopf. Fingertaps und Herzschlag werden sofort verschickt, sobald Sie aufgehört haben bzw. den Finger vom Display angehoben haben.

Sprechblasen und Hintergründe

Weitere Elemente, um das Versenden von Nachrichten noch interessanter zu machen, sind die Sprechblasen und die animierten Hintergründe. Gerade bei Textnachrichten ist es sehr schwierig, seine Stimmung oder Gefühle zu übermitteln. Mit den Sprechblasen können Sie dies nun in einfacher Form tun.

Wenn Sie bei einer Textnachricht etwas länger den *Senden*-Knopf ❶ drücken, werden die Sprechblasen eingeblendet. Die Sprechblasen haben alle eine Animation, die Sie sehen können, wenn Sie eine auswählen. Zum Verschicken der Sprechblase müssen Sie dann nur noch auf den *Senden*-Knopf ❷ drücken.

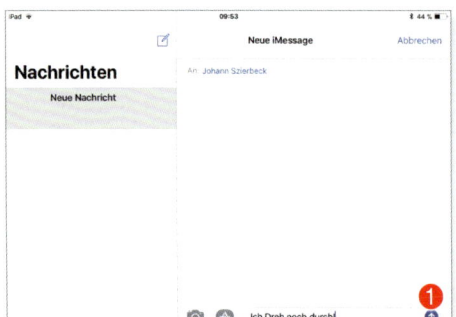 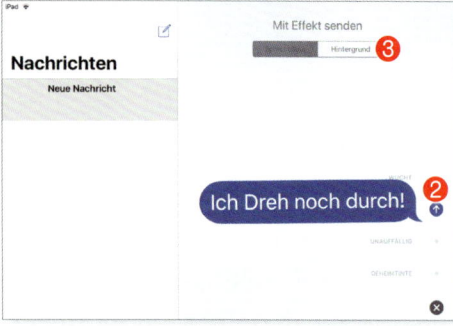

Mit einer Sprechblase können Sie eine Nachricht besonders betonen.

 Die Funktion der Sprechblasen kann nicht nur mit Texten genutzt werden, sondern auch mit Bildern. So können Sie z. B. ein Bild mit **Geheimtinte** verschicken. Der Empfänger muss dann mit dem Finger das Bild freirubbeln.

Zusätzlich zu den Sprechblasen gibt es die animierten Hintergründe. Diese finden Sie gleich neben den Sprechblasen ❸. Es gibt insgesamt neun verschiedene Hintergrundanimationen, die Sie wechseln können, wenn Sie das Display nach links oder rechts verschieben. Die Punktanzeige im unteren Bereich ❹ zeigt Ihnen an, welchen Hintergrund Sie aktuell verwenden.

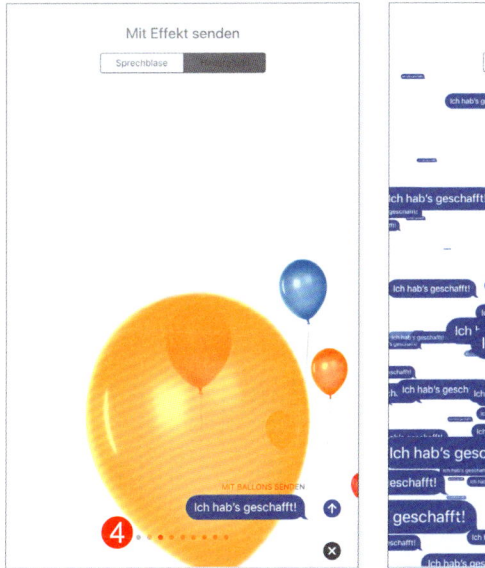

Animierte Hintergründe bereichern eine Nachricht.

Tapbacks

Tapbacks sind eine schnelle und einfache Methode, auf eine Nachricht zu antworten. Anstatt einen Text einzutippen, können Sie einer Nachricht ein Etikett anhängen und somit Ihrem Gegenüber mitteilen, was Sie von der Nachricht halten.

Die Tapbacks erhalten Sie, wenn Sie etwas länger auf eine Nachricht tippen. In einem Pop-up-Menü können Sie dann zwischen sechs verschiedenen Symbolen auswählen. Das Symbol wird nicht nur an den Gesprächspartner verschickt, sondern hängt sich als Etikett direkt an die Nachricht – eine schnelle Möglichkeit, um auf eine Nachricht zu antworten.

Nachrichten

Tapbacks können zum schnellen Antworten auf eine Nachricht genutzt werden.

Sticker

Die Funktion und der Einsatz von Emojis ist fast allen bekannt. Bei Apple hat man sich nun überlegt, wie man die Emojis interessanter machen könnte, und hat sie durch die *Sticker* erweitert. Sticker sind kleine Animationen, die Sie wie Emojis verschicken oder auch an jede beliebige Nachricht anhängen können. Apple hat sogar einen eigenen Store dafür, in dem Sie zusätzliche Sticker erwerben können.

Die Sticker verbergen sich hinter dem Programm-Symbol ❶ in der Optionsleiste. Je nachdem, wie viele Sticker installiert sind, können Sie nach links und rechts wischen, um andere Sticker einzublenden. In der App-Schublade ❷ sehen Sie, wie viele Stickergruppen installiert sind. Die Sticker selbst können Sie nach oben und unten scrollen, um alle anzeigen zu lassen. Wenn Sie einen Sticker gefunden haben, können Sie ihn einfach nach oben in die Nachrichten ziehen und platzieren. Der Sticker wird damit sofort verschickt. Sie können ihn aber auch nur antippen und ihn wie ein Emoji versenden.

Kapitel 4 Kommunikation

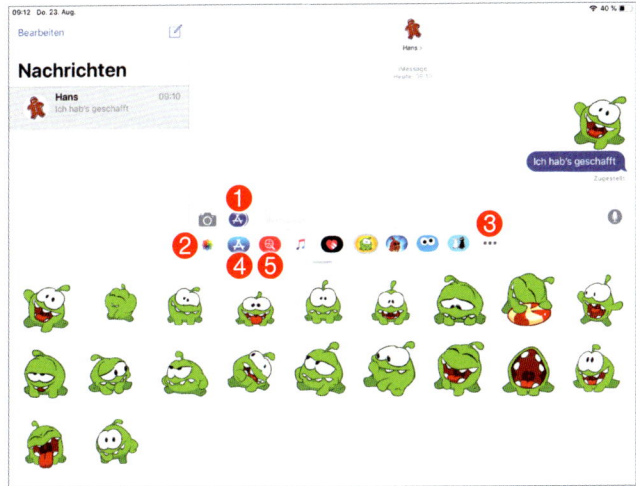

Die Sticker können entweder angetippt oder nach oben zu den Nachrichten verschoben werden. Besonders nette Effekte ergeben sich, wenn Sie Sticker an Bilder anheften. Dazu versenden Sie zunächst das Foto und ziehen dann beliebige Sticker darauf.

Um die Sticker zu verwalten, scrollen Sie ganz nach rechts und tippen auf das Symbol ❸ mit den drei Punken. Für den Erwerb von neuen Stickern scrollen Sie ganz nach links und tippen auf das Store-Symbol ❹.

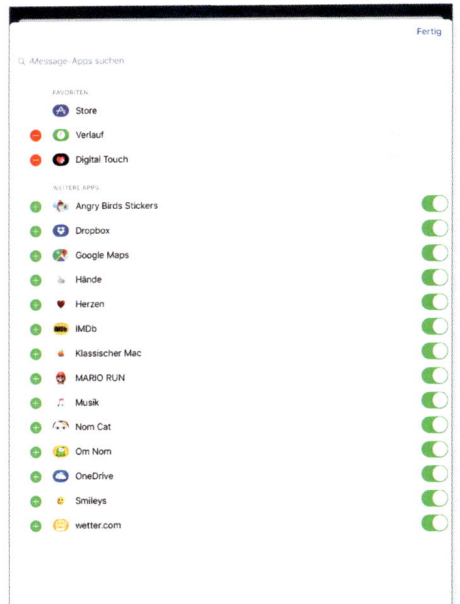
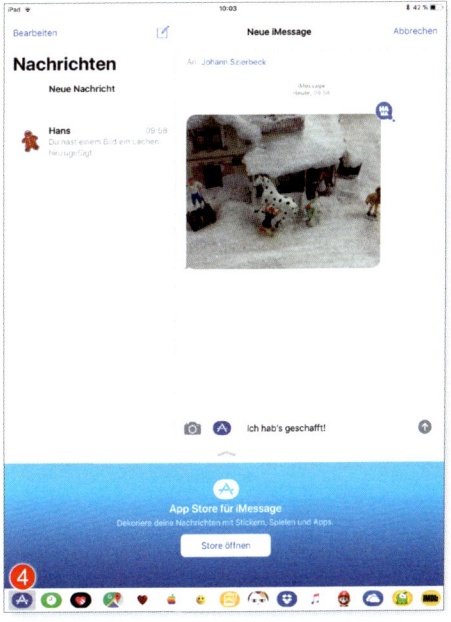

Über einen speziellen Store können Sie weitere Sticker erwerben. Hinter „Musik" verbergen sich keine Sticker – hierbei wird ein Link zu einem Musikstück aus Apple Music versendet. ;-)

Nachrichten

Es gibt noch eine zweite Möglichkeit, kleine Animationen zu verschicken. Wenn Sie auf das Symbol ❺ tippen, erhalten Sie im unteren Bereich populäre animierte GIFs, die kostenlos sind. Diese können Sie ebenso versenden, wenn Sie sie antippen.

Automatische Emojis

Die Nachrichten-App hat noch eine weitere Funktion: das automatische Einfügen von Emojis. Wenn Sie einen Nachrichtentext eintippen und dann die Tastatur auf die Emojis Ⓐ umschalten, werden automatisch alle Textstellen markiert Ⓑ, die durch ein passendes Emoji ersetzt werden können. Sie müssen die markierten Stellen nur antippen und erhalten eine Auswahl von Emojis Ⓒ, die zum Begriff passen. Einfacher geht es kaum, da die lästige Suche nach dem passenden Symbol entfällt.

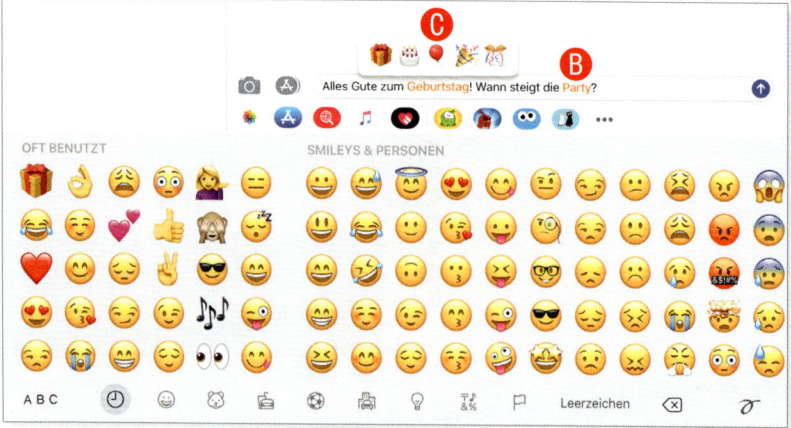

Textpassagen können automatisch durch Emojis ersetzt werden.

URLs per Nachrichten versenden

Wird eine URL als Bestandteil einer iMessage versendet, so kann die App *Nachrichten* direkt eine Webseitenvorschau einblenden. Tippt man diese an, wechselt man sofort in die Safari-App mit der entsprechend dargestellten Internetseite.

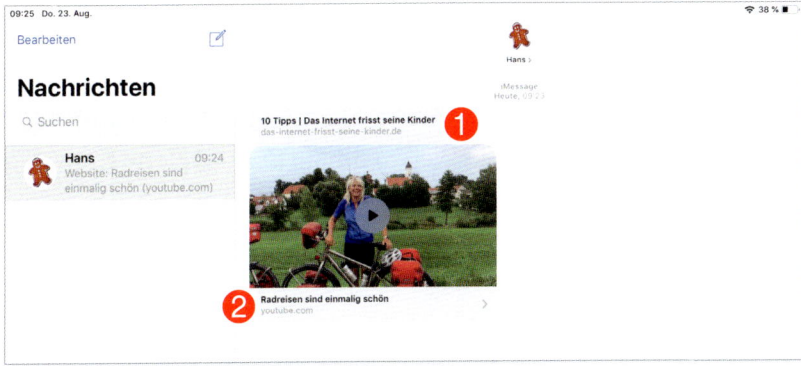

Nachrichten mit Links ins Web (URLs) ❶ *können direkt als Vorschau dargestellt werden.*

 Haben Sie den Link zu einem YouTube-Video versendet ❷, so wird das Video direkt in der Nachrichten-App abgespielt. Der Link zu einem Vimeo-Video ruft hingegen die entsprechende Webseite auf und startet dann das Video.

Nachrichten an Gruppen

Die Nachrichten-App beherrscht nicht nur das Versenden von Nachrichten an einzelne Personen, sondern kann auch Konversationen mit einer Gruppe von Empfängern durchführen. Jeder der Empfänger erhält dabei alle Nachrichten von allen Personen der Konversationsgruppe.

Eine Konversationsgruppe ist schnell erstellt, da Sie beim Anlegen einer neuen Nachricht lediglich mehrere Empfänger einzugeben brauchen. Geben Sie im Empfängerfeld einfach einen zusätzlichen Namen ein bzw. tippen Sie auf das Pluszeichen, um auf Ihre Kontakte zuzugreifen und dort eine weitere Person auszuwählen.

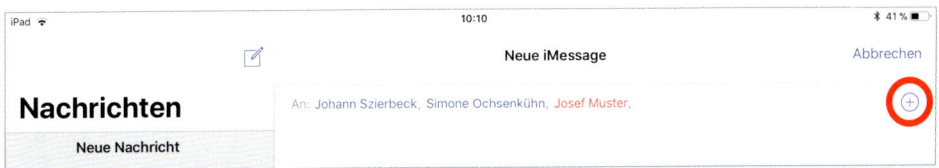

Über das Plussymbol haben Sie Zugriff auf Ihr Adressbuch (links). Wenn einer der Empfänger kein iMessage besitzt, dann wird der Name rot markiert (rechts).

Nachrichten verwalten

Wenn man sehr viele Nachrichten verschickt bzw. empfängt, dann wird die App sehr schnell unübersichtlich. Aus diesem Grund ist es eine gute Idee, die alten Nachrichten zu löschen. Sie können die alten Nachrichten manuell löschen, oder Sie beauftragen Ihr iPad damit, alle Nachrichten zu entfernen, die z. B. älter als 30 Tage sind.

Das manuelle Löschen geht sehr einfach. In der Übersicht müssen Sie die Konversation einfach nach links schieben, um den roten Button mit der *Löschen-*Funktion einzublenden. Auf diese Weise können Sie komplette Konversationen mit einer Vielzahl von Nachrichten entfernen. Wenn Sie mehrere Konversationen mit einem Rutsch löschen wollen, dann tippen Sie links oben auf *Bearbeiten* ❶. Anschließend können Sie die entsprechenden Nachrichten markieren ❷ und auf *Löschen* ❸ rechts unten tippen.

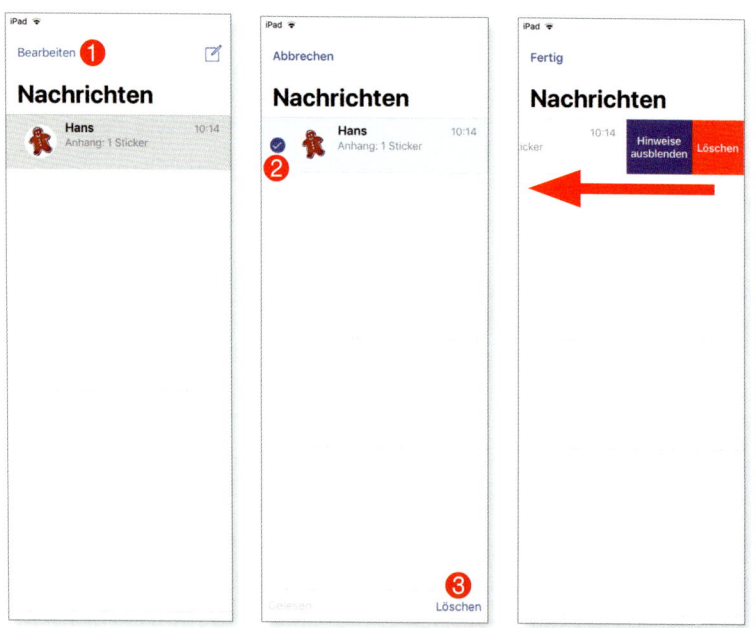

Sie können auch mehrere Nachrichten auf einmal löschen.

Wenn Ihnen das manuelle Löschen zu mühsam ist, können Sie in den *Einstellungen* bei *Nachrichten* die Option *Nachrichten behalten* ändern. Dort lässt sich nämlich einstellen, dass die Nachrichten nach einer bestimmten Dauer automatisch gelöscht werden. Leider gibt es hier nur die Auswahl zwischen *30 Tage* und *1 Jahr*. Die Standardeinstellung *Unbegrenzt* bedeutet, dass Sie die Nachrichten manuell entfernen müssen.

Kapitel 4 Kommunikation

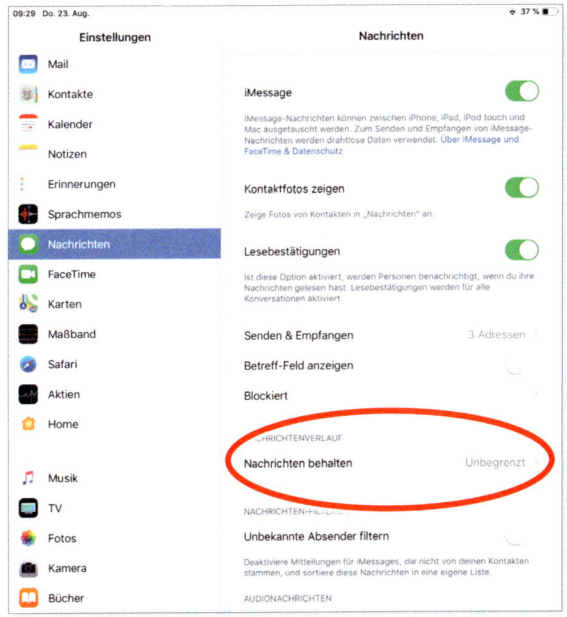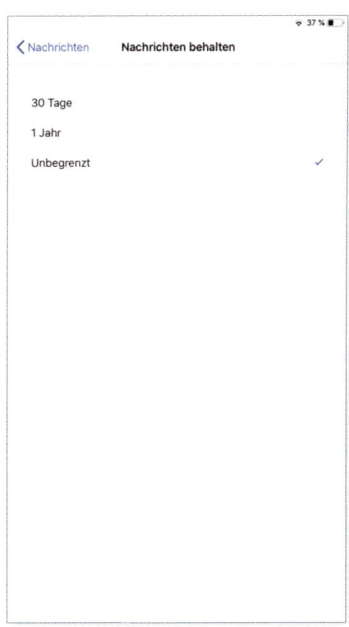

Die Nachrichten können nach einem festgelegten Zeitpunkt automatisch gelöscht werden. Zudem können Kontaktpersonen blockiert bzw. unbekannte Absender herausgefiltert werden.

Sie können aber auch einzelne Nachrichten innerhalb einer Konversation löschen. Tippen Sie dazu eine Nachricht ca. zwei Sekunden, an um die Tapbacks zu öffnen und wählen aus dem Menü *Mehr* aus. Nun können Sie im Nachrichtenverlauf einzelne Nachrichten markieren und so gezielt löschen.

Auch innerhalb einer Konversation können Nachrichten einzeln gelöscht werden.

Nachrichten

Uhrzeit anzeigen

Bei einer Konversation wird normalerweise die Uhrzeit, zu der die Nachricht empfangen wurde, nur sehr kurz angezeigt. Wenn Sie nun nachvollziehen wollen, zu welchen Zeitpunkten die einzelnen Nachrichten einer Konversation empfangen bzw. verschickt wurden, dann verschieben Sie die gesamte Konversation am Display nach links. Dadurch werden am rechten Displayrand die Uhrzeiten sichtbar.

Wenn Sie die komplette Konversation nach links verschieben, werden die Uhrzeiten sichtbar.

SMS Nachrichten senden und empfangen

Obwohl das iPad Wi-Fi + Cellular eine SIM-Karte besitzt, kann es keine SMS-Nachrichten senden oder empfangen. Das liegt schlichtweg daran, dass die Telefonnumer der SIM-Karte vom iPad nicht benutzt werden kann.

Sofern Sie aber ein iPhone besitzen, können Sie dieses als SMS-Gateway verwenden. Dazu muss auf dem iPhone und iPad die gleiche Apple-ID verwendet werden. Zudem ist auf dem iPhone in *Einstellungen –> Nachrichten –> SMS-Weiterleitung* das iPad zu aktivieren.

Aktivieren Sie das iPad und geben dort dann den erscheinenden Code ein, um die Verbindung zum iPhone zu aktivieren.

Kapitel 4 Kommunikation

Nun werden SMS-Nachrichten sowohl am iPhone als auch am iPad empfangen und Sie können von beiden Geräten aus darauf reagieren. SMS-Nachrichten können Sie von iMessage-Nachrichten durch die Farbe unterscheiden: iMessage-Texte erscheinen in blau und SMS-Nachrichten in grüner Farbe.

Übrigens: Mit dem iPad können Sie auch telefonieren – natürlich wieder in Kombination mit einem iPhone. Wie das geht, lesen Sie ab Seite 159.

Mail

Eine weitere Kommunikationsart ist das Versenden bzw. Empfangen von E-Mails. Das iPad bietet dementsprechend die App *Mail*, um E-Mails zu versenden bzw. zu verwalten. Bevor Sie die App nutzen können, müssen Sie zunächst ein E-Mail-Postfach einrichten.

Postfach einrichten

Um ein neues Postfach auf dem iPad anzulegen, benötigen Sie einige Dinge – zunächst natürlich eine E-Mail-Adresse mit dem dazugehörigen Passwort. Außerdem brauchen Sie die Adressen der E-Mail-Server von Ihrem E-Mail-Anbieter. Das iPad kennt zwar die meisten Adressen der großen E-Mail-Anbieter, wie z. B. Telekom, Google oder Web.de, aber eben nicht alle. Aus diesem Grund sollten Sie die Adressen der E-Mail-Server parat haben. Wo finden Sie diese? Bei Ihrem Anbieter oder über eine Internetsuche. Dabei reicht es aus, wenn Sie z. B. „Mail-Server von Strato" bei der Suche eingeben.

Sind alle Daten bereit, können Sie ein neues Postfach einrichten. Dazu öffnen Sie *Einstellungen –> Passwörter & Accounts*. Falls Sie bereits iCloud eingerichtet haben, dann sehen Sie bei *Accounts* ❶ das iCloud-Postfach. Dieses wird automatisch hinzugefügt, sobald Sie auf Ihrem iPad iCloud aktiviert bzw. eingerichtet haben.

Tippen Sie auf *Account hinzufügen* ❷, um ein neues Postfach einzurichten. Anschließend können Sie entweder auf das Symbol eines der großen Anbieter tippen oder, wenn Ihr Anbieter nicht aufgelistet ist, auf *Andere* ❸ am Ende der Liste.

Mail

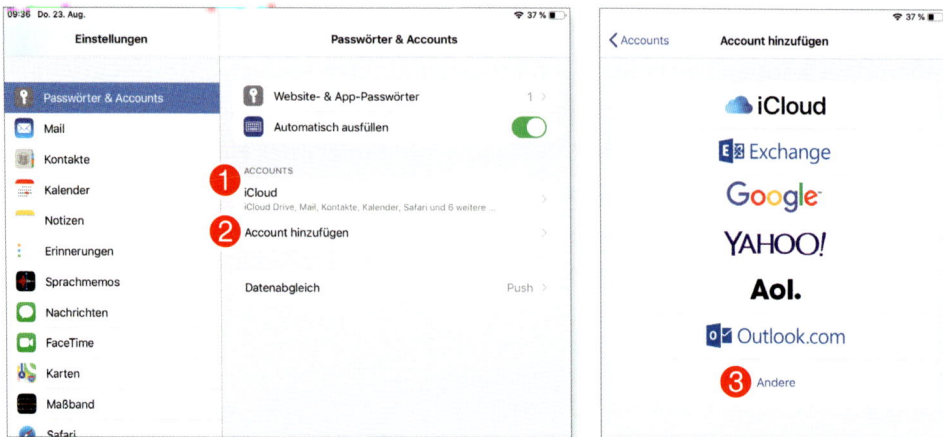

Ein neuer E-Mail-Account wird eingerichtet.

Während Sie bei den Postfächern der großen Anbieter Schritt für Schritt durch die Prozedur zum Einrichten geleitet werden, müssen Sie für alle sonstigen Anbieter alles manuell einstellen. Wenn Sie also auf *Andere* getippt haben, müssen Sie als Nächstes auf *Mail-Account hinzufügen* tippen. Im neuen Arbeitsschritt geben Sie dann die E-Mail-Adresse und das dazugehörige Passwort ein und tippen rechts oben auf *Weiter*.

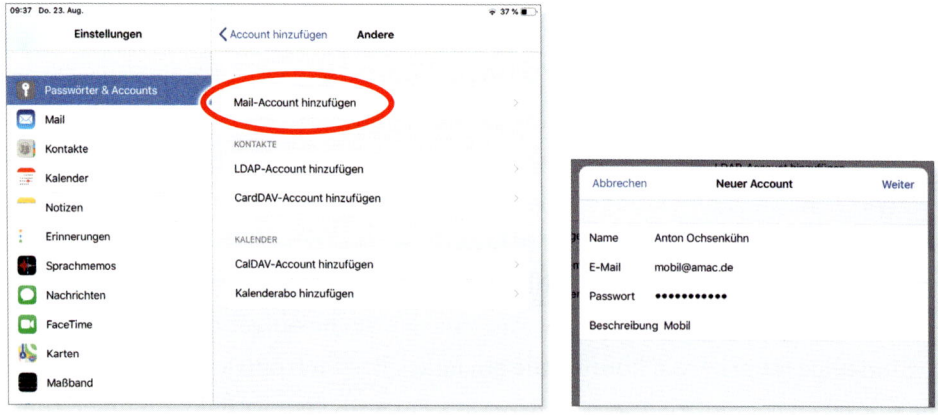

Das neue Postfach wird manuell eingerichtet.

Im nächsten Schritt überprüft das iPad die E-Mail-Adresse und trägt die E-Mail-Server automatisch ein, wenn es sich um einen bekannten Anbieter handelt. Anhand der E-Mail-Adresse kann das iPad erkennen, um welchen Anbieter es sich handelt, also z. B. *@web.de* oder *@t-online.de*. Kann das iPad den Anbieter nicht identifizieren, dann müssen Sie die Serveradressen manuell eintragen.

Kapitel 4 Kommunikation

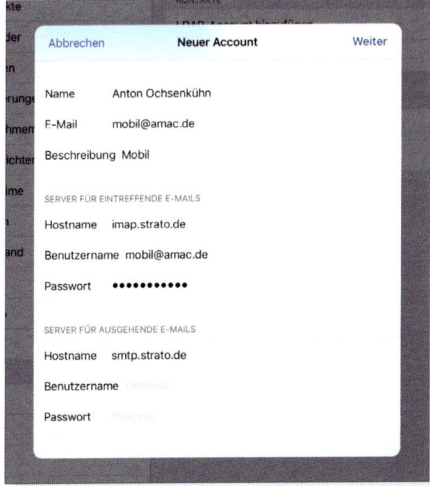 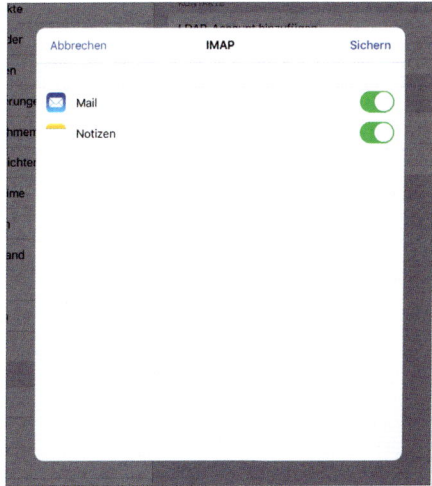

Das iPad kennt den E-Mail-Anbieter nicht (links), deswegen müssen die Server-Adressen manuell eingegeben werden.

Nach der Eingabe der Daten tippen Sie wieder rechts oben auf *Weiter*. Das iPad überprüft nun die eingegebenen Server-Adressen. Bei einer erfolgreichen Überprüfung müssen Sie im letzten Schritt noch angeben, was mit dem Postfach verwaltet werden soll. Im Normalfall sind das die E-Mails. Je nach Anbieter bzw. Postfach können Sie auch Notizen, Kontakte oder Kalender mit dem Postfach verwalten. Das ist z. B. mit einem Postfach möglich, das von einem Exchange-Server verwaltet wird.

Sind alle Einstellungen gemacht, tippen Sie rechts oben auf *Sichern*, und das neue Postfach ist eingerichtet. Falls Sie noch weitere Postfächer benötigen, dann wiederholen Sie die Arbeitsschritte.

E-Mails versenden

Für das Versenden von E-Mails benötigen Sie die App *Mail*. Sobald Sie sie gestartet haben, sehen Sie die E-Mail-Postfächer bzw. die bereits empfangenen E-Mails.

 Falls Sie die Übersicht der Postfächer nicht sehen, tippen Sie links oben auf den Postfach-Namen ❶.

Mail

Um vom „Eingang" zur Übersicht zu gelangen, müssen Sie auf den Postfach-Namen tippen.

Wenn Sie mehrere Postfächer besitzen, sollten Sie als Erstes entscheiden, von welcher E-Mail-Adresse aus Sie eine Mail verschicken wollen. Das können Sie entweder tun, wenn Sie das entsprechende Postfach in der Übersicht antippen und dann eine neue E-Mail erstellen, oder auch später noch, während Sie die E-Mail schreiben. Eine neue E-Mail erstellen Sie, wenn Sie auf das Symbol ❷ rechts oben tippen.

Eine neue E-Mail wird geschrieben.

Als Erstes sollten Sie den Empfänger ❹ angeben. Falls der Empfänger bereits in Ihrem Adressbuch hinterlegt ist, reicht es aus, die ersten Buchstaben einzutippen. Das iPad zeigt Ihnen dann automatisch alle Kontakte an, die mit den Buchstaben übereinstimmen. Sie können aber auch manuell nach einem Kontakt suchen, wenn Sie auf das blaue Plussymbol tippen.

> ! Sie können natürlich auch mehr als einen Empfänger angeben. Des weiteren haben Sie die Möglichkeit, eine Kopie oder eine Blindkopie zu verschicken. Tippen Sie dazu auf **Kopie/Blindkopie** ❸. Damit werden die jeweiligen Felder eingeblendet. Außerdem können Sie bei **Account** ❾ einstellen, von welchem E-Mail-Account die E-Mail verschickt werden soll.

Auch Kopien und Blindkopien können verschickt werden.

Nun sollten Sie einen *Betreff* ❺ angeben und dann im Textfeld darunter ❻ den Inhalt der E-Mail. Tippen Sie rechts oben auf *Senden* ❼, wird Ihre E-Mail abgeschickt. Möchten Sie eine Mitteilung erhalten, sobald der Empfänger antwortet, dann sollten Sie zudem auf das Glockensymbol in der Betreffzeile tippen ❽.

> Um die Texteingabe zu beschleunigen, können Sie zum einen die **Diktierfunktion** (Kapitel 9) verwenden oder die sogenannte **Textersetzung** nutzen. In **Einstellungen –> Allgemein –> Tastaturen –> Textersetzung** legen Sie fest, welche Kürzel welche Textphrasen erhalten sollen.

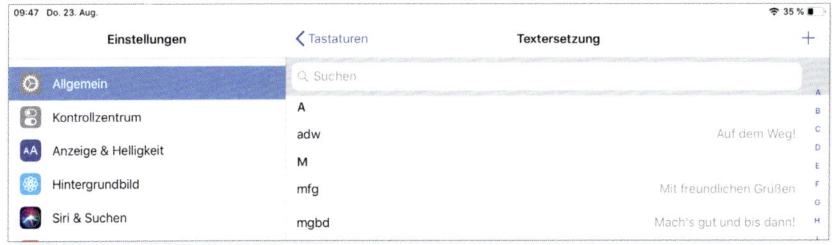

Via Textersetzung können Sie die Texteingabe beschleunigen. Das funktioniert nicht nur in Mail, sondern auch in Nachrichten, Notizen etc.

Mail

Neue E-Mail kurz ablegen oder Entwurf sichern

Kennen Sie das? Während man eine neue E-Mail verfasst, benötigt man noch Informationen, die sich in einer anderen E-Mail befinden. Für Mail ist das kein Problem. Ziehen Sie einfach die neue E-Mail an den unteren Rand des Displays, indem Sie mit dem Finger die Kopfleiste nach unten ziehen. Sofort wird die neue E-Mail unten „angedockt" und kann durch Antippen oder Ziehen wieder hervorgeholt werden. Nun können Sie in andere E-Mails und Postfächer navigieren und die gewünschte Info heraussuchen.

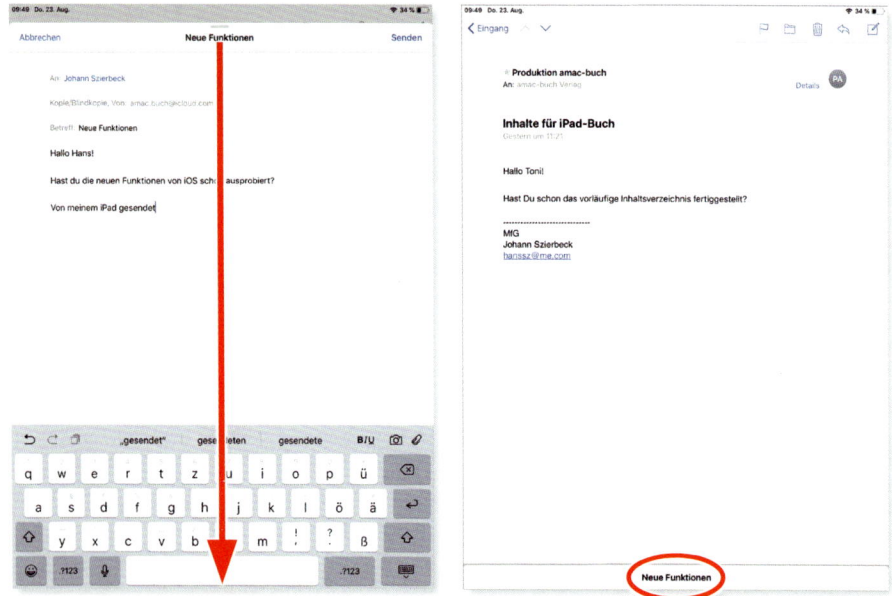

Neue E-Mails können nach unten abgelegt werden. Gerne dürfen das auch mehrere sein.

Können Sie die E-Mail derzeit noch nicht finalisieren, so sollten Sie sie über *Abbrechen* als *Entwurf sichern*. Die E-Mail wird damit automatisch in den Ordner *Entwürfe* gelegt. Falls dieser nicht sichtbar sein sollte, dann tippen Sie in der Übersicht der Postfächer auf *Bearbeiten* und aktivieren den Ordner.

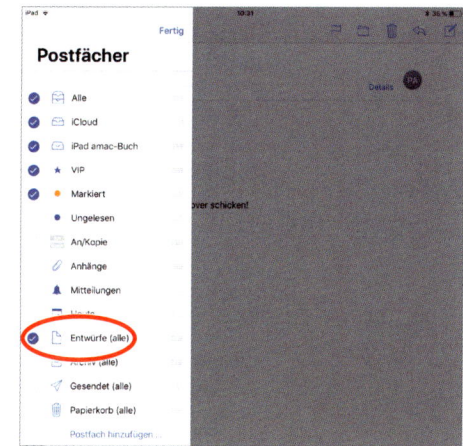

Um eine E-Mail später weiterzubearbeiten, kann sie als Entwurf abgelegt werden. Dabei ist es sinnvoll, die Entwürfe in der Postfachübersicht einzublenden.

Text formatieren

Damit der E-Mail-Text nicht so lieblos aussieht oder um spezielle Textpassagen hervorzuheben, können Sie den Text formatieren. Allerdings beschränkt sich die Formatierung auf fett, kursiv und unterstrichen.

Zuerst müssen Sie den Text markieren, der formatiert werden soll. Dazu sollten Sie zuerst zweimal kurz hintereinander auf den Text tippen. Damit wird zwar vorerst nur ein Wort markiert, Sie können aber die Markierung erweitern. Dazu verschieben Sie die blauen Striche mit den Punkten.

Mit den blauen Strichen kann die Markierung erweitert werden. In den meisten Apps können Sie durch Doppeltippen ein Wort markieren.

Als Nächstes müssen Sie entweder die Textformatierung im Kontextmenü ansteuern, oder Sie nutzen die Schaltflächen oberhalb der Tastatur. Das Kontextmenü ist die schwarze „Sprechblase", die direkt über der Markierung eingeblendet ist. Im Kontextmenü bzw. auf der Tastatur tippen Sie die Bezeichnung

Mail

BIU auftaucht. Die Abkürzung steht für Bold (fett), Italic (kursiv) und Underlined (unterstrichen). Tippen Sie darauf, und Sie können nun zwischen den drei Formatierungsarten wählen.

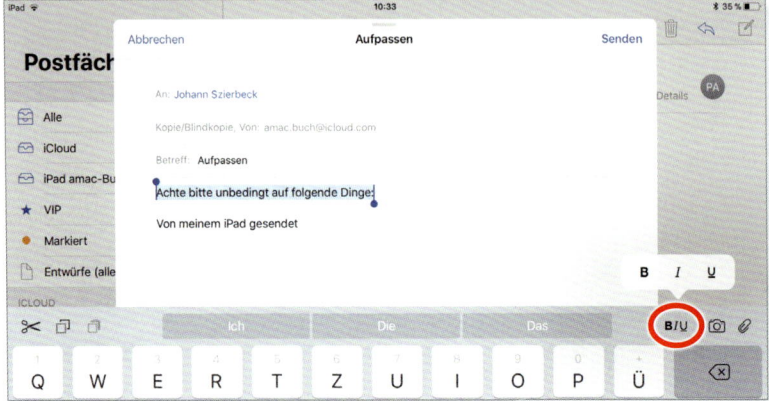

In der Tastatur finden Sie die Funktionen zum Formatieren des Textes.

 Falls Sie die Formatierung wieder entfernen wollen, tippen Sie sie einfach erneut an. Sie können auch Kombinationen der drei Formatierungen verwenden, also z. B. fett und kursiv gleichzeitig.

Fotos und Videos versenden

Eine E-Mail muss nicht nur Text enthalten. Sie können auch Fotos und Videos verschicken. In *Mail* haben Sie direkt Zugriff auf die Fotobibliothek des iPads. Um ein Foto oder Video in eine E-Mail einzufügen, benötigen Sie entweder das Kontextmenü oder Sie nutzen die entsprechende Schaltfläche in der Tastatur. Das Kontextmenü erhalten Sie, wenn Sie zweimal kurz hintereinander auf das Display tippen. Im Kontextmenü müssen Sie dann die Bezeichnung *Foto od. Video einfügen* antippen. Wenn Sie lieber die Tastatur nutzen wollen, tippen Sie dort auf das Kamerasymbol. In beiden Fällen erhalten Sie eine Übersicht über Ihre Fotobibliothek. Dort wählen Sie dann das gewünschte Foto oder Video aus.

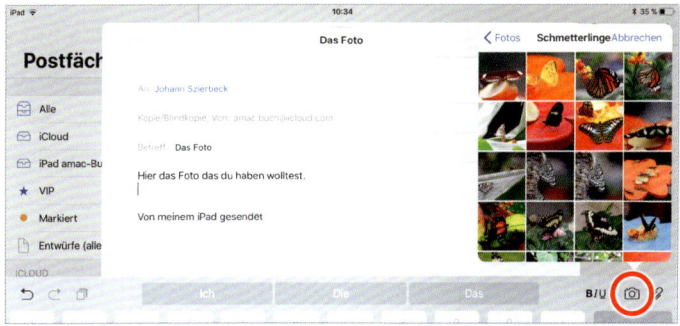

Über das Kontextmenü können Fotos und Videos eingefügt werden.

 Videos haben größere Datenmengen als Fotos. Aus diesem Grund wird ein angehängtes Video sofort verkleinert und komprimiert. Sie haben also keine Möglichkeit, die Größe Ihres Videos selbst zu bestimmen. Videos in Originalgröße zu verschicken funktioniert nur über die App **Fotos**.

Beim Versenden von Fotos gibt es noch einen besonderen Clou: Die Bilder können mit Markierungen versehen werden, um z. B. besondere Bildstellen hervorzuheben. Die Funktion dafür befindet sich im Kontextmenü. Ein kurzer Doppeltipp mit dem Finger auf das Bild öffnet das Kontextmenü. Das Kontextmenü enthält nun den Eintrag *Markierungen*, den Sie auswählen müssen. Das Bild wird daraufhin in einer eigenen Umgebung mit speziellen Werkzeugen geöffnet.

Die Bilder können in einer eigenen Umgebung mit Markierungen versehen werden.

Mail

Im unteren Bereich finden Sie diese Werkzeuge. Wenn Sie ein Malwerkzeug ❶ ausgewählt haben, können Sie die Zeichenfarbe ❷ festlegen und dann im Bild mit dem Finger etwas zeichnen. Über das Plus-Symbol ❸ erhalten Sie weitere Funktionen. Die Lupe ❹ kann Bildteile vergrößert anzeigen. Es lässt sich sogar ein Text ❺ einfügen und formatieren ❻ und eine Unterschrift ❼ hinzufügen. Einzelne Elemente können jederzeit über das Kontextmenü bearbeitet oder gelöscht werden. Außerdem haben Sie noch diverse andere Objekte ❽ (Rechteck, Ellipse, etc.) zur Verfügung, um etwas im Bild zu kennzeichnen. Sogar die letzten Arbeitsschritte können rückgängig gemacht werden ❾. Ist die Arbeit getan, tippen Sie links oben auf *Fertig* ❿.

> Das Markieren von Anhängen steht nicht nur beim Anlegen von neuen E-Mails zur Verfügung. Sie können auch Anhänge, die Sie empfangen haben, mit Markierungen versehen und wieder zurückschicken. Halten Sie dazu den Finger etwas länger auf den empfangenen Anhang, um das **Teilen**-Menü zu öffnen. Dort finden Sie dann die Funktion **Markieren und antworten**.

Auch empfangene Bilder lassen sich mit Markierungen belegen. Selbst PDF-Dateien können so mit wertvollen Zusatzinformationen bestückt werden.

Sonstige Anhänge versenden

Neben Fotos und Videos können Sie auch beliebige andere Dateien per E-Mail auf dem iPad versenden. Dazu muss allerdings eine Voraussetzung erfüllt sein: Sie benötigen dafür iCloud bzw. das iCloud Drive. iCloud Drive ist ein kostenloser Cloud-Speicher, auf dem Sie jede Art von Datei ablegen können. Alle Dateien, die dort gespeichert sind, können Sie per E-Mail versenden. iCloud Drive kann von unterschiedlichen Apps aber auch direkt auf einem Mac bestückt werden.

Um eine Datei von iCloud Drive per E-Mail zu versenden, können Sie das Kontextmenü verwenden oder die entsprechende Taste in der Tastatur. Im Kontextmenü finden Sie den Eintrag *Anhang hinzufügen* und auf der Tastatur ein Symbol in Form einer Büroklammer. Sobald Sie eine der beiden Funktionen nutzen, erhalten Sie eine Übersicht über alle Daten, die in iCloud Drive gespeichert sind. Dort wählen Sie die gewünschte Datei aus, die dann an die E-Mail gehängt wird.

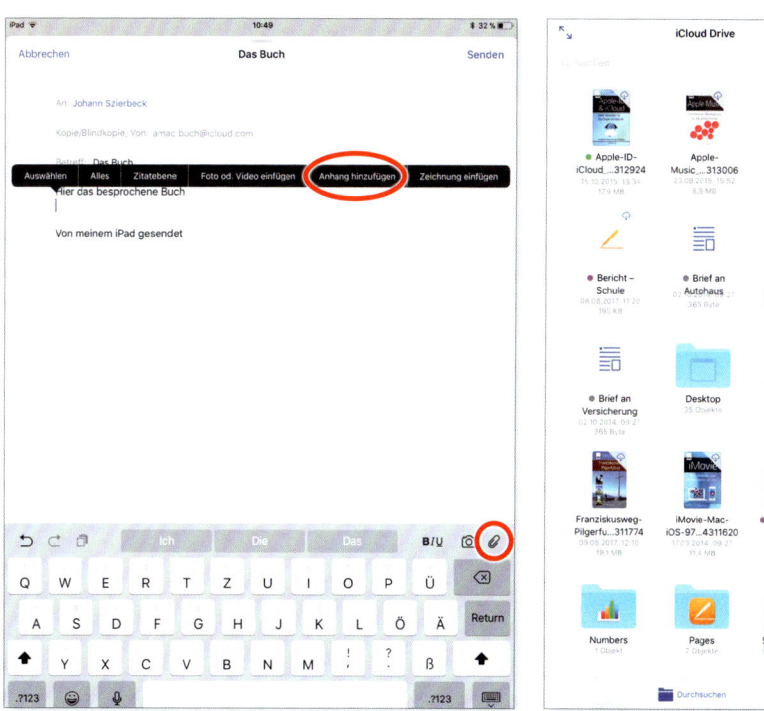

Die Dateien auf dem iCloud Drive können als E-Mail-Anhang verschickt werden.

Die Nutzung von iCloud Drive ist nur ein Weg, um einen Dateianhänge zu versenden. Es gibt viele andere Apps, die Ihre Dateien ebenfalls als E-Mail-Anhang verschicken können, dazu aber kein iCloud Drive benötigen. So können Sie z. B. aus den Apps *Karten*, *Fotos*, *Safari* oder *Notizen* direkt die Daten per E-Mail verschicken.

Mail

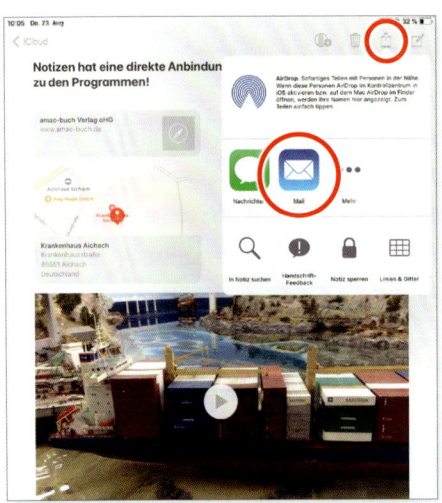 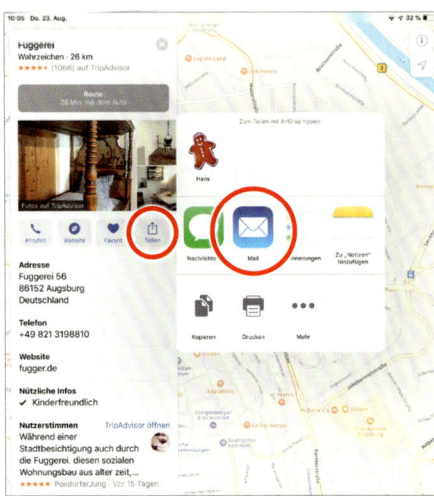

In vielen Apps können die jeweiligen Daten per E-Mail verschickt werden, z. B. in „Notizen" (links) oder „Karten" (rechts).

Das funktioniert auch sehr oft mit Apps, die nicht von Apple sind. Achten Sie einfach auf das *Teilen*-Symbol: Ist dieses Symbol sichtbar, dann können Sie die aktuellen Daten auf verschiedene Arten weitergeben, und dazu zählt auch eine E-Mail.

E-Mails empfangen

Der Empfang von E-Mails bzw. das Abrufen der Postfächer kann auf dem iPad auf zwei Arten durchgeführt werden: manuell oder automatisch. Wenn das iPad z. B. alle 15 Minuten die Postfächer abrufen soll, müssen Sie in den *Einstellungen* bei *Passwörter & Accounts* den *Datenabgleich* ändern. Dort können Sie für jeden Account individuell einstellen, ob der Empfang *Manuell* durchgeführt wird oder via Zeitplan (*Abrufen*).

 Je nach E-Mail-Anbieter gibt es auch die Möglichkeit, die E-Mails per Push-Funktion zu erhalten, wie z. B. beim iCloud-E-Mail-Postfach. Die Push-Funktion leitet eine neue E-Mail sofort an Sie weiter. Ein manuelles Abrufen des Postfachs wird dadurch überflüssig.

Nach welchem Zeitplan die Postfächer abgerufen werden, können Sie weiter unten einstellen. Sie haben die Auswahl zwischen 15, 30 und 60 Minuten.

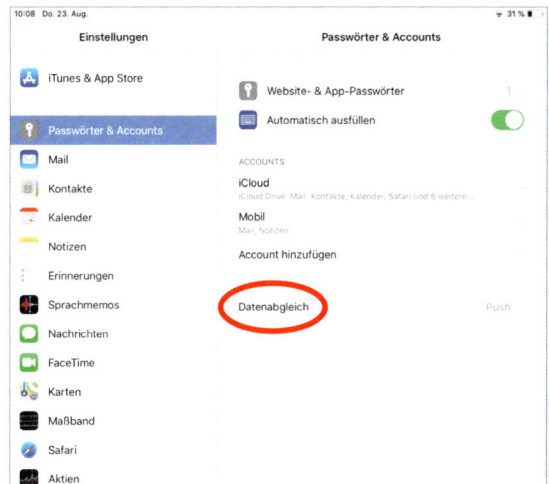
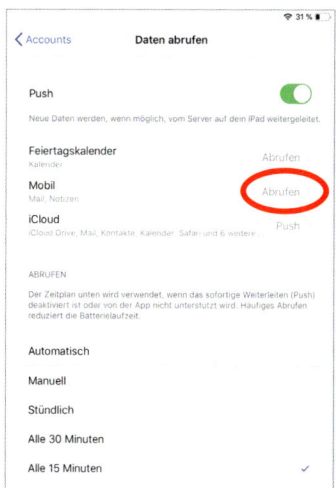

Das automatische Abfragen der Postfächer legen Sie in den „Einstellungen" von „Mail" fest.

Wenn Sie Ihre Postfächer auf manuelles Abrufen gestellt haben, müssen Sie allerdings wissen, wie man eine manuelle Abfrage startet. Das geht sehr einfach. Sie müssen in *Mail* nur die Liste der Postfächer bzw. E-Mails nach unten ziehen. Daraufhin erscheint im oberen Bereich ein kleines Rädchen, das so lange sichtbar bleibt, bis die Postfächer abgefragt sind.

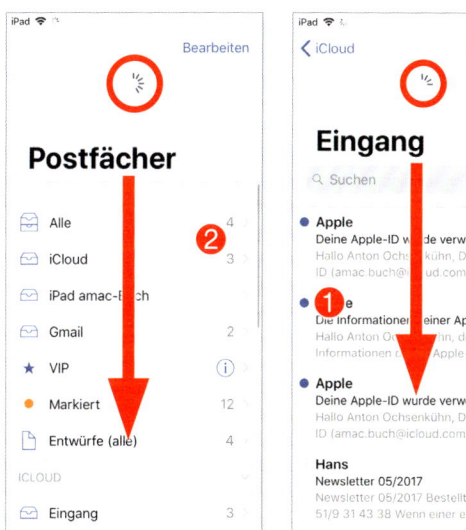

Um alle Postfächer abzufragen, ziehen Sie die Übersicht nach unten (links). Um nur ein einzelnes Postfach abzufragen, ziehen Sie die E-Mail-Liste des Postfachs nach unten (rechts).

Wenn nun neue E-Mails angekommen sind, werden diese mit einem kleinen blauen Punkt ❶ gekennzeichnet. In der Übersicht der Postfächer sehen

Mail

Sie zudem, wie viele neue E-Mails es gibt ❶. Sobald Sie eine E-Mail öffnen, verschwindet der blaue Punkt und die Mail ist als gelesen gekennzeichnet. Diesen Zustand können Sie aber rückgängig machen und die Mail wieder als ungelesen markieren. Dazu schieben Sie die E-Mail in der Liste nach rechts und tippen dann auf die Option *Ungelesen*. Die E-Mail erhält dadurch wieder den kleinen blauen Punkt.

Eine E-Mail kann jederzeit wieder den Status „Ungelesen" erhalten.

Um das Postfach etwas übersichtlicher zu gestalten, können Sie die Anzeige der E-Mail-Liste filtern. Sie können sich z. B. nur die E-Mails anzeigen lassen, die neu und noch nicht gelesen sind oder die einen Dateianhang haben. Tippen Sie dazu auf das Filtersymbol ❸ links unten in der E-Mail-Liste. Um den Filter zu justieren, tippen Sie auf das blaue Wort ❹ unten in der Mitte. Der Filter lässt sich durch ein erneutes Antippen des Symbols wieder ausschalten.

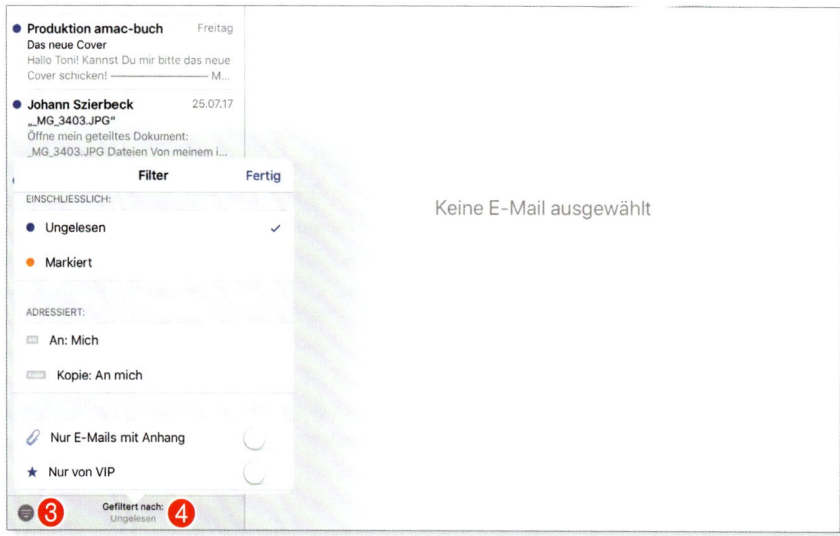

Die E-Mail-Anzeige kann gefiltert werden.

Nützliche Funktionen beim E-Mail-Empfang

Aber *Mail* kann noch mehr: Haben Sie eine E-Mail erhalten, die ebenfalls an viele andere Empfänger adressiert war (ein Beispiel sind E-Mails von Mailing-Listen), dann wird *Mail* Sie darauf hinweisen und Ihnen die Option anbieten, dass Sie sich von dieser Mailing-Liste direkt abmelden können. Außerdem erhalten Sie Hinweise über Kontakte oder Ereignisse, die in der E-Mail enthalten sind. Diese können Sie dann bei Bedarf in die Kontakte-App oder die Kalender-App aufnehmen. Dazu muss allerdings in den *Einstellungen* bei der jeweiligen App die entsprechende Funktion aktiviert sein.

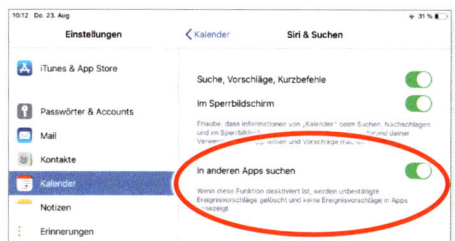

Sind die Einstellungen entsprechend aktiviert, …

… lassen sich Kontaktdaten und Termine aus der E-Mail übernehmen (links). Außerdem erkennt Mail, ob eine E-Mail von einer Mailingliste stammt, und bietet das Abmelden von dieser Liste an (rechts).

Antworten, Weiterleiten, Löschen

Das Beantworten, Weiterleiten und Löschen von E-Mails ist eine sehr einfache Sache. Wenn Sie eine E-Mail öffnen, ist am oberen Displayrand eine Reihe von Symbolen aufgelistet, die die entsprechenden Funktionen enthalten. Mit dem Pfeilsymbol **A** können Sie eine E-Mail beantworten oder weiterleiten. Sie können sie damit sogar ausdrucken, sofern Sie einen WLAN-Drucker besitzen, der sich auf AirPrint versteht. Das Mülleimersymbol D steht natürlich für das Löschen der E-Mail.

In der Symbolleiste befinden sich die Funktionen zum Beantworten, Weiterleiten und Löschen einer E-Mail.

Es gibt noch andere Möglichkeiten, E-Mails zu beantworten, weiterzuleiten oder zu löschen. Sie können in der E-Mail-Liste direkt diese Funktionen aufrufen, wenn Sie die E-Mail nach links verschieben. Damit wird die *Löschen*-Funktion eingeblendet, und mit den drei Punkten erhalten Sie dann auch das Beantworten und die Weiterleitung.

In der E-Mail-Übersicht können Sie Mails löschen, beantworten oder weiterleiten.

Für das Löschen gibt es auch einen dritten Weg. Wenn Sie mehrere E-Mails in einem Rutsch löschen wollen, dann tippen Sie in der E-Mail-Übersicht auf *Bearbeiten* C. Anschließend können Sie die E-Mails markieren D, die Sie entfernen wollen. Zum Schluss müssen Sie nur noch auf *Löschen* E rechts unten tippen.

Kapitel 4 Kommunikation

Mehrere E-Mails können in einem Durchgang gelöscht werden.

Konversationen

Beim Arbeiten mit E-Mails ist es sehr häufig der Fall, dass man auf eine E-Mail antwortet und dann eine Antwort auf die Antwort erhält – die dann wiederum von Ihnen erneut beantwortet wird. Auf diese Weise entsteht eine Konversation mit vielen E-Mails, die hin- und hergeschickt werden. Damit Sie den Überblick behalten, wer wann auf welche E-Mail geantwortet hat, werden solche Konversationen von der App *Mail* automatisch gesammelt und gruppiert.

Eine Konversation wird in der E-Mail-Übersicht speziell gekennzeichnet. Sie erhält einen blauen Doppelpfeil. Und wenn Sie diesen Pfeil antippen, werden die einzelnen E-Mails der Konversation aufgeklappt. Die E-Mails sind dabei chronologisch geordnet. Die neueste E-Mail steht immer an erster Stelle.

> ! Die automatische Gruppierung der E-Mails nach Konversationen kann auch ausgeschaltet werden. Dann werden die E-Mails wieder einzeln in die Liste einsortiert.
> Bei **Einstellungen –> Mail** finden Sie im Bereich **Konversationen** die Option **Nach Konversation**. Wenn Sie diese Option ausschalten, werden die E-Mails nicht mehr gruppiert.

145

Mail

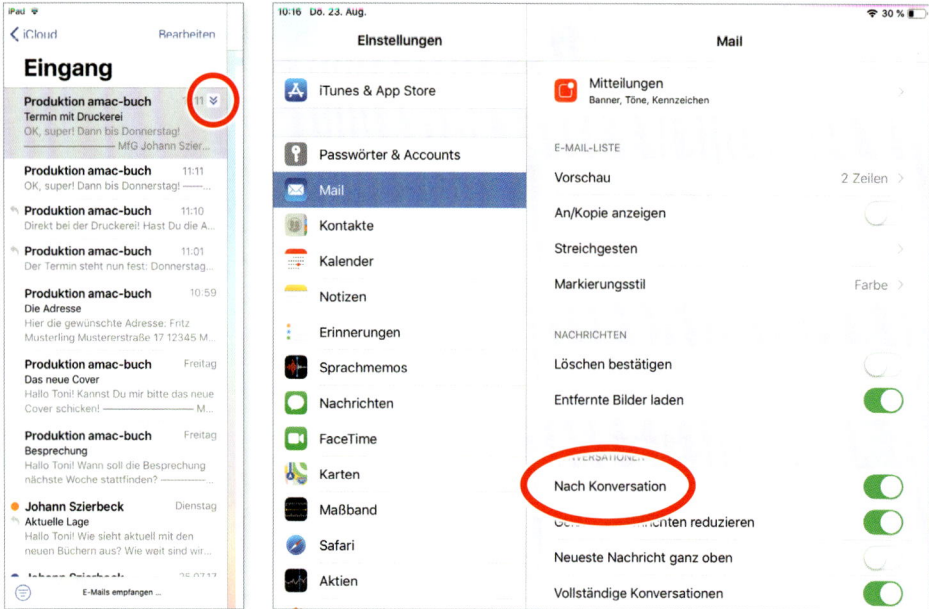

E-Mails werden automatisch nach Konversationen gruppiert (links). Diese Funktion kann aber auch deaktiviert werden (rechts).

Anhänge

Mit E-Mails werden sehr oft Dateien verschickt. Am Computer ist die Weiterverarbeitung solcher E-Mail-Anhänge kein Problem, da man genügend Speicher auf der Festplatte zur Verfügung hat. Außerdem befinden sich entsprechende Programme auf dem Rechner, um die Anhänge zu öffnen. Auf dem iPad sieht es da schon etwas anders aus.

Auf dem iPad können grundsätzlich beliebige E-Mail-Anhänge empfangen werden. Wenn die angehängte Datei nicht zu groß ist und ein bekanntes Format (PDF, JPEG, Audio- und Videodatei) hat, dann können Sie den Anhang direkt in der E-Mail öffnen.

 Sind die Dateianhänge zu groß, dann werden sie nicht automatisch auf das iPad heruntergeladen. Sie müssen den Anhang durch Antippen manuell laden. Erst danach können Sie den Anhang betrachten.

Kapitel 4 Kommunikation

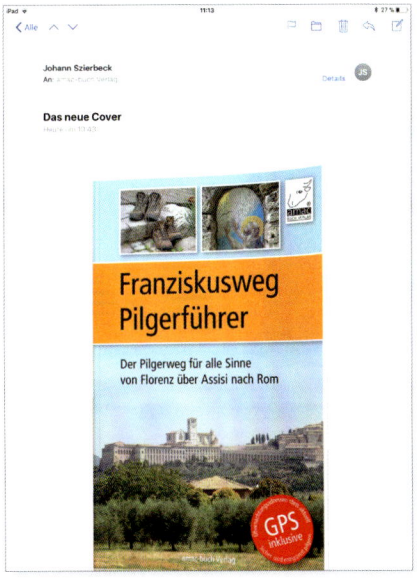 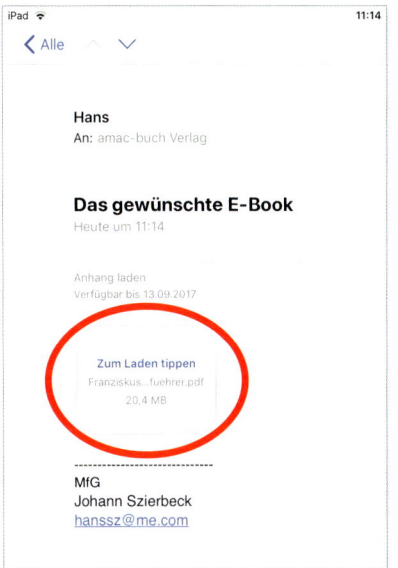

In der linken E-Mail wird der Anhang sofort geladen und angezeigt, da es sich nur um ein kleines Bild handelt. In der rechten E-Mail hingegen ist der Anhang sehr groß und wird erst heruntergeladen, wenn er angetippt wird.

> Auch Zip-Dateien kann das iPad in der App „Mail" empfangen und deren Inhalt anzeigen. Tippen Sie zuerst auf die Zip-Datei und anschließend auf **Inhaltsvorschau**. Nun können Sie links oben ein Menü öffnen, in dem alle Dateien aufgelistet sind, die in der Zip-Datei enthalten sind. Wählen Sie eine der Dateien aus, wird im Hauptbereich eine Vorschau angezeigt.

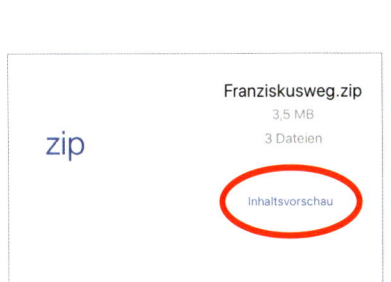 

Selbst gezippte Dateien kann die „Mail"-App verarbeiten.

Mail

Anhang weiterverwenden

Die App *Mail* hat eine eigene Vorschaufunktion, in der Sie viele Dateianhänge direkt betrachten können, z. B. ein PDF oder eine Word-Datei. Man kann die Anhänge zwar betrachten, aber nicht bearbeiten. Dazu müssen die empfangenen Dateien an eine andere App weitergereicht werden.

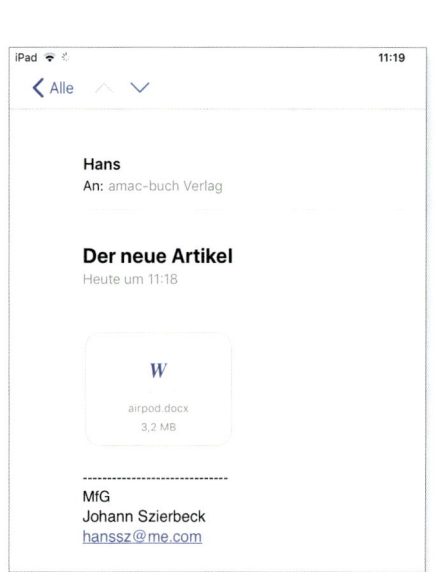 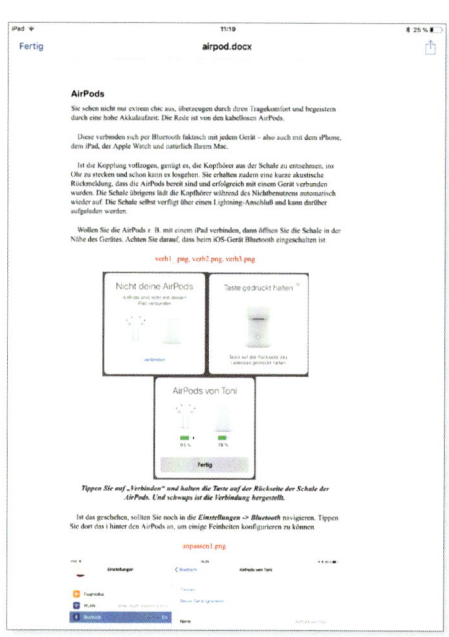

Eine angehängte Word-Datei (links) kann direkt in „Mail" betrachtet werden (rechts).

Die Weitergabe eines E-Mail-Anhangs kann auf zwei Arten geschehen. Die einfachste Methode haben Sie in der Vorschau von *Mail*. Dort befindet sich rechts oben das *Teilen*-Symbol. Wenn Sie es antippen, erhalten Sie eine Liste mit allen Apps auf Ihrem iPad, mit denen es möglich ist, die Datei weiterzuverarbeiten. Sie brauchen aus der Liste die gewünschte App nur anzutippen, damit sich der Dateianhang öffnet.

 Die **Teilen**-Funktion gibt es auch, wenn Sie Inhalte von ZIP-Dateien betrachten. Somit können Sie die einzelnen Dateien einer ZIP-Datei extrahieren und auf dem iPad speichern.

Bei der anderen Methode müssen Sie den Finger etwas länger auf dem Anhang belassen – so wird die *Teilen*-Funktion direkt geöffnet. Sie erhalten wieder eine Liste mit den Apps, die die Datei bearbeiten können.

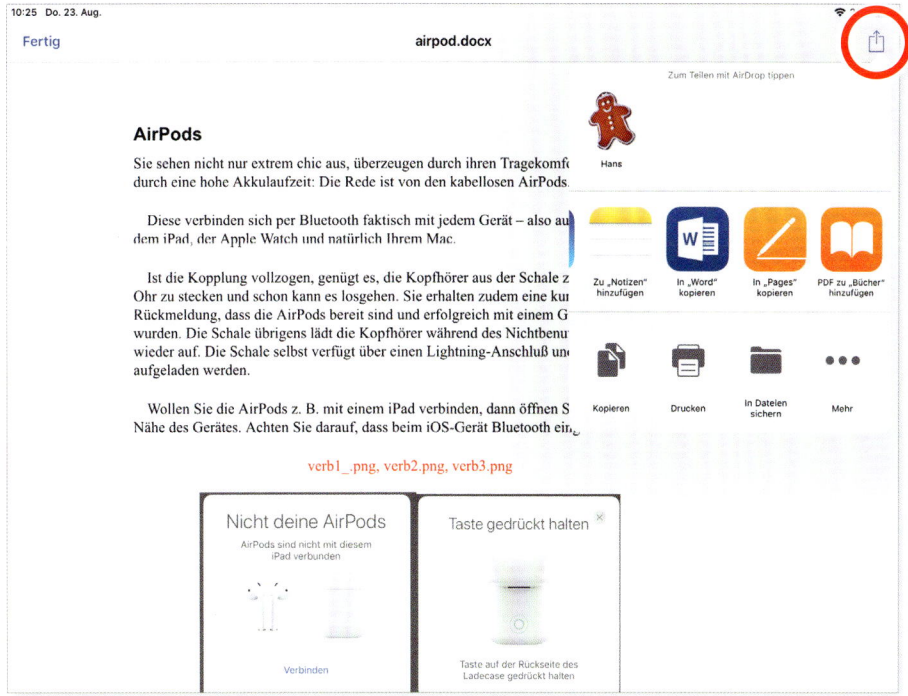

Mit der „Teilen"-Funktion können Sie den Dateianhang an eine andere App übergeben.

E-Mails verwalten

Das Versenden und Empfangen ist nur ein Teil der täglichen Arbeit mit E-Mails. Ein dritter Punkt ist die Ablage bzw. Verwaltung der E-Mails. Die App *Mail* bietet dazu einige Funktionen, die Ihnen die Verwaltung erleichtern.

Ordner erstellen

Die einfachste Methode, um Ordnung in die E-Mails zu bekommen, ist das Anlegen von neuen Ordnern und das anschließende Verschieben der E-Mails in die neuen Ordner. Auf diese Weise können Sie z. B. E-Mails der Familie von sonstigen E-Mails trennen.

Ein neuer Ordner ist schnell erstellt. Dazu müssen Sie zunächst die Übersicht der Postfächer einblenden. Dort tippen Sie dann oben auf *Bearbeiten* ❶ und anschließend unten auf die Funktion *Neues Postfach* ❷. Anschließend vergeben Sie einen Namen und legen den Speicherort des neuen Postfachs/Ordners fest. Der Speicherort beschränkt sich auf die E-Mail-Accounts, die Sie auf dem iPad eingerichtet haben.

Mail

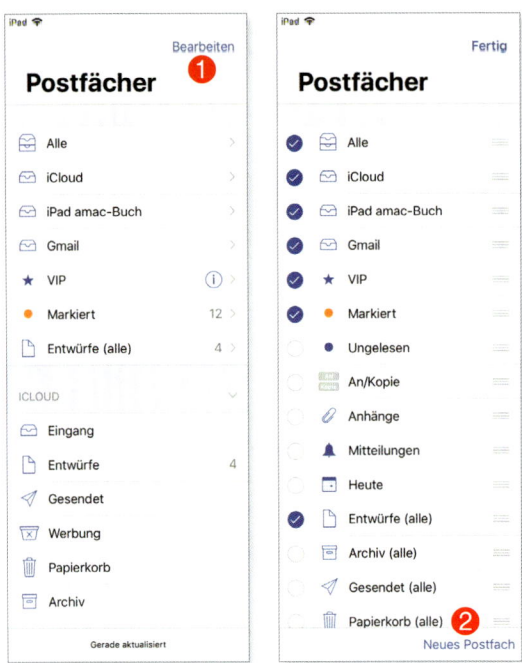

Ein neues Postfach (Ordner) ist schnell angelegt.

Um nun E-Mails in das neue Postfach/Ordner zu verschieben, öffnen Sie die Liste mit den E-Mails und tippen wieder auf *Bearbeiten*. Anschließend wählen Sie die E-Mails aus, die verschoben werden sollen und tippen am untern Rand auf *Bewegen*. Danach geben Sie nur noch an in welchen Ordner die E-Mails verschoben werden sollen.

E-Mails markieren

Das Markieren von E-Mails ist ein weiterer Punkt, der Ihnen beim Verwalten und Sortieren von E-Mails behilflich sein kann. Beim Markieren wird die jeweilige E-Mail besonders gekennzeichnet und erscheint dann automatisch in dem speziellen Ordner *Markiert* bei den Postfächern. Auf diese Weise können Sie z. B. wichtige E-Mails sammeln.

Um eine E-Mail zu markieren, gibt es wiederum zwei Methoden. Die schnellste Methode führt zur E-Mail-Liste. Dort schieben Sie die jeweilige E-Mail nach links. Dadurch werden mehrere Optionen sichtbar, unter anderem auch *Markieren*. Tippen Sie die Option an, dann erhält die E-Mail einen farbigen Punkt und gilt als markiert. Die Markierung kann jederzeit über die gleichen Optionen wieder aufgehoben werden.

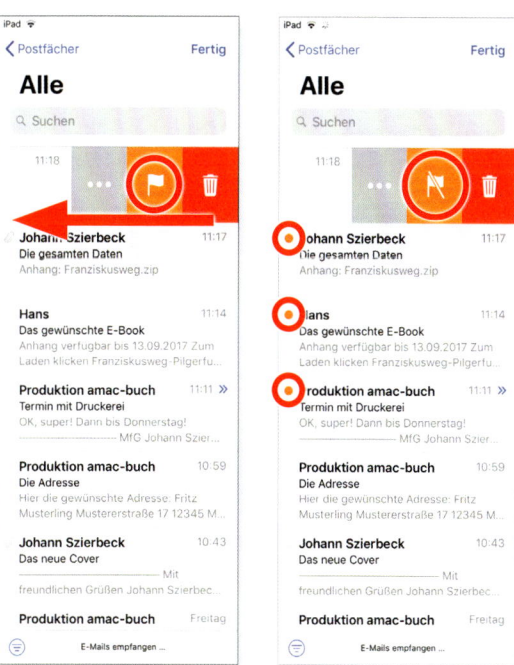

Eine E-Mail können Sie sehr schnell und komfortabel in der E-Mail-Liste markieren.

Mit der zweiten Methode können Sie die E-Mail direkt beim Lesen als markiert kennzeichnen. Dazu tippen Sie auf das kleine Fahnen-Symbol rechts oben und wählen anschließend die Funktion *Markieren*. Auf die gleiche Weise können Sie die Markierung wieder aufheben.

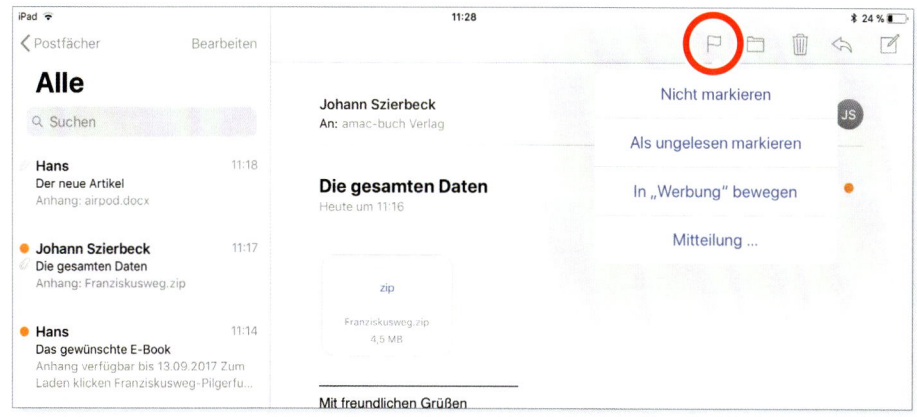

Eine Markierung kann auch während des Lesens durchgeführt werden.

Bis jetzt sind die E-Mails zwar markiert, aber wo befindet sich der spezielle Ordner, in dem alle markierten E-Mails gesammelt werden? Dieser Ordner ist standardmäßig ausgeblendet – er muss also sichtbar gemacht werden. Tippen

Mail

Sie dazu in der Postfach-Übersicht rechts oben auf *Bearbeiten*  und dann in der Liste auf *Markiert* ❷. Dadurch wird das Häkchen gesetzt – der Ordner ist ab sofort permanent sichtbar.

> ❗ An dieser Stelle können Sie auch den Ordner **Ungelesen** einblenden. Somit haben Sie dann einen Ort, der alle noch nicht gelesenen E-Mails aus allen Postfächern enthält.

Mit *Fertig* ❸ können Sie die Bearbeitung wieder verlassen. Wenn Sie nun den Ordner *Markiert* öffnen, finden Sie alle E-Mails mit einer Markierung.

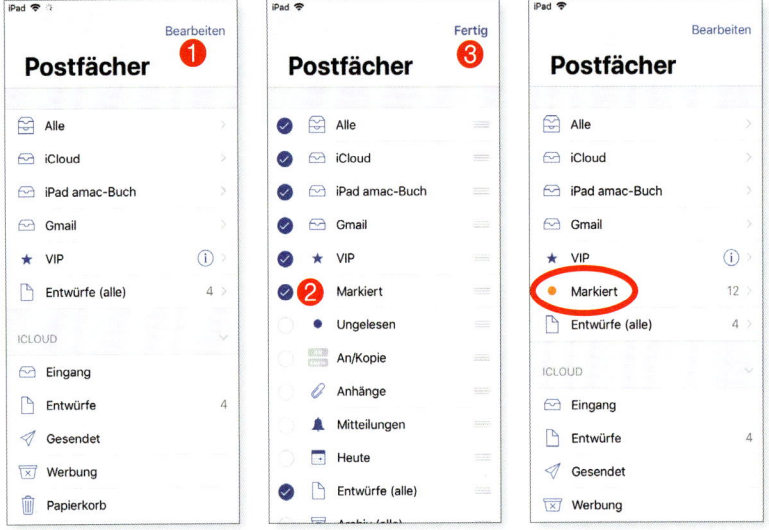

Der Ordner für die markierten E-Mails muss erst eingeblendet werden.

> ❗ Falls Sie lieber eine Fahne als Symbol für die markierten E-Mails haben wollen, weil z. B. die App **Mail** auf dem Mac dies auch so macht, dann öffnen Sie auf dem iPad **Einstellungen –> Mail** und tippen auf die Option **Markierungsstil**. Dort können Sie von **Farbe** auf **Symbol** umschalten.

VIPs

Hier noch eine weitere Möglichkeit, E-Mails zu sortieren: Sie können alle E-Mails, die von wichtigen Personen kommen, in einem Ordner sammeln lassen. Man kann jeden Absender als VIP („Very Important Person") kennzeichnen, um dessen E-Mails gesondert zu sammeln.

Kapitel 4 Kommunikation

Die Kennzeichnung einer Person bzw. eines Absenders als VIP führt in die Postfach-Übersicht. Dort finden Sie den Punkt *VIP*. Falls dieser nicht sichtbar sein sollte, können Sie ihn über *Bearbeiten* rechts oben einblenden. Tippen Sie auf *VIP* und anschließend auf *VIP hinzufügen*.

 Falls Sie bereits einen VIP angelegt haben und nun einen weiteren hinzufügen wollen, dann tippen Sie auf das **Infosymbol** auf der rechten Seite beim Punkt **VIP**. Dadurch öffnen Sie die Verwaltung der VIPs.

Wählen Sie dann aus Ihren Kontakten die VIP-Person aus. Das war's schon! Ab sofort werden alle E-Mails, die Sie von dieser Person erhalten, im Ordner *VIP* gesammelt. Dabei werden alle E-Mail-Adressen berücksichtigt, die bei dieser Person in Ihren Kontakten hinterlegt sind.

 Eine Person muss in den Kontakten gespeichert sein, damit sie als VIP gekennzeichnet werden kann.

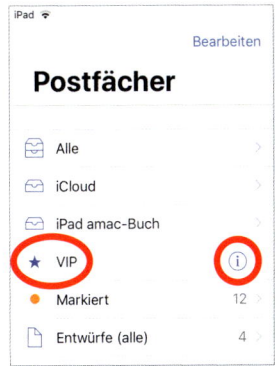  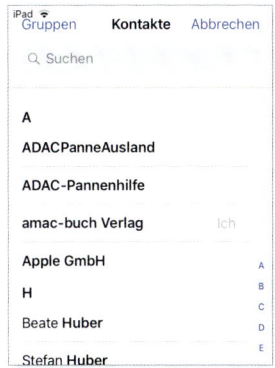

Ein neuer VIP entsteht.

Um nun die E-Mails der VIP-Kontakte zu sehen, müssen Sie nur das VIP-Postfach antippen. Sofort sehen Sie den gesamten E-Mail-Verkehr Ihrer VIPs.

Suche

Die App *Mail* bietet natürlich auch eine Suche, um E-Mails oder Absender zu finden. Dabei können Sie entweder in allen Postfächern gleichzeitig suchen oder gezielt nur in einem bestimmten Postfach.

Wenn Sie ein Postfach öffnen, sehen Sie am Beginn der E-Mail-Liste das Suchfeld. Dort tippen Sie dann den gewünschten Suchbegriff ein ❶. Sie können

Mail

entweder in allen Postfächern ❷ suchen oder nur im aktuellen ❸. Außerdem gibt Ihnen die App die Möglichkeit, die Suche einzugrenzen, indem Sie z. B. nur im Betreff oder den Absender suchen lassen ❹. Tippen auf *Suchen* ❺, damit die Suche beginnen kann.

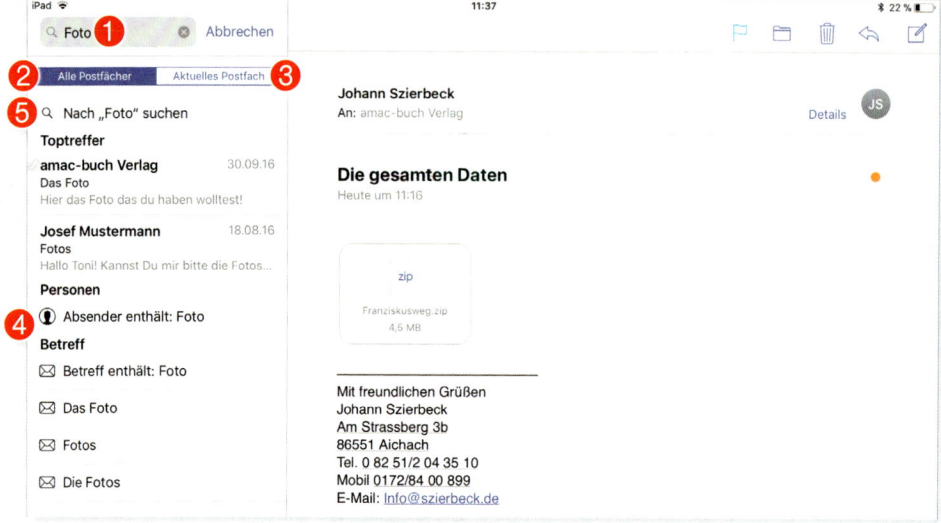

Die Postfächer können auch durchsucht werden.

Wichtige und interessante Einstellungen

Die App *Mail* ist sehr umfangreich, weswegen sie auch zahlreiche Einstellungsmöglichkeiten besitzt. Ein Teil davon wurde bereits in den vorangegangenen Abschnitten beschrieben. Es gibt aber noch einige Einstellungen, die Sie sich mal genauer ansehen sollten. Alle Optionen, die hier beschrieben sind, finden Sie unter *Einstellungen –> Mail*.

Vorschau

Vielleicht ist Ihnen aufgefallen, dass in der E-Mail-Liste einige Textzeilen der E-Mail eingeblendet sind. Dadurch können Sie die E-Mails leichter voneinander unterscheiden, da Sie bereits einen Teil des Inhalts sehen. Standardmäßig werden die ersten beiden Zeilen des Inhalts eingeblendet. Wenn Sie mehr Zeilen sehen wollen, dann müssen Sie die Option *Vorschau* ändern. Sie können übrigens dort die Vorschau auch komplett ausschalten.

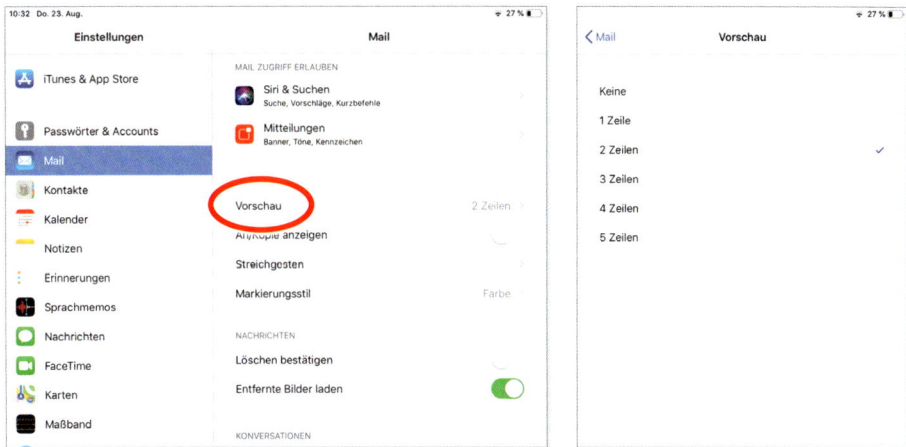

Die Anzahl der Zeilen für die Vorschau kann eingestellt werden.

Streichgesten

In der E-Mail-Übersicht können Sie einzelne E-Mails nach links oder rechts bewegen (streichen), um die Menüs mit den Optionen einzublenden. Unter dem Punkt *Streichgesten* können Sie einstellen, welche Optionen im linken und rechten Menü erscheinen sollen. Wenn Sie im linken Bereich lieber die Funktion *Markieren* haben wollen, dann lässt sich das hier ändern.

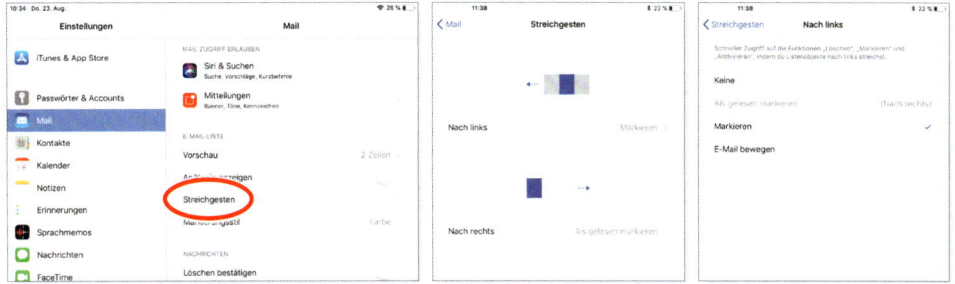

Die Inhalte der Menüs für die Streichgesten können hier geändert werden.

Bilder von Webservern laden

Um das Download-Kontingent Ihres Mobilfunkvertrags nicht unnötig zu belasten, können Sie beim Empfang von E-Mails auch Bilder ausblenden, die eventuell enthalten sind. Das ist besonders bei Werbe-E-Mails und Newslettern interessant, die Sie empfangen. Anstelle der Bilder wird einfach ein leerer Rahmen angezeigt. Sie müssen dafür die Option *Entfernte Bilder laden* in den Mail-Einstellungen ausschalten.

Mail

 Die Option hat keinerlei Einfluss auf Bilder, die per E-Mail-Anhang empfangen werden, sondern nur auf Bilder, die über eine Internetadresse verknüpft sind.

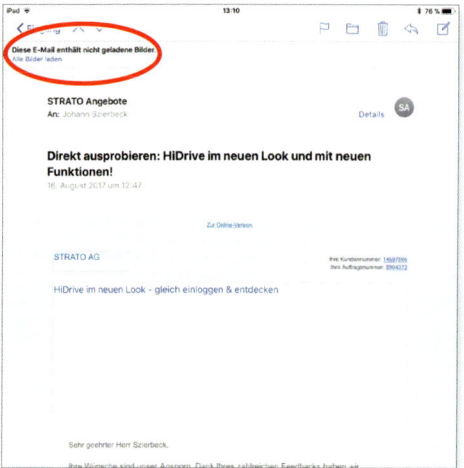 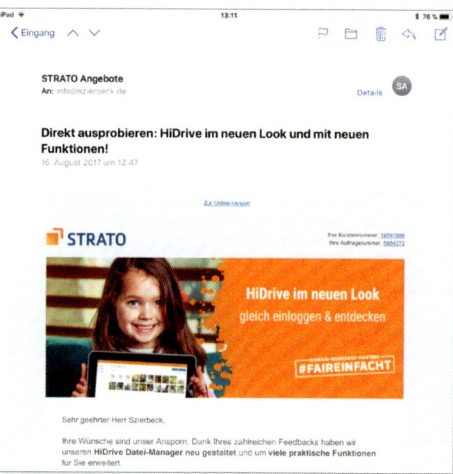

Wird die Option ausgeschaltet, dann sind Bilder in der E-Mail ausgeblendet (links). Erst wenn die Option aktiviert ist oder Sie links oben auf „Alle Bilder laden" tippen, werden die Bilder von dem Newsletter geladen und angezeigt (rechts).

Signatur

Ein wichtiger Punkt beim Verfassen und Versenden von E-Mails ist die Signatur. Eine Signatur wird automatisch an das Ende des E-Mail-Textes angefügt und enthält für gewöhnlich den Namen und die Kontaktdaten des Absenders. Die Signatur für das Versenden von E-Mails auf dem iPad kann natürlich individuell eingestellt werden. Die Option *Signatur* in den *Mail*-Einstellungen enthält den Text, der als Signatur verwendet wird. Sie können entweder einen Text für alle Postfächer (*Alle Accounts*) verwenden oder für jedes Postfach einen eigenen (*Pro Account*). Geben Sie dazu einfach den gewünschten Text in das jeweilige Feld ein.

 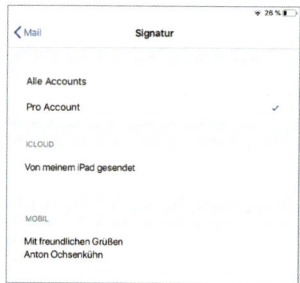

Die Signatur kann für jedes E-Mail-Postfach individuell angelegt werden.

Standardaccount

Wenn Sie wollen, dass eine neue E-Mail immer von einem bestimmten E-Mail-Postfach verschickt wird, dann müssen Sie die Option *Standardaccount* ändern. Dort legen Sie fest, mit welcher E-Mail-Adresse standardmäßig eine E-Mail versendet wird. Diese lässt sich zwar jederzeit beim Schreiben einer E-Mail ändern (siehe Seite 132), aber es gibt noch einen anderen Einsatzort für den Standardaccount: Die Option ist ganz besonders wichtig, wenn Sie direkt aus anderen Apps (z. B. *Fotos* oder *Safari*) heraus eine E-Mail versenden. Auch in diesen Fällen wird der Standardaccount herangezogen.

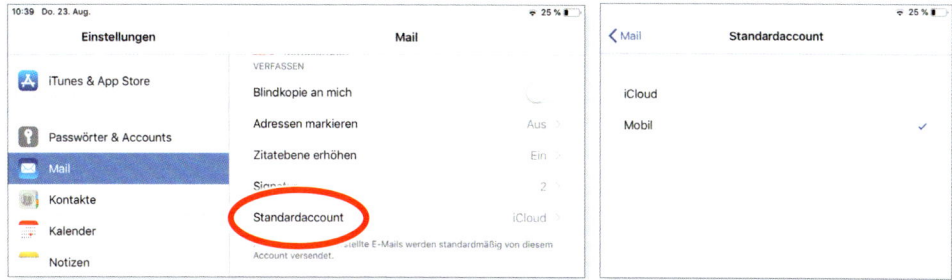

Mit welcher E-Mail-Adresse sollen neue E-Mails standardmäßig verschickt werden?

Data Detector

Hinter dem sperrigen Begriff *Data Detector* versteckt sich etwas unheimlich Nützliches: Informationen (z. B. in einer E-Mail, in einer Nachricht etc.) können einfach per Fingertipp an die entsprechende App weitergegeben werden.

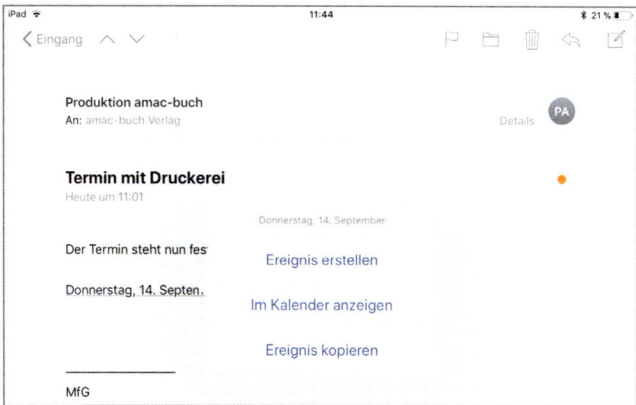

Diese E-Mail enthält Termin- und Ortsinformationen, und sobald man darauf tippt, erscheint das Zusatzfenster mit weiteren Optionen.

Mail

Sie können an den unterstrichenen Passagen erkennen, dass hier Zusatzfunktionen aufrufbar sind.

Im Bildschirmfoto erkennen Sie eine Signatur mit einer Reihe von Informationen, die an andere Apps weitergereicht werden können.

Haben Sie beispielsweise auf eine Internetadresse (URL) getippt, kann sofort der Safari-Browser gestartet werden.

 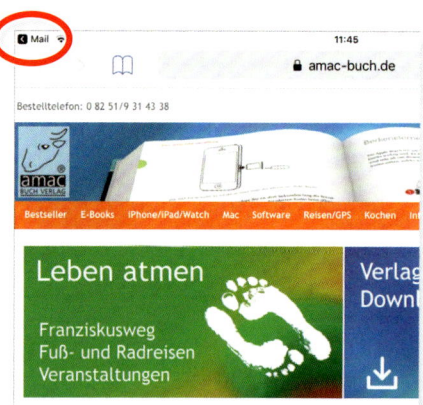

Via „Öffnen" wird Safari mit der Webseite nach vorn geholt. Tippen Sie links oben auf „Mail", um wieder zurückzukehren.

Kapitel 4 Kommunikation

FaceTime

FaceTime ist eine weitere Möglichkeit, per iPad zu kommunizieren. FaceTime ist ein Dienst von Apple, mit dessen Hilfe Sie einen Video- und Audiochat führen können – genau so, wie Sie es vielleicht von Skype her kennen. FaceTime nutzt die Internetverbindung für die Kommunikation und nicht das Telefonnetz. Das heißt: Auch bei Anrufen ins Ausland entstehen Ihnen mit FaceTime keine Zusatzkosten.

 FaceTime gibt es nicht nur fürs iPad, sondern auch für iPhone und Mac.

Voraussetzung für die Nutzung von FaceTime ist eine Apple-ID. In den *Einstellungen* bei *FaceTime* können Sie den Dienst aktivieren ❶ und auch die Apple-ID hinterlegen ❷. Für alle Nutzer sind Sie dann per FaceTime mit Ihrer Apple-ID erreichbar. Sie können aber noch andere E-Mail-Adressen hinzufügen. Dazu müssen Sie allerdings Ihre *Apple ID* öffnen ❸ und dort auf *Name, Telefonnummer, E-Mail* tippen. Im Bereich *Erreichbar unter* tippen Sie auf *Bearbeiten* und anschließend auf *E-Mail oder Telefon hinzufügen* ❹ und geben die E-Mail-Adresse an. Um einer missbräuchlichen Nutzung vorzubeugen, erhalten Sie nach Angabe der Adresse eine E-Mail, in der Sie die neue Adresse bestätigen müssen.

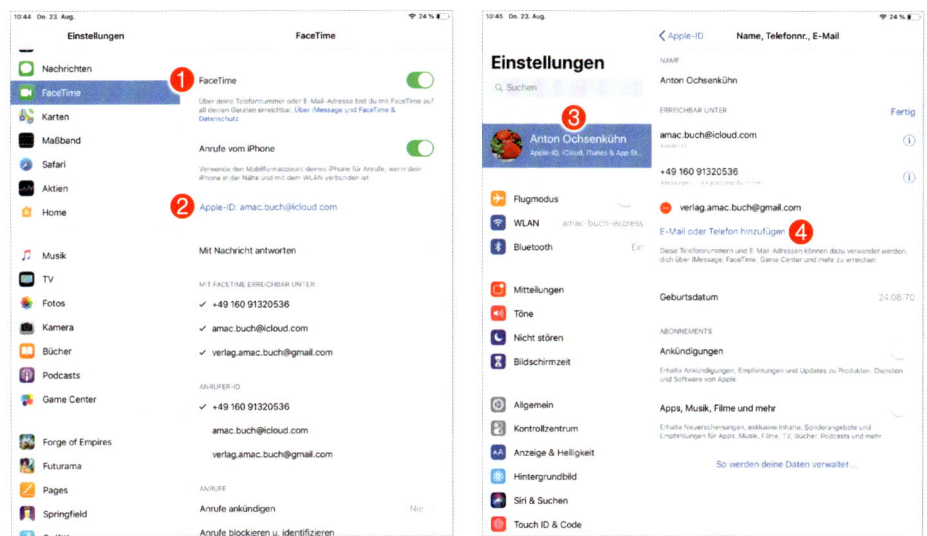

„FaceTime" muss aktiviert und auch die Apple-ID muss hinterlegt sein. Weitere E-Mail-Adressen für FaceTime müssen Sie erst bestätigen. Bei „Anrufe blockieren u. identifizieren" können Sie Kontakte hinzufügen, die Sie nicht per FaceTime belästigen sollen.

FaceTime

Wenn Sie alle Einstellungen vorgenommen haben, können Sie die App *FaceTime* starten und Ihren ersten Video- oder Audiochat führen. Dazu müssen Sie auf das Plussymbol ❺ tippen und einen Kontakt aus Ihrem Adressbuch wählen. Wird der entsprechende Kontakt angezeigt, müssen Sie nur noch entscheiden, ob Sie einen Videochat ❻ oder nur einen Audioanruf ❼ führen wollen. Tippen Sie das entsprechende Symbol an, um den Anruf zu starten.

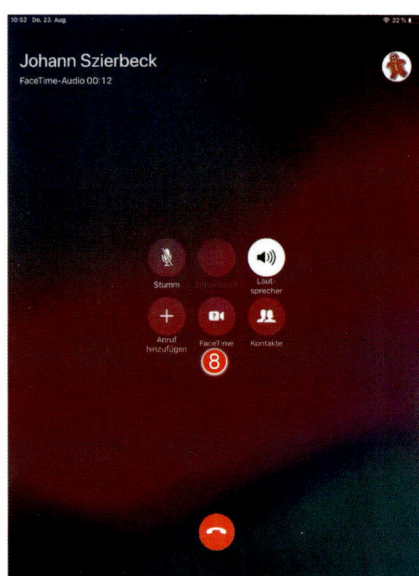

Ein „FaceTime"-Anruf wird gestartet.

Bei einem Audioanruf stehen Ihnen die gleichen Optionen zur Verfügung wie bei einem herkömmlichen Telefonat. Der einzige Unterschied besteht darin, dass Sie während des Telefonats zu einem Videochat ❽ wechseln können.

Der Videochat bietet hingegen andere Optionen, die Sie erhalten, wenn Sie auf das Symbol mit den drei Punkten tippen ❾. Sie können zwischen den Kameras auf der Front- und Rückseite wechseln ❿. Auch das kleine Fenster mit Ihrem eigenen Bild lässt sich einfach mit dem Finger verschieben. Außerdem können Sie das iPad drehen, um so im Querformat zu chatten. Sie können das Mikrofon ⓫ und die Kamera ⓬ vorübergehend ausschalten und sogar auf den Lautsprecher ⓭ des iPads umschalten.

 Über die Schaltfläche **Effekte** ⓮ lassen sich Filter, Texte, animierte Formen und Aktivitäten und Sticker hinzufügen. Diese Funktionen entsprechen den gleichen, wie Sie sie beim Erstellen und Versenden von iMessages haben (siehe Seite 115).

Kapitel 4 Kommunikation

Ein Videochat via „FaceTime".

 Wenn Sie nur kurz auf das Display tippen, werden die Bedienelemente ausgeblendet bzw. wieder eingeblendet.

Telefonieren mit dem iPad

Das iPad kann in Zusammenarbeit mit einem iPhone auch zum normalen Telefonieren verwendet werden. Dabei können Sie nicht nur die Anrufe vom iPhone auf dem iPad annehmen, sondern auch neue Telefonate vom iPad aus starten. Damit dies reibungslos funktioniert, bedarf es einiger Einstellungen:
- iCloud muss auf Ihrem iPad und iPhone mit der gleichen Apple-ID eingerichtet bzw. aktiviert sein.
- Beide Geräte müssen sich im gleichen WLAN und in der Nähe zueinander befinden.
- Auf dem iPad müssen Sie bei *Einstellungen –> Facetime* die Option *Anrufe vom iPhone* einschalten.
- Auf dem iPhone muss im Gegenzug bei *Einstellungen –> Telefon* in der Option *Auf anderen Geräten* Ihr iPad aufgelistet und aktiviert sein.

Sind diese Voraussetzungen gegeben, dann kann jeder angekommene Anruf auf dem iPhone auch auf dem iPad angenommen werden. Ebenso können Sie dann auf dem iPad in FaceTime eine Telefonnumer anwählen, die in den Kontaktdaten von Personen hinterlegt ist, und den Anruf mit Hilfe des iPhones tätigen. Und auch das ist möglich: Tippen Sie in Mail, in Safari etc. auf eine Telefonnummer, um den Anruf via iPhone zu starten.

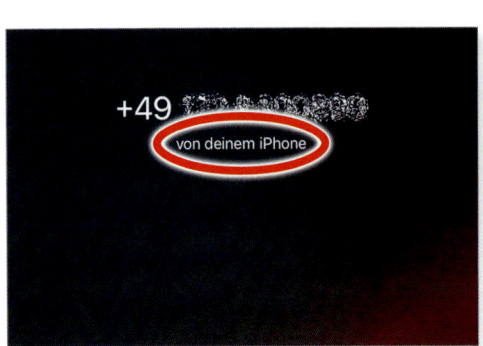 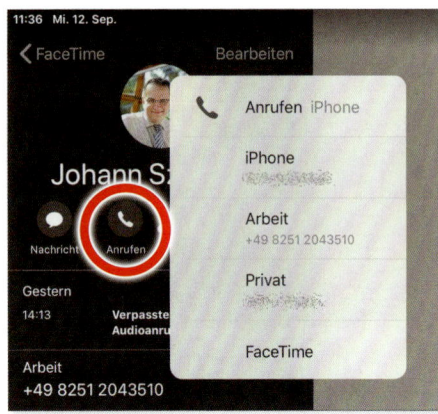

Normale Telefonanrufe können mit Hilfe eines iPhones auf dem iPad sowohl angenommen (links), als auch gestartet werden (rechts).

Wenn Sie auf dem iPhone oder iPad in den Telefon-Einstellungen die Option **Anrufe ankündigen** einschalten, dann werden Sie von der Siri-Stimme über den Namen bzw. die Telefonnummer des Anrufers informiert, sobald es das erste Mal klingelt.

Kapitel 5 Safari

Der große Vorteil eines Tablets ist, dass Sie jederzeit im Internet surfen können, egal, wo Sie sich gerade befinden. Das iPad ist da keine Ausnahme. Zum Surfen wird aber ein Internetbrowser benötigt. Auf dem iPad ist das die App *Safari*. In diesem Kapitel erfahren Sie, wie man Safari bedient und welche Möglichkeiten die App bietet.

Die Oberfläche

Die Oberfläche von Safari ist sehr aufgeräumt. Im oberen Bereich befindet sich die Eingabezeile ❶ für die Internetadressen bzw. die Internetsuche. Die Symbolleiste oben bietet noch diverse Funktionen. Mit den Pfeilen ❷ können Sie rückwärts und vorwärts blättern. Das *Teilen*-Symbol ❸ ist für die Weitergabe von Daten bzw. für das Ausführen von zusätzlichen Funktionen zuständig. Natürlich hat Safari auch *Lesezeichen*, die Sie über das Symbol ❹ erreichen. Zudem gibt es die Tabs bzw. die iCloud-Tabs ❺, die Sie mit dem Pluszeichen ❻ anlegen können. Tippen Sie ca. 1,5 Sekunden auf das Pluszeichen, um eine Liste der zuletzt geschlossenen Tabs aufzurufen.

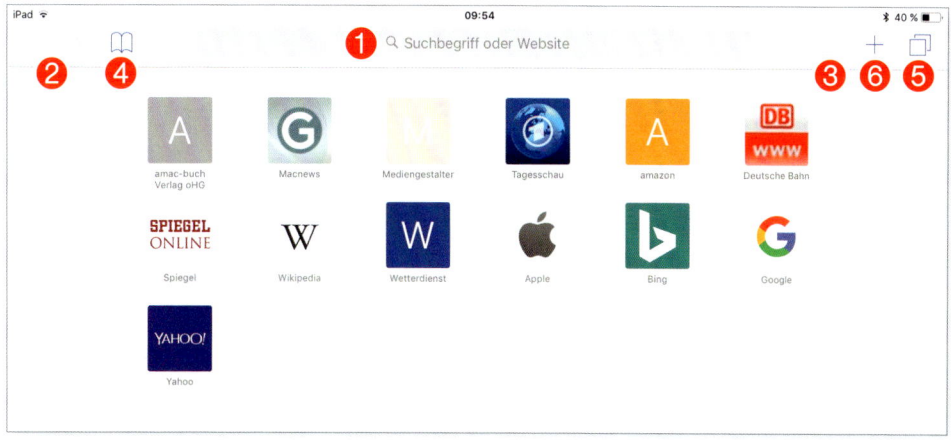

Die Oberfläche der App „Safari".

Die Oberfläche

> **!** Während Sie eine Internetseite lesen bzw. nach unten scrollen, werden alle Funktionen inklusive der Symbolleiste ausgeblendet. Somit ist mehr Displayfläche für die Internetseite verfügbar. Wenn Sie die Eingabezeile und die Symbolleiste wieder einblenden wollen, dann tippen Sie auf die URL, die am oberen Displayrand eingeblendet ist.

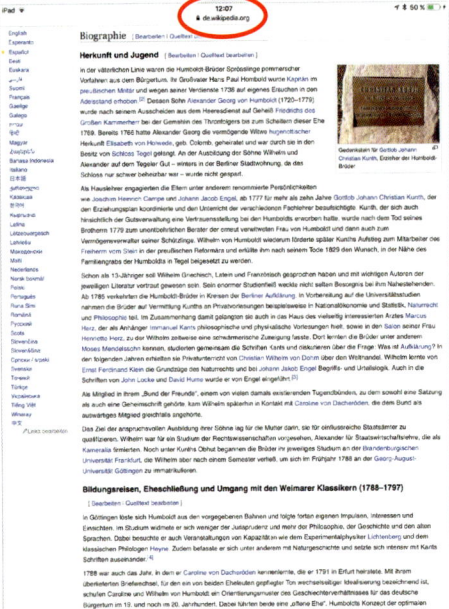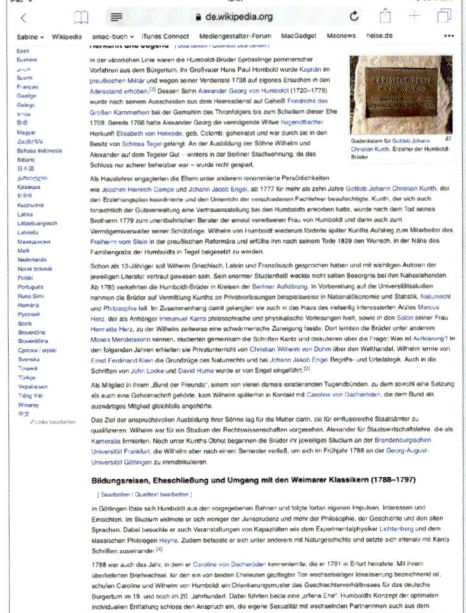

Wenn die Eingabezeile und die Symbolleiste ausgeblendet sind (links), genügt ein Fingertipp auf die URL in der Kopfzeile, um sie wieder sichtbar zu machen (rechts). Tippen Sie zudem auf die Uhrzeit, dann wird auf der Internetseite automatisch ganz nach oben gescrollt. Das funktioniert auch in vielen anderen Apps – Sie sollten das mal testen.

Optionen für das Surfen

Das Surfen mit dem iPad bzw. Safari muss eigentlich nicht erklärt werden, da es sehr einfach ist: Internetadresse eingeben, auf *Öffnen* tippen und warten, bis die Seite erscheint. Das Eingabefeld für die Internetadresse kann gleichzeitig auch für eine Suche verwendet werden. Wenn es sich bei der Eingabe um keine Internetadresse handelt, wird automatisch eine Websuche gestartet.

Es gibt aber speziell für das iPad einige zusätzliche Optionen, die beim Surfen im Internet sehr hilfreich sein können.

Mobil-Version oder Desktop-Version?

Moderne Websites bieten einen speziellen Service für Smartphones und Tablets an. Man kann sehr oft eine eigene Version der Internetseite für Mobiltelefone oder Tablets öffnen. Diese Version ist auf dem Display wesentlich besser zu lesen als die Desktop-Version der Internetseite. Im Normalfall wird automatisch die Mobil-Version beim Öffnen einer Internetseite angezeigt, wenn es eine gibt. Die Mobil-Version nutzt zwar das Display besser aus, aber es kann auch sein, dass einiges nicht angezeigt wird, was in der Desktop-Version vorhanden ist. Aus diesem Grund können Sie jederzeit zwischen den beiden Versionen hin- und herwechseln.

Zum Wechseln müssen Sie Ihren Finger nur etwas länger auf das Symbol *Erneut laden* am rechten Rand der Eingabezeile legen. Nach wenigen Sekunden erscheint eine Meldung, in der Sie dann mit der Option *Desktop-Site anfordern* zur anderen Version wechseln können. Auf die gleiche Weise kommen Sie wieder zur Mobil-Version zurück.

 Die Desktop-Version einer Internetseite können Sie auch über die **Teilen**-Funktion anfordern.

Optionen für das Surfen

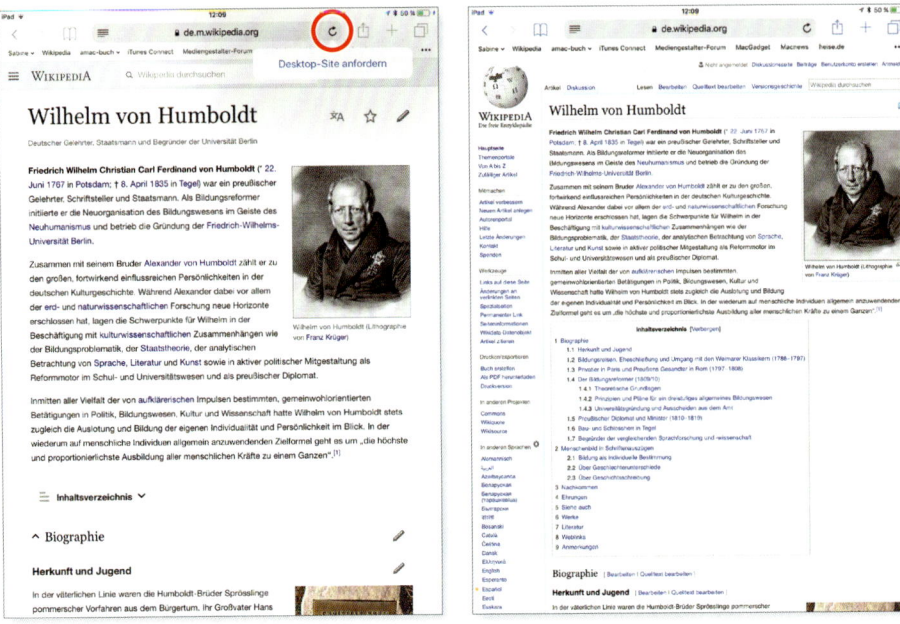

In „Safari" kann man jederzeit zwischen den verschiedenen Versionen der Internetseiten wechseln.

> **!** Im Desktop-Modus können Sie übrigens durch Doppeltippen auf eine Textpassage diese optimal für das Display zoomen. Erneutes doppeltes Antippen zeigt wieder die vorherige Darstellung. Und manchmal ist das iPad im Querformat fürs Lesen auch besser geeignet als im Hochformat. Also einfach ausprobieren.

Reader-Modus

Ein anderer Service, der von vielen Internetseiten angeboten wird, ist der Reader-Modus. Der Reader-Modus wird sehr oft von Nachrichten-Portalen angeboten, da er sich wesentlich besser zum Lesen eignet als die reguläre Internetseite. Im Reader-Modus werden alle überflüssigen Seitenelemente ausgeblendet (z. B. Navigation, Farben, Grafikelemente etc.). Man erhält nur den reinen Text mit den Bildern. Außerdem können Sie die Schriftgröße, die Schriftart und die Hintergrundfarbe des Textes ändern, um ihn noch besser lesen zu können.

Das Wechseln in den Reader-Modus ist nur ein Arbeitsschritt. Wenn eine Internetseite über die Reader-Funktion verfügt, dann erscheint links neben der URL das Reader-Symbol. Dieses müssen Sie nur antippen: Im Reader-Modus können Sie dann auf der rechten Seite in der Eingabezeile die Schriftgröße festlegen. Mit einem erneuten Tippen auf das Reader-Symbol können Sie den Modus wieder verlassen.

Im linken Bild ist die normale Internetseite mit dem Artikel zu sehen, während rechts der Reader-Modus aktiviert ist.

Der Reader-Modus lässt sich auch permanent aktivieren. Das bedeutet, dass eine Seite automatisch im Reader-Modus geöffnet wird, wenn die Seite diese Funktion unterstützt. Sie müssen also nicht mehr manuell umschalten. Die permanente Aktivierung erreichen Sie, wenn Sie den Finger etwas länger auf das Reader-Symbol halten. Im Kontextmenü wählen Sie dann die Option *Auf allen Websites verwenden*.

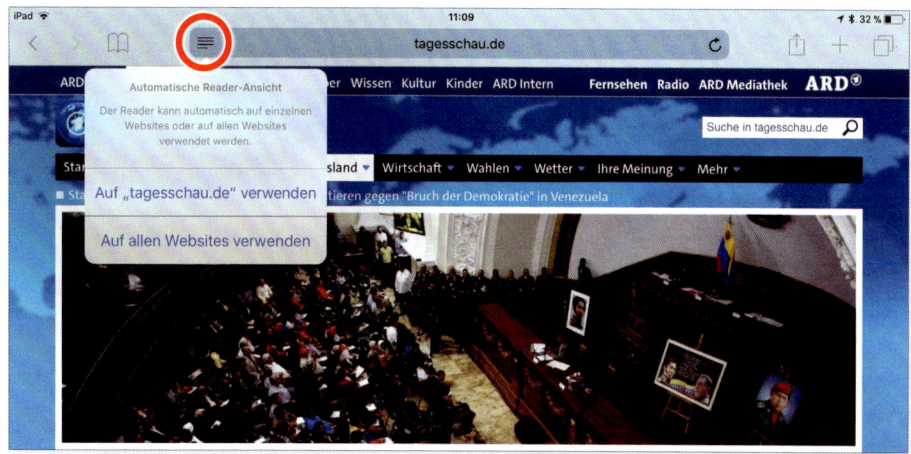

Der Reader-Modus kann für alle Internetseiten aktiviert werden.

Optionen für das Surfen

Als PDF sichern

Safari hat noch eine weitere Funktion, die nützlich ist: das Speichern einer Internetseite als PDF. Durch das Speichern als PDF können Sie die Internetseite zu einem späteren Zeitpunkt lesen, und vor allem benötigen Sie keinen Internetzugang. Das PDF kann offline auf dem iPad geöffnet und gelesen werden.

Um nun eine Seite als PDF zu sichern, tippen Sie auf das *Teilen*-Symbol ❶ in der Symbolleiste. Im Teilen-Menü wählen Sie dann die Funktion *PDF erstellen* ❷ aus. Nun wird ein PDF generiert, das automatisch in der Vorschau geöffnet wird. In der Vorschau können dann auch sofort Markierungen ❸ mit den gewohnten Werkzeugen hinzufügen. Wenn Sie dann links oben auf *Fertig* ❹ tippen können Sie das PDF auf dem iCloud Drive sichern. Alternativ dazu können Sie auch via *Teilen* ❺ rechts oben das PDF an eine andere App übergeben.

Mit der „Teilen"-Funktion kann von jeder Internetseite ein PDF gespeichert werden.

> ❗ Die Funktion **PDF zu „Bücher" hinzufügen** ist ebenfalls im Teilen-Menü verfügbar. Mit ihr wird das fertige PDF sofort an die App Bücher übergeben und wird dort auch sofort gesichtert. Diese Funktion ist auch in vielen weiteren Apps (z. B. in Mail) verfügbar. So können Sie beispielsweise eine empfangene Excel-Datei in der Voransicht öffnen und mit **Teilen** in das PDF-Format umwandeln.

Auf der Internetseite suchen

Um auf einer dargestellten Internetseite nach einem Begriff zu suchen, tippen Sie diesen einfach in die URL-Zeile ein. Im Kontextmenü finden Sie am Ende der Liste bei *Auf dieser Seite* die Anzahl der Fundstellen. Sobald Sie nun auf die Zeile *Auf dieser Seite* getippt haben, wird die erste Fundstelle angezeigt, die zudem farbig markiert ist. Am unteren Rand finden Sie die Funktionen zum Anspringen der anderen Fundstellen.

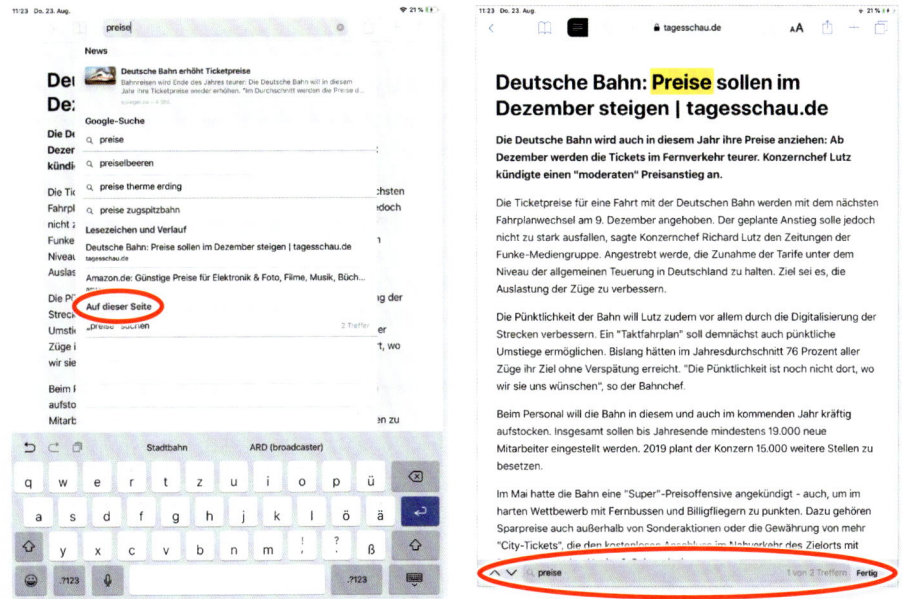

Ein Begriff in der URL-Zeile wird automatisch als Suchbegriff der aktuellen Webseite verwendet.

Eine andere Möglichkeit für die Suche innerhalb einer Internetseite bietet das *Teilen*-Menü. Dort gibt es die Funktion *Auf der Seite suchen*. Tippen Sie diese Funktion an, um ein Eingabefeld für den Suchbegriff zu öffnen und die Suche zu starten.

Optionen für das Surfen

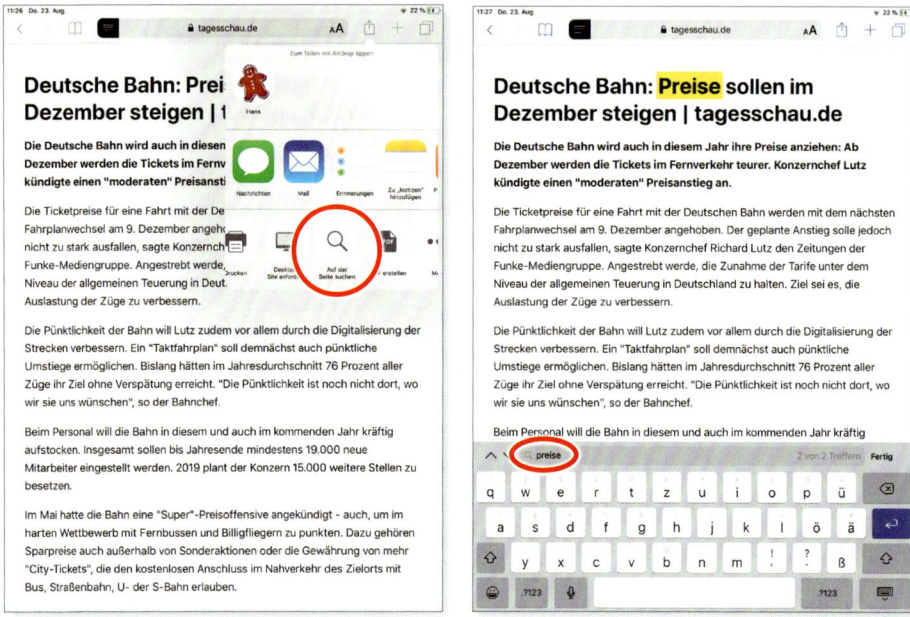

Die Suche kann auch über das „Teilen"-Menü durchgeführt werden.

Texte/Bilder von Webseiten weiterverwenden (Zwischenablage)

Über die Zwischenablage des iPads können Sie Texte oder Bilder von Webseiten in andere Apps übernehmen.

 Achten Sie bitte immer auf die Urheberrechte! Ganz wichtig, wenn Sie z. B. Bilder und Texte von anderen Webseiten auf Ihrer Homepage (oder im Blog etc.) veröffentlichen möchten.

Haben Sie eine Internetseite aufgerufen, die interessante Informationen enthält, dann können Sie z. B. etwas länger auf ein Foto der Seite tippen, um es via *Kopieren* in die Zwischenablage zu befördern. Wechseln Sie nun in eine andere App und holen Sie mit *Einsetzen* den zwischengelagerten Inhalt an die gewünschte Stelle.

Über die Zwischenablage (Kopieren, Einsetzen) können Bilder und Texte applikationsübergreifend ausgetauscht werden.

Wollen Sie Text markieren, dann halten Sie Ihren Finger ca. 1,5 Sekunden lang auf den Text. Dadurch erscheinen die Anfasser, mit denen Sie den Text markieren können. Das iPad hilft Ihnen dabei, komplette Absätze zu markieren. Natürlich ist es auch möglich, Texte zusammen mit Fotos zu markieren und diese dann gemeinsam in die Zwischenablage zu bringen.

 Übrigens: Mit **Ausschneiden** wird das markierte Element aus der App entfernt und in die Zwischenablage verschoben. Da in der Zwischenablage nur ein einziger Speicherplatz verfügbar ist, wird beim nächsten Kopier- oder Ausschneidevorgang der vorherige Inhalt ohne Rückmeldung überschrieben.

Zwischenablage – von iOS zu macOS und umgekehrt

Das iPad und Ihr Mac können die Zwischenablage gemeinsam nutzen. Der Mac muss dazu allerdings mindestens mit macOS Sierra arbeiten. Die gemeinsame Zwischenablage zu nutzen bedeutet: Wenn Sie z. B. auf dem iPad in Safari etwas markieren und kopieren, können Sie den kopierten Bereich am Mac in Word oder TextEdit einfügen. Das funktioniert auch in die andere Richtung vom Mac zum iPad.

 Voraussetzung für die gemeinsame Zwischenablage ist die Nutzung von iCloud und die Verwendung der gleichen Apple-ID auf dem iPad und Mac.

Der Datenaustausch über die Zwischenablage funktioniert ganz einfach. Markieren Sie z. B. auf dem iPad den gewünschten Text und wählen Sie *Kopieren* aus dem *Kontextmenü*. Um auf dem iPad etwas zu markieren, können Sie entweder einen Doppeltipp ausführen oder den Finger etwas länger auf dem Display belassen.

Wechseln Sie nun zum Mac und öffnen Sie dort das Programm, in das Sie den kopierten Bereich einfügen wollen. Im Menü *Bearbeiten* müssen Sie jetzt nur noch die Funktion *Einfügen* bzw. *Einsetzen* wählen – fertig!

Der markierte Bereich wird auf dem iPad in die Zwischenablage gelegt, …

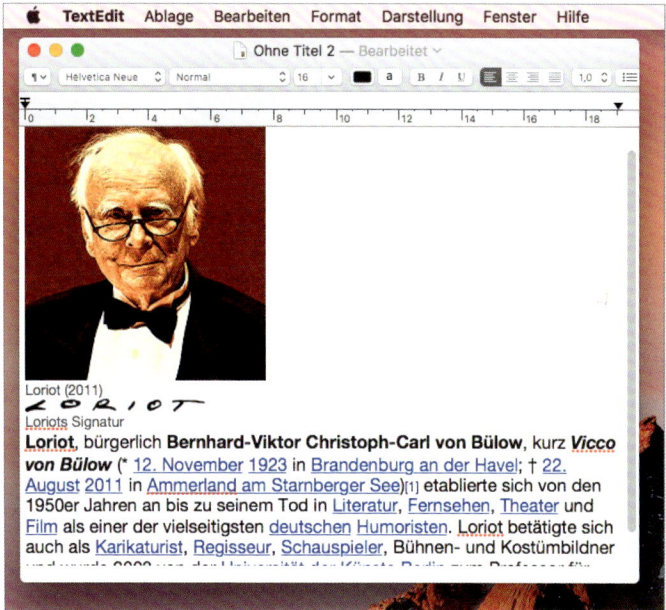

… und anschließend in TextEdit auf dem Mac in ein Dokument eingefügt.

Internetadressen organisieren

Es kommt sehr häufig vor, dass man immer wieder die gleichen Internetseiten ansteuert, z. B. Nachrichtenportale oder Zeitungen. Damit man nicht jedes Mal die ganze Internetadresse eintippen muss, kann man die Adressen in Safari speichern und später in einem Arbeitsschritt wieder aufrufen. Safari bietet hierfür mehrere Möglichkeiten. Die bekannteste Option sind die Lesezeichen.

Lesezeichen

In den Lesezeichen können Sie beliebige Internetadressen ablegen und verwalten. Das Anlegen eines neuen Lesezeichens ist sehr einfach. Zuerst öffnen Sie die Internetseite, die Sie speichern wollen.

Internetadressen organisieren

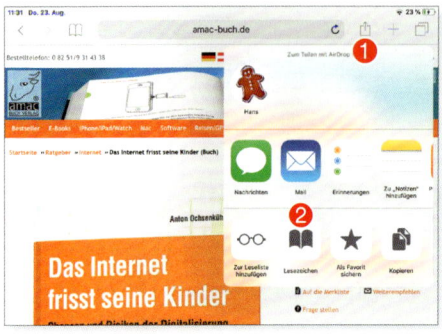

Jede Internetadresse kann als Lesezeichen gesichert werden.

Anschließend tippen Sie auf das *Teilen*-Symbol ❶ in der Symbolleiste. Im *Teilen*-Menü wählen Sie dann die Option *Lesezeichen* ❷ aus. Jetzt können Sie noch den Namen für das Lesezeichen ändern ❸ und den Speicherort bzw. Ordner ❹ festlegen. Mit *Sichern* rechts oben ❺ wird dann das Lesezeichen erstellt.

Um ein Lesezeichen zu öffnen, benötigen Sie die Übersicht. Die Übersicht der Lesezeichen erhalten Sie, wenn Sie das entsprechende Symbol Ⓐ in der Symbolleiste antippen. In der Übersicht sind alle Lesezeichen abgelegt. Dort müssen Sie nur auf das gewünschte Lesezeichen tippen, um die Internetseite zu öffnen.

In der Übersicht können Sie mit *Bearbeiten* Ⓑ neue Ordner anlegen Ⓒ, die Lesezeichen löschen Ⓓ oder verschieben Ⓔ. Eine besondere Stellung unter den Lesezeichen nehmen die *Favoriten* Ⓕ ein: Wenn Sie dort ein Lesezeichen ablegen, erscheint es automatisch in Safari, wenn Sie eine leere Seite geöffnet haben. Die Bearbeitung können Sie mit *Fertig* Ⓖ wieder verlassen.

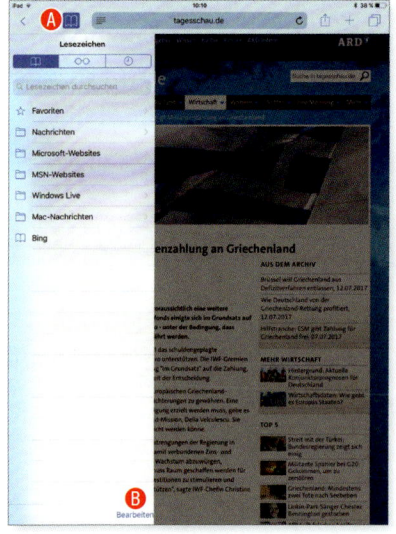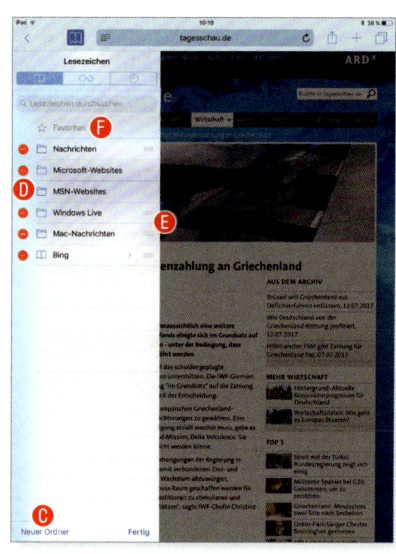

In der Übersicht können die Lesezeichen aufgerufen und organisiert werden.

 Wenn Sie den Namen oder den Ablageort eines Lesezeichens ändern wollen, wechseln Sie zuerst in den **Bearbeiten**-Modus. Danach tippen Sie auf das Lesezeichen. Nun können Sie den Namen und den Ordner ändern.

Icons auf dem Home-Bildschirm

Eine sehr elegante Methode, um die Adresse einer Internetseite zu sichern, ist das Anlegen eines eigenen Icons auf dem Home-Bildschirm. Die Internetadresse wird dann wie eine App behandelt. Wenn Sie auf das Icon im Home-Bildschirm tippen, wird die Internetseite automatisch geöffnet.

Ein Icon für den Home-Bildschirm erhalten Sie, wenn Sie das *Teilen*-Menü öffnen und dort auf die Option *Zum Home-Bildschirm* tippen. Anschließend können Sie dem Icon einen Namen geben. Tippen Sie dann rechts oben auf *Hinzufügen*, wird das Icon erstellt und automatisch auf dem Home-Bildschirm geladen.

 Das Icon auf dem Home-Bildschirm kann natürlich in einen Ordner oder auf einen anderen Bildschirm verschoben werden. Es wird auf die gleiche Weise wie eine App gelöscht (siehe Kapitel 6 ab Seite 196).

Eine Internetadresse kann als eigenes Icon auf dem Home-Bildschirm gesichert werden.

Leseliste

Mit der Funktion *Leseliste* hat Apple eine sehr intuitiv bedienbare Funktion integriert, um interessante Webseiten für späteres Lesen ganz einfach in einer Liste zusammenzufassen. Das Tolle daran ist, dass die Leseliste via iCloud mit dem iPad oder Mac synchronisiert werden kann. Sie können also z. B. auf dem Mac

Internetadressen organisieren

mehrere Seiten zur Leseliste hinzufügen und dann unterwegs irgendwann die Seiten auf dem iPad aus der Leseliste aufrufen. Das Ganze funktioniert natürlich auch vom iPad zum Mac. Ein weiterer Vorteil der Leseliste ist das Herunterladen und Speichern der Seiten. Sie können die Seiten der Leseliste also auch offline ansehen. Voraussetzung dafür ist, dass Sie bei *Einstellungen –> Safari* die Option *Leseliste –> Automatisch offline sichern* eingeschaltet haben. Ansonsten benötigen Sie einen Internetzugang, um die Artikel der Leseliste zu öffnen.

Nur wenn diese Option eingeschaltet ist, werden Artikel der Leseliste auf dem iPad gespeichert, und stehen für das Offline-Lesen zur Verfügung.

Eine Seite ist sehr schnell zur Leseliste hinzugefügt. Sie benötigen wieder das *Teilen*-Menü: Dort tippen Sie auf *Zur Leseliste hinzufügen*. Die Leseliste selbst finden Sie bei den *Lesezeichen*. Im oberen Bereich können Sie die *Leseliste* einblenden. Jetzt müssen Sie nur noch einen der Einträge antippen, um ihn zu öffnen. Wenn Sie einen Eintrag wieder entfernen wollen, dann schieben Sie ihn nach links. Dadurch wird die *Löschen*-Funktion sichtbar.

Die „Leseliste" hält Seiten für das spätere Lesen bereit.

Tabs und iCloud-Tabs

Auf dem Rechner sind Ihnen Tabs im Browser bestimmt bekannt. Auf diese Weise kann man mehrere Internetseiten in einem Fenster öffnen. Die Seiten werden dann als Tabs (Register) auf der Seite angezeigt. Auch Safari auf dem iPad besitzt solche Tabs.

Die Tabs erreichen Sie mit dem entsprechenden Symbol ❶ in der Symbolleiste von Safari. In der Tab-Darstellung werden die geöffneten Seiten ❷ neneinander aufgereiht. Zum Öffnen eines Tabs bzw. der Seite müssen Sie ihn nur antippen. Einen neuen Tab bzw. eine leere Seite erhalten Sie, wenn Sie auf das Plussymbol ❸ in der oberen Leiste tippen. Geschlossen wird ein Tab mit dem kleinen x-Symbol ❹ auf der linken Seite der Miniaturdarstellung. Möchten Sie alle Tabs auf einmal schließen, dann legen Sie Ihren Finger für ca. zwei Sekunden auf das Symbol ❶. Um die Tab-Übersicht wieder zu verlassen, tippen Sie auf *Fertig* ❺.

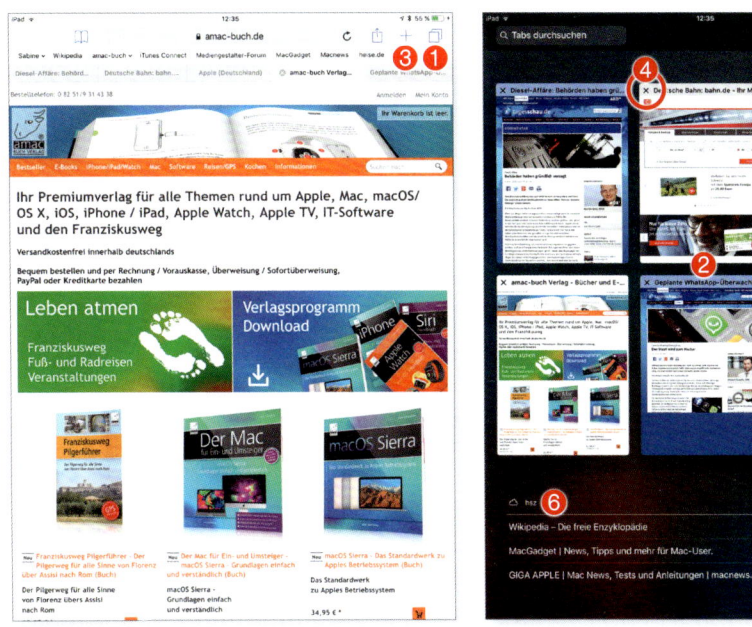

Die Tab-Darstellung von Safari auf dem iPad.

Falls Sie iCloud nutzen, dann können Sie auch mit iCloud-Tabs arbeiten. Dabei werden die geöffneten Tabs von Safari zwischen Ihren Geräten (iPad, iPhone, Mac) synchronisiert. Die Tabs, die Sie z. B. auf dem Mac geöffnet haben, finden Sie auch auf dem iPad wieder. Sie müssen in der Tab-Ansicht nur ganz nach unten scrollen ❻. Dort werden die Tabs nach Geräten sortiert aufgelistet und können geöffnet werden.

Internetadressen organisieren

Neue Tabs können nicht nur über das Plussymbol ❸ geöffnet werden, sondern auch über das Kontextmenü. Wenn Sie etwa zwei Sekunden lang auf einen Link tippen, öffnet sich das entsprechende Menü und präsentiert mehrere Optionen.

 Wenn Sie einen Hyperlink mit zwei Fingern antippen, dann wird die entsprechende Webseite im Hintergrund als neuer Tab geöffnet.

 Je nach Lage des iPads (Hoch- oder Querformat) erhalten Sie unterschiedliche Optionen.

Das Hochformat (links) enthält andere Optionen im Kontextmenü als das Querformat (rechts).

Wenn Sie das iPad im Querformat nutzen, steht Ihnen zusätzlich die Funktion *In Split View öffnen* zur Verfügung. Damit wird das Display in zwei Bereiche geteilt, wobei im linken Bereich die ursprüngliche Seite sichtbar ist, während im rechten Teil der Link geöffnet wird.

 Wenn Sie mit einem Smart-Keyboard oder einer Bluetooth-Tastatur arbeiten, lässt sich Split View mit der Tastenkombination **cmd + N** aufrufen.

Hyperlinks lassen sich auf dem iPad im Querformat auch in „Split View" öffnen.

Teilen mit anderen Apps

In den vorangegangenen Abschnitten wurde immer wieder die *Teilen*-Funktion verwendet, um spezielle Tätigkeiten in Safari auszuführen, z. B. ein Lesezeichen zu erstellen. Aber das *Teilen*-Menü bietet zudem auch die Anbindung an andere Apps. Das bedeutet: Sie können die Internetseiten bzw. Internetadressen von Safari an andere Apps übergeben. Dadurch wird es z. B. möglich, eine Internetadresse sehr einfach per E-Mail oder als Nachricht zu verschicken.

Normalerweise erscheinen nur die Standard-Apps (z. B. *Nachrichten* oder *Mail*) im Teilen-Menü. Sie können aber auch weitere Apps hinzufügen. Voraussetzung dafür ist nur, dass die jeweilige App mit Safari kommunizieren kann. Wenn Sie die App-Liste ganz nach links verschieben, taucht am Ende die Funktion *Mehr* auf. Wenn Sie sie aufrufen, erhalten Sie eine Liste mit allen Apps, die mit Safari kommunizieren und auf Ihrem iPad installiert sind. Jetzt können Sie die benötigten Apps einschalten und andere bei Bedarf ausschalten sowie die Reihenfolge ändern. Auf diese Weise können Sie sich die App-Liste des *Teilen*-Menüs selbst zusammenstellen.

Einstellungen

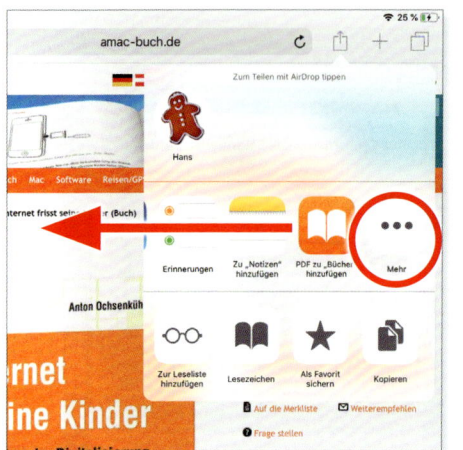 

Das „Teilen"-Menü enthält eine Anbindung an die anderen Apps zwecks Weitergabe der Internetseiten bzw. -adressen.

Einstellungen

Die App *Safari* enthält noch weitere Einstellungen, die Sie nicht vernachlässigen sollten – insbesondere wenn Sie Wert auf Datenschutz legen. Und es gibt Einstellungen, die auch das Arbeiten mit Safari komfortabler machen. Alle Einstellungen, die nun folgen, finden Sie in der App *Einstellungen* unter *Safari*.

Suchen

Wie etwas weiter vorn beschrieben, können Sie mit Safari auch eine Websuche ausführen, wenn Sie den Suchbegriff in die Eingabezeile eintippen. Sie werden vielleicht schon bemerkt haben, dass Safari die Suchmaschine *Google* verwendet. Wenn Sie lieber eine andere nutzen wollen, dann müssen Sie zur Option *Suchmaschine* ❶ in den Safari-Einstellungen wechseln. Sie haben die Auswahl zwischen *Google*, *Yahoo*, *Bing* und *DuckDuckGo*.

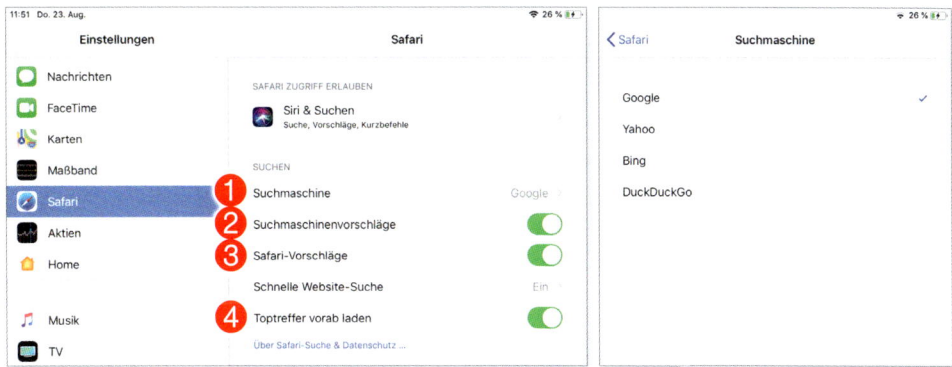

Welche Suchmaschine wollen Sie in Safari verwenden?

Mit den Optionen *Suchmaschinenvorschläge* ❷ und *Safari-Vorschläge* ❸ erhalten Sie bereits beim Eintippen des Suchbegriffs Vorschläge für die gesuchte Internetseite. Je mehr Sie dann vom Suchbegriff eintippen, umso genauer werden die Vorschläge. Bei den Vorschlägen der Suchmaschine greift Safari auf eine Funktion der eingestellten Suchmaschine zurück. Im Hintergrund wird also bereits die Suche auf der Suchmaschine gestartet. Im Gegensatz dazu werden bei den Safari-Vorschlägen die bereits besuchten Internetseiten (Browserverlauf) und bekannte Websites für einen Vorschlag genutzt.

Eine weitere interessante Einstellung ist *Toptreffer vorab laden* ❹. Dadurch können Sie die Wartezeit während des Ladens einer Internetseite verkürzen. Wenn diese Option eingeschaltet ist, werden im Hintergrund die Toptreffer der Suche bereits vorab geladen. Dadurch erhalten Sie einen kleinen Geschwindigkeitsvorteil, wenn Sie anschließend einen der Toptreffer auswählen. Ansonsten war das Vorabladen von Safari überflüssig.

Passwörter im Browser

Wenn Sie mit Safari im Internet surfen und eine Seite aufrufen, auf der Sie sich mit Benutzername und Passwort anmelden müssen, dann können Sie für das zukünftige Einloggen das Passwort speichern lassen. Safari füllt beim nächsten Mal automatisch das Eingabefeld mit dem gespeicherten Passwort aus. Wie kann man ein Passwort speichern?

Das geht ganz einfach! Wenn Sie sich auf einer Internetseite anmelden und den Textcursor im Eingabefeld platziert haben, werden direkt über der Tastatur einige Funktionen eingeblendet. Sie können z. B. bei ❶ Ihre E-Mail-Adresse von iCloud für das Anmelden nutzen, und bei dem Schlüsselsymbol ❷ haben Sie Zugriff auf bereits gespeicherte Passwörter. Wenn Sie nun das aktuelle Passwort

Einstellungen

sichern wollen, dann tippen Sie es ein und schließen den Anmeldevorgang der Internetseite ab. Safari blendet nun eine Meldung ein, in der Sie das *Passwort aktualisieren* ❸ und damit speichern können. Das war's schon!

Wenn Sie sich zu einem späteren Zeitpunkt wieder auf der Internetseite anmelden wollen, dann können Sie die Eingabefelder automatisch ausfüllen lassen❹. Dazu muss allerdings unter *Einstellungen –> Passwörter & Account* die Option *Automatisch ausfüllen* eingeschaltet sein.

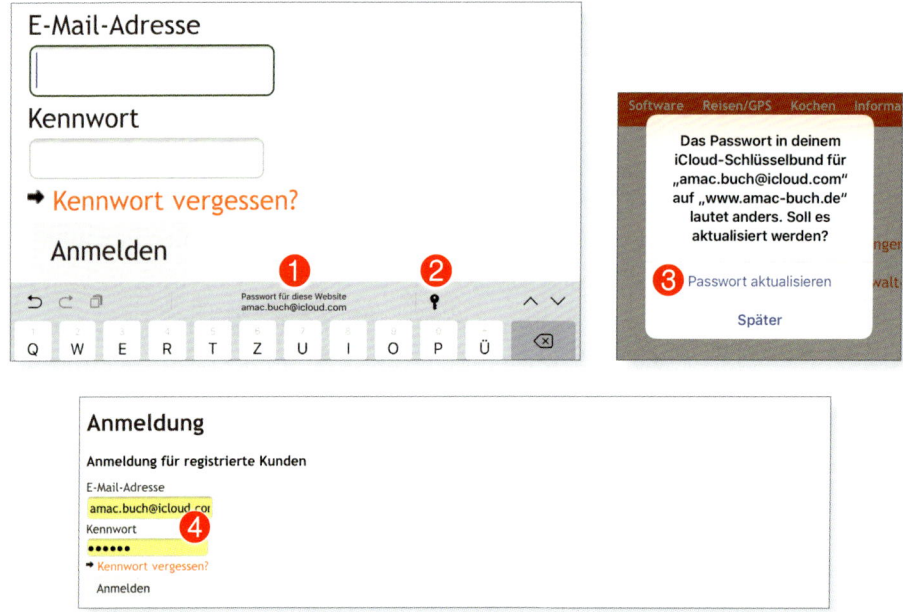

Benutzernamen und Passwörter für Internetportale können von Safari gespeichert werden.

Einstellungen –> Passwörter & Accounts

Wo speichert Safari die Passwörter? In den *Einstellungen* bei *Passwörter & Accounts*! Dort gibt es den Bereich *Website- & App-Passwörter*. Wenn Sie den Bereich aufrufen, werden Sie zuerst nach dem Entsperrcode bzw. der Touch ID gefragt. Das ist eine Sicherheitsfunktion, damit nicht jeder die Passwörter einsehen kann. Danach sehen Sie dann die Liste mit den Internetseiten, bei denen der Benutzername und das Passwort gesichert wurden. Wenn Sie einen Eintrag antippen, können Sie die Informationen einsehen. In der Liste kann ein Eintrag natürlich auch wieder entfernt werden. Entweder Sie tippen rechts oben auf *Bearbeiten* oder verschieben den Eintrag nach links, um die *Löschen*-Funktion einzublenden.

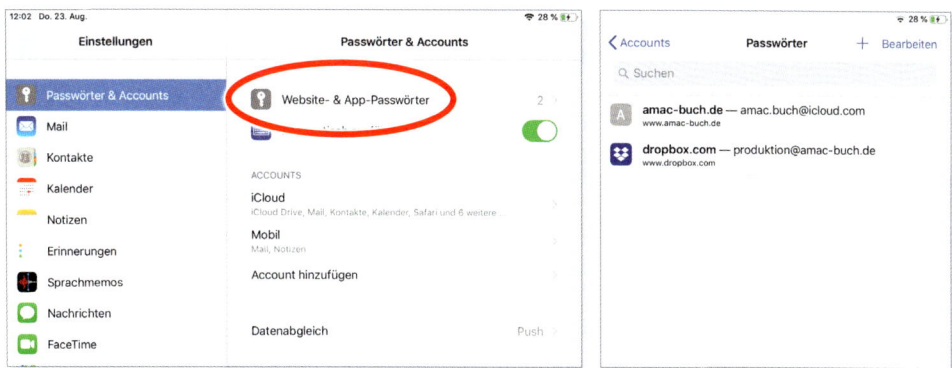

Die gespeicherten Passwörter kann man einsehen und auch wieder entfernen.

Und jetzt kommt der Clou: Die gesicherten Passwörter können zwischen den Apple-Geräten synchronisiert werden. Wenn Sie also z. B. ein Passwort auf dem iPad sichern, kann via iCloud dieses Passwort auf den Mac übernommen werden. Voraussetzung dafür ist die Nutzung von iCloud und des iCloud-Schlüsselbunds. Das Einrichten des iCloud-Schlüsselbunds erfordert allerdings einige Arbeitsschritte. Eine ausführliche Beschreibung, wie man den iCloud-Schlüsselbund nutzt, finden Sie in dem Buch „ iCloud & Apple-ID" aus dem amac-buch Verlag.

Mit dem „iCloud-Schlüsselbund" können die gesicherten Passwörter zwischen Apple-Geräten synchronisiert werden.

Neben Passwörtern kann Safari auch Ihre Kontaktdaten bzw. Ihre Kreditkartendaten fürs Bezahlen in Webformularen zur Verfügung stellen. Dazu sollten Sie in den *Einstellungen* bei *Safari* den Bereich *Autom. ausfüllen* ansteuern und konfigurieren. Wenn Sie hierbei auf *Gesicherte Kreditkarten* tippen und anschließend auf *Neue Kreditkarte*, dann können Sie direkt über die iPad-Kamera die Daten einlesen lassen.

Einstellungen

Datenschutz und Sicherheit

Datenschutz und Sicherheit: die wichtigsten Punkte beim Surfen im Internet! Die Safari-Einstellungen bieten einige Optionen, mit denen Sie den Datenschutz und die Sicherheit beim Surfen erhöhen. Der erste Punkt wäre das Unterdrücken von Pop-ups (*Pop-Ups blockieren*) ❶. Damit verhindern Sie, dass beim Öffnen einer Seite noch zusätzliche Seiten aufspringen und Ihnen Werbung anbieten.

Ein ebenso wichtiger Punkt ist die Option *Websitetracking ablehnen* ❷ und *Cross-Sitetracking verhindern* ❸. Sie sollten diese beiden Funktion einschalten, um zu verhindern, dass Internetseiten Ihre Aktivitäten aufzeichnen. Besonders bei Onlineshops ist das eine beliebte Methode des Anbieters, um Ihnen aufgrund der Produkte, die Sie bereits angesehen haben, ein Angebot zu offerieren, das auf Ihre Interessen zugeschnitten ist.

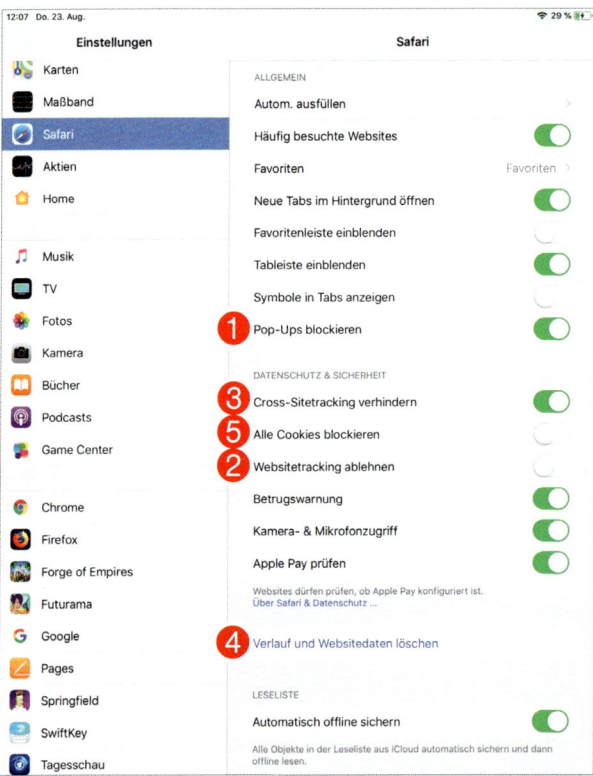

Einige der Einstellungen für den Datenschutz sollten Sie nicht vernachlässigen.

Außerdem ist es wichtig, regelmäßig den Browsercache zu löschen. Im Cache werden z. B. die Adressen der besuchten Internetseiten gespeichert, genauso wie die Cookies. Cookies sind kleine Dateien, die Informationen der jeweiligen

Internetseiten zwischenspeichern. Wenn Sie z. B. in einem Onlineshop etwas in den Warenkorb legen, wird der Warenkorb als Cookie auf dem Gerät gesichert. Um also den Browserverlauf und alle Cookies zu entfernen, tippen Sie auf die Option *Verlauf und Websitedaten löschen* ❹.

 Wenn Sie grundsätzlich verhindern wollen, dass Cookies auf dem iPad verwendet werden, dann aktivieren Sie die Option **Alle Cookies blockieren** ❺. Sie sollten dann aber bedenken, dass viele Internetseiten die Cookies benötigen und dass diese Seiten dann nicht mehr geöffnet bzw. genutzt werden können.

Privater Modus

Es gibt eine Möglichkeit, die Speicherung von Daten beim Surfen vollständig zu verhindern. Sie müssen dafür den privaten Modus von Safari nutzen. Im privaten Modus werden die Seiten nicht in den Browserverlauf aufgenommen. Das Gleiche gilt für sonstige Daten, die während des Surfens aufgezeichnet werden.

Der private Modus ist nur direkt in Safari zu erreichen. Dazu müssen Sie rechts oben die Tabs öffnen. Anschließend tippen Sie auf *Privat* rechts oben. Ab sofort findet keinerlei Aufzeichnung mehr statt.

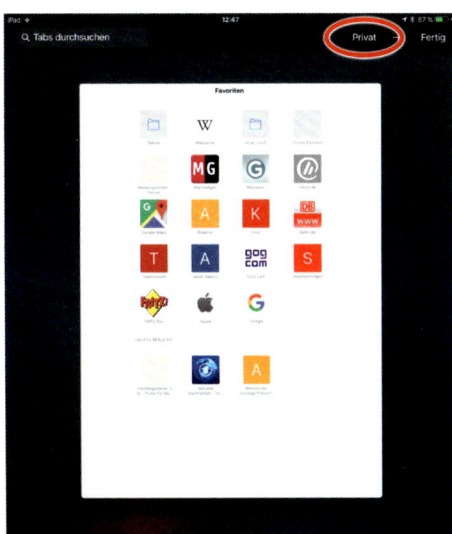 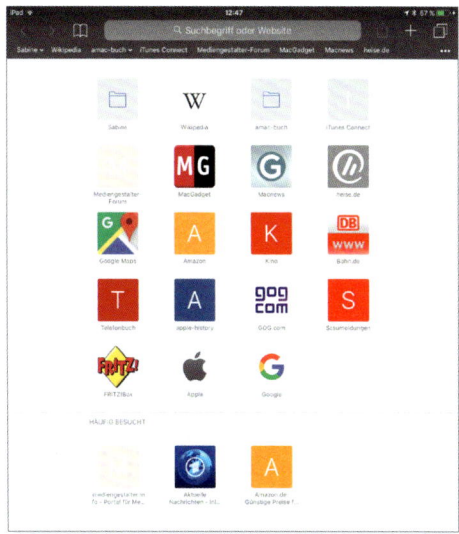

Der Privatmodus verhindert das Aufzeichnen von Daten. Er ist an dem dunklen Hintergrund zu erkennen.

 Der Privatmodus kann auf die gleiche Weise wieder beendet werden, wie er aktiviert wurde: Tippen Sie in den Tabs einfach erneut auf **Privat**.

Kapitel 6 Die Stores

Das iPad wird mit einer großen Zahl von Apps und Funktionen geliefert. Um aber das ganze Potenzial des Geräts auszuschöpfen, benötigen Sie zusätzliche Apps. So hat z. B. das iPad keine App, mit der man das aktuelle Wetter anzeigen kann. Der App Store bietet in dieser Hinsicht mehrere Millionen Apps für jeden denkbaren Zweck. Außerdem können Sie das iPad zum Zentrum Ihrer Unterhaltung machen: Über den iTunes Store kann man Filme und Musik erwerben. Selbst Leseratten kommen hier nicht zu kurz, denn der Appel Book Store stellt Hunderttausende von E-Books aus allen Bereichen zur Verfügung. In diesem Kapitel geht es darum, wie man diese drei Stores auf dem iPad nutzt und wie Sie Apps, Musik, Filme und E-Books käuflich oder auch kostenlos erwerben.

> **!** Die Grundvoraussetzung für die Nutzung der Stores ist eine kostenlose Apple-ID. Wenn Sie also noch keine besitzen, dann legen Sie sich eine unter **appleid.apple.com** zu oder direkt in den Stores. Scrollen Sie dort ganz nach unten und tippen Sie auf **Anmelden** ❶. Anschließend wählen Sie **Neue Apple-ID erstellen** ❷ aus und folgen der Schritt-für-Schritt-Anleitung.

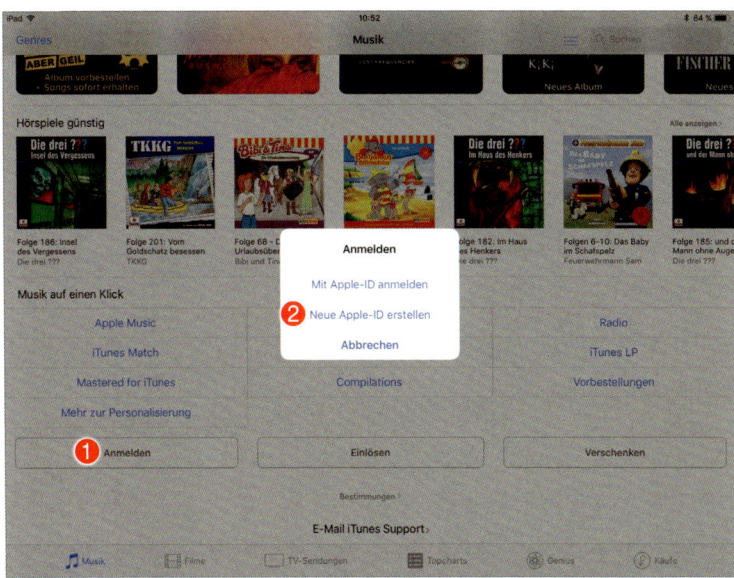

Eine Apple-ID kann direkt in einem der Stores erstellt werden, wie hier im „iTunes Store".

App Store

Wie der Name schon vermuten lässt, beherbergt der *App Store* die Apps, also die Programme für das iPad. Wenn Sie den App Store starten, sehen Sie im unteren Bereich eine Symbolleiste ❶, die verschiedene Bereiche (*Heute*, *Spiele*, *Apps*, *Updates* und *Suchen*) des Stores enthält. Zudem gibt es einen Bereich für die *Updates* ❸. Rechts oben finden Sie Ihre *Apple-ID* ❷ wo Sie z. B. Ihre Einkäufe und die Einstellungen für die Apple-ID finden.

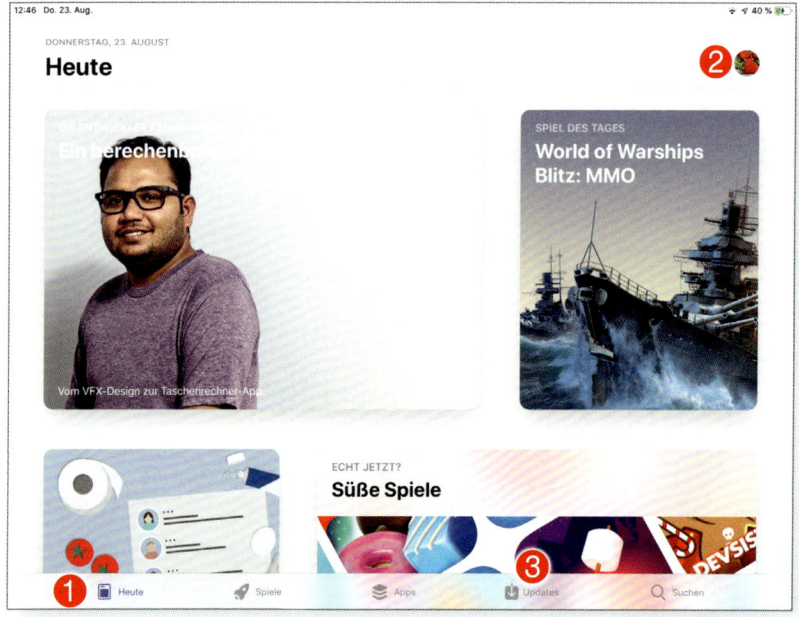

Der App Store auf dem iPad.

Sie können nun die einzelnen Bereiche durchstöbern und sich die Apps herunterladen, die Sie ausprobieren wollen. Der Bereich *Heute* enthält z. B. Empfehlungen der Apple-Redaktion. Dort finden Sie auch die *App des Tages*, eine App, die von der Redaktion ganz besonders empfohlen wird. Außerdem findet man noch interessante Geschichten über die App-Entwickler oder der Entstehung einer App.

Wenn Sie eine App antippen, erhalten Sie alle Infos über die App; auch einige Screenshots können Sie einsehen. Eine wichtige Info ist natürlich der Preis, der direkt unter dem Namen der App angezeigt wird. Wenn dort nur das Word *Laden* steht, dann ist die App kostenlos. Besonders Apple bietet eine ganze Reihe sehr

hochwertiger Apps kostenfrei an, wie z. B. die Tabellenkalkulation *Numbers*, die Präsentationssoftware *Keynote*, die Textverarbeitung *Pages*, die Videoschnittsoftware *iMovie* oder *GarageBand*, zum Musikmachen und Etliches mehr.

> **!** Der Begriff „kostenlos" ist manchmal etwas trügerisch. Viele Apps sind zwar kostenlos und bieten eine gewisse Grundfunktion, aber wenn Sie speziellere Funktionen benötigen, dann müssen Sie diese nachkaufen. Das Ganze wird als **In-App-Kauf** bezeichnet. Direkt neben dem Preis können Sie erkennen, ob es für die App solche In-App-Käufe gibt. Wenn ja, dann scrollen Sie etwas weiter nach unten: Dort sind die Preise für die In-App-Käufe aufgelistet. So wird manchmal aus einer kostenlosen App eine sehr teure, da Sie sie mit In-App-Käufen erst aufrüsten müssen.

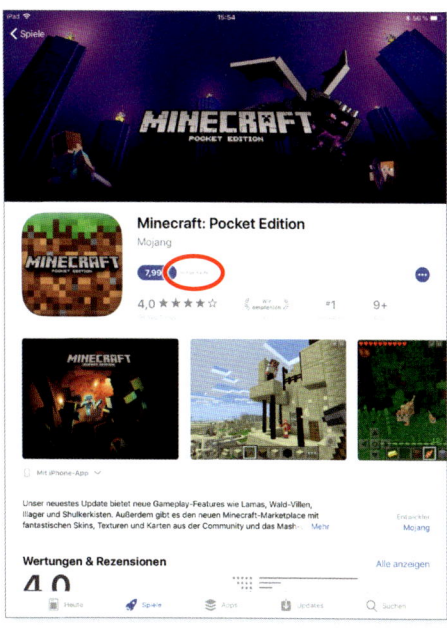
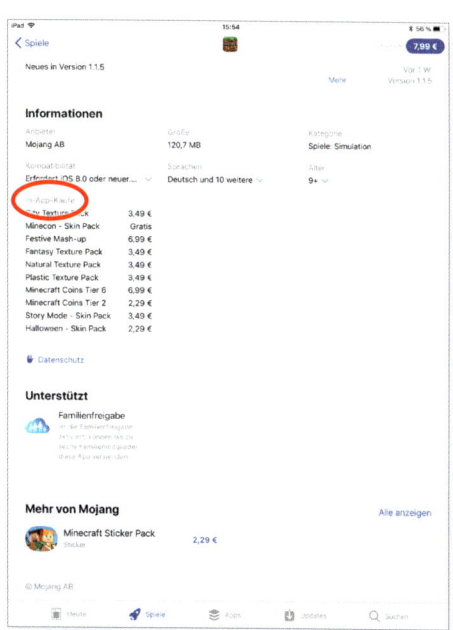

Die App selbst ist zwar kostenlos, aber durch „In-App-Käufe" kann sie sehr schnell teuer werden.

Eine App suchen und installieren

Wenn Sie genau wissen, welche App Sie benötigen bzw. aus welchem Bereich die App ist, dann können Sie die „Suche" im App Store verwenden. Tippen Sie in der Symbolleiste auf *Suchen* ❶ und geben Sie anschließend den Suchbegriff ein, z. B. „Zeichnen". Innerhalb von wenigen Sekunden werden alle Apps aufgelistet, die unter dem Suchbegriff „Zeichnen" im App Store vorhanden sind.

189

App Store

Wenn Sie die gewünschte App gefunden haben, tippen Sie entweder auf *Laden*
❷ (kostenlose Apps) oder auf den angezeigten Preis. Egal, ob die App kostenlos ist oder nicht, in beiden Fällen öffnet sich ein Fenster, in dem Sie den Kauf bzw. den Download bestätigen müssen.

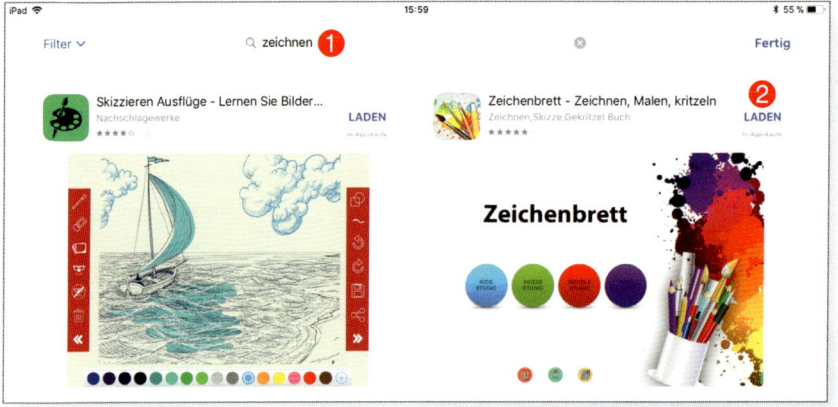

Die Suche bringt Sie am schnellsten zur gewünschten App.

Wenn Sie den Kauf mit Ihrer Touch ID oder Ihrem Apple-ID-Passwort bestätigen, wird die App gekauft, heruntergeladen und installiert. Beim Kauf wird die Kreditkarte belastet, die Sie beim Anlegen der Apple-ID als Zahlungsmethode hinterlegt haben.

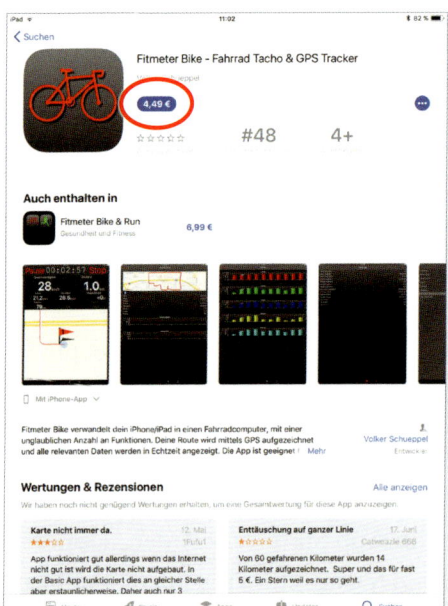
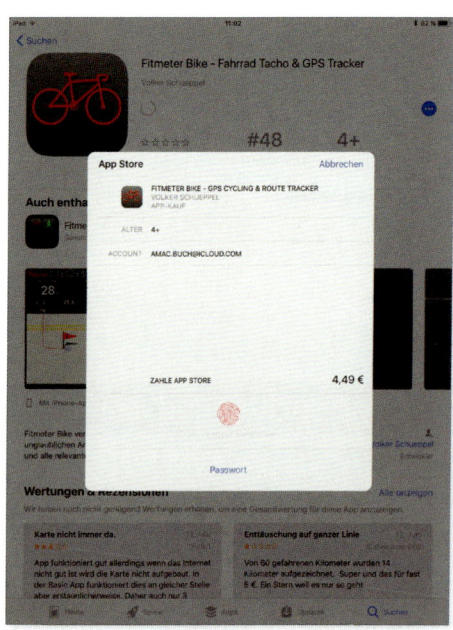

Diese App ist kostenpflichtig, muss vor der Nutzung also erst gekauft werden.

Kapitel 6 Die Stores

Egal, ob Sie eine kostenlose oder kostenpflichtige App herunterladen: Sie müssen auf alle Fälle das Passwort für Ihre Apple-ID parat haben und beim Herunterladen eingeben. Falls Sie mit **Touch ID** für den Einkauf in den Stores arbeiten, dann reicht es aus, den Finger auf die Home-Taste zu legen.

Nach erfolgreicher Installation ist die App auf dem Home-Bildschirm verfügbar und kann gestartet werden. Die App wird bei der Installation automatisch auf dem nächsten freien Platz einsortiert, was bei der Verwendung von vielen Home-Bildschirmen sehr schnell unübersichtlich wird. Wie Sie den Home-Bildschirm besser organisieren können, erfahren Sie ab Seite 194.

Gutscheine

Normalerweise wird im App Store (und auch in den anderen beiden Stores) der Kauf über eine Kreditkarte abgewickelt. Haben Sie keine Kreditkarte oder ist Ihnen diese Zahlweise zu unsicher, dann können Sie auch mithilfe von Gutscheinen den kompletten Zahlungsverkehr in den Stores regeln. Gutscheinkarten mit verschiedenen Beträgen für den iTunes Store und den App Store gibt es inzwischen in Supermärkten, in Drogerien und in Tankstellen zu kaufen.

So sieht eine Gutschein-Karte aus, die man im Supermarkt, in der Drogerie und an Tankstellen kaufen kann.

Wenn Sie sich eine Guthaben-Karte besorgt haben, können Sie den Betrag im App Store oder im iTunes Store einlösen. Scrollen Sie im App Store ganz nach unten und tippen anschließend auf die Schaltfläche *Einlösen* ❶. Geben

App Store

Sie anschließend den Code der Guthaben-Karte ein ❷, oder scannen Sie ihn mit der Kamera des iPads ab ❸. Der Gutschein wird sofort eingelöst und Ihrer Apple-ID gutgeschrieben.

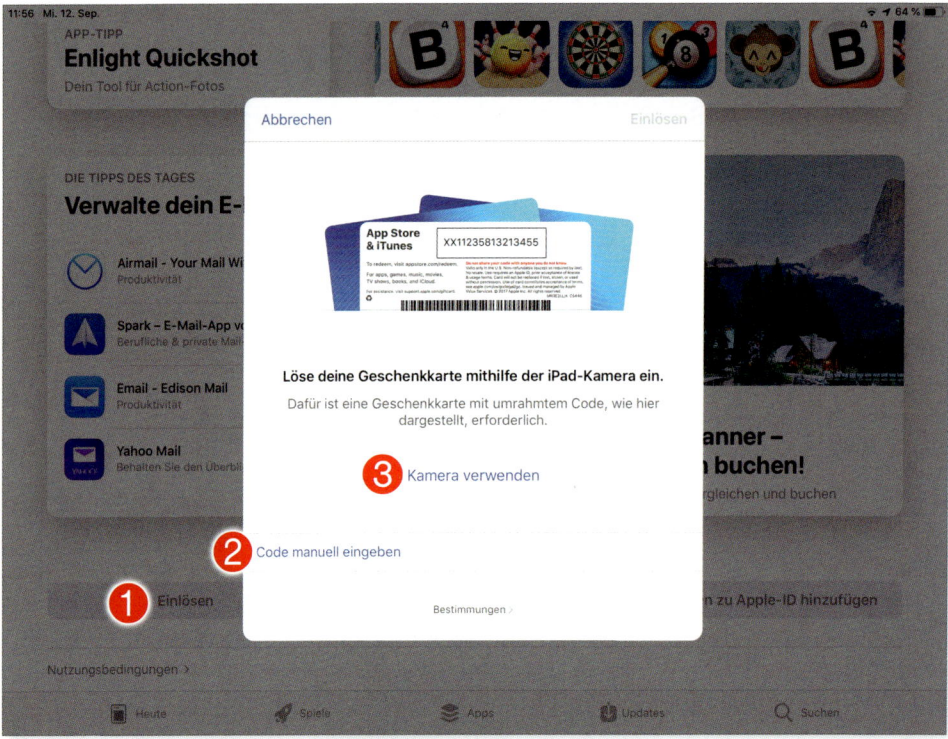

Gekaufte Gutscheine für den App Store oder iTunes Store können direkt mit dem iPad für den Einkauf verwendet werden.

 Im **iTunes Store** scrollen Sie im Bereich **Musik**, **Filme** oder **TV-Sendungen** ganz nach unten. Dort finden Sie dann die Schaltfläche **Einlösen**.

Das aktuelle Guthaben können Sie übrigens jederzeit ablesen, wenn Sie im App Store auf Ihre Apple-ID tippen. Direkt unterhalb Ihrer Apple-ID wird das aktuelle Guthaben angezeigt. Bei jedem Einkauf wird etwas vom Guthaben abgezogen. Ist es komplett aufgebraucht, können Sie nichts mehr einkaufen, bis es wieder aufgefüllt ist oder Sie eine Kreditkarte hinterlegen. Im iTunes Store finden Sie das Guthaben wieder am Ende von *Musik*, *Filme* oder *TV-Sendungen*.

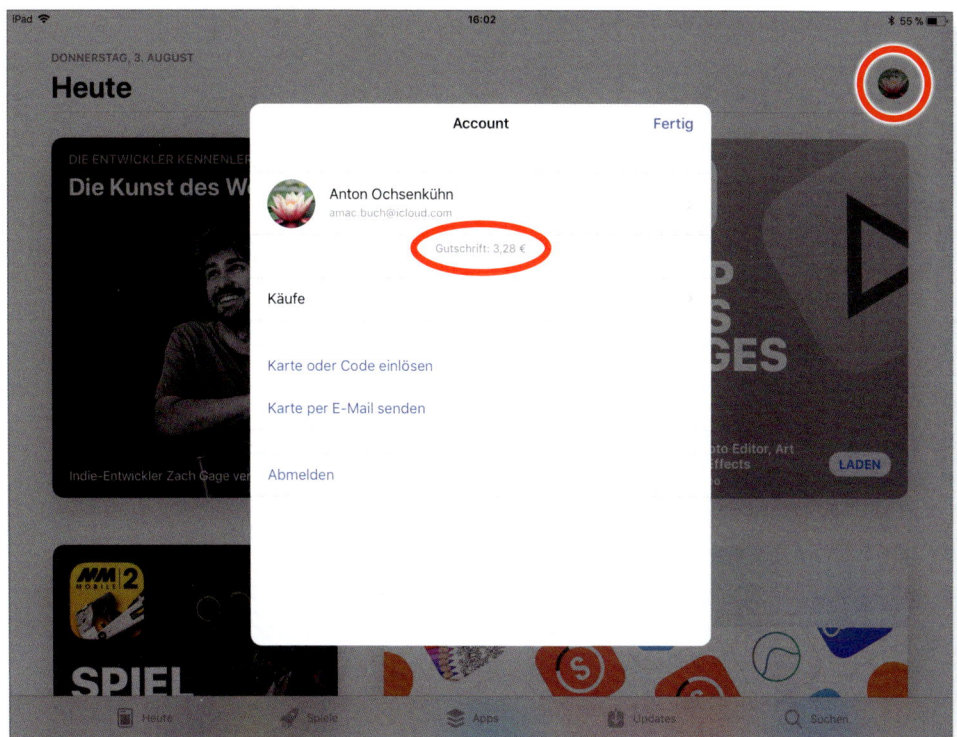

Bei der Apple-ID ist auch das aktuelle Guthaben einzusehen.

Neben den Guthaben-Karten in den Supermärkten gibt es auch digitale Gutscheine. Diese kann man direkt im App Store oder im iTunes Store kaufen und dann verschenken.

 Einen digitalen Gutschein kann man nur kaufen und verschenken, wenn man für seine Apple-ID eine Kreditkarte hinterlegt hat.

Scrollen Sie dazu im App Store ganz nach unten und tippen danach auf die Schaltfläche *Verschenken* und geben Sie anschließend die E-Mail-Adresse des Empfängers und den Betrag an, den Sie verschenken wollen. Danach können Sie noch ein Motiv für den digitalen Gutschein aussuchen. Ist alles eingestellt, tippen Sie zum Abschluss rechts oben auf *Kaufen*: Ihre Kreditkarte wird mit dem ausgewählten Betrag belastet und der Empfänger erhält eine E-Mail mit dem digitalen Gutschein.

App Store

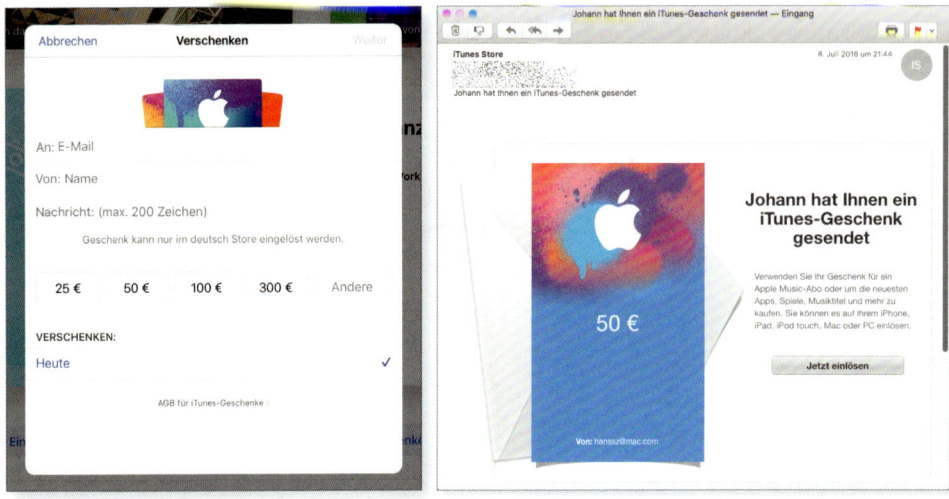

Digitale Gutscheine können direkt im App Store gekauft und per E-Mail verschickt werden.

Apps organisieren

Da der Home-Bildschirm alle installierten Apps anzeigt, kann es durch permanentes Installieren von Apps passieren, dass der Bildschirm des iPads sehr schnell unübersichtlich wird. Deswegen enthält der Home-Bildschirm Funktionen, um die Apps zu organisieren. Dabei können Sie die Reihenfolge der Apps beliebig ändern, in Ordnern zusammenfassen und auch vom iPad entfernen. Außerdem lassen sich zusätzliche Home-Bildschirme anlegen.

Apps verschieben und neuen Bildschirm anlegen

Um eine App auf dem Home-Bildschirm zu verschieben, müssen Sie mit einem Finger etwas länger (etwa zwei Sekunden) auf eine App drücken, bis sie an Ihrem Finger „hängt".

 Falls Sie den Finger zu lange auf der App belassen, wird der **Wackelmodus** aktiviert. In diesem können Sie zwar die Apps auch verschieben, aber auch aus Versehen eine App löschen wenn Sie auf eines der x-Symbole tippen.

Jetzt können Sie die gewünschte App mit dem Finger an eine neue Position verschieben. Die restlichen Apps werden automatisch neu angeordnet. Sie können die Apps auch aus dem Dock herausnehmen bzw. andere hinzufügen. Das Dock ist die Leiste im unteren Bereich des Displays, die auf jedem Home-Bildschirm sichtbar ist.

Kapitel 6 Die Stores

Die Apps können jederzeit neu angeordnet werden.

Wenn Sie eine App ganz nach rechts verschieben, wird auf die nächste Bildschirmseite geblättert. Gibt es keine nächste Seite, wird automatisch eine neue angelegt, sobald Sie die App loslassen. Auf diese Weise können Sie Ihre Apps auf verschiedene Bildschirme verteilen. Achten Sie auf die hellen Punkte direkt über dem Dock: Diese zeigen Ihnen an, wie viele Bildschirmseiten Sie bereits haben.

Die hellen Punkte zeigen an, wie viele Seiten der Home-Bildschirm hat und auf welcher Sie sich gerade befinden. Der Punkt ganz links steht für die Widget-Umgebung.

 Falls Sie am Ende doch unzufrieden mit der Anordnung der App-Icons auf dem Bildschirm sind, können Sie über **Einstellungen –> Allgemein –> Zurücksetzen –> Home-Bildschirm** wieder die Ausgangssituation herstellen.

App Store

Ordner anlegen

Ordner sind eine weitere Möglichkeit, um die Apps auf dem Home-Bildschirm zu organisieren. Ein App-Ordner ist schnell erstellt. Zuerst aktivieren Sie den *Wackelmodus*, indem Sie ca. fünf Sekunden mit dem Finger auf eine App tippen. Dann nehmen Sie eine App und legen sie über eine andere. Nach zirka drei Sekunden öffnet sich eine andere Umgebung, die für den Ordner steht. Sie können anschließend den Ordner benennen oder die Apps verschieben und wieder verlassen, wenn Sie außerhalb des Felds tippen. Auf dem Home-Bildschirm lassen sich nun weitere Apps in den Ordner verschieben.

  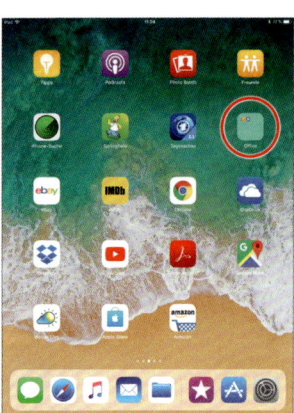

Im „Wackelmodus" erstellen Sie durch das Aufeinanderlegen von Apps neue Ordner.

Apps entfernen und erneut installieren

Wenn Sie eine App im App Store gekauft und installiert haben, müssen Sie sie natürlich nicht auf immer und ewig auf dem iPad behalten. Sie können eine App jederzeit wieder vom iPad entfernen, um z. B. den Speicher frei zu machen.

Wenn Sie den *Wackelmodus* aktivieren (ca. fünf Sekunden den Finger auf eine App legen), wird bei fast allen Apps links oben ein x-Symbol sichtbar. Damit kann eine App vom iPad entfernt werden. Sie müssen nur bedenken, dass alle Dateien bzw. Dokumente, die mit dieser App erstellt wurden, auch gelöscht werden!

Kapitel 6 Die Stores

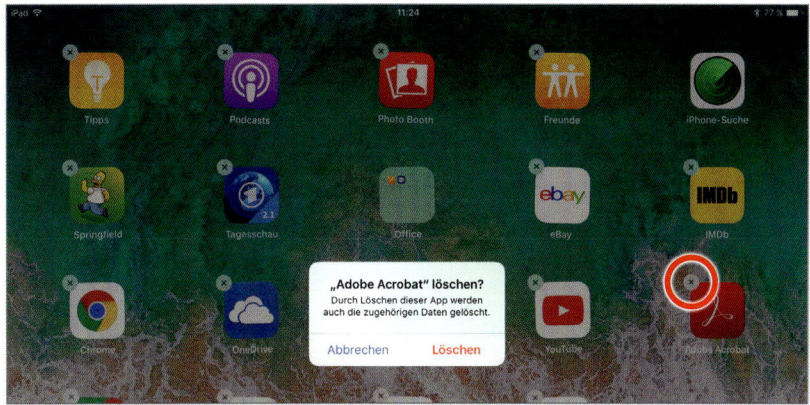

Die App „Adobe Acrobat" wird vom iPad entfernt.

Wenn Sie eine App gelöscht haben und sie zu einem späteren Zeitpunkt wieder auf dem iPad benötigen, dann müssen Sie sie nicht erneut kaufen. Gekaufte Apps werden mit Ihrer Apple-ID verknüpft. Der App Store weiß also, welche Apps Sie in der Vergangenheit gekauft bzw. installiert haben. Und von dort aus können Sie diese Apps erneut installieren.

Tippen Sie im *App Store* auf Ihre *Apple-ID* ❶ und anschließend auf *Käufe* ❷. Darin sind alle Apps aufgelistet, die Sie mit Ihrer Apple-ID erworben haben. Sie können nun im oberen Bereich zu *Nicht auf iPad* ❸ wechseln und die jeweilige App wieder installieren. Dazu müssen Sie nur auf das Wolkensymbol ❹ tippen.

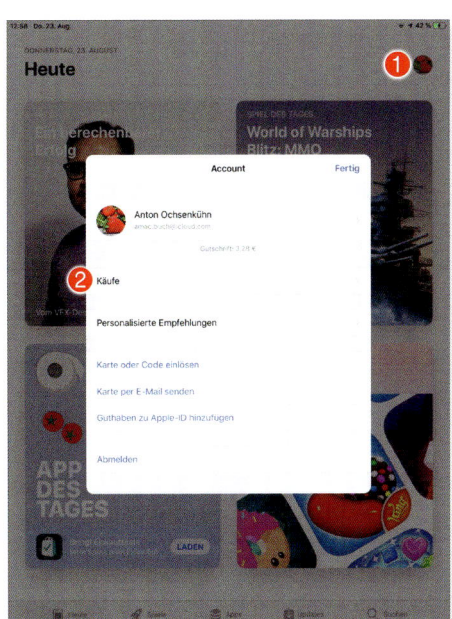 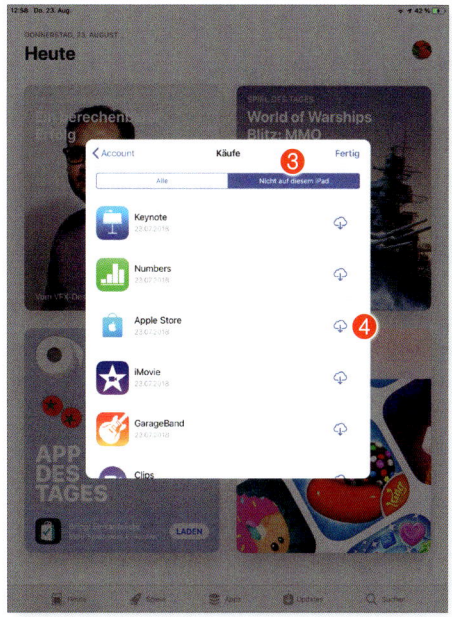

Im „App Store" können Sie die gelöschten Apps erneut auf dem iPad installieren.

App Store

 Beim Löschen von Apps werden im Normalfall alle Daten gelöscht, die sich in der App befinden oder mit der App erstellt wurden. Wenn Sie also z. B. eine Banking-App verwenden und diese löschen, müssen Sie bei einer erneuten Installation alle Daten erneut eintragen!

Übrigens können Sie auch eine ganze Menge an mitgelieferten Standard-Apps (wie *Mail*, *Kalender*, *Erinnerungen*, *Home*, *FaceTime* etc.) vom iPad entfernen. Über den App Store können Sie diese bei Bedarf erneut auf Ihr iPad bringen.

Apps ohne Datenverlust löschen

Wenn Sie eine App über den Wackelmodus vom iPad entfernen, werden auch alle dazugehörigen Daten und Dokumente gelöscht. Sie können aber auch eine App löschen, ohne deren Daten zu entfernen. Dies ist z. B. nützlich, wenn Ihr iPad nur noch wenig Speicher hat und Sie deswegen Apps entfernen müssen, aber deren Daten nicht verloren gehen sollen.

Wenn Sie also eine App ohne deren Daten bzw. Dokumente vom iPad entfernen wollen, müssen Sie zuerst *Einstellungen –> Allgemein –> iPad Speicher* öffnen. Dort wählen Sie dann die App aus, die gelöscht werden soll. Eine Anzeige über die jeweilige Datenmenge, die die App und deren Dateien benötigen, finden Sie rechts neben der App.

Tippen Sie nun nur noch auf *App auslagern* und die App wird vom iPad gelöscht, während ihre Dateien und Dokumente auf dem iPad verbleiben. Wird die App zu einem späteren Zeitpunkt wieder installiert, stehen Ihnen sofort die Dateien bzw. Dokumente zur Verfügung.

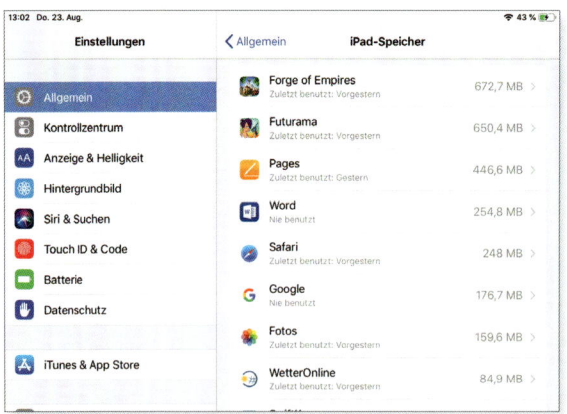 

Sie können Apps vom iPad löschen, ohne Ihre Dateien und Dokumente zu verlieren.

Kapitel 6 Die Stores

Das Dock

Das Dock nimmt eine besondere Stellung in Bezug auf die Organisation der Apps ein. Das Dock ist nämlich auf jedem Home-Bildschirm sichtbar und kann sogar in jeder App mit einem einfachen Fingerstreich vom unteren Displayrand eingeblendet werden. Es bietet einen schnellen und direkten Zugriff auf die Apps, die dort abgelegt sind.

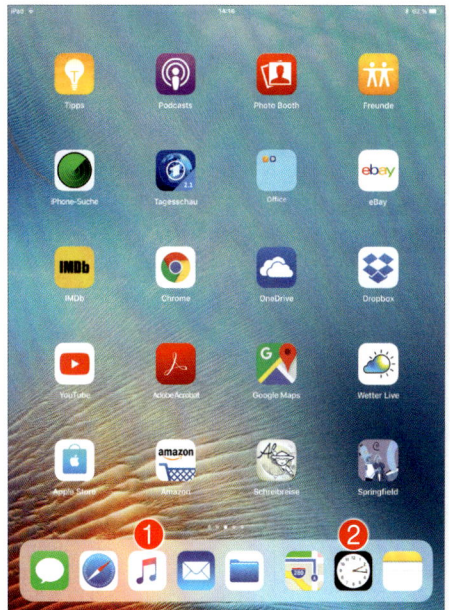

Das Dock erscheint nicht nur in jedem Home-Bildschirm (links), sondern auf Wunsch auch in den Apps (rechts).

Das Dock ist in zwei Bereiche unterteilt: Der linke Bereich ❶ enthält die favorisierten Apps, und im rechten Bereich ❷ erscheinen die drei Apps, die Sie zuletzt verwendet haben (*Einstellungen –> Allgemein –> Multitasking & Dock –> Vorgeschlagene und letzte Apps anzeigen*). Den linken Bereich können Sie nach Ihren eigenen Bedürfnissen anpassen, während der rechte Bereich automatisch mit Apps gefüllt wird.

Das Dock bestücken

Das Dock wird auf ganz einfache Weise mit Apps gefüllt. Wenn Sie eine App ungefähr zwei Sekunden lang mit dem Finger antippen, lässt sie sich verschieben, auch in das Dock. Dabei wird die App vom Home-Bildschirm entfernt und

App Store

in das Dock integriert. Umgekehrt können Sie jederzeit eine App wieder vom Dock auf dem Home-Bildschirm verschieben.

 Das Dock kann bis zu 15 Apps bzw. Ordner aufnehmen.

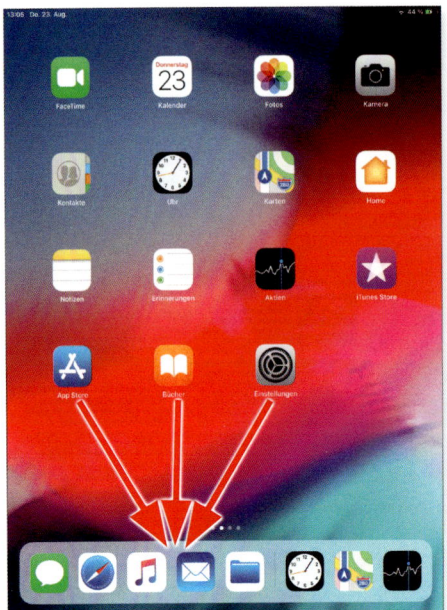 

Sie können Apps vom Home-Bildschirm in das Dock schieben.

Die Anordnung der Apps innerhalb des Docks kann noch geändert werden. Sie müssen nur die Apps im Dock mit dem Finger verschieben. Dazu halten Sie den Finger wieder circa zwei Sekunden lang auf der App, bevor Sie das Symbol verschieben.

Die Apps können innerhalb des Docks manuell sortiert werden.

Zwischen den geöffneten Apps wechseln: der App Switcher

Den Wechsel von einer App zu einer anderen bewerkstelligen die meisten Anwender über den Home-Bildschirm. Man wechselt mit der Home-Taste zuerst zum Home-Bildschirm und wählt dann die App aus. Dieser Weg ist allerdings etwas umständlich. Wesentlich schneller geht es, wenn Sie den App Switcher verwenden.

Im App Switcher werden alle Apps angezeigt, die Sie in der Vergangenheit gestartet, aber nicht beendet haben. Die Apps laufen nämlich im Hintergrund weiter, wenn Sie auf den Home-Bildschirm wechseln. Mit dem App Switcher können Sie ganz leicht zu den bereits gestarteten Apps wechseln.

Den App Switcher erhalten Sie, wenn Sie zweimal kurz hintereinander die Home-Taste drücken oder mit vier Fingern gleichzeitig auf dem Display von unten nach oben streichen. Im App Switcher werden die zuletzt verwendeten Apps zuerst angezeigt, und wenn Sie den Bildschirm nach rechts verschieben, gelangen Sie zu den älteren Apps. Wenn Sie die gewünschte App gefunden haben, müssen Sie sie nur noch antippen. Dadurch wird diese App in den Vordergrund geholt.

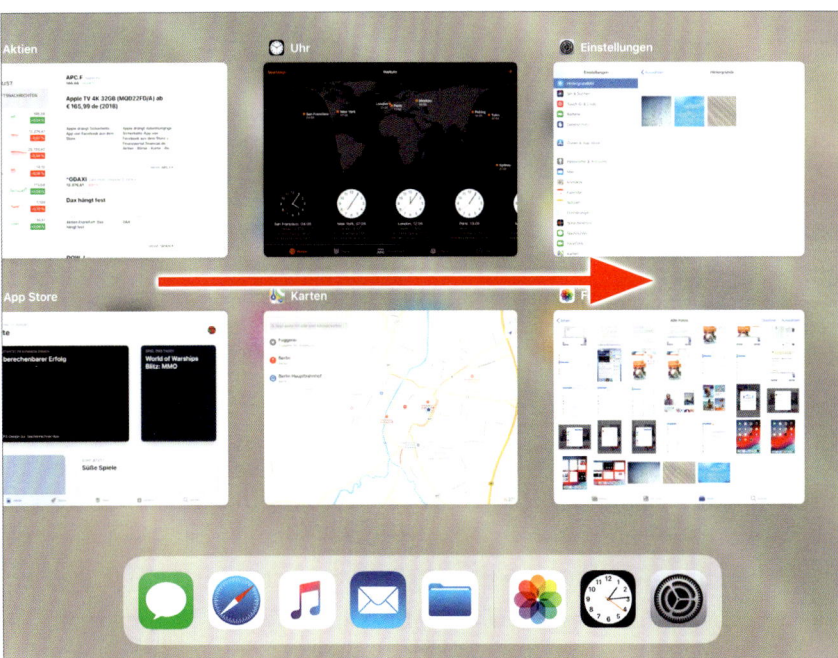

Wenn man den Bildschirm nach rechts verschiebt, sieht man die Apps der Vergangenheit.

 Über den App Switcher kann man auch Apps beenden. Näheres dazu finden Sie in Kapitel 11 ab Seite 356.

App Store

Updates

Die Apps, die Sie im App Store erwerben können, werden regelmäßig von den Softwarefirmen weiterentwickelt, um sie z. B. an neue Betriebssystemversionen anzupassen. Solche Updates können Sie entweder vollautomatisch installieren lassen oder manuell durchführen. Um festzulegen, ob die Updates automatisch oder manuell installiert werden sollen, müssen Sie in den *Einstellungen* bei Ihrer *Apple-ID* unter *iTunes & App Store* die Option *Updates* entsprechend umschalten. Bei eingeschalteter Option werden die Updates automatisch im Hintergrund heruntergeladen, sobald welche verfügbar sind. Der einzige Hinweis auf eine neue App-Version ist ein kleiner blauer Punkt vor dem App-Namen ❶. Einen weiteren Hinweis finden Sie auch im App Store bei *Updates*: Dort wird eine chronologische Liste der Updates geführt.

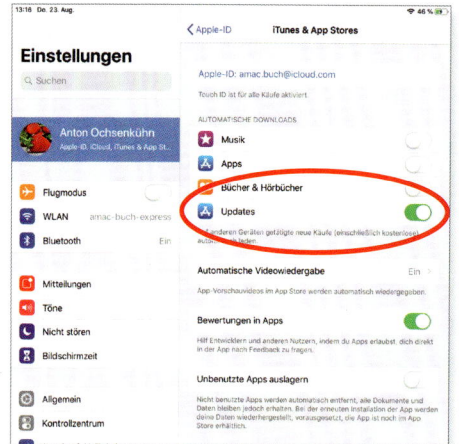

Verfügbare Updates können automatisch heruntergeladen werden. Der blaue Punkt weist auf ein installiertes Update hin.

Möchten Sie die die Updates lieber manuell herunterladen, wird eine weiß-rote Ziffer beim App Store eingeblendet ❷, sobald es Updates gibt. Die Ziffer gibt Auskunft darüber, für wie viele Apps ein Update vorhanden ist. Öffnen Sie den App Store und wechseln zum Bereich *Updates* ❸. Dort sind alle Aktualisierungen aufgelistet und können von Ihnen einzeln ❹ oder alle auf einmal ❺ installiert werden. Jedes Update wird aufgezeichnet und chronologisch in eine Liste einsortiert ❻. Somit können Sie jederzeit nachverfolgen, wann ein Update installiert wurde.

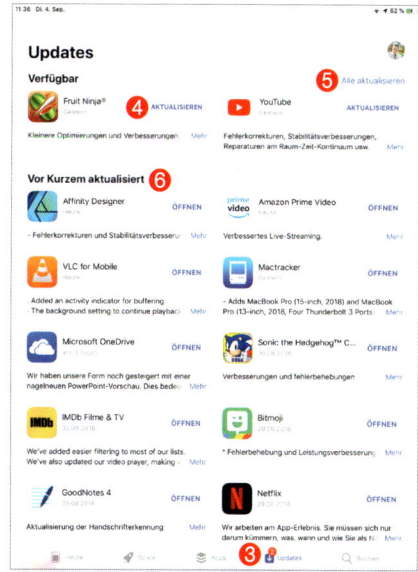

Wenn Sie Updates manuell installieren wollen, wird deren Verfügbarkeit durch eine Ziffer am App-Store-Icon gekennzeichnet.

Familienfreigabe

Seit langer Zeit ist es möglich, Einkäufe aus den Stores mit Freunden und Familienmitgliedern zu teilen. Wenn Sie also z. B. eine App kaufen, dann wird diese App über die *Familienfreigabe* auch für alle anderen Familienmitglieder verfügbar. Man muss sie also nicht mehrmals kaufen. Außerdem kann man den verfügbaren iCloud-Speicher auf die Familienmitglieder verteilen.

 Die gemeinsame Nutzung des iCloud-Speichers setzt voraus, dass Sie einen Speicherplan bei iCloud von mindestens 200 GByte besitzen.

Die Familienfreigabe ist an iCloud gebunden. Wenn Sie also keinen iCloud-Account besitzen, können Sie diese Funktion nicht nutzen. Zudem braucht jedes Familienmitglied eine eigene Apple-ID.

Die Familienfreigabe wird in den *Einstellungen –> Ihr Name (Apple-ID, iCloud, iTunes & App Store)* aktiviert. Tippen Sie dort auf *Familienfreigabe einrichten* und folgen Sie der Schritt-für-Schritt-Anleitung, bei der Sie zuerst auswählen müssen, was Sie mit der Familie teilen wollen. Danach werden eigentlich nur einige Daten kontrolliert bzw. Sie müssen Ihre Identität bestätigen. Ist alles korrekt eingerichtet, können Sie mit *Familienmitglied hinzufügen* beginnen, die Mitglieder Ihrer Familie in die Freigabe mit aufzunehmen.

App Store

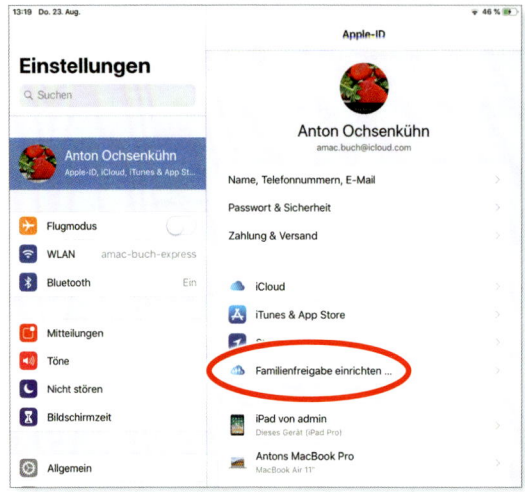

Die Familienfreigabe ist schnell eingerichtet.

Für ein neues Mitglied benötigen Sie die Apple-ID der jeweiligen Person. Per iMessage wird die Person dann zur Familienfreigabe eingeladen. Wurde die Einladung angenommen, ist das neue Familienmitglied in der Freigabe aufgelistet.

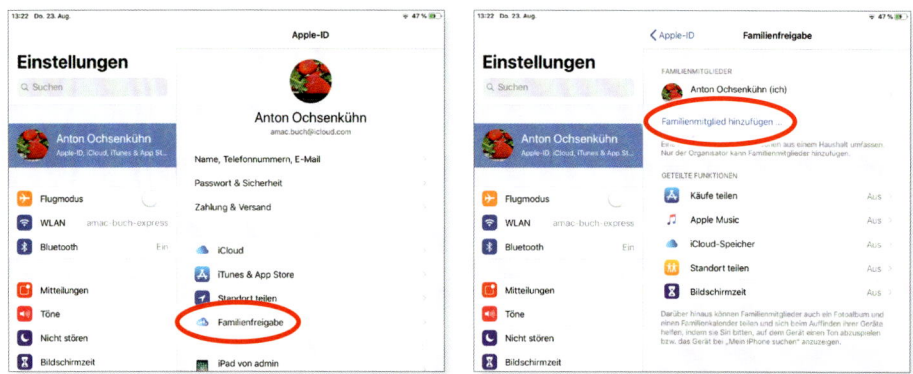

Ein weiteres Mitglied der Familie wurde zur Freigabe hinzugefügt.

Wenn es sich bei einem Familienmitglied um ein minderjähriges Kind handelt, können Sie den Einkauf in den diversen Stores beschränken. Jedes Mal, wenn eines der Kinder eine App kaufen will, kann eine Kaufanfrage an Sie geschickt werden. Erst wenn Sie diese Anfrage genehmigen, ist es Ihrem Sprössling möglich, die App zu kaufen. Die *Kaufanfrage* können Sie jederzeit ein- und ausschalten, wenn Sie auf das entsprechende Familienmitglied in der *Familienfreigabe* tippen.

iTunes Store

Der zweite wichtige Store auf dem iPad ist der *iTunes Store*. Er dient ausschließlich Ihrer Unterhaltung. Im iTunes Store können Sie Musik, Filme und TV-Sendungen kaufen oder ausleihen. Dazu benötigen Sie wieder eine Apple-ID, bei der Sie entweder eine Kreditkarte als Zahlungsmittel hinterlegt haben oder die ein Guthaben aufweist.

Oberfläche

In der unteren Symbolleiste können Sie zwischen *Musik* ❶, *Filme* ❷ und *TV-Sendungen* ❸ wechseln. Außerdem gibt es eine Suchfunktion ❹. Rechts oben sehen Sie die *Wunschliste* ❺, die nicht nur die eigentliche Wunschliste enthält ❻, sondern auch Siri-Vorschläge ❼ und eine Liste mit allen Musiktiteln, in die Sie zwar hineingehört, die Sie aber nicht erworben haben ❽.

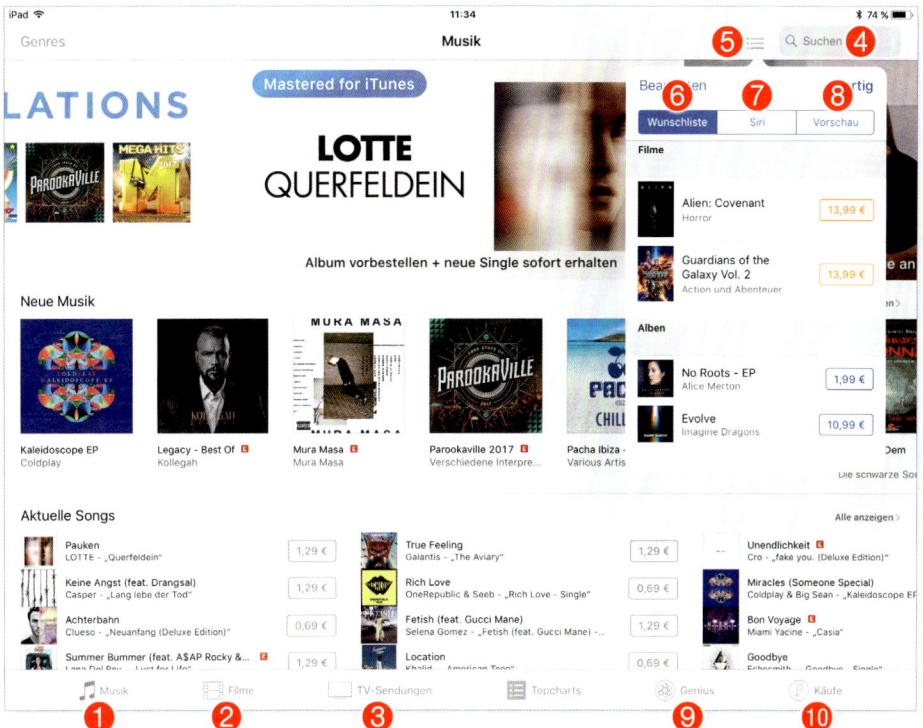

Der „iTunes Store" bietet in der „Wunschliste" noch zusätzliche Funktionen (rechts).

iTunes Store

Der Punkt *Genius* ❾ in der Symbolleiste listet Ihnen automatisch Musikvorschläge auf Basis der bereits gekauften bzw. gehörten Titel auf. Außerdem enthält der Bereich *Käufe* ❿ alle in der Vergangenheit erworbenen Titel.

Vorschau

Für jeden Titel im iTunes Store, egal ob Musiktitel, Film oder TV-Sendung, gibt es eine Vorschau. Sie können vor dem Kauf bzw. Ausleihen ein kurzes Stück des Titels abspielen, damit Sie nicht die Katze im Sack kaufen müssen.

Bei Musiktiteln müssen Sie nur auf das Cover Ⓐ tippen, um die Vorschau zu starten. Wenn Sie ein komplettes Album eingeblendet haben, müssen Sie für die Vorschau auf die Titelnummer tippen. Ein erneuter Fingertipp beendet die Vorschau. Bei Filmen und TV-Sendungen müssen Sie zuerst den jeweiligen Titel öffnen und dann etwas weiter nach unten scrollen: Dort finden Sie dann den *Trailer* Ⓑ für den Film.

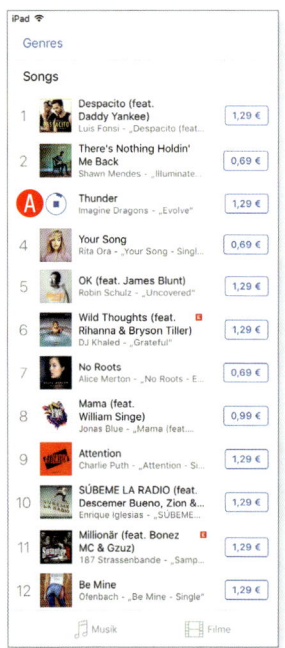
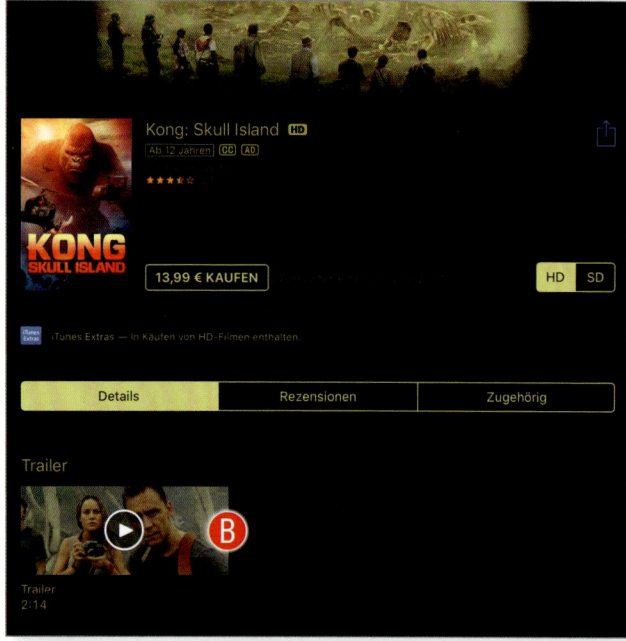

Von jedem Titel kann eine Vorschau abgespielt werden.

Kaufen oder ausleihen?

Fast alle Titel im iTunes Store können Sie kaufen oder ausleihen. Das Ausleihen umfasst allerdings nur Musik und Filme. TV-Sendungen im iTunes Store müssen Sie kaufen.

Kaufen

Der Kauf eines Titels im iTunes Store funktioniert so wie im App Store. Sie tippen auf den Preis und anschließend auf *Kaufen*. Der Titel wird damit erworben und sofort auf das iPad heruntergeladen. In den Apps *Musik* und *TV* können Sie dann den Titel abspielen bzw. ansehen.

Kaufen bedeutet auch, dass Sie den Titel jederzeit wieder erneut auf das iPad laden können. Insbesondere Filme und TV-Sendungen nehmen sehr viel Speicherplatz ein, weswegen sie als Erstes gelöscht werden, wenn der Platz knapp wird. Der gelöschte Film bzw. die TV-Sendung ist aber nicht verloren, denn beim Kauf wird der jeweilige Titel mit Ihrer Apple-ID verknüpft. Wenn Sie ihn nun wieder auf dem iPad verfügbar haben wollen, müssen Sie im *iTunes Store* die *Käufe* ❶ öffnen. Dort finden Sie dann alle Einkäufe, sortiert nach *Musik*, *Filme* und *TV-Sendungen* ❷, zum erneuten Herunterladen ❸.

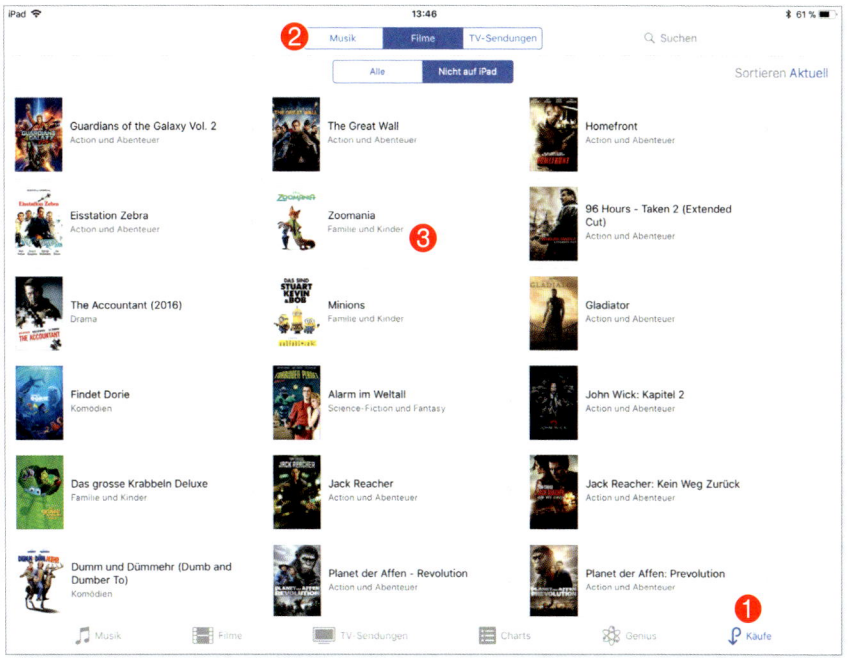

Einmal gekaufte Titel können jederzeit erneut auf das iPad geladen werden.

iTunes Store

 Die Einkäufe im iTunes Store stehen nicht nur auf dem iPad zur Verfügung, sondern auf jedem Gerät, das dieselbe Apple-ID verwendet. Wenn Sie also auf dem iPad etwas gekauft haben, können Sie z. B. den Film auf Ihrem Apple TV ansehen oder die Musik in iTunes auf dem Mac abspielen.

Ausleihen

Beim Ausleihen muss man zwischen dem Ausleihen von Musik und Filmen unterscheiden. Wenn Sie einen Film ausleihen, dann haben Sie 30 Tage Zeit, sich diesen Film anzusehen. Sobald Sie den Film zum ersten Mal gestartet haben, können Sie ihn innerhalb von 48 Stunden beliebig oft ansehen. Wenn Sie nach diesen 48 Stunden den Film erneut ansehen wollen, müssen Sie ihn noch einmal ausleihen – und natürlich wieder die Leihgebühr bezahlen.

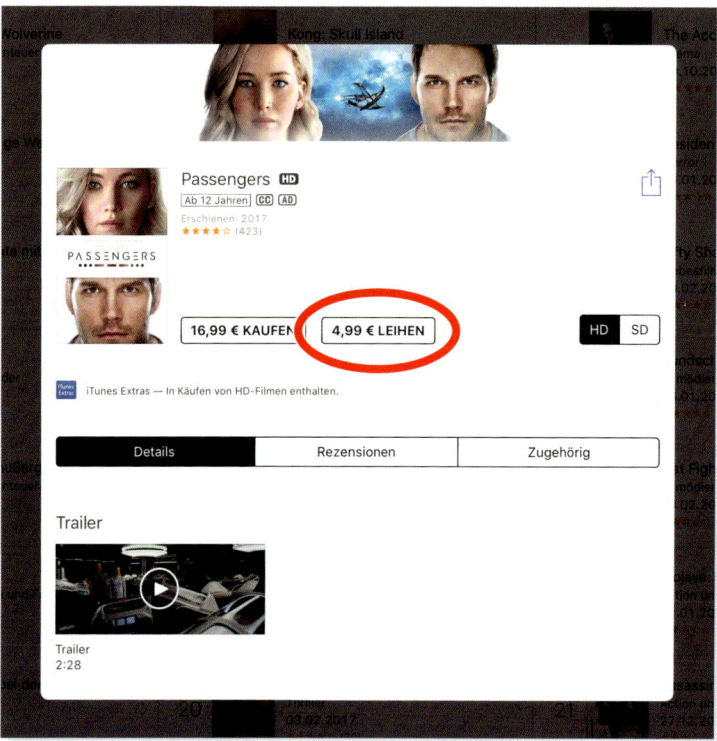

Filme können auch ausgeliehen werden.

Das Ausleihen von Musiktiteln dagegen ist eigentlich kein richtiges Ausleihen, sondern vielmehr ein Abonnement. Apple bietet den Musik-Streamingdienst *Apple Music* an, der nach der dreimonatigen kostenlosen Testphase 9,99 Euro pro Monat

kostet. Das Abonnement beinhaltet den Zugriff auf mehrere Millionen Musiktitel. Solange das Abonnement läuft, können Sie beliebig viele Musiktitel anhören.

 Apple bietet für Apple Music auch eine Familienmitgliedschaft an, die 14,99 Euro pro Monat kostet und die bis zu sechs Personen gleichzeitig nutzen können.

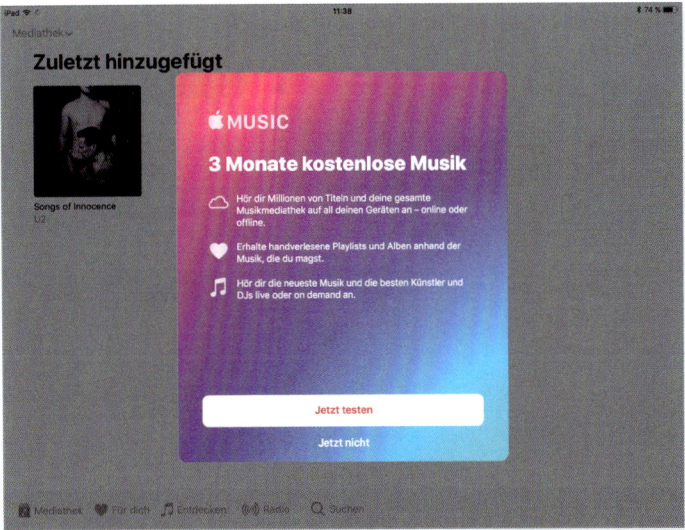

Für Apple Music gibt es ein Probeabo, das für Telekom-Kunden sechs Monate beträgt.

Damit Sie ausführlich testen können, ob Apple Music für Sie infrage kommt, gibt es ein dreimonatiges kostenloses Probeabo in der Musik-App. Innerhalb der drei Monate können Sie die gesamte Musikbibliothek von Apple Music nutzen. Das Probeabo lässt sich einen Tag vor Ablauf des Zeitraums kündigen. Detaillierte Informationen darüber, wie man ein Abo abschließt und welchen Funktionsumfang Apple Music hat, können Sie in dem Buch „iTunes 12 & Apple Music" (ISBN 978-3-95431-039-5) nachlesen.

Die Musik-App

Da Sie schon wissen, wie man im iTunes Store Musiktitel erwerben kann, müssen Sie noch wissen, wie man diese anschließend auf dem iPad abspielt und verwaltet. Für das Abspielen von Musiktiteln ist die App *Musik* zuständig. Wenn Sie die App starten, sehen Sie am unteren Displayrand eine Symbolleiste. Die Bereiche *Für dich* ❶, *Entdecken* ❷ und *Radio* ❸ sind für *Apple Music* gedacht. Wenn Sie ein Abo besitzen, können Sie in diesen Bereichen auf die Musikbibliothek und die Radio-

iTunes Store

sender von Apple Music zugreifen. Der Bereich *Mediathek* ❹ ist der wichtigste: Er enthält alle Musiktitel, die auf Ihrem iPad gespeichert sind.

 Das iPad können Sie entweder direkt über den iTunes Store mit Musik bestücken, oder Sie verwenden iTunes auf dem Mac, um Musiktitel auf das iPad zu übertragen.

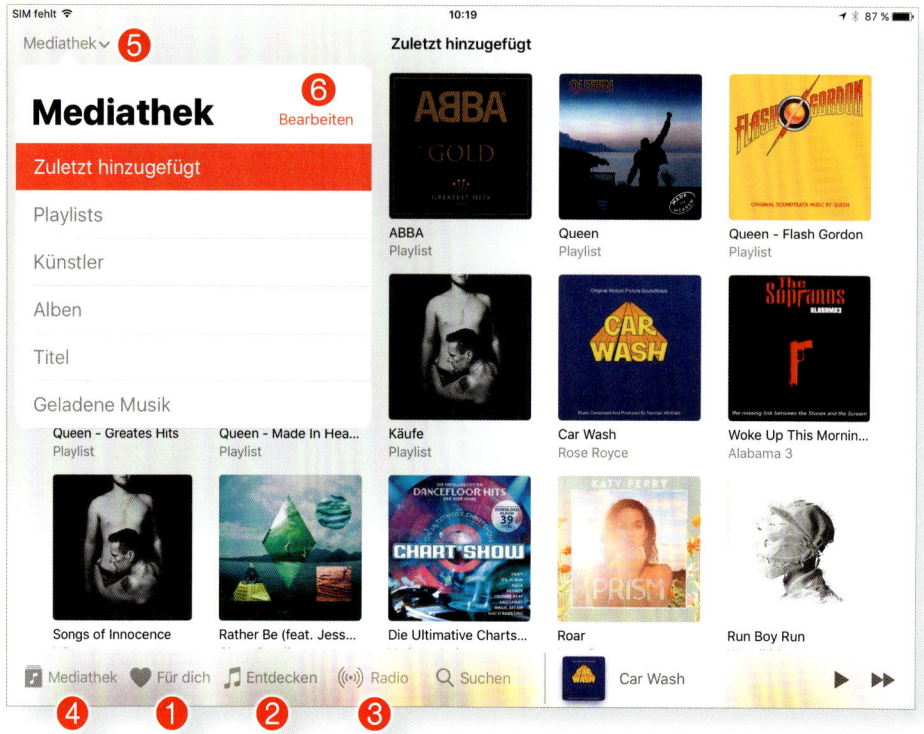

In der „Mediathek" werden die Musiktitel nach verschiedenen Kategorien sortiert.

In der Mediathek sind die Musiktitel kategorisiert. Im oberen Bereich können Sie zwischen den verschiedenen Sortierungen ❺ (*Playlists*, *Künstler*, *Alben*, *Titel*) wählen. Sie können weitere Kategorien einblenden bzw. die vorhandenen ausblenden, wenn Sie auf *Bearbeiten* ❻ tippen.

 Wenn Sie die Funktionen von Apple Music nicht benötigen, können Sie sie auch ausblenden. Dazu wechseln Sie zu **Einstellungen** und öffnen den Bereich **Musik**. Dort deaktivieren Sie die Option **Apple Music zeigen**.

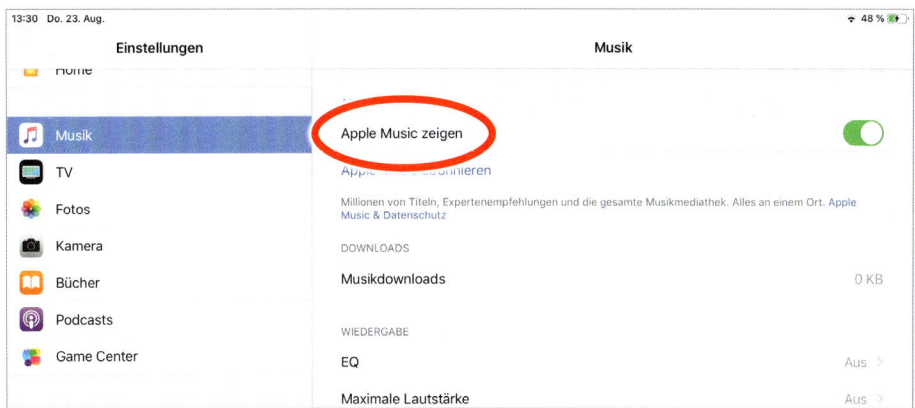

Die Elemente für Apple Music können auch ausgeblendet werden.

Playlists

In einer *Playlist* (Wiedergabeliste) werden Musiktitel gesammelt, die dann nacheinander abgespielt werden können. Eine Playlist erstellen Sie manuell, genauso wie die Reihenfolge der Wiedergabe. Wenn Sie Ihr iPad mit iTunes auf dem Rechner (Mac oder Windows) synchronisiert haben, sind die Playlists vom Rechner auch auf dem iPad verfügbar.

Sie können aber auch auf dem iPad eine neue Playlist anlegen. Dazu tippen Sie in der Kategorie *Playlists* auf die Funktion *Neu* Ⓐ. Danach geben Sie einen Namen Ⓑ und eventuell eine Beschreibung für die Liste ein. Die Playlist muss jetzt nur noch bestückt werden: Dazu tippen Sie auf *Musik hinzufügen* Ⓒ. Suchen Sie sich dann aus Ihrer Mediathek den gewünschten Titel aus und fügen Sie ihn hinzu. Diesen Vorgang wiederholen Sie für jeden weiteren Titel.

Ist die Playlist bestückt, können Sie die Reihenfolge der Titel mit den drei Strichen Ⓓ auf der rechten Seite der Titel ändern. Mit diesen Strichen lassen sich die Titel nach oben bzw. unten verschieben und somit neu anordnen. Mit dem roten Minuszeichen Ⓔ werden hinzugefügte Titel wieder aus der Liste entfernt. Ist die Liste komplett, dann tippen Sie rechts oben auf *Fertig* Ⓕ.

iTunes Store

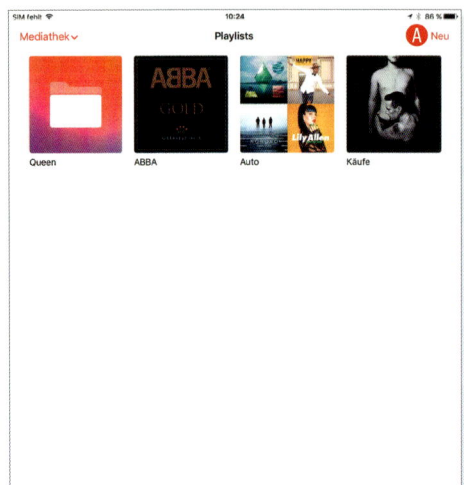 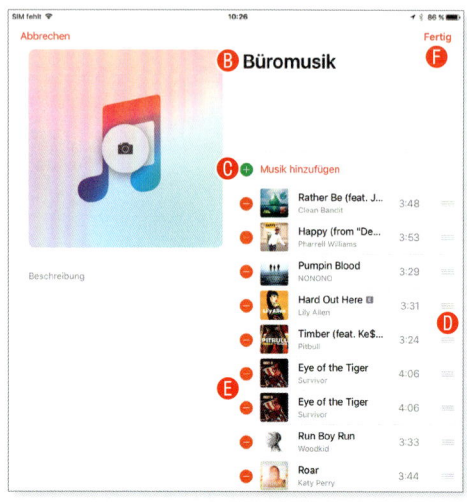

Neue Playlists können auch direkt auf dem iPad angelegt werden.

Mit der Musik-App können Sie aber nicht nur neue Playlists anlegen, sondern auch die vorhandenen jederzeit ändern. Dafür müssen Sie die gewünschte Playlist öffnen und dann rechts oben auf *Bearbeiten* tippen – schon können Sie neue Titel hinzufügen bzw. die vorhandenen umsortieren und entfernen.

Musiktitel abspielen

Es ist ganz einfach, einen Musiktitel abzuspielen: Tippen Sie ihn an! Damit wird der Musiktitel gestartet und mit den Steuerelementen direkt neben der Symbolleiste eingeblendet ❶. In der Titelliste wird beim aktuellen Musiktitel zusätzlich ein Klangdiagramm sichtbar ❷, als Kennzeichen dafür, dass dieser Titel gerade abgespielt wird.

> Die Steuerleiste mit dem aktuellen Musiktitel ist innerhalb der Musik-App permanent sichtbar. Wenn Sie also zwischendrin in eine andere Kategorie springen, sehen Sie über der Symbolleiste immer die Steuerung des aktuellen Musiktitels.

Kapitel 6 Die Stores

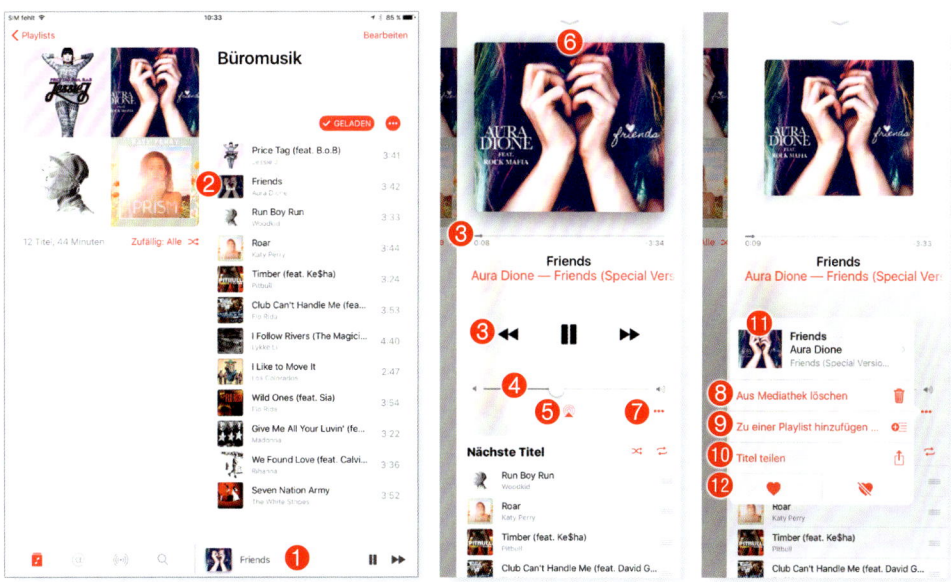

Bei der Musikwiedergabe gibt es viele zusätzliche Funktionen.

In der Steuerleiste ❶ verbergen sich noch weitere Funktionen, die Sie erhalten, wenn Sie sie antippen: Sie finden dort die üblichen Tasten zum Steuern der Musik ❸ sowie einen Lautstärkeregler ❹. Außerdem können Sie die Musikwiedergabe bei ❺ auf ein AirPlay-fähiges Gerät (z. B. einen externen Lautsprecher) umleiten. Die Steuerleiste können Sie wieder zuklappen, wenn Sie den oberen Pfeil ❻ antippen.

Hinter den drei kleinen Punkten rechts unten ❼ verbirgt sich ein Kontextmenü, das weitere Optionen für den aktuellen Titel enthält. So können Sie mit *Aus der Mediathek entfernen* ❽ den Musiktitel vom iPad löschen. Er lässt sich aber auch mit *Zu einer Playlist hinzufügen* ❾ zusätzlich in eine andere Wiedergabeliste aufnehmen. Den Titel können Sie sogar mit anderen Personen teilen ❿, allerdings geht das nur, wenn Sie ein Abo von Apple Music besitzen.

Wenn Sie auf das Cover des Titels tippen ⓫, können Sie die weiteren Musiktitel des Albums einsehen. Mit den Herzsymbolen ⓬ können Sie den Titel mit *Mag ich* bzw. *Mag ich nicht* kennzeichnen. Diese Funktion wird für Apple Music verwendet, um Ihnen eine optimierte Auswahl von Musiktiteln in der Kategorie *Für dich* anzuzeigen.

Die Steuerleiste für den aktuellen Musiktitel ist nur innerhalb der App *Musik* sichtbar. Kann man denn die Musik auch außerhalb der App steuern? Ja, das geht! Es gibt dafür zwei Wege. Der erste Weg führt zum *Kontrollzentrum*.

Das Kontrollzentrum können Sie einblenden, wenn Sie vom rechten oberen Displayrand nach unten streichen. Es bietet Ihnen in erster Linie direkten

iTunes Store

Zugriff auf viele Einstellungen des iPads, z. B. auf die Displayhelligkeit oder Bluetooth. Im Kontrollzentrum finden Sie dann auch die Optionen zur Musiksteuerung. Wenn Sie etwas länger mit dem Finger darauf tippen, dann erhalten Sie eine erweiterte Steuerung.

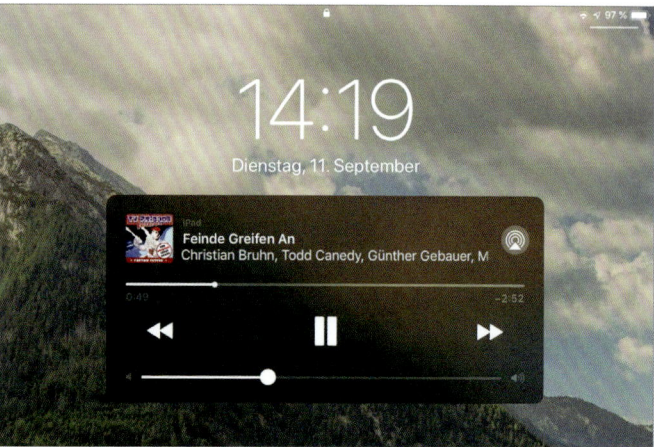

Im Kontrollzentrum befindet sich die Abspielsteuerung (links). Auch im Sperrbildschirm haben Sie Zugriff auf die Musiksteuerung (rechts).

Der zweite Weg zur Steuerung der Musik führt zum *Sperrbildschirm*. Wenn Ihr iPad gesperrt ist, wird im Sperrbildschirm der aktuelle Musiktitel mit allen Steuerelementen eingeblendet. Sie müssen das iPad also nicht entsperren, um z. B. den nächsten Titel abzuspielen oder den aktuellen pausieren zu lassen.

Die TV-App

Filme und TV-Sendungen werden mit der App *TV* abgespielt und verwaltet. Dort sind nicht nur die gekauften Filme aufgelistet, sondern auch die ausgeliehenen. Die App ist einfach aufgebaut und bietet Ihnen in der Symbolleiste einige Funktionen:

- ❶ *Jetzt ansehen*: In diesem Bereich werden Ihnen Vorschläge für Filme und TV-Sendungen, basierend auf Ihren Sehgewohnheiten, angezeigt. Außerdem können Sie dort unterbrochene Filme und TV-Sendungen fortsetzen.
- ❷ *Mediathek*: Dieser Bereich enthält alle Filme und TV-Sendungen, die Sie gekauft oder ausgeliehen haben.
- ❸ *Store*: Wie der Name bereits vermuten lässt, enthält dieser Bereich Filme und TV-Sendungen zum Kaufen oder Ausleihen.

❹ *Suchen*: Damit können Sie nicht nur Ihre Mediathek sondern den gesamten iTunes Store nach Filmen oder TV-Sendungen durchsuchen lassen.

Wenn Sie einen Titel auswählen, wird dieser geöffnet und Sie können ihn anschließend abspielen ❺. Auf der rechten Seite erscheint das Wolken-Symbol ❻ zum Herunterladen des Films auf das iPhone. Links oben ❼ kommen Sie wieder zur jeweiligen Kategorie zurück.

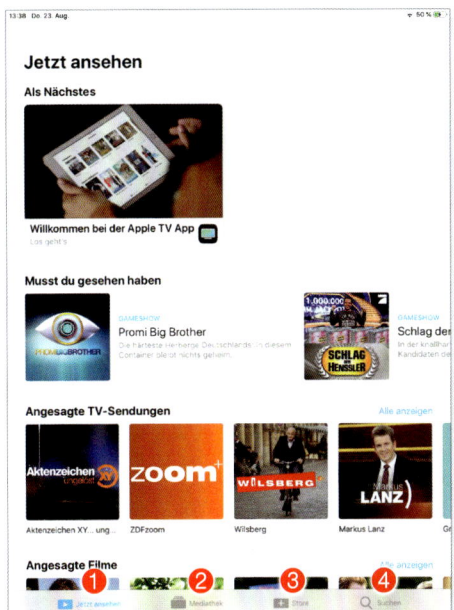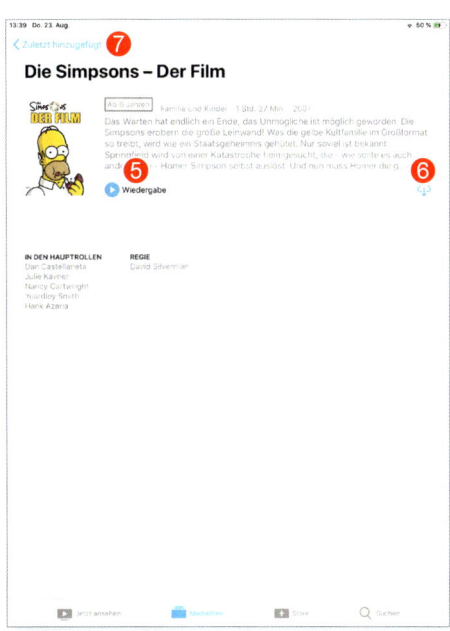

Die App „TV" ist für das Abspielen und Verwalten von Filmen und TV-Sendungen zuständig.

Während ein Titel abgespielt wird, haben Sie die üblichen Steuerelemente Ⓐ zur Verfügung. Links unten können Sie die Lautstärke Ⓑ regeln, und mit dem oberen Schieberegler Ⓒ springen Sie gezielt zu einer Stelle im Film. Bei Filmen gibt es sehr oft noch weitere Tonspuren für andere Sprachen. Die Sprache kann rechts unten Ⓓ gewechselt werden.

 Bei TV-Sendungen ist es nicht üblich, dass eine weitere Tonspur für eine andere Sprache vorhanden ist.

iTunes Store

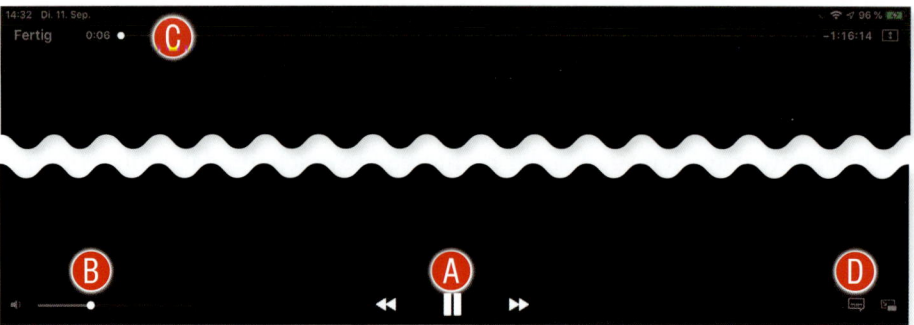

Die Abspielsteuerung eines Films …

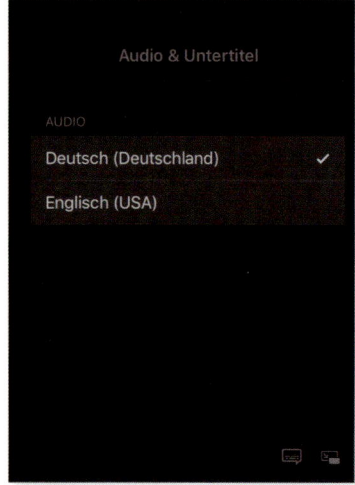

… mit unterschiedlichen Tonspuren.

Bild-in-Bild

Das iPad bietet in Zusammenhang mit Videos noch eine kleine Besonderheit: die Bild-in-Bild-Ansicht. Mit dem Symbol **E** lassen sich die laufenden Videos verkleinern und in eine Ecke des Displays legen. Somit können Sie den Film betrachten, während Sie gleichzeitig am iPad arbeiten. Diese Funktion steht nicht nur in der TV-App zur Verfügung, sondern auch in Safari. Damit der Film wieder in der normalen Größe abgespielt wird, tippen Sie auf das Symbol **F**. Mit dem Symbol **G** können Sie das kleine Fenster schließen. Bei Bedarf können Sie den Film auch rechts oder links an den Bildschirmrand des iPads andocken und dann von dort herausziehen und weiter anschauen.

Kapitel 6 Die Stores

Filme können als „Bild-in-Bild" nebenbei abgespielt werden.

Filme und TV-Sendungen entfernen

Die Filme und TV-Sendungen können jederzeit vom iPad gelöscht werden. In der *Mediathek* öffnen Sie dafür den Bereich *Geladen*. Danach tippen Sie den jeweiligen Film bzw. die TV-Sendung an, die Sie vom iPad löschen wollen. In den Infos für den Film- bzw. der TV-Sendung tippen Sie anschließend auf *Geladen*, um ein Kontextmenü zu öffnen. Dort finden Sie dann die Funktion *Download entfernen*.

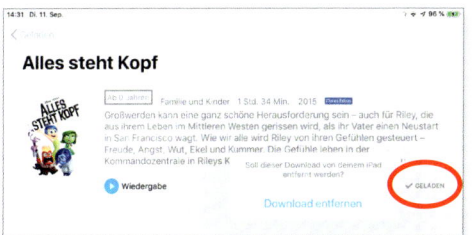 

Geladene Filme und TV-Sendungen können jederzeit wieder vom iPad entfernt werden (links) oder erneut heruntergeladen werden (rechts).

Der Titel ist dann zwar vom iPad gelöscht, aber immer noch in der Übersicht aufgelistet. Dies können Sie am kleinen Wolkensymbol erkennen. Dieses Symbol bedeutet, dass der Titel mit Ihrer Apple-ID verknüpft ist und jederzeit wieder heruntergeladen werden kann. Wenn Sie das Wolkensymbol antippen, wird der Film wieder auf das iPad geladen.

 Sie können den Titel auch direkt abspielen, ohne ihn herunterzuladen. Tippen Sie dazu auf den Abspielknopf, und der Titel wird via Streaming abgespielt. Streaming bedeutet, dass immer nur ein Teil des Films geladen wird. Nach dem Abspielen wird das Teilstück sofort wieder gelöscht. Auf diese Weise wird der Speicherplatz nicht belastet. Allerdings gestaltet sich das Vor- und Zurückspulen etwas behäbiger.

Apple Book Store

Der letzte Store, dem wir uns widmen, ist der *Apple Book Store*. Im Apple Book Store können Sie E-Books und Hörbücher erwerben. Der Apple Book Store ist an die App *die App Bücher* gekoppelt, deswegen müssen Sie diese App starten, um an den Store zu kommen.

Wenn Sie die App geöffnet haben, finden Sie in der Symbolleiste am unteren Displayrand die verschiedenen Bereiche. Der Apple Book Store verbirgt sich hinter *Book Store* ❶ für E-Books und *Hörbücher* ❷ für Hörbücher. Außerdem können Sie noch die Suche ❸ verwenden, um im Apple Book Store zu stöbern. Im Bereich *Bibliotehk* ❹ finden Sie alle E-Books und Hörbücher, die Sie auf Ihr iPhone geladen haben, bzw. die Bücher, die Sie im Apple Book Store erworben haben.

Zu jedem Buch bzw. Hörbuch können Sie sich vor dem Kauf eine Leseprobe ❺ (*Auszug*) herunterladen, damit Sie nicht die Katze im Sack kaufen. Der Kaufvorgang funktioniert dann genauso wie im App Store und iTunes Store. Das gekaufte bzw. heruntergeladene Buch finden Sie dann im Bereich *Bibliothek* ❹.

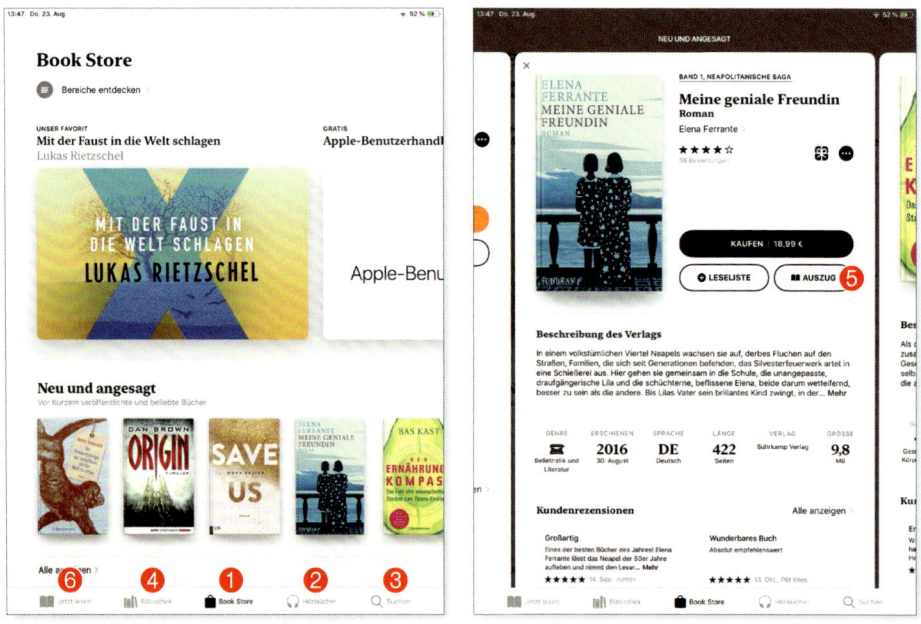

Der „Apple Book Store" ist in der App „die App Bücher" enthalten.

Der Bereich *Jetzt lesen* ❻ enthält nicht nur Empfehlungen zum Lesen, sondern Sie können dort auch das zuletzt geöffnete Buch weiterlesen. Die Empfehlungen werden von einer speziellen Redaktion bei Apple ausgesprochen und ändern sich täglich.

Wie bei allen Stores werden auch die Bücher mit Ihrer Apple-ID verknüpft. Sie können also jederzeit die Bücher vom iPhone entfernen und zu einem späteren Zeitpunkt wieder herunterladen. Dazu wechseln Sie zu *Jetzt lesen* ❻ und tippen im Kopfbereich rechts auf das Symbol Ihrer Apple-ID. Dadurch wird ein Fenster geöffnet, das den Bereich *Meine Käufe* enthält. Dort können Sie dann Ihre erworbenen Bücher und Hörbücher erneut auf das iPad laden.

 Der Apple Book Store bietet auch kostenlose E-Books an. Diese finden Sie, wenn Sie im Bereich **Book Store** ganz nach unten scrollen. Dort finden Sie dann den Punkt **Angebote und Gratisbücher**.

Bibliothek

Wenn Sie sehr viele Bücher haben, ist es wichtig, diese auch richtig zu organisieren. Der Bereich *Bibliothek* enthält einige Funktionen, die die Organisation von Büchern erleichtern.

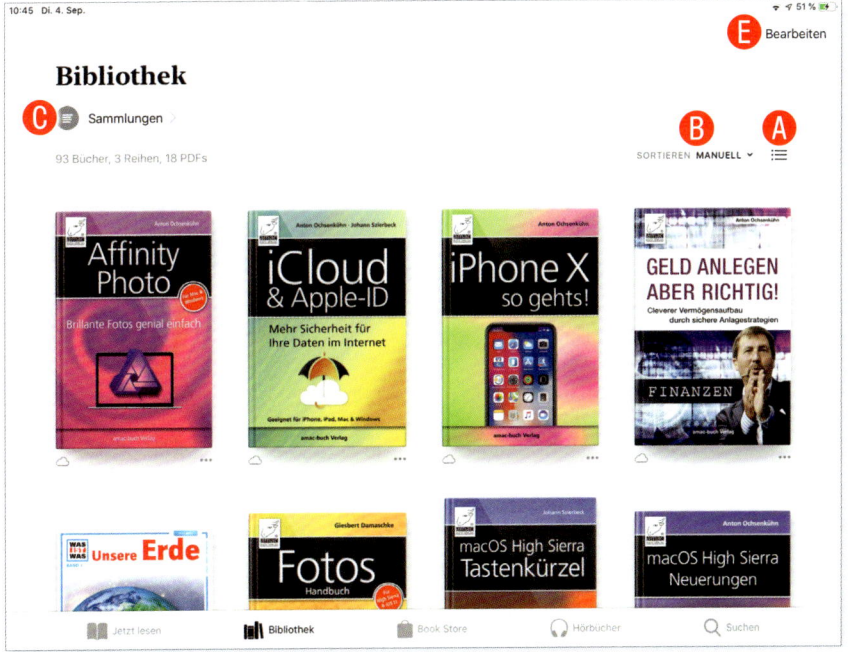

Die „Bibliothek" verwaltet Ihre E-Books und Hörbücher.

Apple Book Store

Die Bücher sind standardmäßig mit ihren Titelseiten in der Bibliothek aufgelistet. Sie können sie aber auch in einer Namensliste sortieren lassen. Dazu müssen Sie nur rechts oben **A** auf das entsprechende Symbol tippen. Wollen Sie die Sortierung der Bücher ändern, um z. B. die Titel oder die Autoren alphabetisch aufgelistet zu erhalten, dann tippen Sie auf *Sortieren* **B** und wählen die gewünschte Sortierart aus.

Es gibt noch eine andere Möglichkeit, die Bücher zu sortieren, und zwar mithilfe von Sammlungen. Eine Sammlung kann man mit einem Ordner vergleichen, in dem die Bücher nach eigenen Kriterien gesammelt werden. Die *Sammlungen* finden Sie im Kopfbereich **C**. Dort sind bereits einige Sammlungen vorhanden, und Sie können mit *Neue Sammlung* **D** eine eigene anlegen. Anschließend können Sie die Bücher in die Sammlung legen. Tippen Sie auf *Bearbeiten* **E**, wählen die Bücher aus und tippen anschließend auf *Hinzufügen* **F**. Nun müssen Sie nur noch die Sammlung bestimmen, in die die Bücher eingeordnet werden.

Sie können Ihre Bücher in eigene Sammlungen einordnen.

Wenn Sie nur ein einzelnes Buch einer Sammlung hinzufügen wollen, dann tippen Sie auf die drei kleinen Punkte **G**, um das Kontextmenü zu öffnen. Dort haben Sie dann nicht nur die Möglichkeit das Buch in eine Sammlung zu legen, sondern können es auch noch Umbenennen oder aus der Bibliothek entfernen.

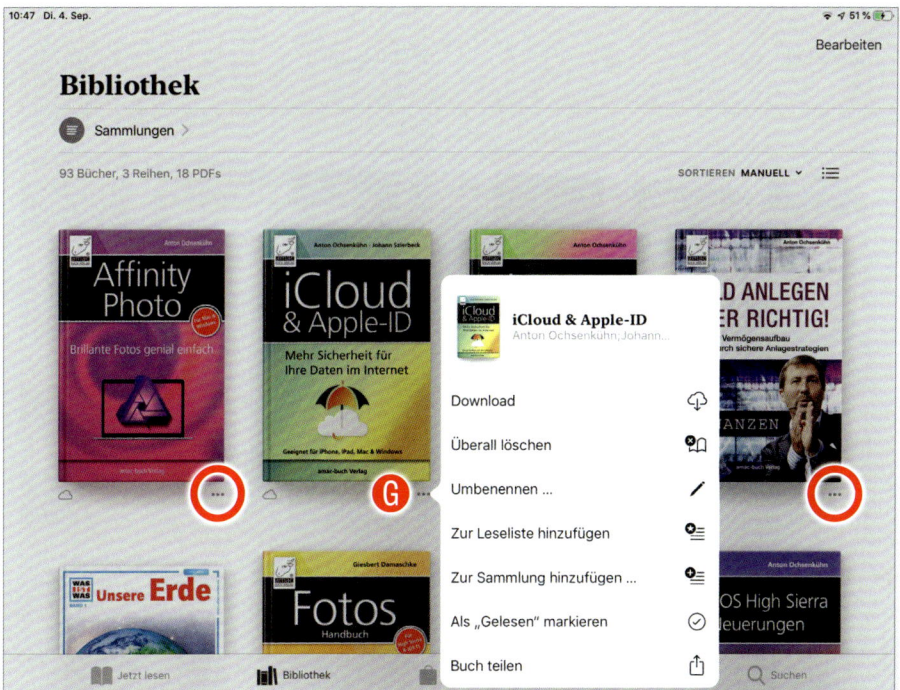

Über das Kontextmenü können Sie einzelne Bücher zu Sammlungen hinzufügen.

Bücher aus der Bibliothek entfernen

Damit der Speicher des iPads nicht unnötig belastet wird, können Sie E-Books und Hörbücher auch wieder aus der Bibliothek entfernen. Dabei verbleiben gekaufte Bücher aus dem Apple Book Store und Bücher die mit iCloud synchronisiert sind, weiterhin als Vermerk in der Bibliothek. Auf diese Weise können Sie zu einem späteren Zeitpunkt erneut auf das iPad geladen werden.

Um Bücher wieder aus der Bibliothek zu entfernen, gibt es zwei Wege:

1. In der Übersicht der Bibliothek tippen Sie rechts oben auf *Bearbeiten* und wählen anschließend das Buch bzw. die Bücher aus, die gelöscht werden sollen ❶. Danach tippen Sie links unten auf das Mülleimer-Symbol ❷.
2. Sie öffnen das Kontextmenü für ein Buch, indem Sie auf das Symbol mit den drei Punkten tippen ❸. Anschließend wählen Sie *Entfernen* ❹ aus.

Apple Book Store

Mehrere oder einzelne Bücher lassen sich wieder aus der Bibliothek entfernen.

> ! Wenn Sie Ihre Bücher mit iCloud synchronisieren, dann erhalten Sie beim Entfernen die Auswahlmöglichkeit, die Bücher nur vom aktuellen Gerät oder komplett aus der iCloud zu löschen. Wenn Sie die Option **Überall löschen** wählen, dann wird das Buch nicht nur von Ihrem iPad entfernt, sondern von allen Geräten (iPhone und Mac) die den gleichen iCloud-Account nutzen.

 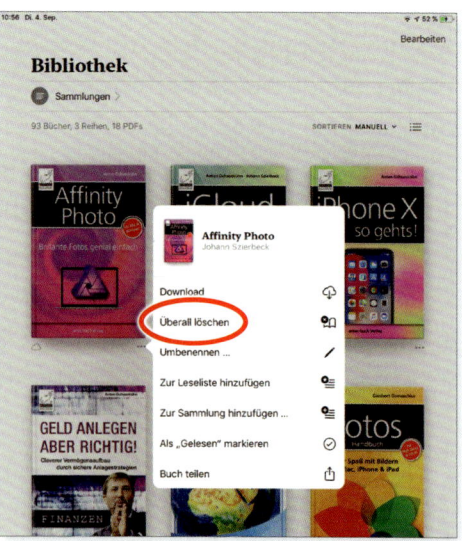

Beim Entfernen müssen Sie aufpassen, damit die Bücher nicht auch bei iCloud gelöscht werden.

Bücher lesen und anhören

Im Bereich *Bibliothek* sind alle E-Books und Hörbücher aufgelistet, die Sie auf dem iPad geladen bzw. im Apple Book Store erworben haben. Um ein Buch zu lesen, müssen Sie es nur auswählen. Nach wenigen Sekunden öffnet sich die Leseumgebung, die einige Funktionen für das Lesen enthält.

E-Books

Zuerst sollten Sie wissen, dass Sie ein Buch im Hoch- oder Querformat lesen können. Wenn Sie das iPad kippen, wird automatisch ins Querformat gewechselt und der Inhalt an das neue Format angepasst.

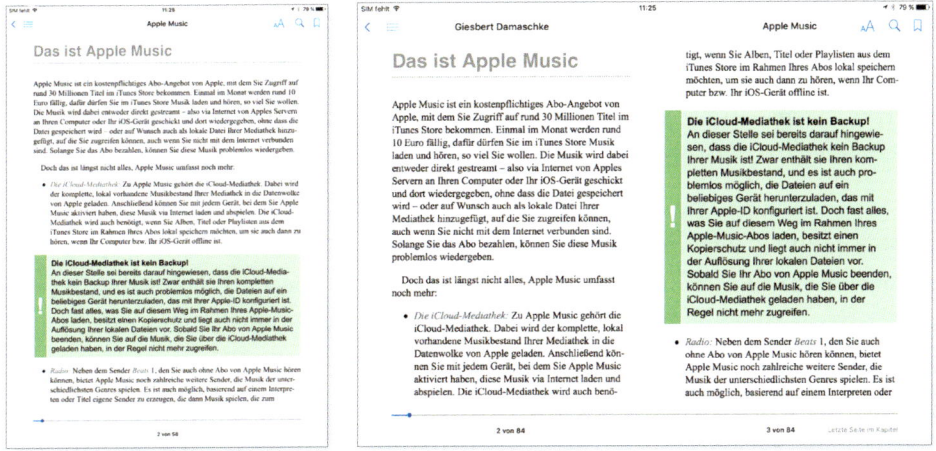

Beim Lesen eines E-Books können Sie jederzeit zwischen Hoch- und Querformat wechseln.

Umblättern können Sie das Buch, wenn Sie die Seite nach links (vorwärtsblättern) oder nach rechts (rückwärtsblättern) verschieben. Sie können aber auch den Schieberegler ❶ im unteren Bereich verwenden, um gezielt einen Abschnitt anzusteuern. Das Gute an E-Books ist, dass Sie viele Dinge an Ihre eigenen Lesegewohnheiten anpassen können. So können Sie bei ❷ die Helligkeit ❸, die Schriftgröße ❹, die Schriftart ❺ und die Hintergrundfarbe ❻ ändern.

Jedes Buch hat ein *Inhaltsverzeichnis*, das Sie über ❼ einblenden können. Dort müssen Sie nur das gewünschte Kapitel antippen, um an dieser Stelle weiterzulesen. Außerdem können Sie *Lesezeichen* ❽ hinzufügen, mit denen Sie wichtige Textstellen bzw. Seiten markieren können. Die Übersicht der Lesezeichen finden Sie im gleichen Bereich wie das Inhaltsverzeichnis.

Apple Book Store

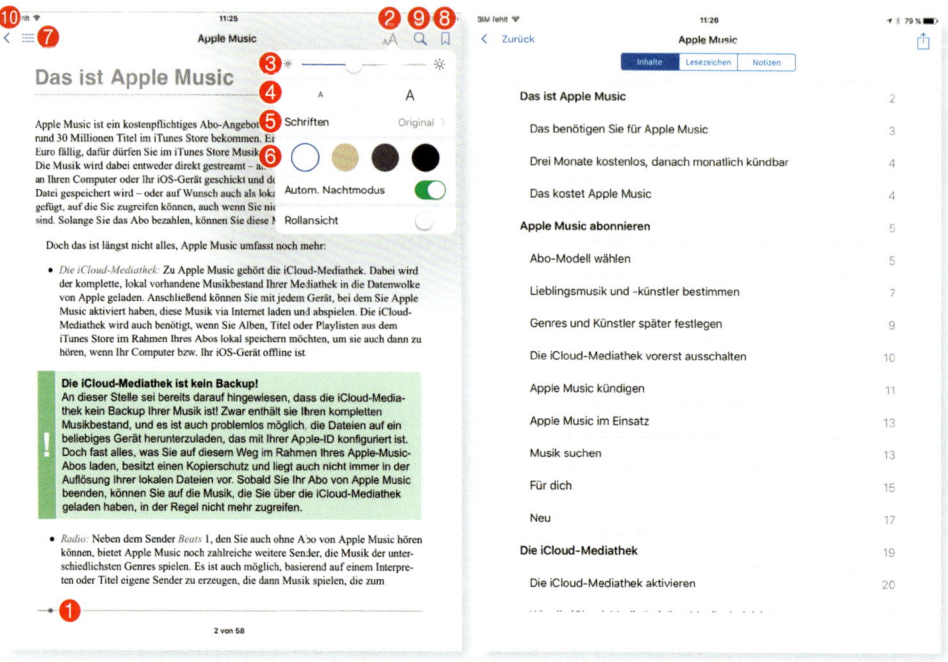

Für das Lesen von Büchern in die App Bücher stehen zahlreiche Funktionen zur Verfügung.

Ein weiterer großer Vorteil eines E-Books ist die Volltextsuche, die Sie mit dem Lupensymbol ❾ öffnen können. Die Volltextsuche übertrifft jedes Index- oder Stichwortverzeichnis: Sie tippen einfach den gewünschten Suchbegriff ein, und schon erhalten Sie alle Fundstellen innerhalb des Buchs. Die Leseumgebung können Sie übrigens wieder verlassen, wenn Sie auf den Pfeil links oben ❿ tippen. Damit wechseln Sie wieder zurück zum Bereich *Meine Bücher*.

PDF

Die App Bücher kann nicht nur mit E-Books und Hörbüchern umgehen, sondern auch mit PDF-Dateien. Allerdings gestaltet sich das Lesen von PDF-Dateien etwas anders als das Lesen von E-Books. Sie können z. B. keine Schriftart oder Schriftgröße einstellen, da ein PDF immer ein festes Layout hat. Wenn Sie den Text größer haben wollen, müssen Sie in die Seite hineinzoomen (Daumen und Zeigefinger auf dem Display auseinanderziehen). In der unteren Leiste Ⓐ sehen Sie die Seiten in Miniaturansicht – so können Sie in der PDF-Datei schnell blättern. Es gibt auch ein *Inhaltsverzeichnis* Ⓑ, das entweder als Seitenminiaturen Ⓒ oder in Textform Ⓓ angezeigt werden kann.

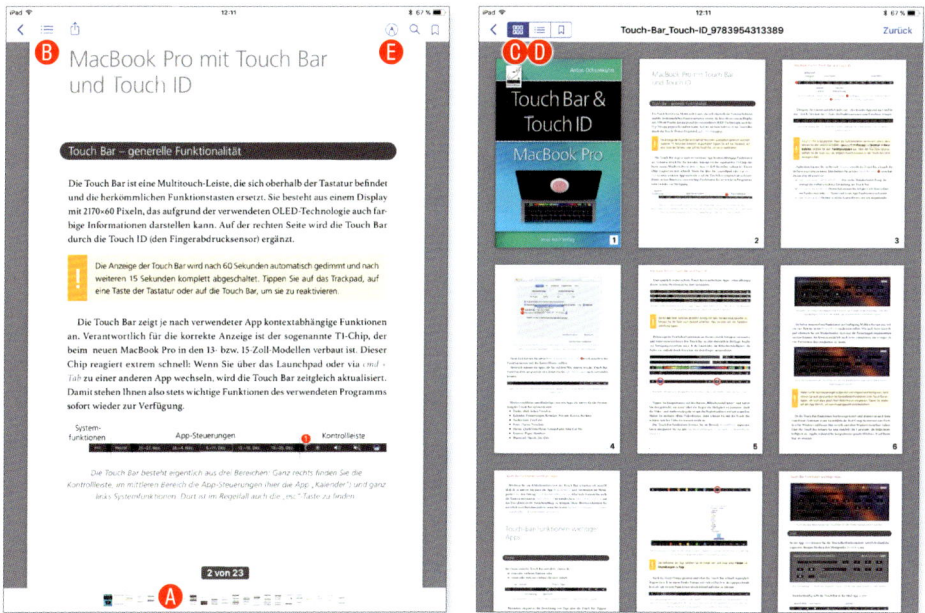

Für ein PDF stehen andere Funktionen beim Lesen zur Verfügung.

Es lassen sich sogar Markierungen E hinzufügen. Mit dieser Funktion können Sie im PDF eigene Markierungen unterschiedlichster Art hinzufügen. Damit lassen sich z. B. Textstellen kennzeichnen oder mit Kommentaren versehen.

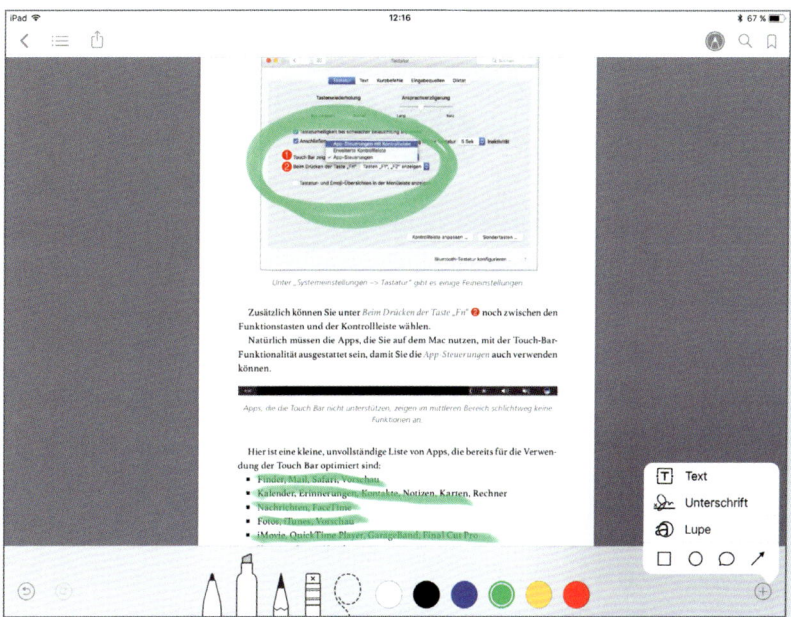

Ein PDF kann mit Markierungen versehen werden.

Apple Book Store

Hörbücher

Hörbücher werden natürlich nicht gelesen, sondern abgespielt. In der Abspielumgebung gibt es neben dem Starten und Stoppen ❶ auch noch andere Funktionen. Mit den beiden Symbolen ❷ können Sie das Hörbuch jeweils um 15 Sekunden vor- und zurückspulen. Wichtig ist natürlich die Lautstärke ❸, die Sie mit einem Regler justieren können. Die Abspiel- bzw. Lesegeschwindigkeit können Sie links unten ändern ❹. Direkt unter dem Buchcover gibt es einen weiteren Schieberegler ❺, mit dem man gezielt zu einer Stelle springen kann. Es gibt sogar eine Schlummerfunktion ❻, bei der Sie einstellen können, nach wie vielen Minuten das Hörbuch automatisch stoppen soll – perfekt fürs Einschlafen geeignet. Umfangreiche Hörbücher bestehen sehr oft aus mehreren Teilen (Tracks). Diese können Sie rechts oben ❼ einsehen und aufrufen. Die Abspielumgebung können Sie links oben mit dem Pfeil ❽ wieder verlassen.

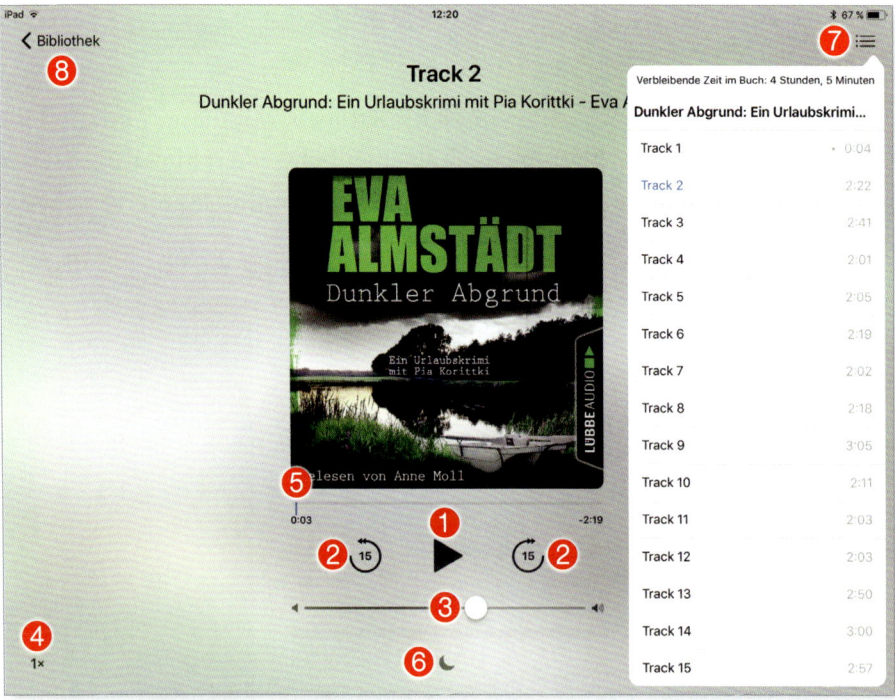

Die Oberfläche für Hörbücher bietet viele Funktionen, z. B. auch eine Schlummerfunktion (rechts).

Bibliothek

Wenn Sie sehr viele Bücher in er App Bücher haben, ist es wichtig, diese auch richtig zu organisieren. Der Bereich *Bibliothek* von der App Bücher enthält einige Funktionen, die die Organisation von Büchern erleichtern.

Die Bücher sind standardmäßig mit ihren Titelseiten aufgelistet. Sie können sie aber auch in einer Namensliste sortieren lassen: Dazu müssen Sie rechts oben Ⓐ auf das entsprechende Symbol tippen. Sie können dann zusätzlich noch die Sortierung auch nach anderen Kriterien Ⓑ vornehmen.

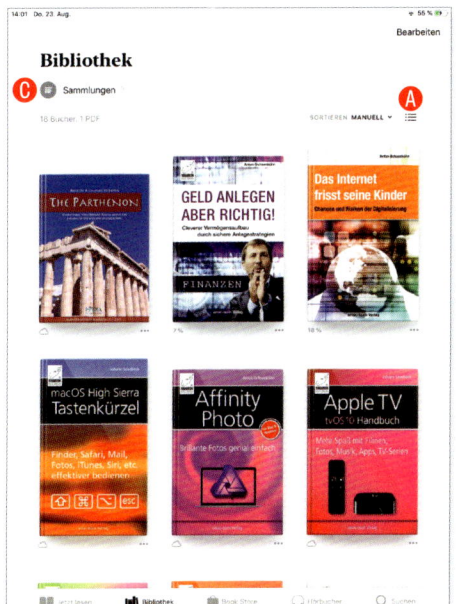
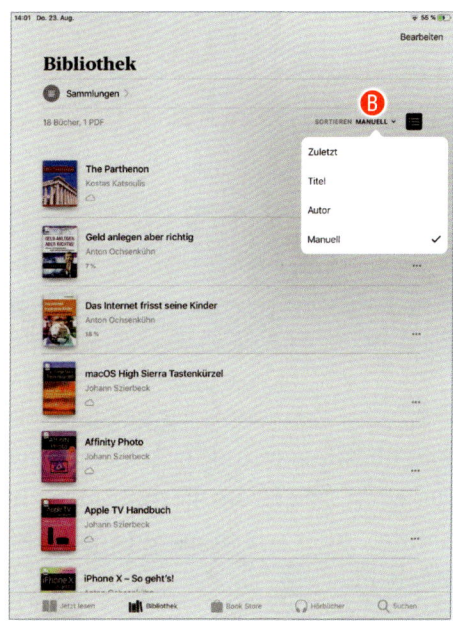

Die Bibliothek von der Bücher-App.

Es gibt noch eine weitere Möglichkeit, die Bücher zu sortieren, und zwar mithilfe von *Sammlungen*. Eine Sammlung kann man mit einem Ordner vergleichen, in dem die Bücher nach eigenen Kriterien gesammelt werden. Die Sammlungen finden Sie im Kopfbereich Ⓒ. Dort sind bereits einige Sammlungen vorhanden, Sie können mit *Neue Sammlung* Ⓓ aber auch eine eigene anlegen. Anschließend können Sie die Bücher in die Sammlung legen, wenn Sie auf *Bearbeiten* Ⓔ rechts oben tippen, die entsprechenden Bücher markieren und *Hinzufügen* Ⓕ wählen. Nun müssen Sie nur noch die Sammlung bestimmen, in die die Bücher eingeordnet werden.

Apple Book Store

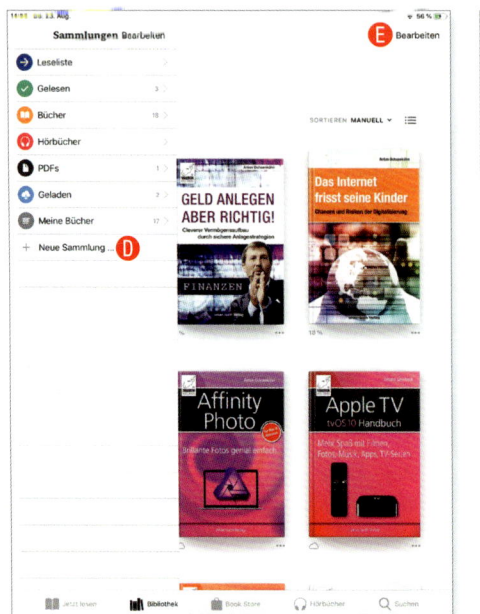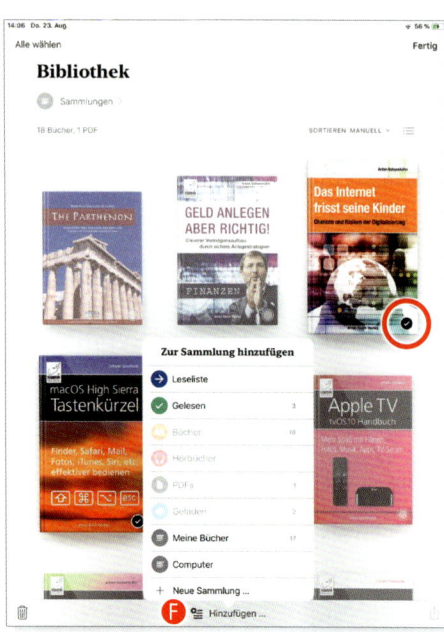

Sie können Ihre Bücher in eigene Sammlungen verschieben.

Bücher aus anderen Quellen nutzen

Der Apple Book Store ist nicht die einzige Quelle, aus der Sie E-Books auf das iPad übertragen und in der App Bücher lesen können. Grundsätzlich können Sie jedes E-Book im Format ePub in der App Bücher öffnen, egal woher es stammt. Aber wie kommen solche Bücher in die App? Dafür gibt es mehrere Möglichkeiten.

E-Mail

Die einfachste und schnellste Methode besteht darin, sich das E-Book als E-Mail-Anhang auf das iPad zu schicken. Wenn Sie die E-Mail auf dem iPad erhalten haben, müssen Sie nun nur auf das angehängte E-Book tippen. Im daraufhin geöffneten Menü wählen Sie die Option *In „Bücher" kopiern* aus – fertig!

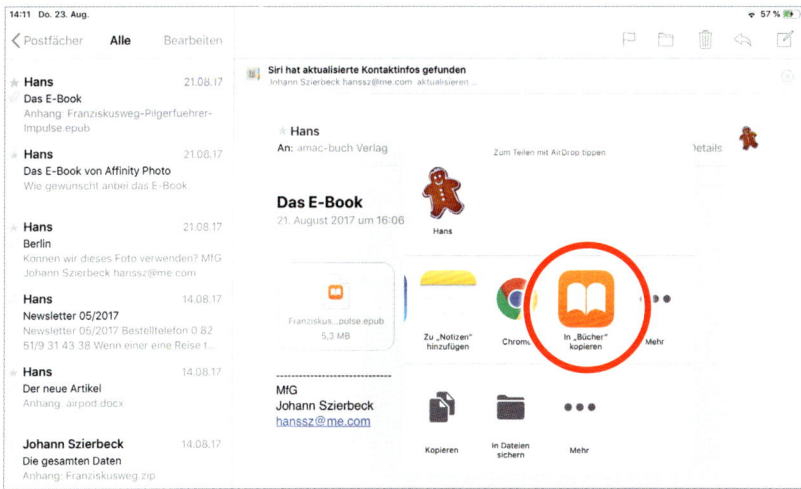

Wenn Sie sich das E-Book selbst per E-Mail schicken, genügt ein einfacher Fingertipp, um es in die App Bücher zu öffnen.

 Achten Sie bitte darauf, dass Sie das E-Book im Format **ePub** mit der Dateiendung **.epub** verschicken. Sie können keine komprimierten **ZIP**-Dateien oder E-Books mit dem Format **Mobipocket** an die App Bücher übertragen.

Safari

Eine andere Möglichkeit ist der Download des E-Books direkt vom jeweiligen Online-Anbieter bzw. Shop. Wenn Sie ein Buch über einen Online-Shop erworben haben, dann tippen Sie auf den Download-Link. Im Hintergrund wird nun das E-Book auf das iPad heruntergeladen. Wenn es vollständig von Safari geladen ist, erscheint die Option *In „Bücher" öffnen*. Das E-Book wird damit automatisch in die App Bücher übertragen.

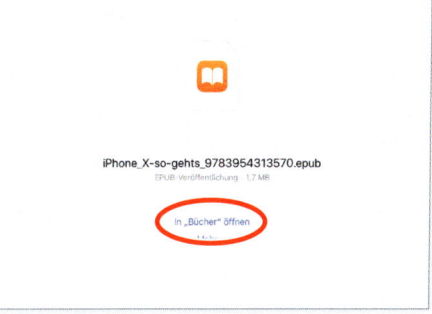

E-Books können direkt nach dem Einkauf in Safari heruntergeladen und zu die App Bücher übertragen werden.

iCloud Drive

Die Nutzung des *iCloud Drive* ist ein weiteres Verfahren, um E-Books vom Rechner auf das iPad zu übertragen. Voraussetzung dafür ist ein iCloud-Account. Mit iCloud Drive können Sie auf dem Rechner das E-Book an iCloud übertragen, es dann auf dem iPad mit der App *Dateien* herunterladen und in der App Bücher öffnen. Sie öffnen dazu die App und wechseln zum Bereich *iCloud Drive*. Dann müssen Sie nur noch auf das E-Book tippen, damit es heruntergeladen und automatisch in der App Bücher geöffnet wird.

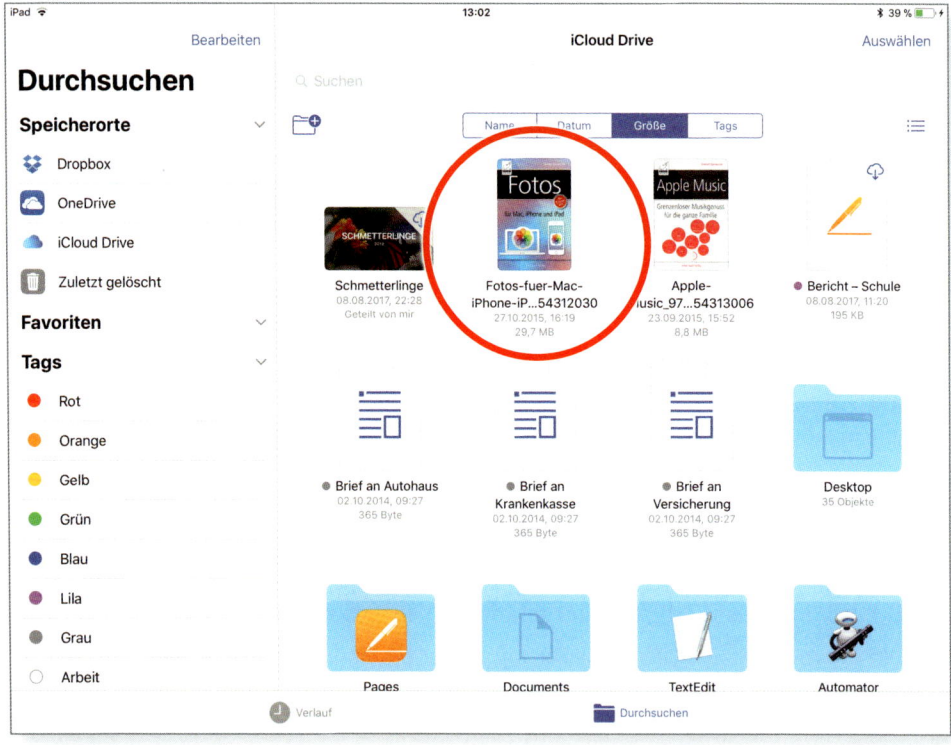

Sie können „iCloud Drive" zur Übertragung von E-Books auf das iPad verwenden.

Via iCloud synchronisieren

Die Übertragung eines E-Books auf das iPad, die Sie mit der App *Dateien* manuell durchführen, können Sie auch automatisieren. Mithilfe von iCloud können Sie die Bibliothek von der App Bücher auf dem Mac mit der App Bücher auf dem iPad automatisch synchronisieren. Dadurch wird das E-Book, das Sie in die App Bücher auf dem Mac hinzugefügt haben, automatisch zu iCloud hochgeladen und sofort an die App Bücher auf dem iPad übertragen. Das funktioniert natürlich auch in die andere Richtung.

Damit die Synchronisation funktioniert, müssen Sie zuerst auf dem Mac die Verwendung von iCloud für die App Bücher aktivieren. Öffnen Sie die *Systemeinstellungen –> iCloud* und danach die *Optionen* von *iCloud Drive*. Dort aktivieren Sie die App *Bücher*. Damit werden nun die Bücher vom Mac zu iCloud hochgeladen.

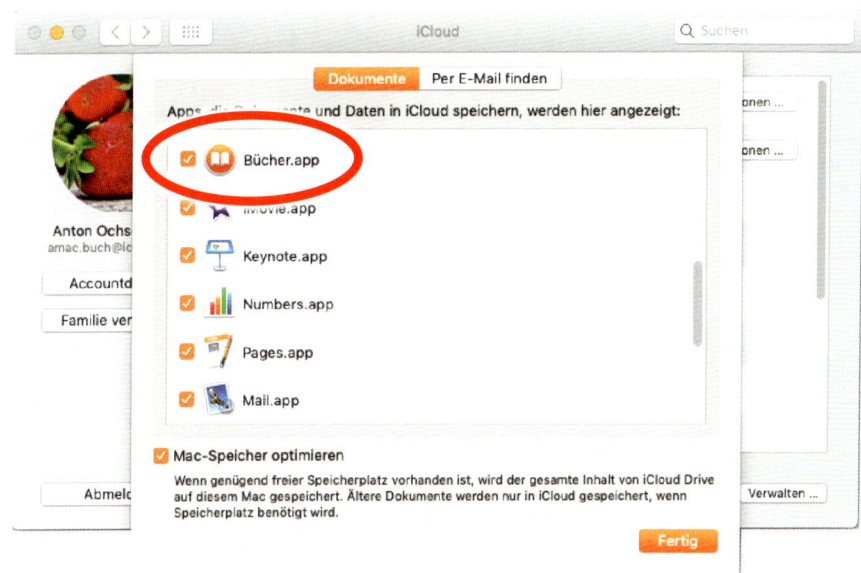

Auf dem Mac muss die Verwendung von „iCloud Drive" für „die App Bücher" eingeschaltet werden.

Jetzt müssen Sie noch auf dem iPad die Synchronisation einschalten. Öffnen Sie *Einstellungen –> Ihr Name (Apple-ID, iCloud, iTunes & App Store) –> iCloud* und aktivieren Sie dort die Option *Bücher*. Wenn Sie nun die App Bücher starten, werden Sie sehen, dass plötzlich alle E-Books vom Mac aufgelistet sind. Sie sind aber noch nicht auf das iPad heruntergeladen. An dem kleinen Wolkensymbol erkennen Sie, dass die Bücher bei iCloud gespeichert sind. Wenn Sie nun eines der Bücher öffnen, wird es heruntergeladen und Sie können es lesen.

Apple Book Store

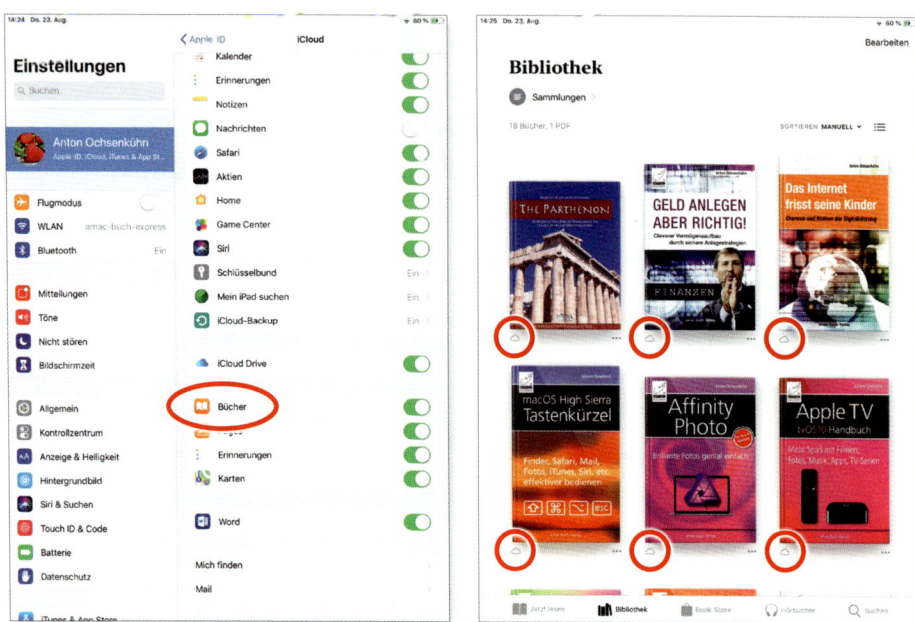

Alle E-Books, die bei iCloud gesichert sind, erscheinen nun auch auf dem iPad.

Kapitel 7 Die Kamera

Das iPad eignet sich übrigens auch sehr gut für Schnappschüsse. Denn in Ihrem iPad steckt eine sehr gute Kamera, mit der ausgezeichnete Bilder gelingen. Das trifft auch auf die Aufnahme von Videos zu.

Die aufgenommenen Fotos und Videos wollen jedoch auch verwaltet werden, da ansonsten ein heilloses Durcheinander auf dem iPad entsteht. Dafür nutzen Sie die App *Fotos*. Mit ihrer Hilfe können Sie alle Aufnahmen problemlos organisieren.

In diesem Kapitel erfahren Sie, wie Sie die Kamera des iPads bedienen und die Bilder mit der App *Fotos* perfekt verwalten.

Die Kamera

Das iPad besitzt auf seiner Rück- und Vorderseite jeweils eine Kamera. Die Kamera auf der Rückseite hat eine höhere Auflösung und wird deswegen zum Fotografieren verwendet. Die Kamera auf der Vorderseite hat eine niedrigere Auflösung und wird hauptsächlich für Selfies und Videochats per Facetime oder Skype eingesetzt. Aber egal welche Kamera Sie nutzen, beide werden mit der App *Kamera* gesteuert.

Die App kann auf drei verschiedene Weisen geöffnet werden:
1. auf dem Home-Bildschirm durch Antippen der Kamera-App
2. über das Kontrollzentrum mit dem Kamera-Symbol
3. im Sperrbildschirm durch Verschieben des Displays nach links

Die Kamera

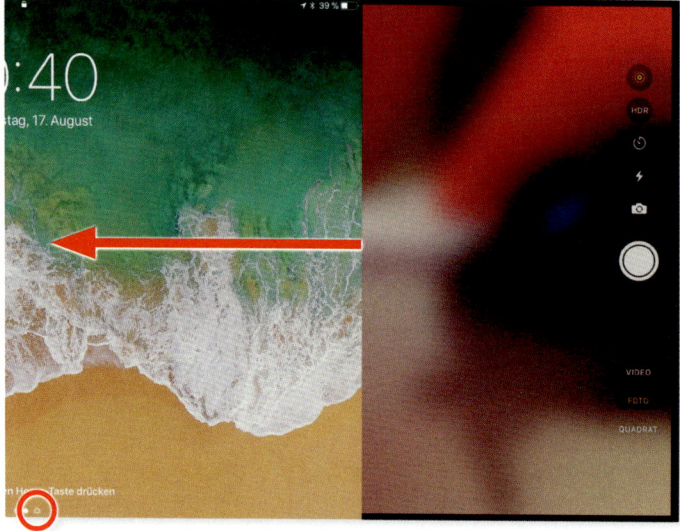

Die Kamera erreichen Sie auf drei Wegen: Home-Bildschirm (oben links), Kontrollzentrum (oben rechts) und Sperrbildschirm (unten).

Die Bedienung

Die Kamera-App bietet verschiedene Funktionen zum Aufnehmen von Bildern und Videos. In der Mitte ❶ ist der Sucherbereich, und der große Knopf dient als Auslöser ❷. Alternativ dazu können Sie auch die *Lauter-* oder *Leiser-Taste* an der Seite des iPads verwenden: Beide Tasten können als Auslöser genutzt werden.

Bevor Sie eine Aufnahme machen, sollten Sie bei ❸ entscheiden, welche Art von Aufnahme Sie haben wollen. Einzelheiten zu den verschiedenen Aufnahmearten können Sie auf Seite 236 nachlesen. Mit dem Kamerasymbol ❹ können Sie zwischen der Kamera auf der Rück- und der Vorderseite hin- und herwechseln.

Kapitel 7 Die Kamera

Die Kamera-App mit allen Funktionen.

Für besonders brillante Aufnahmen können Sie die *HDR*-Funktion ❺ einschalten. HDR steht für „High Dynamic Range", eine Technik für besonders detailreiche Bilder. Dabei nimmt die Kamera eigentlich drei Fotos mit unterschiedlichen Belichtungen auf, die dann in der App kombiniert werden. Auf diese Weise entstehen Bilder mit besserem Kontrast.

Die Kamera-App hat auch einen *Selbstauslöser* ❻, mit dem Sie ein Foto mit einer Zeitverzögerung von 3 oder 10 Sekunden aufnehmen können. Zudem können Sie einen *Zoom* ❼ für das Fotografieren verwenden. Da es aber ein digitaler Zoom ist, sollten Sie ihn sparsam einsetzen. Der digitale Zoom vergrößert die Bilder künstlich, was zu einer schlechten Qualität führt.

Mit dem Symbol ❽ werden Live Photos aufgenommen. Diese sind eine Mischung aus einem Foto mit einer angehängten kurzen Videosequenz.

! Bitte beachten Sie, dass nicht jede Aufnahmeart auch alle Funktionen zur Verfügung hat. So können Sie z. B. bei der Aufnahme eines Videos kein HDR verwenden.

Wenn Sie einen Blitz benötigen, können Sie ihn mit dem Symbol ❾ einschalten bzw. auf Automatik setzen. Die fertigen Aufnahmen können Sie bei ❿ betrachten, wo sie auch bearbeitet oder gelöscht werden können (siehe Seite 250).

Die Kamera

Aufnahmearten

Mit der iPad-Kamera können Sie die verschiedensten Arten von Aufnahmen machen. Neben normalen Fotos und Videos gibt es noch die folgenden interessanten Aufnahmemöglichkeiten:

- *Quadrat:* Das ist eigentlich nichts anderes als ein normales Foto im quadratischen Format, was man auch am veränderten Sucherbereich erkennen kann. Solche Fotos können Sie z. B. sehr gut als Profilfoto für Facebook verwenden.
- *Pano:* Das iPad kann damit eine Panoramaaufnahme machen. Dazu müssen Sie das iPad während der Aufnahme nur von links nach rechts bewegen. Im Sucher können Sie erkennen, wie das iPad die Panoramaaufnahme zusammenstellt.

Panoramabilder sind sehr schnell und einfach erstellt.

- *Serienbilder:* Das iPad verfügt auch über die Möglichkeit, Serienbilder aufzunehmen. Dabei werden je nach iPad-Modell bis zu zehn Bilder pro Sekunde aufgenommen – eine ideale Funktion, um actionreiche Fotos zu machen. Für Serienbilder müssen Sie den Auslöser länger gedrückt halten. Solange Sie ihn halten, werden Fotos aufgenommen. Ein Zähler direkt über dem Auslöser zeigt Ihnen an, wie viele Fotos bereits gemacht wurden.

Serienbilder sind mit dem iPad kein Problem. Während der Aufnahme können Sie verfolgen, wie viele Bilder geschossen werden.

- *Slo-Mo:* Diese Abkürzung steht für „Slow Motion". Damit lassen sich also Videos mit Zeitlupenaufnahmen machen. Je nach Voreinstellung der Kamera-App können damit Videoaufnahmen mit 120 oder 250 Bildern pro Sekunde angefertigt werden.
- *Zeitraffer:* Das Gegenteil der Zeitlupe. Die Aufnahmen werden damit in einem höheren Tempo erstellt. Somit können langsame Bewegungen, die normalerweise mehrere Minuten dauern, zu wenigen Sekunden zusammengefasst werden.
- *Live Photo* (nur iPad Pro): Mit diesem iPad können Sie Kurzfilme (Live Photos) inkl. Audio aufnehmen. Tippen Sie dazu auf das dazugehörige Symbol . Natürlich können alle iPad-Modelle erhaltene Live Photos per E-Mail, iMessage etc. wiedergeben.

Die Kamera

Aufnahmen bearbeiten

Alle Aufnahmen können Sie direkt in der Kamera-App bearbeiten oder auch wieder löschen. Tippen Sie dazu auf die kleine Miniatur der letzten Aufnahme. Nun wird die letzte Aufnahme eingeblendet. Sie können aber auch die älteren Aufnahmen einsehen, wenn Sie nach links bzw. rechts scrollen.

Die Aufnahmen können direkt in der Kamera-App nachbearbeitet oder gelöscht werden.

Um die aktuelle Aufnahme zu löschen, müssen Sie nur auf den Papierkorb ❶ tippen. Um eine Aufnahme zu bearbeiten, klicken Sie auf *Bearbeiten* ❷. Damit wechseln Sie in eine andere Umgebung, die je nach Art der Aufnahme verschiedene Werkzeuge enthält. Wie man Fotos und Videos nachbearbeitet, erfahren Sie ab Seite 250 bei „Fotos", da die *Kamera*-App und die *Fotos*-App dafür die gleichen Funktionen verwenden. Mit dem Herzsymbol ❸ wird das Bild den Favoriten hinzugefügt.

Die Aufnahme lässt sich sogar direkt aus der Kamera-App mit der *Teilen*-Funktion ❹ an andere Apps übergeben oder per Nachricht oder Mail verschicken. Links oben ❺ verlassen Sie die Aufnahmen und kehren wieder zur Kamera zurück. Es gibt auch eine direkte Anbindung zur App *Fotos*, um z. B. die aktuelle Aufnahme dort zu bearbeiten oder zu versenden. Mit der Funktion *Alle Fotos* ❻ wechseln Sie zur App *Fotos*.

Wenn es sich bei der Aufnahme um ein Serienbild handelt, können Sie die Anzahl der Bilder in der linken oberen Ecke der Aufnahme ablesen. Außerdem können Sie aufgenommene Videos direkt abspielen ❼.

Auch die Live Photos lassen sich bearbeiten. Dabei können Sie die Länge der Filmsequenz festlegen und das Schlüsselfoto definieren. Dazu wählen Sie mit dem Finger ein Bild innerhalb der Filmsequenz aus und tippen anschließend auf *Als Schlüsselfoto festlegen*. Ansonsten stehen Ihnen die gleichen Bearbeitungswerkzeuge wie bei normalen Fotos und Videos zur Verfügung.

Live Photos lassen sich in der App „Fotos" nachbearbeiten.

QR-Codes scannen

Die Kamera-App hat eine sehr hilfreiche Funktion. Sie kann QR-Codes erkennen und die dort hinterlegten Informationen auslesen. Bisher benötigte man immer eine eigene App zum Lesen von QR-Codes. Dies ist nun nicht mehr nötig. Sie halten die Kamera einfach auf den QR-Code, und sofort erscheint eine Mitteilung mit dem Inhalt des Codes. Wenn es sich dabei z. B. um eine Internetadresse handelt, können Sie diese direkt öffnen, wenn Sie auf die Mitteilung tippen.

Die App „Kamera" erkennt nun auch QR-Codes.

> ⚠️ Die automatische Erkennung von QR-Codes lässt sich unter **Einstellungen –> Kamera** mit der Option **QR-Codes scannen** auch ausschalten. Zudem kann das Einscannen von QR-Codes direkt als Icon ins Kontrollzentrum gelegt werden.

Einstellungen für die Kamera

Es gibt für die Kamera-App noch ein paar Einstellungen, die Sie berücksichtigen bzw. kontrollieren sollten, besonders wenn Sie sehr viele Videos aufnehmen. Bei *Einstellungen –> Kamera* gibt es die Möglichkeit, die Auflösung der Videoaufnahmen zu ändern. In der Option *Video aufnehmen* Ⓐ können Sie die Auflösung für alle zukünftigen Filme ändern. Je niedriger die Auflösung ist, desto weniger Speicherplatz benötigen die Filme. Welche Auflösungen Sie zur Verfügung haben, hängt vom iPad-Modell ab.

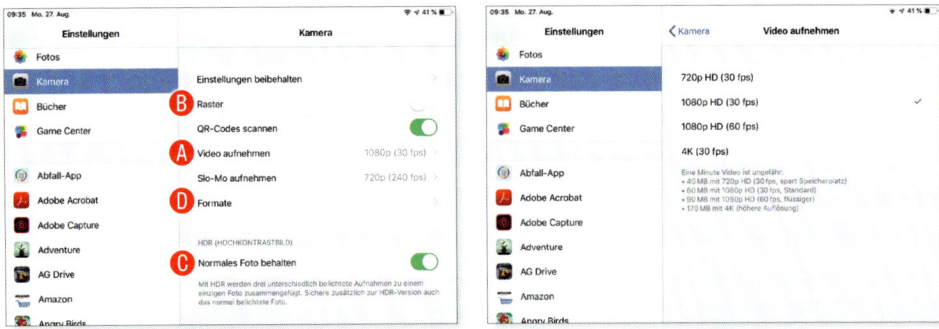

In den „Einstellungen" können Sie unter anderem die Videoauflösung ändern.

Zum besseren Fotografieren können Sie in den Einstellungen ein *Raster* B einblenden lassen. Damit lässt sich das iPad bzw. die Kamera besser gerade ausrichten. Um den Speicherplatz nicht zu belasten, können Sie auch die Option *Normales Foto behalten* C für die HDR-Funktion (siehe weiter vorne) ausschalten. Es gibt noch eine interessante Einstellung, welche die Datengröße der aufgenommen Bilder reduziert und somit mehr Speicher auf dem iPad schafft. Unter *Formate* D haben Sie die Möglichkeit auf das HEIF/HEVC-Format umzuschalten. HEIF steht für Hihg-Efficiency-Format und reduziert die Datenmenge von Fotos wesentlich besser als das bekannte JPEG-Format. Allerdings wir das HEIF-Format nicht von jeder App unterstützt. Wenn Sie an die Weiterbearbeitung der Fotos in einer anderer App denken, sollten Sie auf das bekannte JPEG-Format umschalten (*Maximale Kompatibilität*).

Das HEIF-Dateiformat (nicht auf allen iPads verfügbar) bietet eine höhere Kompression bei einer besseren Bildqualität als das JPEG-Format.

Die App „Fotos"

Die Bilder, die Sie mit der Kamera aufnehmen, werden in der App *Fotos* verwaltet. In der App können Sie die Fotos in Alben zusammenfügen, löschen, bearbeiten und mit anderen Personen teilen.

 Natürlich können Sie mit dem Computer und iTunes Bilder auf das iPad übertragen. Aber auch andere Digitalkameras bzw. SD-Karten können mit dem passenden Kabel bzw. Adapter mi dem Lightning-Anschluß des iPads verbunden werden. Im Handumdrehen werden die Bilder importiert und in der Fotos-App eingereiht.

Alben

Die Alben sind wohl die einfachste Art, um Bilder zu organisieren bzw. zu sortieren. Im Bereich *Alben* der App *Fotos* sind standardmäßig bereits einige Alben vorhanden, die auch nicht gelöscht werden können. Die Standardalben sortieren die vorhandenen Fotos nach ihrer Art, z. B. *Videos*, *Bildschirmfotos*, *Personen*, *Orte*, *Serien* oder *Selfies*. Auf diese Weise sind die Bilder schon vorsortiert. Wenn Sie ein Album öffnen, werden alle dazugehörigen Bilder aufgelistet.

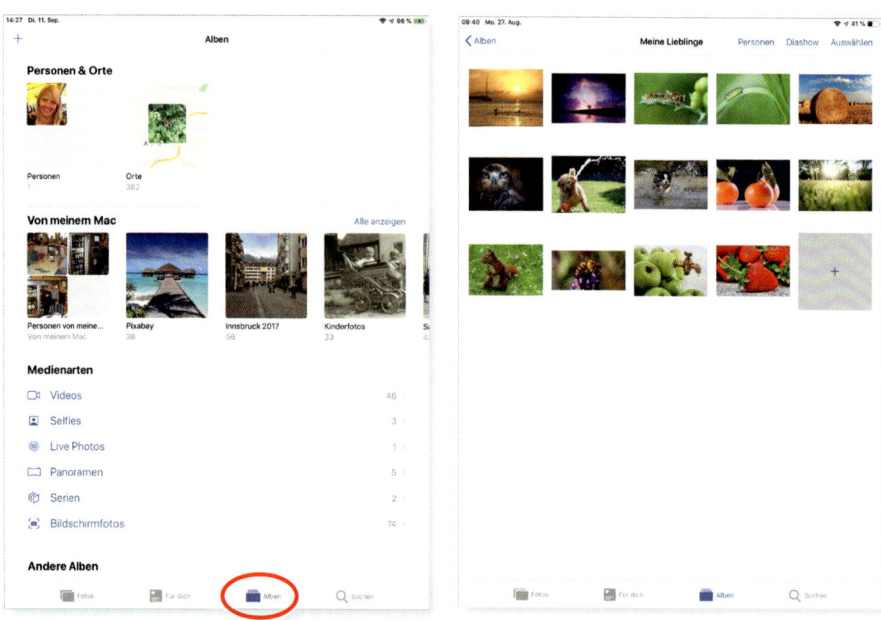

Die „Alben" helfen Ihnen beim Verwalten der Bilder.

Wenn Sie ein eigenes Album anlegen wollen, dann tippen Sie auf das Plussymbol links oben. Anschließend vergeben Sie einen Namen für das neue Album. Danach können Sie nun die Bilder und Videos auswählen, die in diesem Album gesammelt werden sollen. Natürlich können Bilder auch zu einem späteren Zeitpunkt dem Album hinzugefügt werden. Wenn Sie fertig sind, finden Sie das neue Album am Ende im Bereich *Meine Alben* einsortiert.

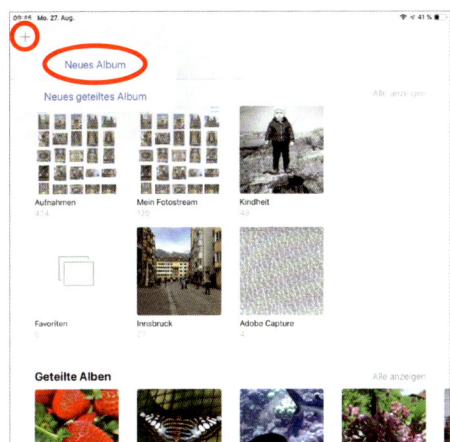
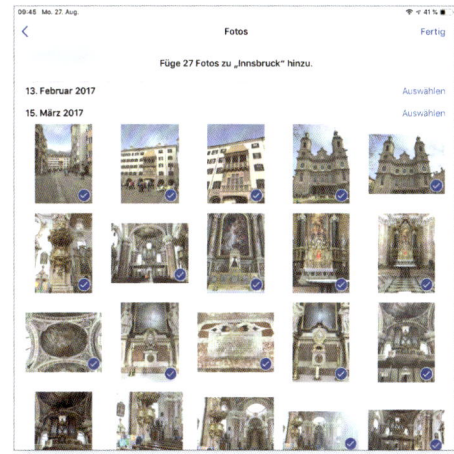

Ein neues Album ist schnell erstellt und gefüllt.

Es gibt noch einen anderen Weg, um ein Album zu erstellen oder die Bilder einem Album zuzuordnen. Wenn Sie z. B. das Album *Aufnahmen* öffnen, finden Sie rechts oben die Funktion *Auswählen* ❶. Damit können Sie nun die Bilder markieren ❷, die Sie in ein neues Album legen oder einem bereits vorhandenen hinzufügen wollen. Nach der Auswahl der Bilder tippen Sie auf *Hinzufügen* ❸ und bestimmen anschließend das Zielalbum bzw. legen ein neues Album an.

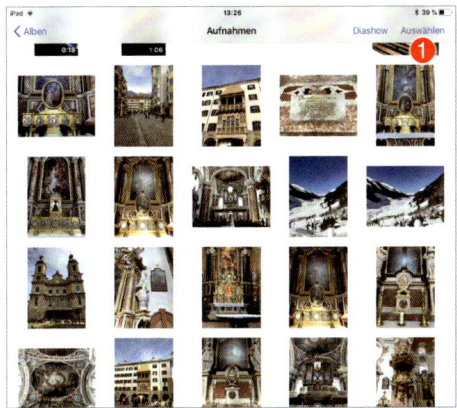
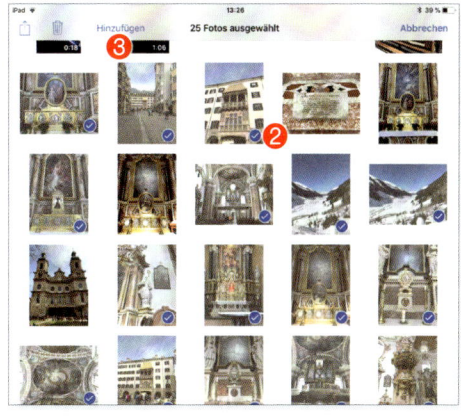

Bilder können auch nachträglich in ein anderes Album einsortiert werden.

Die App „Fotos"

Sortierung nach Datum und Ort

Die Fotos-App hat auch eine automatische Sortierung der Fotos nach Datum und Ort. Wenn Sie Bilder mit dem iPhone aufnehmen, werden automatisch das Datum und der Aufnahmeort ins Bild gesichert. Der Aufnahmeort kann aber nur mitgespeichert werden, wenn Sie die *Ortungsdienste* (*Einstellungen –> Datenschutz*) aktiviert haben.

Diese Art der Sortierung wird in Fotos in der Kategorie *Fotos* **Ⓐ**. Dort sehen Sie die Fotos chronologisch sortiert, und falls es Daten für den Aufnahmeort gibt, werden diese angezeigt **Ⓑ**. Wenn Sie auf ein Bild tippen **Ⓒ**, erhalten Sie eine Sortierung, in der die Bilder nach einzelnen Tagen und Orten geordnet sind. Nun können Sie auf ein einzelnes Bild **Ⓓ** tippen, um es zu öffnen.

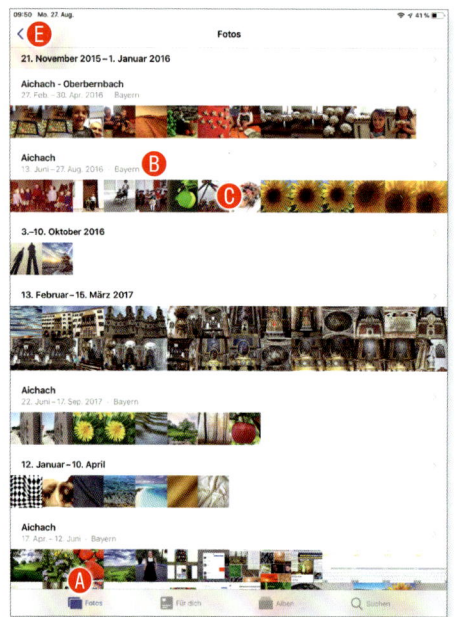 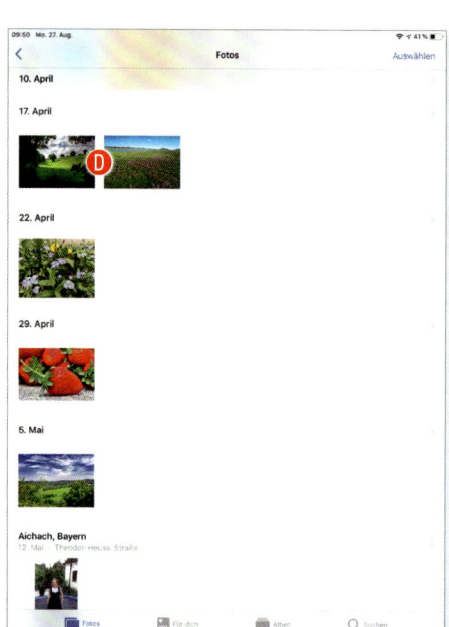

Im Bereich „Fotos" werden die Bilder chronologisch sortiert.

Es gibt auch noch eine Sortierung nach Jahren, die Sie erreichen, wenn Sie in links oben solange auf den Pfeil tippen **Ⓔ**, bis die Jahresanzeige erreicht ist. Zu den Fotos kommen Sie von dort aus wieder zurück, wenn Sie in die gewünschte Bildleiste tippen.

 Passen Sie bitte auf, wohin Sie tippen. Wenn Sie nämlich auf das Datum oder die Ortsangabe tippen, gelangen Sie zu den **Rückblicken**, die eine andere Art der Sortierung darstellen. Tippen Sie also immer auf eine der Miniaturansichten der Bilder.

Rückblicke

Der Bereich *Rückblicke* ist eine Funktion die es schon länger gibt. Dort werden die Bilder und Videos automatisch nach Ereignissen zusammengefasst und ansprechend dargestellt. Aus den Rückblicken lassen sich sogar automatisch tolle Videos generieren.

Neue Rückblicke erstellen

Als Erstes müssen Sie zum Bereich *Fotos* wechseln. Wenn Sie dort auf ein Datum oder eine Ortsangabe tippen **A**, werden die Bilder in der gleichen Darstellung wie bei den Rückblicken angezeigt. Eigentlich muss diese Darstellung nur noch in den Rückblicken gesichert werden. Tippen Sie rechts oben auf das Symbol mit den drei Punken, und wählen Sie *Zu Rückblicken* **B** aus. Damit wird die Darstellung im Bereich *Für dich* **C** gesichert.

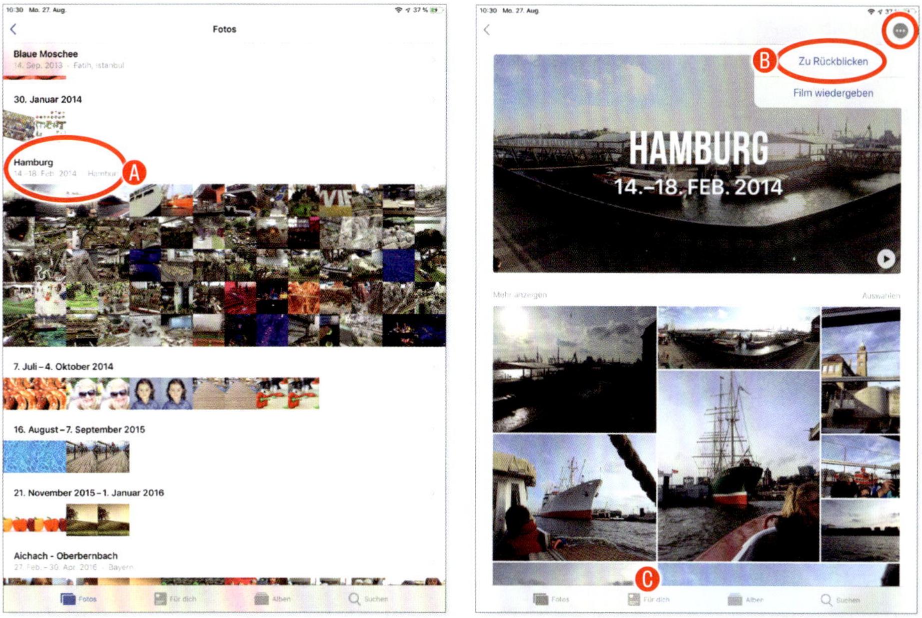

In den „Sammlungen" können Sie über das Datum einen neuen Rückblick anlegen.

Die Bilder werden also so ähnlich zusammengefasst wie bei den *Fotos*. Die Darstellung ist aber um einiges ansprechender.

Wenn Sie nun einen der Rückblicke öffnen, sehen Sie im oberen Bereich den Titel mit einer Schaltfläche **1** zum Generieren eines Videos und darunter die einzelnen Fotos **2**, die zum Rückblick gehören. Wenn Sie weiter nach unten

Die App „Fotos"

scrollen, finden Sie eine Karte mit den Aufnahmeorten der Bilder. Rechts oben bei dem Symbol mit den drei Punkten haben Sie dann noch die Möglichkeit, den Rückblick zu löschen ❸ oder als Favorit zu sichern ❹.

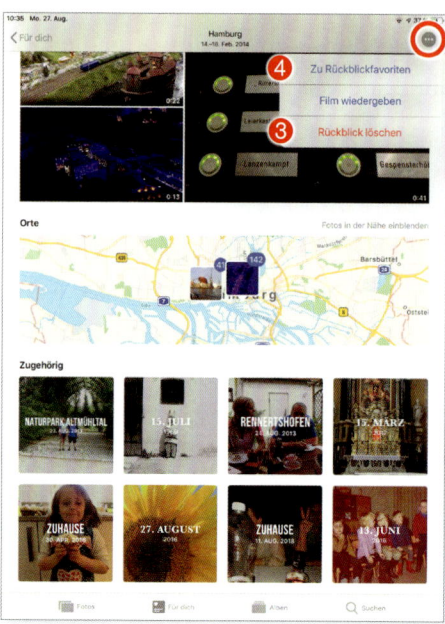

Ein Rückblick zeigt nicht nur die einzelnen Bilder an, sondern auch die Aufnahmeorte.

Im Bereich *Für dich* finden Sie neben den *Rückblicken* auch Fotos, die vom Datum oder Thema her zum heutigen Tag passen könnten. Und wenn Sie die Sparte *Vorschläge zum Teilen* ansteuern, können Sie Familie, Freunde und Bekannte einladen, Ihre Fotos anzusehen und weitere Bilder hochzuladen.

Videos erstellen

Die Rückblick-Funktion bietet auch die Möglichkeit, automatisch ein Video aus den vorhandenen Bildern und Filmen zu erstellen. Im Rückblick müssen Sie dazu nur auf den *Play*-Knopf ❶ tippen. Nach wenigen Sekunden ist das Video fertig und wird abgespielt. Die Länge, die Musik und die Titelschrift kann von Ihnen noch geändert werden.

Die zeitliche Dauer entscheidet übrigens darüber, wie viele und welche Objekte in diesen Rückblick-Film übernommen werden. Je länger die Dauer ist, desto mehr *Fotos & Videos* werden dem Rückblick hinzugefügt. Sie können aber auch auf *Fotos & Videos* ❿ tippen und anschließend das Plussymbol verwenden, um zu entscheiden, welche Bilder und Filme erscheinen sollen.

Tippen Sie während des Abspielens auf das Video, um die Optionen einzublenden. Sie können nun die Länge ❷ oder einen anderen Stil ❸ auswählen. Umfangreichere Einstellungen erhalten Sie rechts oben bei *Bearbeiten* ❹. Dort können Sie nicht nur den Text und das Aussehen für den Titel ändern ❺, sondern auch die Musik ❻ und die Dauer ❼.

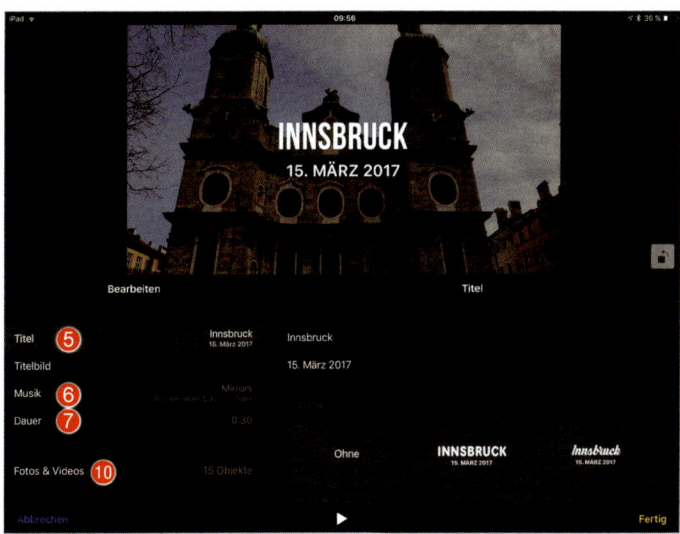

Einige Einstellungen des generierten Videos können Sie ändern.

Die App „Fotos"

Das geänderte Video können Sie jederzeit mit der Abspielsteuerung ❽ starten bzw. anhalten. Außerdem lässt es sich direkt mit der *Teilen*-Funktion ❾ verschicken oder als Video sichern. Sie können es damit sogar auf das *iCloud-Drive* speichern und dann auf dem Rechner weiterbearbeiten.

Fotostreams

Wenn Sie einen iCloud-Account besitzen, können Sie die Bilder und Videos mit anderen Personen teilen. Dabei bestimmen Sie selbst, wer die Bilder und Videos sehen darf. Das Ganze wird als „Fotostream" bezeichnet. Um Fotostreams zu nutzen, müssen Sie erst in den *Einstellungen –> Ihr Name (Apple-ID, iCloud, iTunes & App Store) –> iCloud –> Fotos* die Option *Geteilte Alben* einschalten. Damit werden dann auch in der Kategorie *Alben* die *Geteilten Alben* in der Fotos-App sichtbar.

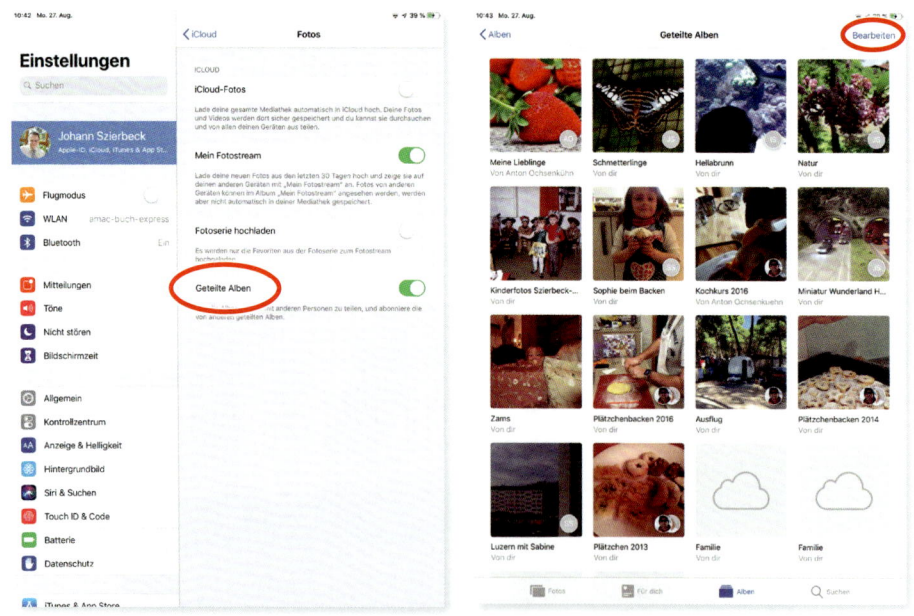

Sind die „Geteilten Alben" aktiviert, können Sie Ihre Aufnahmen mit anderen teilen.

Wenn Sie nun die *Geteilten Alben* öffnen und auf *Bearbeiten* tippen, sehen Sie links oben ein Pluszeichen. Damit werden neue Fotostreams bzw. geteilte Alben erstellt. Tippen Sie es an, und vergeben Sie im nächsten Schritt einen Namen für den Fotostream. Ist dies geschehen, müssen Sie noch die Personen angeben, die diesen Fotostream abonnieren sollen. Die eingetragenen Personen erhalten nach Fertigstellung eine Einladung für die geteilten Fotos.

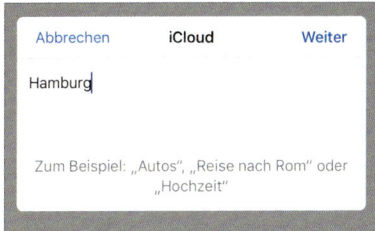 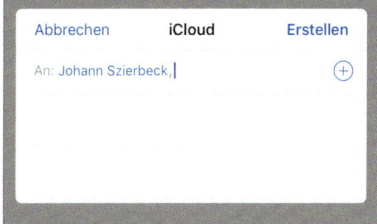

Ein neuer Fotostream entsteht.

Wenn der neue Fotostream angelegt ist, müssen Sie ihn noch befüllen. Öffnen Sie ihn und tippen Sie anschließend auf das blau-graue Pluszeichen. Danach wählen Sie die Bilder und Videos aus, die freigegeben werden sollen. Tippen Sie anschließend rechts oben auf *Fertig*. Als letzten Schritt müssen die ausgewählten Bilder noch hochgeladen werden. Dazu tippen Sie auf *Posten*. Zur iCloud-Fotofreigabe gibt es noch viel mehr Dinge zu sagen, die aber den Rahmen dieses Buchs sprengen würden.

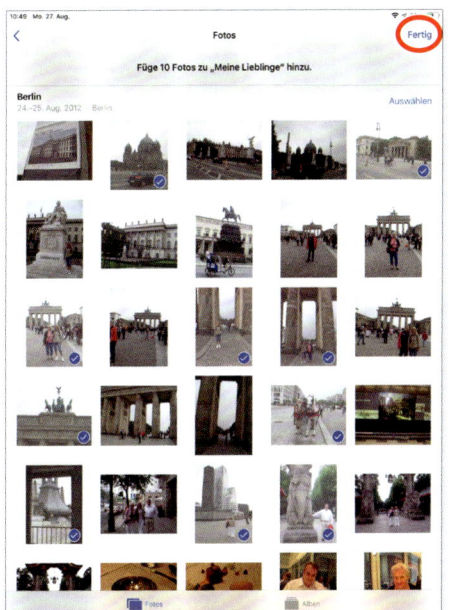 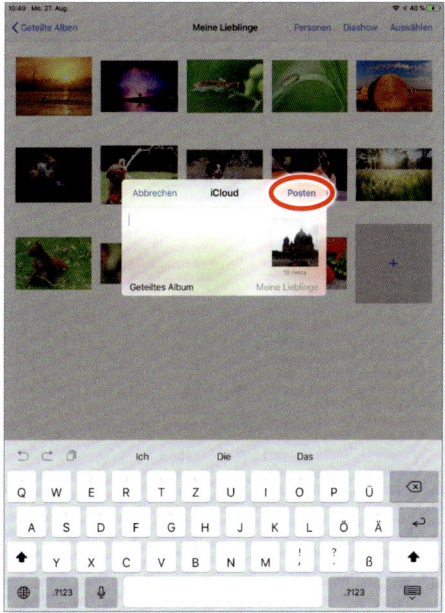

Die ausgewählten Bilder werden dem Fotostream hinzugefügt.

Die App „Fotos"

Bilder und Videos bearbeiten

Wie bereits bei der Kamera-App erwähnt, kann man auch in der *Fotos*-App Bilder und Videos nachbearbeiten. Mit ihr können Sie nachträglich einen Filter auf Bilder anwenden bzw. die Bilder drehen und beschneiden sowie Farbkorrekturen ausführen. Videos hingegen können gekürzt werden. Bei Slo-Mo-Videos können Sie den Zeitlupenbereich definieren.

Bilder

Um ein Bild zu bearbeiten, müssen Sie es zuerst in der Fotos-App öffnen. Dort tippen Sie dann auf *Bearbeiten* ❶. In der Arbeitsumgebung sehen Sie im unteren Bereich die Funktionen zum *Drehen und Beschneiden* ❷, die *Filter* ❸ und die *Farbkorrekturen* ❹. Mit dem x-Symbol ❺ können Sie die Bearbeitung wieder verlassen, ohne eine Änderung durchzuführen. Mit dem Häkchen ❻ dagegen wenden Sie die Bearbeitung auf das Bild an.

Für das Bearbeiten der Bilder gibt es eine eigene Umgebung.

Der Zauberstab ❼ führt eine automatische Farb- und Helligkeitskorrektur durch. Falls Ihnen diese nicht gefällt, tippen Sie erneut auf das Symbol, um sie wieder auszuschalten. Es gibt noch ein Menü ❽, in dem Sie die Markierungsfunktionen finden, die Sie vielleicht schon von den E-Mails her kennen (siehe Kapitel 4 ab Seite 137). Außerdem enthält dieses Menü die Anbindung an andere installierte Apps (*Mehr*), die ebenfalls eine Bildbearbeitung ermöglichen. Damit können Sie also das Bild an eine andere App weiterreichen.

Videos

Die nachträgliche Bearbeitung von Videos beschränkt sich auf das Kürzen. Um ein Video zu kürzen, müssen Sie wieder auf *Bearbeiten* tippen. Anschließend können Sie in der Leiste am unteren Displayrand den Film von vorne und von hinten kürzen. Dazu verschieben Sie die beiden Pfeil-Markierungen Ⓐ, die am Beginn und Ende der Leiste stehen. Der gelbe Bereich Ⓑ, der dadurch sichtbar wird, ist der Teil des Films, der abgespielt wird. Eine bessere Bearbeitung können Sie erreichen, wenn Sie das Video an eine andere App übergeben, wie z. B. iMovie. Dazu tippen Sie auf das Menüsymbol Ⓒ und wählen anschließend die App aus, mit der Sie das Video weiterbearbeiten wollen.

Bei Slo-Mo-Videos gibt es noch eine zweite Leiste Ⓓ: Damit kann der Zeitlupenbereich innerhalb des Films bestimmt werden. Sie können die beiden Striche am Beginn und am Ende der Zeitlupe Ⓔ beliebig verschieben.

Videos können Sie kürzen (links). Bei Slo-Mo-Filmen kann der Zeitlupenbereich geändert werden (rechts).

Die App „Fotos"

Übrigens: Auch die sogenannten Live Photos können nun nachträglich bearbeitet werden. So ist es ein Leichtes, in einem Rutsch an allen Bildern eines Live Photos eine Farbkorrektur vorzunehmen.

Wenn Sie auf den Geschmack gekommen sind und noch mehr über die App *Fotos* wissen wollen, empfehle ich Ihnen das Buch „Fotos Handbuch für Mac, iPhone und iPad" (ISBN 978-3-95431-061-6, € 19,95, amac-buch Verlag).

Kapitel 8 Das Allroundtalent

Was muss ein Tablet wie das iPad alles können? Auf verschiedene Arten kommunizieren? Ja, kann es! Im Internet surfen und E-Mails verwalten? Ja, kann das iPad! Unterhaltung bieten? Kann das iPad auch!

Für viele Nutzer wären diese Funktionen ausreichend, aber eben nicht für alle. Sehr viele Anwender wollen das iPad für die Verwaltung des täglichen Lebens nutzen. Sie wollen z. B. an Termine oder Aufgaben erinnert werden oder einen Kalender für die Wochenplanung haben. Und genau für solche Zwecke sind in das iPad die entsprechenden Funktionen bzw. Apps integriert.

In diesem Kapitel lernen Sie die Apps und Funktionen kennen, die Ihnen bei der Organisation Ihres Alltags helfen sollen, damit Sie z. B. nie mehr einen Termin verpassen. Außerdem werden Sie Ihren persönlichen Assistenten kennenlernen: Siri.

Split View

Bevor wir uns den einzelnen Apps zuwenden, hier eine Funktion, die Ihnen beim Umgang mit den Apps behilflich sein kann: *Split View*. Split View ist eine Funktion, mit der Sie zwei Apps gleichzeitig am Bildschirm einblenden können. Wenn Sie also z. B. in Safari surfen, können Sie gleichzeitig in der Karten-App einen Ort suchen oder eine E-Mail schreiben.

Split View teilt das Display in zwei Hälften. Jede der Hälften zeigt die Oberfläche einer App. Somit können Sie dann gleichzeitig in zwei Apps arbeiten.

Split View

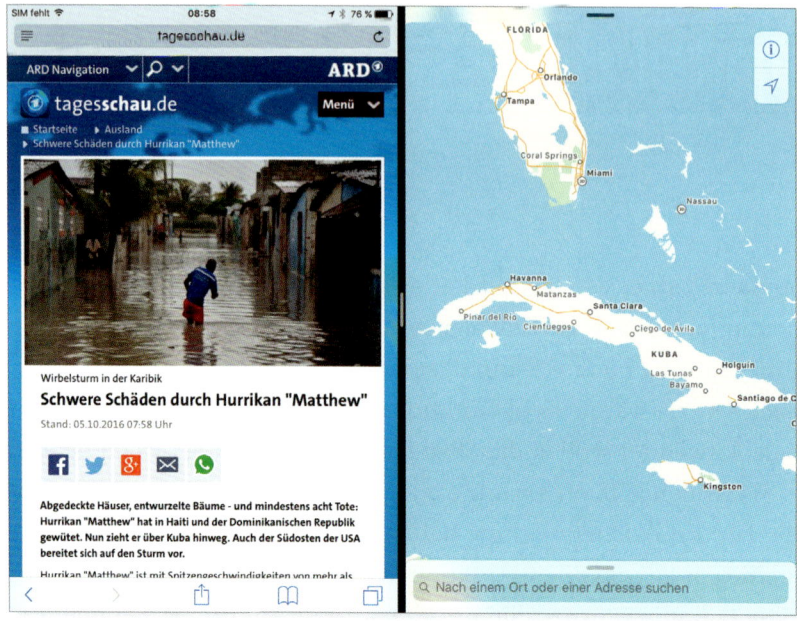

Mit „Split View" haben Sie zwei Apps gleichzeitig im Blick.

Wie erhält man nun Split View? Um diese Frage zu beantworten, müssen Sie wissen, dass es Split View in zwei Varianten gibt. Die erste Variante hat den Namen „Slide over" und funktioniert auf allen iPads, während das echte Split View nur auf den neueren iPads funktioniert (ab iPad mini 4, iPad Air 2 und iPad Pro).

 Side over und Split View gibt es nur, wenn sie eine App geöffnet haben, und nicht auf dem Homescreen des iPads. Sie können also nicht gleichzeitig den Homescreen und die Oberfläche einer App eingeblendet haben.

Slide over

Slide over ist der kleine Bruder von Split View. Mit Slide over können Sie zwar auch zwei Apps gleichzeitig anzeigen, aber das Display wird standardmäßig nicht gleichmäßig geteilt, was vielen Usern missfiel, die sich eine insgesamt flexiblere Gestaltung des Bildschirms wünschten. Der Slide-over-Bereich hingegen liegt als eigenes Fenster über einer anderen App und lässt sich frei auf dem Bildschirm positionieren.

Um Slide over zu aktivieren, müssen Sie zuerst die App starten, die im größeren Teil des Displays angezeigt werden soll, z. B. Safari. Danach blenden Sie das Dock ein, indem Sie mit dem Finger vom unteren Displayrand nach oben streichen. Vom Dock nehmen Sie dann die App, die im Slide over angezeigt werden soll, und schieben sie aus dem Dock in den Bereich der Haupt-App. Achten Sie dabei darauf, dass Sie die App nicht an den linken oder rechten Displayrand verschieben, denn dadurch wird Split View aktiviert und nicht Slide over. Fertig!

Wenn man eine App vom Dock in den Hauptbereich des Displays verschiebt, …

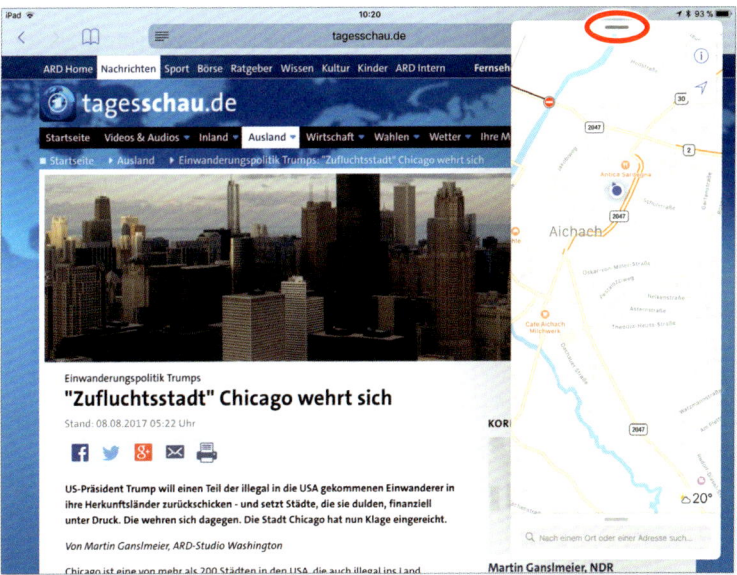

… wird Slide over aktiviert und die App liegt in einem eigenen Fenster über dem Hauptbereich.

Split View

Der Slide-over-Bereich kann nachträglich noch positioniert werden, wenn man ihn an der oberen Kante mit dem Strichsymbol verschiebt. Auf diese Weise lässt er sich nach links verschieben oder in eine Split View umwandeln. Dafür muss der Slide-over-Bereich nur senkrecht nach unten schieben. Umgekehrt können Sie auch jederzeit von Split View zu Slide over wechseln: Verschieben Sie den Bereich am Liniensymbol erneut nach unten.

Sie können den Slide-over-Bereich auch vorübergehend ausblenden, indem Sie ihn an den rechten Bildschirmrand verschieben. Von dort aus kann er auch wieder eingeblendet werden, wenn Sie vom rechten Rand nach links wischen. Wichtig dabei ist, dass Sie das Wischen außerhalb des Displays beginnen.

Split View aktivieren

Um Split View zu aktivieren, müssen Sie folgendermaßen vorgehen:
1. Öffnen Sie zuerst eine beliebige App, z. B. Safari.
2. Blenden Sie das Dock ein, indem Sie mit dem Finger vom unteren Bildschirmrand nach oben wischen.
3. Aus dem Dock nehmen Sie dann anschließend die App, die den zweiten Bereich des Bildschirms füllen soll, und verschieben sie in den linken oder rechten Bereich des Displays, bis ein schwarzer Bereich sichtbar wird und heben dann den Finger vom Display. Ob Sie die App im Dock aus den Favoriten oder aus dem Bereich der zuletzt benutzten Apps nehmen, ist egal. Fertig!

Mithilfe des Docks wird Split View aktiviert.

Standardmäßig wird der Bildschirm bei Split View im Verhältnis 70:30 geteilt. Die Unterteilung kann aber auch auf 50:50 geändert werden. Dazu müssen Sie nur die Trennlinie zwischen den beiden Bereichen verschieben.

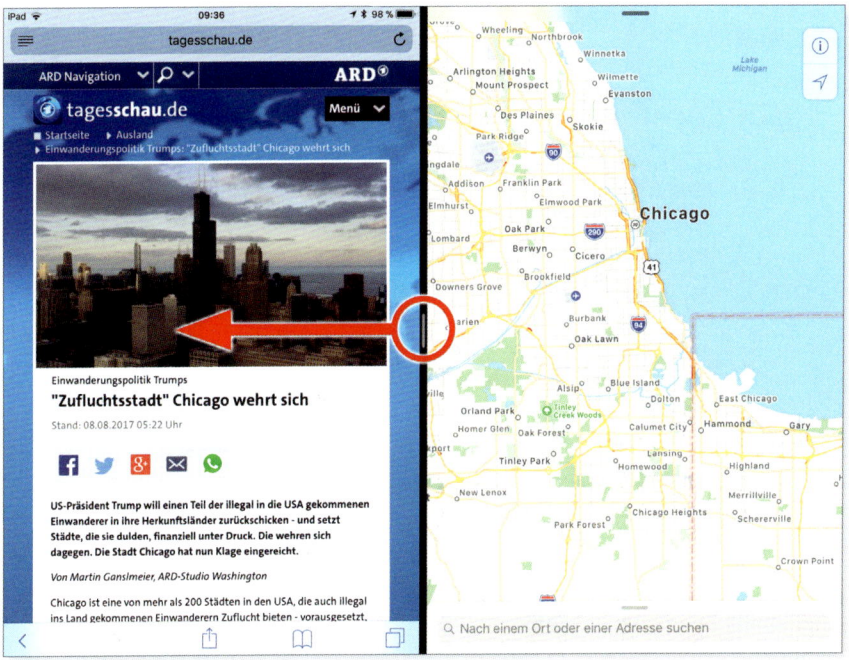

Die Größe der unterteilten Bereiche kann geändert werden.

> **!** Wenn Sie Split View wieder deaktivieren wollen, dann verschieben Sie die Trennlinie an den Bildschirmrand nach links oder rechts. Grundsätzlich bleiben allerdings die beiden Apps ein Paar, was Sie im App Switcher ganz einfach prüfen können. Selbst ein Neustart des iPads kann das App-Pärchen nicht trennen. Und wenn Sie möchten, können Sie noch eine dritte App als Slide-over hinzufügen: Schieben Sie diese einfach auf die Trennlinie zwischen den beiden Apps :-)

Die Apps, die in den Split-View-Bereichen angezeigt werden, können auch gewechselt werden. Wenn Sie z. B. im linken Bereich nicht mehr Safari, sondern Mail angezeigt haben wollen, dann blenden Sie zuerst wieder das Dock ein. Anschließend nehmen Sie die Mail-App aus dem Dock und schieben sie auf den Bereich von Split View, der ersetzt werden soll. Fertig!

Split View

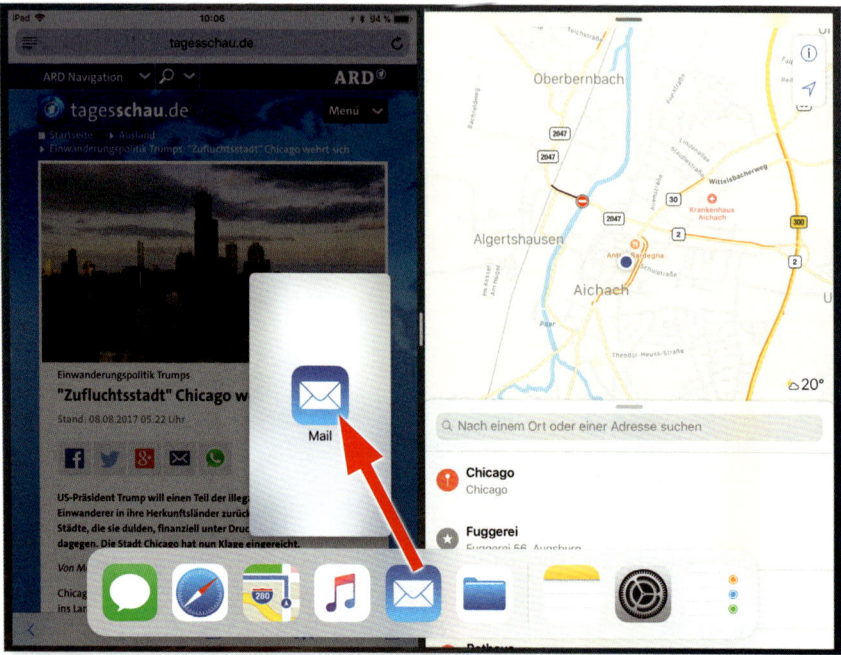

Die Split-View-Bereiche lassen sich durch andere Apps ersetzen.

 „Split View" und „Slide over" funktionieren sowohl im Quer- als auch im Hochformat. Es ist also egal, wie Sie Ihr iPad halten. Und beachten Sie, dass nicht alle Apps in der Lage sind, im Split View-Modus zu arbeiten. Apps, die die Funktion beherrschen, erscheinen automatisch in der Apps-Auswahlleiste.

Safari hat eine weitere Möglichkeit, um Split View zu aktivieren. Allerdings gibt es dafür eine Beschränkung: In den zwei Bereichen lassen sich nur Internetseiten darstellen.

 Split View innerhalb von Safari funktioniert nur, wenn das iPad im Querformat gehalten wird. Im Hochformat ist Split View innerhalb von Safari nicht verfügbar.

Um Split View in Safari zu nutzen, müssen Sie den Finger nur etwas länger auf einen Hyperlink halten. Dadurch wird ein Kontextmenü eingeblendet, über das Sie nun den Hyperlink in Split View öffnen können.

Kapitel 8 Das Alltoundtalent

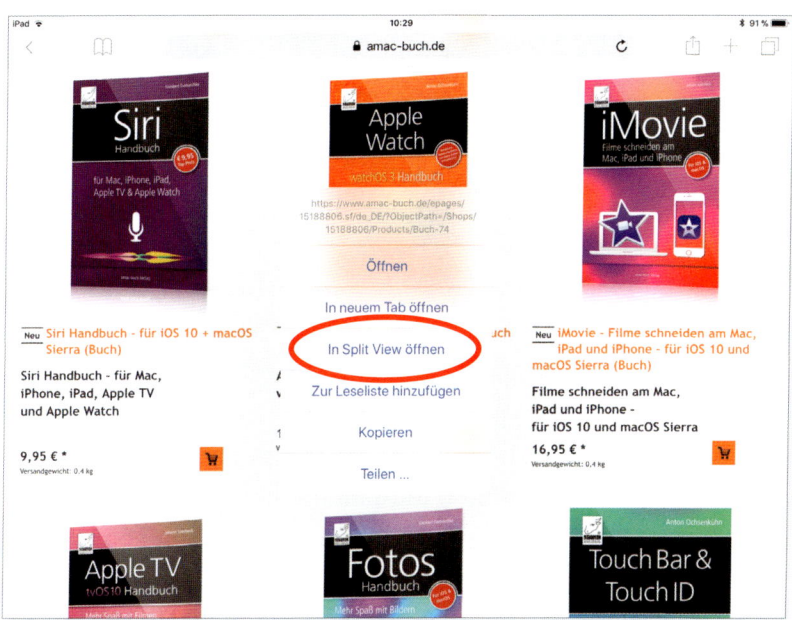

Hyperlinks können mithilfe des Kontextmenüs …

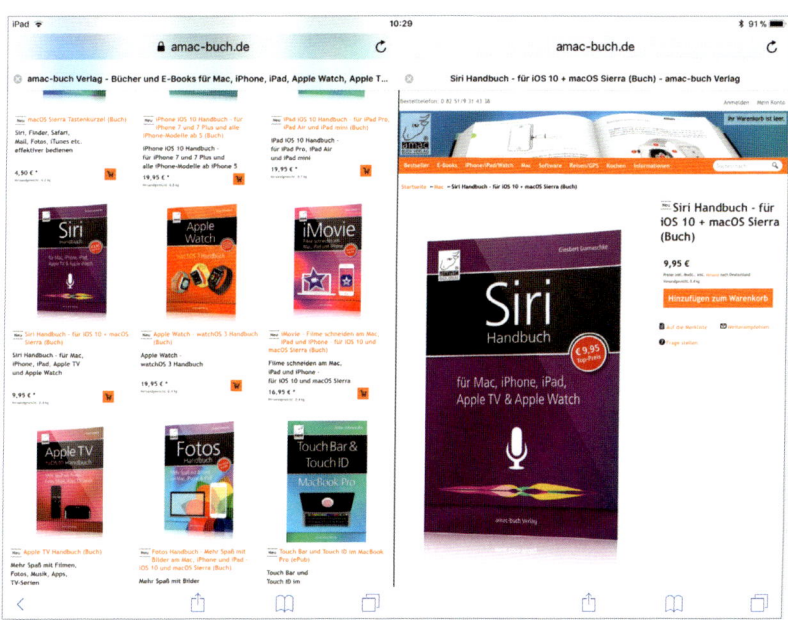

… in der Split-View-Ansicht geöffnet werden.

> **!** Um Split View in Safari wieder zu deaktivieren, müssen Sie nur eine der beiden Internetseiten schließen.

Split View

Drag-and-Drop via Split View

Die Split-View-Ansicht bietet noch eine weitere Funktion als nur die reine Darstellung von zwei Apps gleichzeitig. Innerhalb von Split View können Sie per Drag-and-Drop Elemente von einer App in eine andere übernehmen.

 Die Drag-and-Drop-Funktion wird nicht von allen Apps unterstützt.

Wie funktioniert Drag-and-Drop? Nehmen wir an, Sie wollen per Drag-and-Drop einige Bilder aus der App *Fotos* per E-Mail verschicken. Zuerst müssen Sie Split View aktivieren und die zwei Apps, Fotos und Mail, anzeigen lassen. In Mail legen Sie dann eine neue E-Mail an und in Fotos rufen Sie das Album auf, das die Bilder enthält, die Sie verschicken wollen. Nun können Sie einfach mit Ihrem Finger das gewünschte Bild von Fotos zu Mail verschieben. Ein weiß-grünes Symbol zeigt an, dass das Foto zur E-Mail hinzugefügt wird.

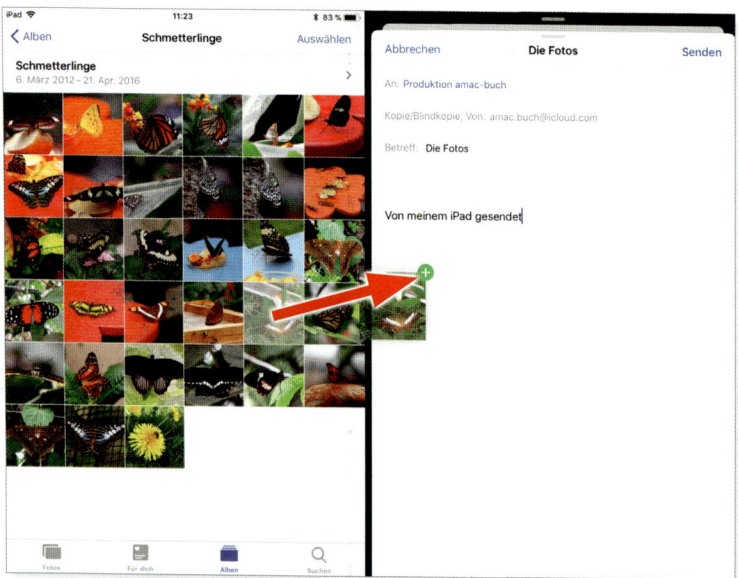

Mit dem Finger wird das Bild von einer App in die andere übernommen.

Mit der Drag-and-Drop-Funktion kann man mehrere Bilder gleichzeitig einer E-Mail hinzufügen. Sie müssen also nicht jedes Bild einzeln greifen. Wenn Sie das erste Bild mit dem Finger „anheben", können Sie weitere Bilder hinzufügen, wenn Sie mit Ihrer anderen Hand auf zusätzliche Bilder tippen. Jedes angetippte Bild wird dann in die Drag-and-Drop-Funktion mit aufgenommen. Eine weiß-grüne Ziffer zeigt Ihnen an, wie viele Bilder Sie bereits ausgewählt haben.

Kapitel 8 Das Alltoundtalent

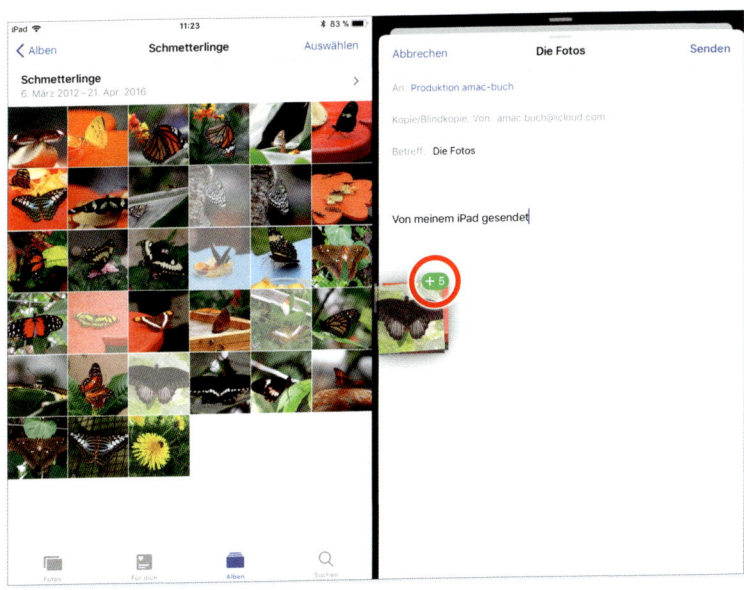

Wenn Sie Ihre zweite Hand zu Hilfe nehmen, können Sie auch mehr als ein Bild per Drag-and-Drop hinzufügen.

Drag-and-Drop funktioniert natürlich nicht nur mit Bildern. Sie können auch Texte oder Hyperlinks in andere Apps verschieben, z. B. einen Hyperlink oder markierten Text von Safari zur Notizen-App.

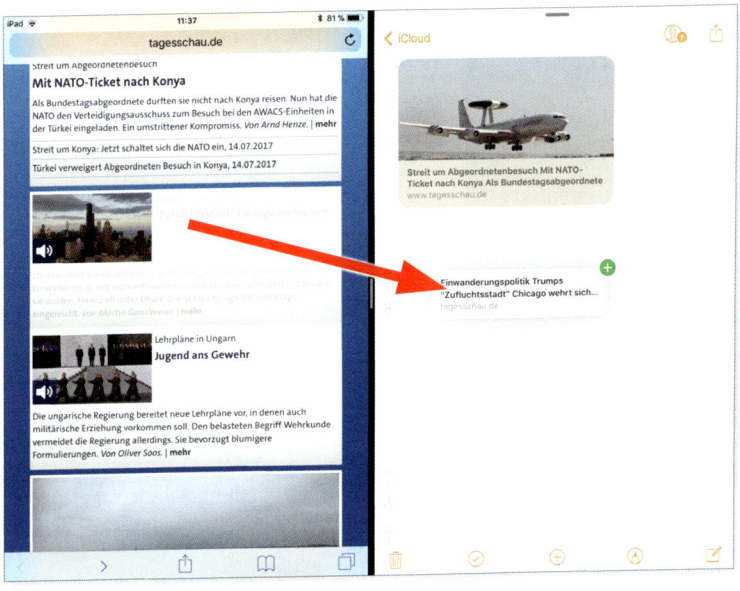

Auch Hyperlinks und Texte lassen sich via Drag-and-Drop von einer App in eine andere übernehmen.

Erinnerungen

Mit der App *Erinnerungen* können Sie eine Liste mit Aufgaben erstellen, an die Sie das iPad erinnern soll. Dabei können die Aufgaben sowohl von einem Zeitpunkt als auch einem Ort abhängig sein. Lassen Sie sich z. B. also daran erinnern, das Licht auszuschalten, wenn Sie Ihr Zuhause verlassen.

Die Aufgaben bzw. Erinnerungen, die Sie mit der App erstellen, werden in Listen innerhalb der App verwaltet. Wenn Sie die App starten, sehen Sie bereits einige Standardlisten ❶, wie *Allgemeines* oder *Privat*. Jede Liste ist mit einer Ziffer versehen ❷, die für alle noch nicht erledigten Aufgaben steht. Wenn Sie auf eine Liste tippen, können Sie deren Inhalt ❸ einsehen, die Aufgaben bzw. die Erinnerungen. Einen neuen Eintrag fügen Sie der Liste mit dem Pluszeichen ❹ hinzu (siehe nächster Abschnitt).

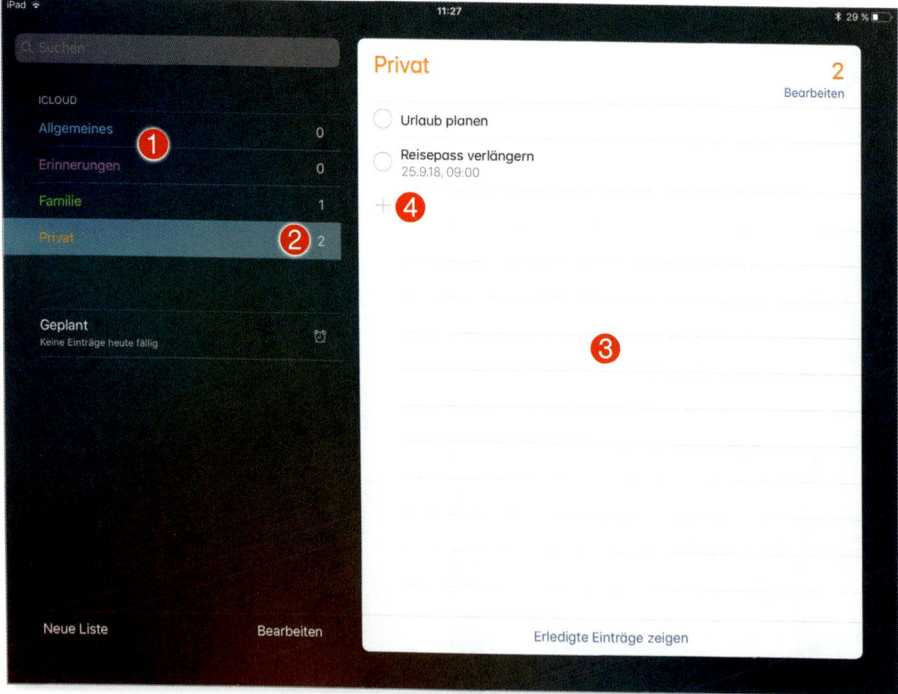

Das linke Bild zeigt die Listen, rechts sehen Sie die Einträge einer Liste.

Kapitel 8 Das Alltoundtalent

Aufgaben und Erinnerungen erstellen

Eine neue Aufgabe ist immer Bestandteil einer Liste. Sie müssen also zuerst eine Liste öffnen und dann dort auf das Plussymbol ❹ tippen. Geben Sie nun eine Beschreibung der Aufgabe ein ❶. Wenn die Aufgabe nicht zeit- oder ortsgebunden sein soll, dann wäre es das schon gewesen. Sie können der Aufgabe aber auch einen Zeitpunkt oder Ort zuweisen. Dazu müssen Sie auf das blaue i-Symbol ❷ tippen. Im darauffolgenden Bildschirm können Sie dann den Schalter bei *Tagesabhängig* ❸ und/oder *Ortsabhängig* ❹ (nur iPad Celluar) aktivieren und anschließend einen Zeitpunkt oder Ort für die Aufgabe bestimmen.

> ! Für eine ortsabhängige Erinnerung müssen die **Ortungsdienste** unter **Einstellungen –> Datenschutz** aktiviert sein.

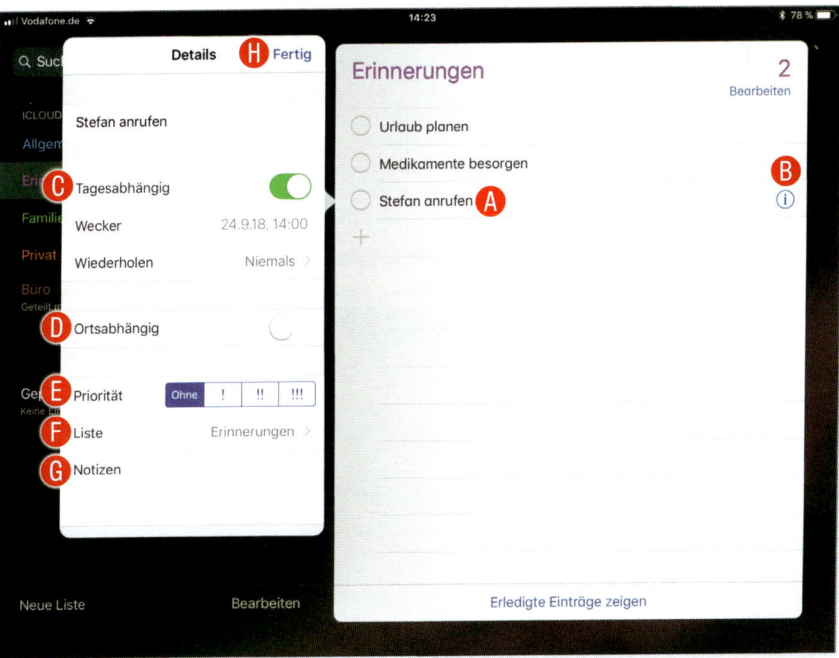

Eine neue Erinnerung wird angelegt.

Wenn es sich um eine sehr wichtige Aufgabe handelt, können Sie ihr eine *Priorität* ❺ zuweisen. Diese dient ausschließlich Ihrer persönlichen Verwaltung und soll Sie nur daran erinnern, dass diese Aufgabe wichtiger als die anderen ist. Die Aufgabe kann bei *Liste* ❻ verschoben werden, außerdem können Sie bei *Notizen* ❼ eine zusätzliche Erklärung zur Aufgabe eintippen. Mit *Fertig* ❽ rechts oben wird er Vorgang abgeschlossen.

Erinnerungen

 Die Einstellungen für eine Aufgabe können auch nachträglich geändert werden. Sie müssen die jeweilige Aufgabe nur antippen – dadurch wird das i-Symbol eingeblendet.

Noch pfiffiger erstellt man Aufgaben via Siri. Ein Beispiel: Sie haben eine E-Mail geöffnet, wollen die dort gestellte Anfrage aber erst später beantworten und sich von der App *Erinnerungen* daran erinnern lassen. Gehen Sie dazu wie folgt vor:

1. Blenden Sie die E-Mail-Nachricht ein.
2. Drücken Sie die Home-Taste, um Siri zu starten.
3. Sagen Sie z. B. „Erinnere mich an das" oder „Erinnere mich an das 18 Uhr", wenn Sie es auch zeitlich festlegen wollen.

Fertig! Den Rest erledigt Siri für Sie. Mehr zu Siri gibt ab Seite 307.

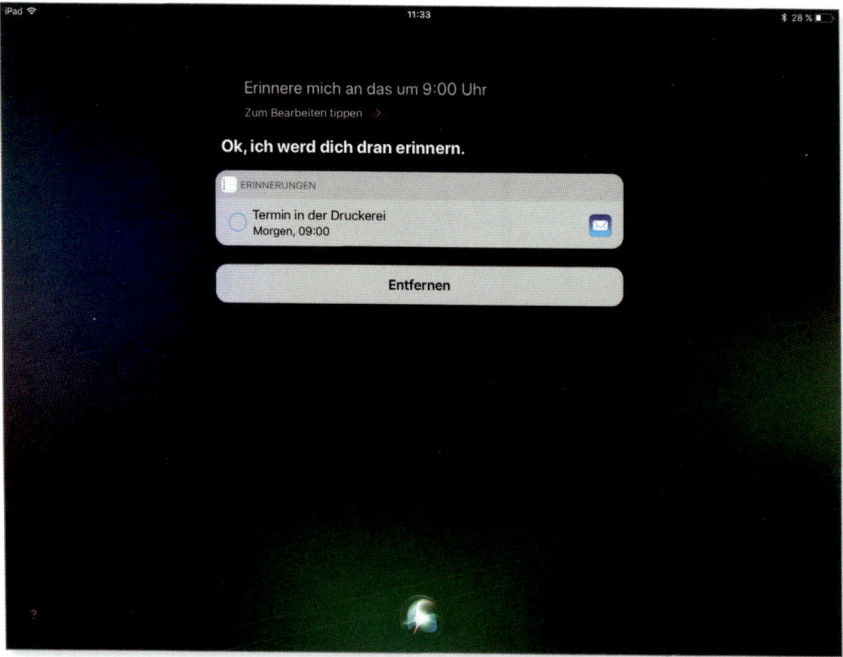

Über „Erinnere mich an das" können Sie aus Apps wie „Mail", „Notizen", „Safari", „Karten" etc. neue Erinnerungen mit Bezug auf andere Daten erstellen.

Aufgaben für heute

Wenn Sie Ihre Aufgaben in die diversen Listen eingetragen und mit einem Termin versehen haben, wird es etwas mühsam, alle Listen durchzusehen, um die fälligen Aufgaben einzusehen und abzuhaken. Aus diesem Grund gibt es eine spezielle Liste, in der alle Aufgaben von allen Listen chronologisch sortiert sind. Die Liste heißt *Geplant* und steht in der Listenübersicht an letzter Stelle. Sollte sie nicht sichtbar sein, scrollen Sie die Listen einfach ein Stückchen nach unten.

Wenn Sie die Liste öffnen, sehen Sie alle Aufgaben nach Datum sortiert. Hier können Sie nun die Aufgaben als erledigt markieren, indem Sie auf den Kreis ❶ vor der Aufgabe tippen. Außerdem können Sie alle bereits erledigten Aufgaben einblenden ❷, um zu kontrollieren, was bereits abgearbeitet wurde. Sie können auch direkt neue Aufgaben mit dem Plussymbol ❸ anlegen. Und wenn Sie eine Aufgabe nach links verschieben, können Sie mit *Mehr* ❹ die Einstellungen öffnen oder sie mit *Löschen* ❺ aus der Liste entfernen.

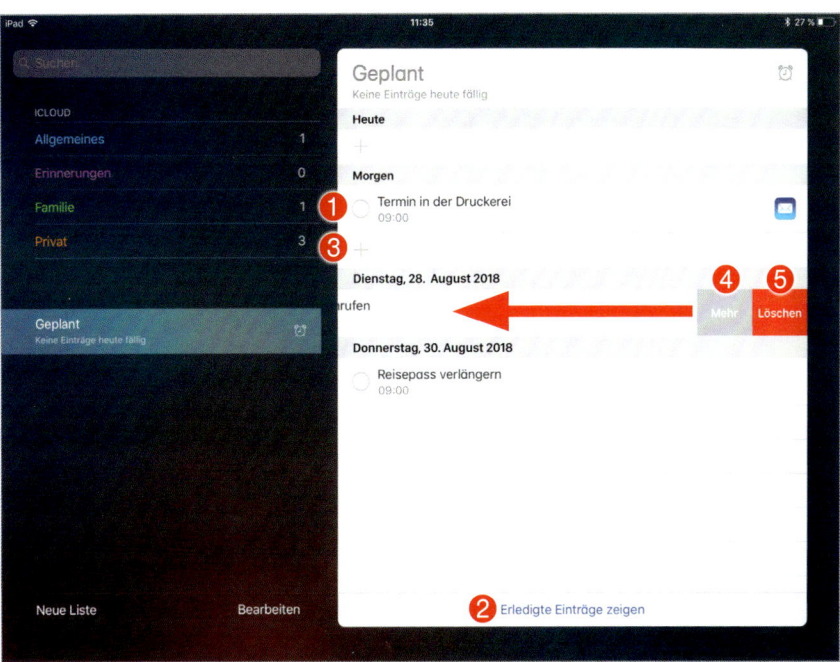

Die chronologische Sortierung der Aufgaben aller Listen nach Datum finden Sie unter „Planmäßig".

Listen erstellen, löschen und teilen

Natürlich müssen Sie nicht nur mit den Standardlisten arbeiten, sondern können jederzeit neue Listen anlegen. Dazu tippen Sie in der Listenübersicht links unten auf *Neue Liste* Ⓐ. Als Erstes müssen Sie einen Namen Ⓑ vergeben, danach können Sie darunter die Farbe Ⓒ für die neue Liste auswählen. Beide Eigenschaften können auch nachträglich noch geändert werden. Tippen Sie rechts oben auf *Fertig* Ⓓ, um die Liste zu erstellen und sie anschließend mit Aufgaben zu füllen.

Erinnerungen

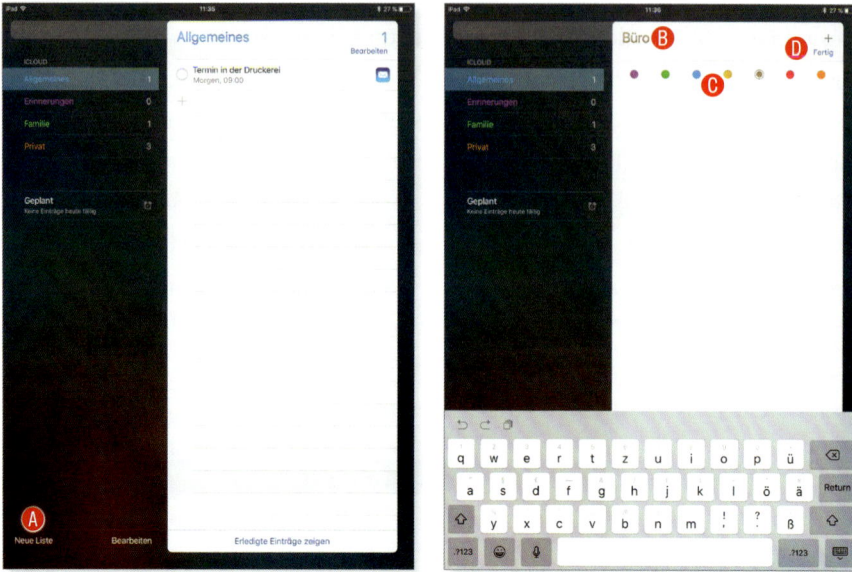

Eine neue Liste entsteht.

Eine Besonderheit bei den Listen ist die Möglichkeit, sie mit anderen Personen zu teilen. Auf diese Weise können z. B. die Aufgaben für den Haushalt von mehreren Personen eingesehen und geändert werden. Um eine Liste zu teilen, sind nur wenige Arbeitsschritte nötig.

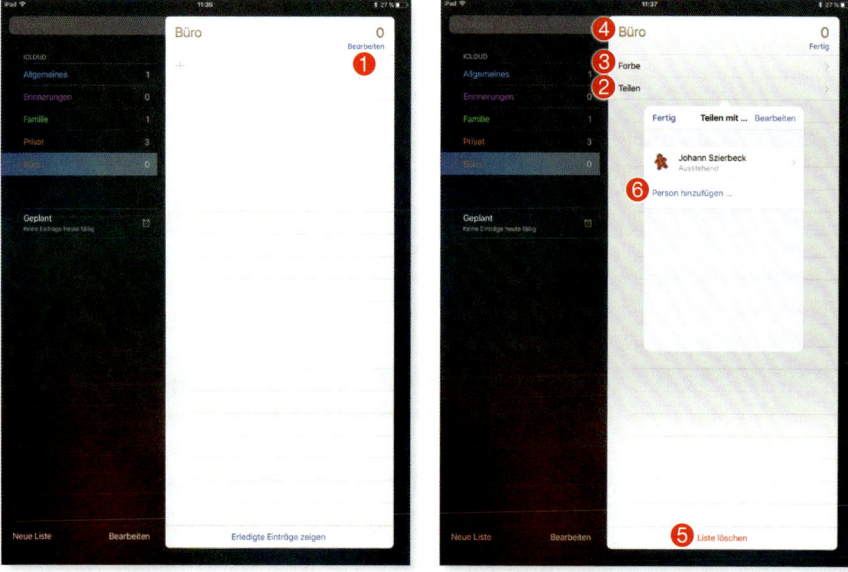

Die Eigenschaften einer Liste können nachträglich geändert werden. Die Liste lässt sich auch mit anderen Personen teilen.

Öffnen Sie die Liste, die Sie mit anderen teilen wollen, und tippen Sie dort rechts oben auf *Bearbeiten* ❶. Dadurch wird die Funktion *Teilen* ❷ eingeblendet. An dieser Stelle können Sie übrigens auch nachträglich die *Farbe* ❸ oder den Namen ❹ der Liste ändern. Außerdem lässt sich die Liste hier wieder entfernen ❺.

Wenn Sie nun auf *Teilen* tippen, können Sie die Personen angeben ❻, mit denen Sie die Liste teilen wollen. Diese erhalten dann eine E-Mail und eine Benachrichtigung, in der sie der gemeinsamen Nutzung der Liste zustimmen müssen. Von nun an werden alle neuen Aufgaben sofort mit den anderen Personen geteilt. Diese können auch neue Aufgaben zu der geteilten Liste hinzufügen oder vorhandene Aufgaben als erledigt kennzeichnen.

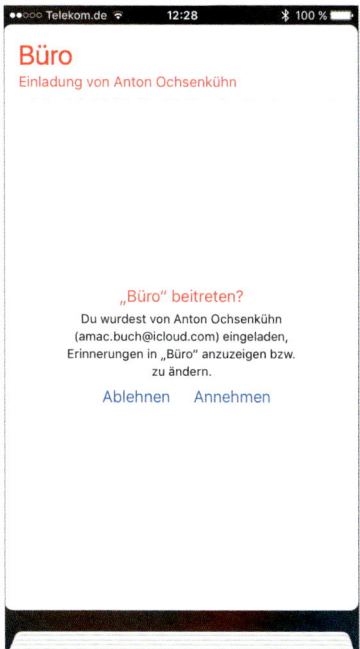

Die angegebenen Personen erhalten eine Einladung, der „Liste" beizutreten.

Erinnerungen synchronisieren

Wenn Sie einen iCloud-Zugang besitzen, können Sie die Erinnerungslisten und Aufgaben zwischen Ihren verschiedenen Apple-Geräten (iPad, iPhone, Mac, Apple Watch) automatisch synchronisieren lassen. Sobald Sie eine Aufgabe als erledigt kennzeichnen oder eine neue Aufgabe anlegen, werden die Änderungen automatisch an die anderen Geräte weitergeleitet. So sind Sie auf allen Geräten immer auf dem neuesten Stand.

Erinnerungen

Nachdem Sie einen iCloud-Zugang auf allen Geräten eingerichtet haben, müssen Sie nur noch kontrollieren, ob der automatische Abgleich für die Erinnerungen eingeschaltet ist. Auf dem iPad öffnen Sie dafür *Einstellungen –> Ihr Name (Apple-ID, iCloud, iTunes & App Store) –> iCloud* und aktivieren dort *Erinnerungen*, falls diese App nicht schon eingeschaltet ist. Das war's! Dasselbe müssen Sie natürlich auf allen anderen Geräten auch tun.

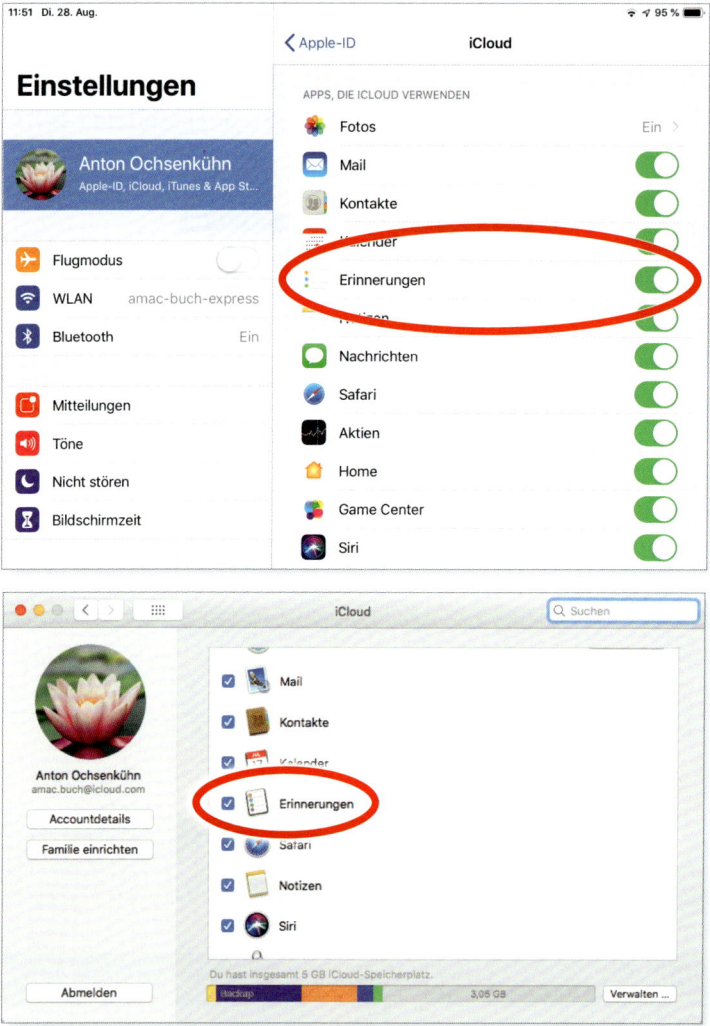

Mithilfe von iCloud können die Erinnerungen zwischen den Apple-Geräten synchronisiert werden, wie dem iPad (oben) und dem Mac-Rechner (unten).

Kapitel 8 | Das Alltoundtalent

Kalender

Der *Kalender* ist eine weitere App, mit der Sie Termine und Aufgaben verwalten können. Die Ereignisse bzw. Termine können mit anderen Personen geteilt und via iCloud mit anderen Geräten synchronisiert werden.

Der Kalender bietet vier verschiedene Ansichten: die Jahres-, Monats-, Wochen- und Tagesansicht. Dazu müssen Sie nur auf den entsprechenden Punkt oben in der Mitte tippen.

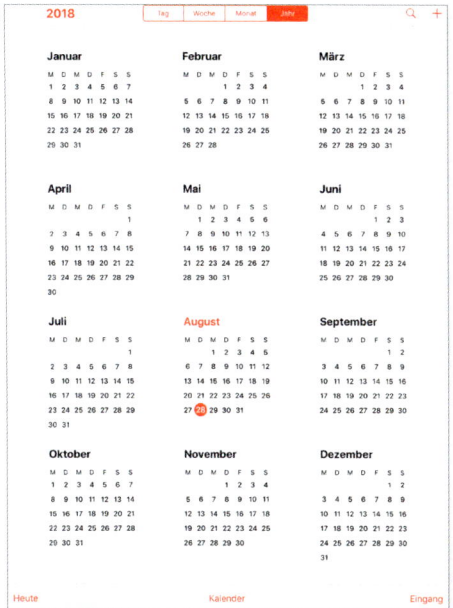 

Zwischen den Ansichten können Sie jederzeit wechseln.

 Wenn Sie im Kalender stöbern, um z. B. künftige Termine anzusehen, kommen Sie sehr schnell mit **Heute** (links unten) wieder zum aktuellen Tag zurück. Aktivieren Sie in **Einstellungen –> Kalender** die Eigenschaft **Kalenderwochen**, um in der Tages-, Wochen- und auch Monatsdarstellung diese angezeigt zu bekommen.

Termine erstellen und bearbeiten

Ein neuer Termin ist sehr schnell erstellt. Tippen Sie rechts oben ❶ auf das Plussymbol, das in jeder Ansichtsart verfügbar ist. Anschließend können Sie die Daten für den Termin eingeben.

Kalender

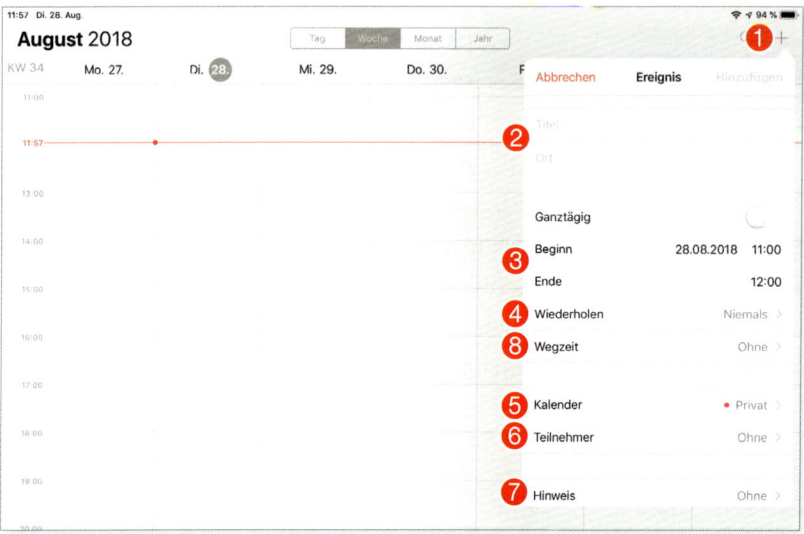

Ein neuer Termin wird erstellt.

Zuerst sollten Sie dem Termin einen Namen geben und einen Ort ❷ zuweisen. Die Ortsangabe ist nicht unbedingt nötig, kann aber nützlich sein, wenn Sie eine *Wegzeit* ❽ berechnen lassen wollen. Das Wichtigste ist natürlich das Datum bzw. die Uhrzeit des Termins ❸. Wenn der Termin den ganzen Tag dauert, können Sie auch die Option *Ganztägig* einschalten. Handelt es sich um einen Termin, der regelmäßig stattfindet, können Sie bei *Wiederholen* ❹ ein Zeitintervall einstellen, mit dem der Termin automatisch wiederholt wird, wie z. B. alle zwei Wochen.

Wenn Sie dann weiter nach unten scrollen, können Sie festlegen, zu welchem *Kalender* ❺ der Termin gehört. In der App können mehrere Kalender angelegt und verwaltet werden. Wenn es sich bei dem Termin um ein Treffen mit mehreren Personen handelt, dann können Sie diese Personen bei *Teilnehmer* ❻ zu dem Termin einladen: Die Betreffenden erhalten umgehend eine Mitteilung über die Einladung, die sie dann annehmen oder ablehnen können.

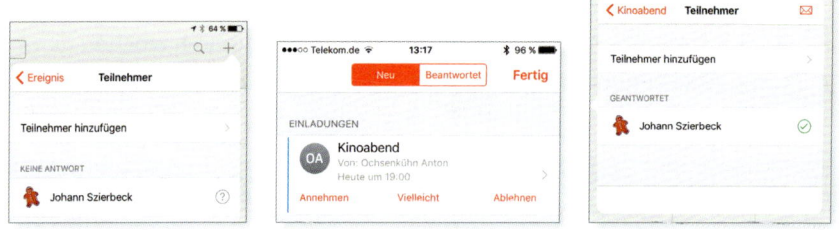

Wenn Sie eine Einladung zu einem Termin verschicken (links), muss diese vom Empfänger angenommen werden (Mitte). Wurde sie angenommen, erscheint ein grünes Häkchen neben dem Namen (rechts).

Damit Sie den Termin nicht verpassen, können Sie sich daran erinnern lassen, wenn Sie bei *Hinweis* ❼ eine Zeitangabe machen. Wenn der Termin in ferner Zukunft liegt, können Sie auch mehrere Hinweise anlegen, wie z. B. eine Woche davor und zusätzlich einen Tag davor. Sind alle Einstellungen vorgenommen, dann tippen Sie rechts oben auf *Hinzufügen*. Der Termin ist damit eingetragen.

Ein Termin kann auch nachträglich noch geändert werden. Wenn Sie ihn auf einen anderen Zeitpunkt verlegen wollen, können Sie ihn in der Tages- oder der Wochenansicht einfach nach oben oder unten verschieben Ⓐ. Falls für diesen Termin Personen eingeladen wurden, erhalten diese automatisch eine Mitteilung über die Änderung des Zeitpunkts. Um andere Daten des Termins zu ändern, müssen Sie ihn antippen: Dadurch erhalten Sie eine detaillierte Übersicht über die Daten und können sie mit *Bearbeiten* Ⓑ rechts oben auch ändern. Falls Sie den Termin entfernen wollen, tippen Sie ganz unten auf *Ereignis löschen* Ⓒ.

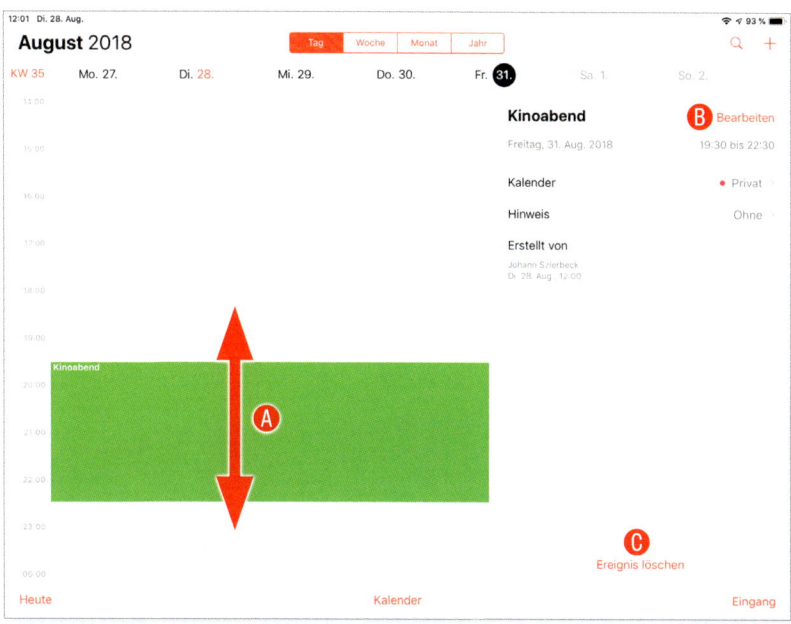

Ein Termin kann jederzeit nachbearbeitet oder gelöscht werden.

Kalender anlegen und teilen

Ähnlich wie bei den *Erinnerungen* mit mehreren Listen können Sie in der App *Kalender* mehrere Kalender anlegen, um so Ihre Termine besser im Blick zu haben. Standardmäßig sind bereits einige Kalender vorhanden, die Sie beliebig erweitern können. Das Tolle daran ist, dass Sie einen Kalender auch mit anderen Personen teilen können, um so Ihre Termine bzw. Treffen besser zu koordinieren.

Kalender

Eine Übersicht über die vorhandenen Kalender erhalten Sie, wenn Sie auf *Kalender* ❶ am unteren Rand tippen. Für einen neuen Kalender müssen Sie links unten auf *Hinzufügen* ❷ tippen. Ein Kalender hat nur zwei Eigenschaften: den Namen ❸ und die Farbe ❹, die von Ihnen noch festgelegt werden muss. Mit *Fertig* ❺ wird der Kalender dann angelegt und kann bestückt werden.

 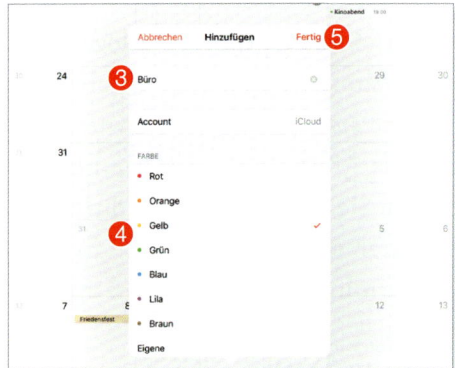

Für einen neuen Kalender müssen Sie nur den Namen und die Farbe bestimmen.

Kalenderabo und Kalender teilen

Kalender können aber auch abonniert werden. Nützliche Termine (z. B. Feiertage, Schulferien oder Vereinssitzungen) sind so topaktuell auf Ihrem iPad vorhanden und immer verfügbar.

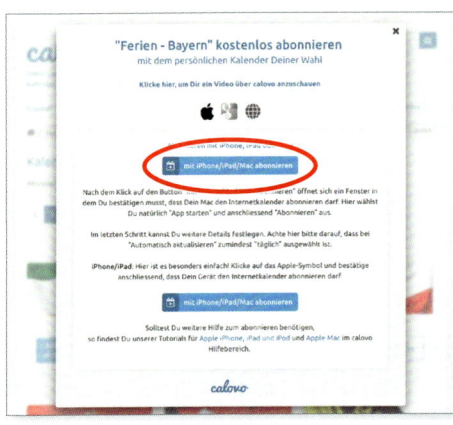 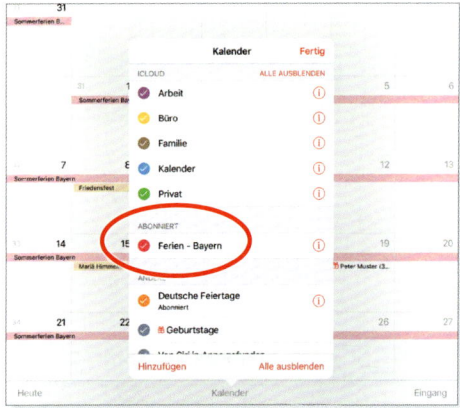

Im Internet finden Sie eine Fülle interessanter Kalenderabos.

Zum Teilen eines Kalenders mit anderen Personen öffnen Sie die Kalenderübersicht und tippen auf das rote i-Symbol Ⓐ bei dem entsprechenden Kalender. Anschließend öffnen Sie die Funktion *Neue Person* Ⓑ und geben die Adressen der Personen an, die den Kalender erhalten sollen. Diese erhalten wieder eine Meldung bzw. Einladung, den Kalender zu abonnieren. Wird die Einladung angekommen, wird Ihnen dies entsprechend angezeigt.

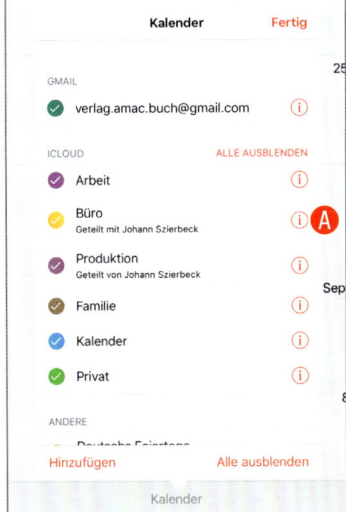
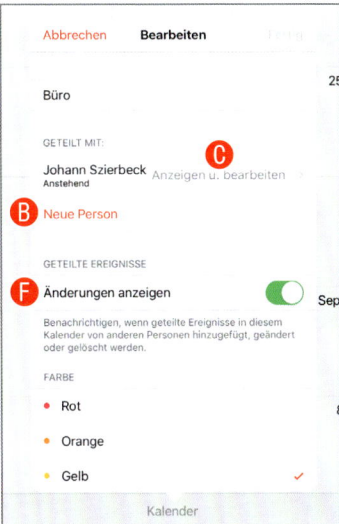

Ein Kalender kann mit anderen Personen geteilt werden.

Jetzt können Sie noch festlegen, ob die anderen Personen den Kalender nur lesen oder auch bearbeiten dürfen. Wenn Sie bei den Abonnenten auf *Anzeigen u. bearbeiten* **C** tippen, können Sie die Option *Bearbeitung zulassen* **D** ein- bzw. ausschalten. Außerdem können Sie auch Personen von dem Abo wieder ausschließen, indem Sie *Nicht mehr teilen* **E** wählen.

Wenn Sie den Kalender für die Bearbeitung durch andere Personen freigegeben haben, sollten Sie auch die Option *Änderungen anzeigen* **F** aktiviert haben. Dadurch erhalten Sie jedes Mal eine Nachricht, wenn jemand etwas im Kalender verändert hat.

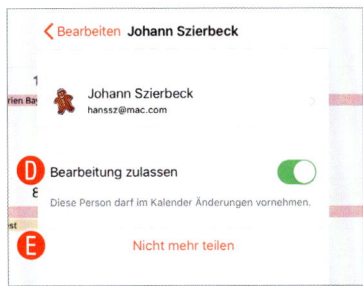

Die Änderung eines geteilten Kalenders durch die eingeladenen Personen kann ein- und ausgeschaltet werden.

Kalender

 Wenn Sie eine Einladung für einen Kalender erhalten, dann können Sie im Bereich **Eingang** diese Einladung annehmen oder ablehnen.

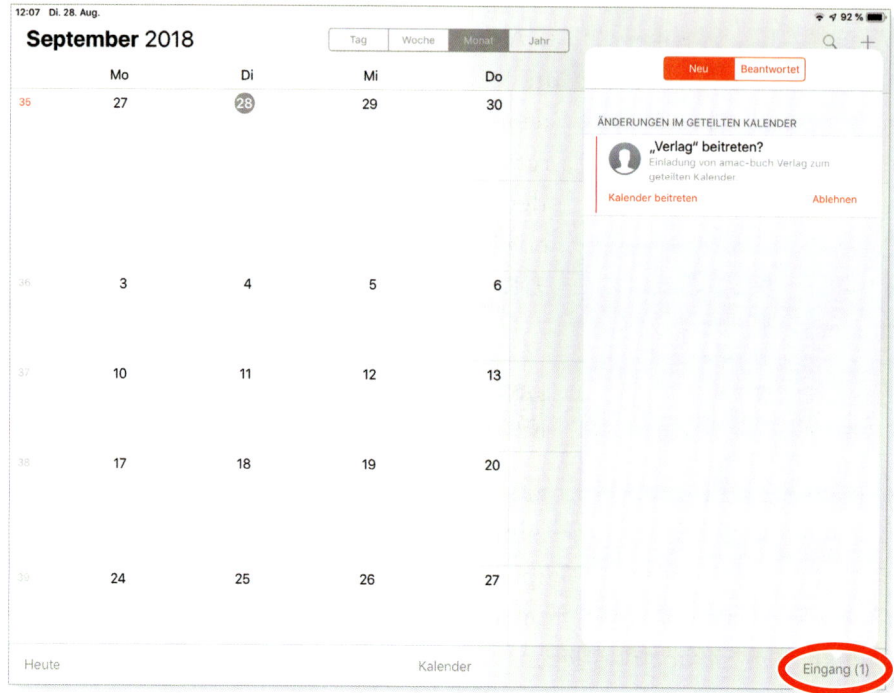

Unter „Eingang" können Sie alle Einladungen einsehen, die Sie erhalten haben.

Notizen

Die App *Notizen* ist eine weitere App, die Ihnen beim Organisieren des täglichen Lebens behilflich sein kann. Wie der Name schon ausdrückt, können Sie in dieser App Gedanken oder Ideen notieren. Die angelegten Notizen können dann via iCloud mit Ihren anderen Apple-Geräten synchronisiert werden. Und genauso wie die *Erinnerungen* oder den *Kalender* können Sie auch Notizen mit anderen Personen teilen. Eine Notiz kann übrigens nicht nur reinen Text enthalten, sondern auch To-do-Listen, URLs sowie Fotos, und sogar selbstgezeichnete Scribbles sind möglich.

Notiz erstellen und bearbeiten

Eine neue Notiz ist schnell erstellt: Tippen Sie in der Übersicht auf das Symbol rechts unten in der Ecke ❶, um eine leere Notiz anzulegen. Sie können nun im Hauptbereich ❷ den Text eintippen oder diktieren (siehe Seite 310). Der Inhalt der Notiz kann formatiert und um andere Elemente erweitert werden.

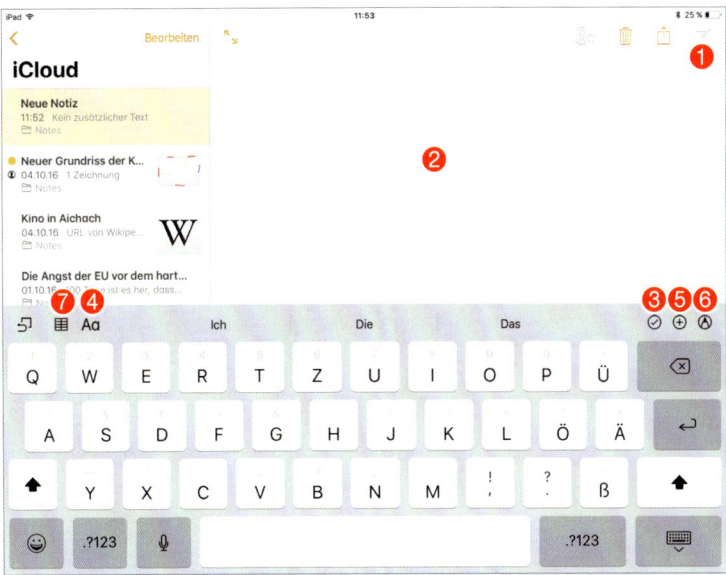

Eine neue Notiz wird erstellt.

Mithilfe der Werkzeugleiste lässt sich der Text, insbesondere Listen, mit einem Kontrollkästchen ❸ versehen. Auf diese Weise können Sie To-do-Listen anlegen und danach jeden Punkt abhaken, wenn er erledigt ist. Zudem können Sie den Text formatieren ❹. Dabei haben Sie die Wahl zwischen verschiedenen Titel- und Listenstilen.

Der Text kann mit Kontrollkästchen (links) versehen und umformatiert werden (rechts).

Es lassen sich sogar Bilder und Videos ❺ in die Notiz einfügen. Dabei können Sie entweder aus den Bildern bzw. Videos der Fotomediathek wählen, oder Sie nehmen die Bilder bzw. Videos direkt mit der Kamera auf. Ganz besonders interessant ist die Möglichkeit, eigene Zeichnungen ❻ und Tabellen ❼ zu erstellen und in die Notiz einzufügen. In der Zeichenumgebung stehen Ihnen verschiedene Stifte Ⓐ, Farben Ⓑ und ein Radiergummi Ⓒ fürs Malen zur Verfügung. Gezeichnet wird dabei mit dem Finger. Die obere Leiste enthält Funktionen zum Rückgängigmachen Ⓓ der Arbeitsschritte, zum Drehen der Zeichnung Ⓔ und zum Anlegen einer weiteren Seite Ⓕ. Mit *Fertig* Ⓖ verlassen Sie die Zeichenumgebung.

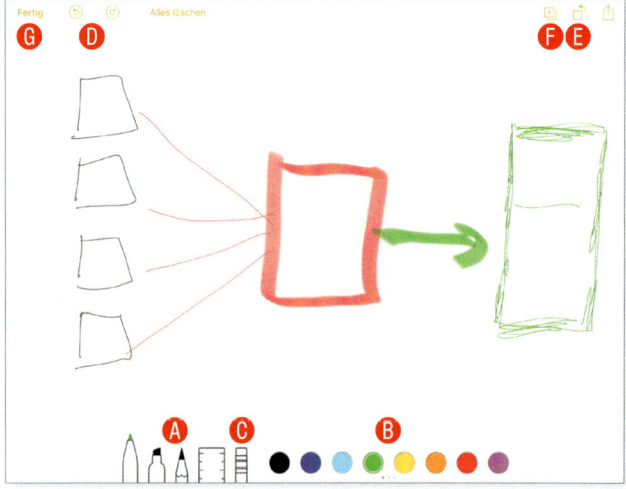

Einfache Skizzen – auch ohne Apple Pencil – lassen sich direkt in einer Notiz anlegen und hinzufügen („Einstellungen –> Notizen –> Nur mit Apple Pencil zeichnen" sollte dazu deaktiviert sein!).

Tabellen in Notizen

Seit iOS 11 gibt es auch Tabellen in *Notizen* Einzug. Mit nur wenigen Fingertipps lassen sich einfache Tabellen anfertigen. Um eine neue Tabelle einzufügen, müssen Sie nur auf das Tabellensymbol ❶ oberhalb der Tastatur tippen. Damit wird eine Standardtabelle mit zwei Spalten und zwei Zeilen erstellt.

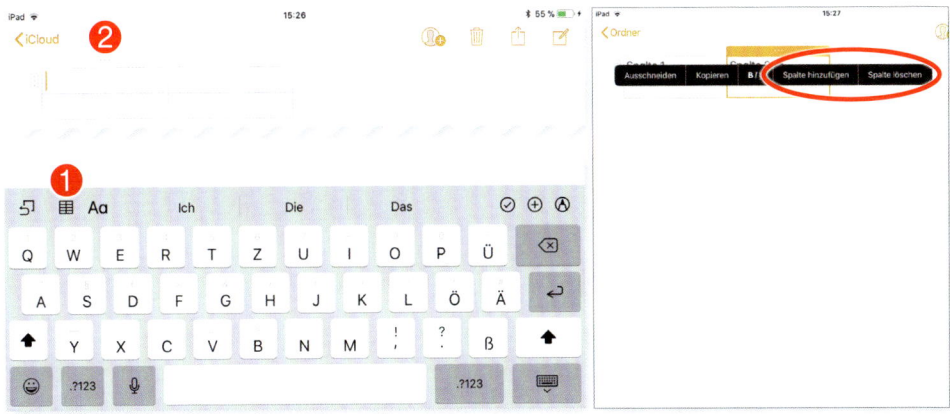

In einer Notiz können nun auch Tabellen angelegt werden.

Die Anzahl der Spalten und Zeilen kann natürlich noch geändert werden. Wenn Sie auf das Symbol mit den drei Punkten ❷ über einer Spalte bzw. neben einer Zeile tippen, öffnet sich ein Kontextmenü, in dem Sie nun die Möglichkeit haben, Zeilen bzw. Spalten hinzuzufügen oder zu entfernen.

Zeilen und Spalten lassen sich auch ganz einfach verschieben. Fassen Sie die Zeile bzw. Spalte nur an dem Symbol mit den drei Punkten ❷, und verschieben Sie sie an eine andere Position. Tabellen lassen sich zudem noch in normalen Text umwandeln und wieder löschen. Dazu müssen Sie zuerst den Textcursor innerhalb der Tabelle platzieren. Ein einfacher Fingertipp in die Tabelle reicht dazu aus. Danach tippen Sie auf das Tabellensymbol ❶ oberhalb der Tastatur. Nun wird wieder ein Kontextmenü geöffnet, das die Funktionen für das Umwandeln und Löschen enthält.

Notizen

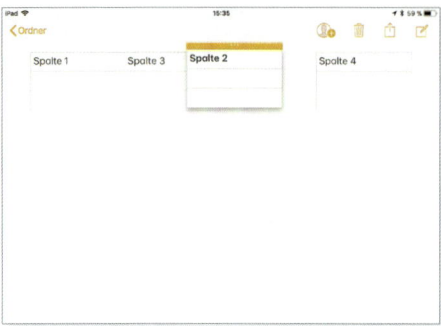 

Die Zeilen und Spalten einer Tabelle können verschoben werden (links). Ebenso kann die ganze Tabelle gelöscht oder in normalen Text konvertiert werden (rechts).

Dokumente scannen

Neben den Tabellen ist eine weitere Funktion, die es seit iOS 11 gibt, die Möglichkeit Dokumente mithilfe der Kamera abzufotografieren und in die Notiz zu übernehmen. Dabei wird allerdings nicht einfach nur ein Foto gemacht, sondern das abfotografierte Dokument wird entzerrt, damit es flach liegt.

Um ein Dokument hinzuzufügen, tippen Sie als Erstes auf das Plussymbol ❶ oberhalb der Tastatur und wählen dann dort die Funktion *Dokumente scannen* ❷ aus. Damit wird die Kamera aktiviert, die Sie auf Ihr Dokument richten. Die Kamera tastet nun das aktuelle Bild ab, erkennt automatisch das Dokument ❸ und macht ein Foto davon.

 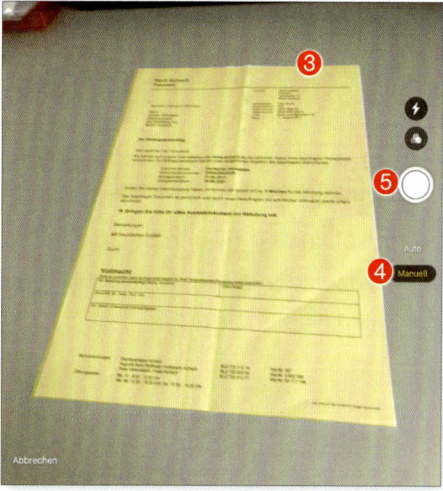

Dokumente werden von der Kamera automatisch erfasst.

278

Kapitel 8 Das Alltoundtalent

 Ein Dokument kann nicht nur aus einer Seite bestehen; Sie können beim Einscannen auch mehr als eine Seite erfassen. Fotografieren Sie einfach Seite für Seite nacheinander. Mit der automatischen Funktion geht das sehr schnell.

Wenn Sie allerdings die Option *Manuell* ❹ gewählt haben, dann müssen Sie das Foto manuell mit dem Auslöser ❺ schießen. Die Verzerrung, die durch das Fotografieren entsteht, wird bei der Auto-Funktion direkt korrigiert, während Sie beim manuellen Abfotografieren die Verzerrung auch manuell justieren können. Dazu müssen Sie die Eckpunkte ❻ genau auf das Dokument ausrichten. Ist dies bewerkstelligt, können Sie mit *Scan behalten* ❼ das Dokument sichern. Es erscheint dann anschließend in der Notiz.

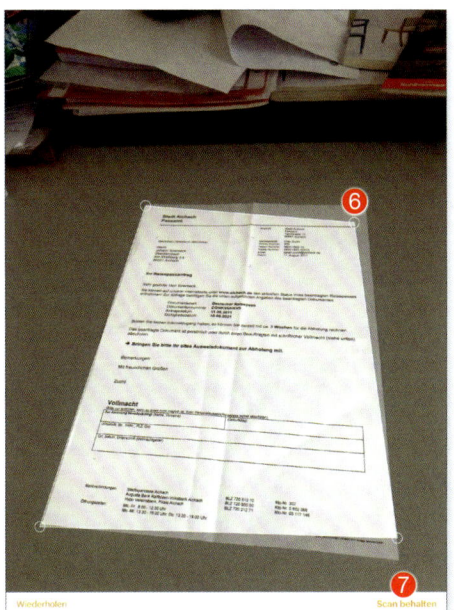 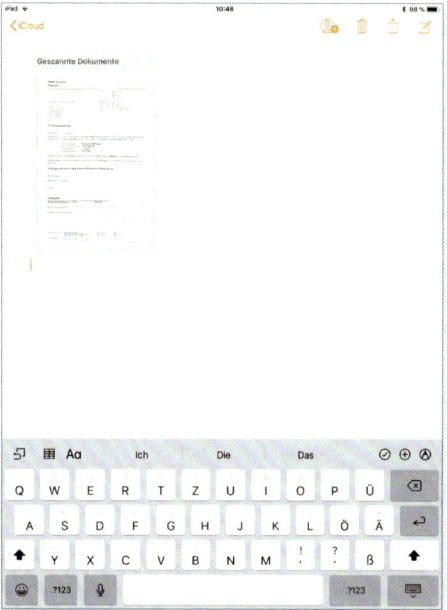

Die Verzerrung von manuell gescannten Dokumenten kann auch manuell korrigiert werden (links). Das fertige Dokument wird dann als Miniatur in der Notiz gespeichert (rechts).

Das gesicherte Dokument kann jederzeit geöffnet und geändert werden. Und falls es sich um ein Formular handelt, können Sie es sogar mithilfe des Apple Pencil ausfüllen. Wenn Sie das Dokument antippen, wird es in einer eigenen Umgebung geöffnet.

Die Umgebung bietet einige Bearbeitungsmöglichkeiten. Bei Ⓐ lässt sich nachträglich die Entzerrung bearbeiten. Mit der Funktion Ⓑ können Sie festlegen, ob das Dokument farbig, in Graustufen, in Schwarz-Weiß oder im Original dargestellt werden soll. Wenn Sie das Dokument um 90 Grad drehen wollen,

Notizen

dann verwenden Sie die Funktion **C**. Über das *Teilen*-Symbol **D** haben Sie dann die Möglichkeit, das Dokument zu verschicken oder mit *Markierungen* **E** zu versehen. Durch die Markierungen haben Sie Zugriff auf die Mal- und Zeichenfunktionen und können dann z. B. ein Formular ausfüllen und speichern. Am besten eignet sich dafür der Apple Pencil. Wenn Sie die Bearbeitung abgeschlossen haben, tippen Sie links oben auf *Fertig*.

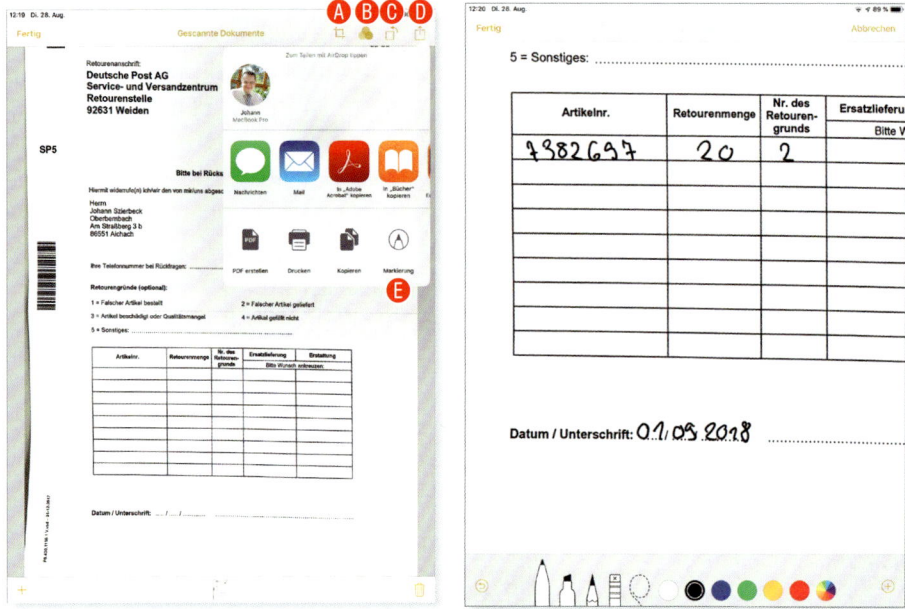

Dokumente können nachträglich bearbeitet werden (links), und mithilfe der Markierungen können Sie ein gescanntes Formular sogar ausfüllen (rechts).

Notizen im Sperrbildschirm

Eine neue Notiz können Sie auch direkt vom Sperrbildschirm aus anlegen. Dies kann auf zwei Arten geschehen, entweder über das Kontrollzentrum oder mit dem Apple Pencil. Das iPad muss dazu nicht entsperrt werden. Wenn Sie das Kontrollzentrum aufrufen, brauchen Sie nur auf das Notiz-Symbol tippen (siehe Kapitel 2 ab Seite 78) oder Sie berühren mit dem Apple Pencil das Display. In beiden Fällen wird sofort eine neue Notiz angelegt.

 Damit dies funktioniert, müssen Sie unter **Einstellungen –> Notizen** die Funktion **Zugriff im Sperrbildschirm** aktivieren.

Kapitel 8 Das Alltoundtalent

Standardmäßig wird eine Skizze erstellt. Sie können aber mit dem x-Symbol rechts unten ❶ den Skizzenmodus verlassen und dann auch Text eingeben. Falls Sie eine weitere Notiz benötigen, dann tippen Sie das Symbol ❷ rechts oben an. Für alle weiteren Funktionen (sperren, teilen, löschen etc.) müssen Sie das iPad entsperren.

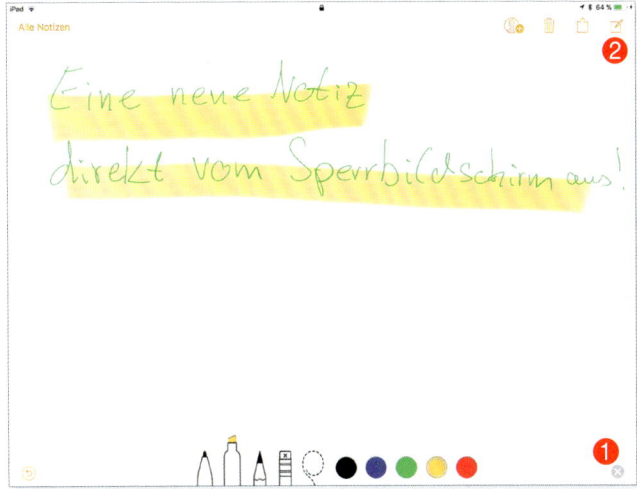

Mit dem Apple Pencil können Sie sofort neue Notizen im Sperrbildschirm erstellen.

Zusammenarbeit mit anderen Apps

Ein großes Highlight von *Notizen* ist die Möglichkeit, fast jede Art von Daten aus anderen Apps als Notiz zu speichern. So können Sie z. B. eine URL von *Safari* als Notiz speichern oder aber einen Standort von der App *Karten*. Für die Übergabe der jeweiligen Daten an die Notizen wird die *Teilen*-Funktion verwendet. Die *Teilen*-Funktion ist in vielen Apps verfügbar und kann ganz einfach durch das Symbol ⬆ aufgerufen werden.

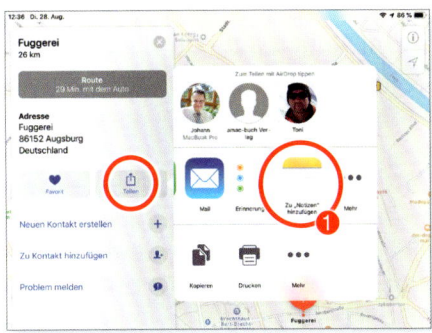 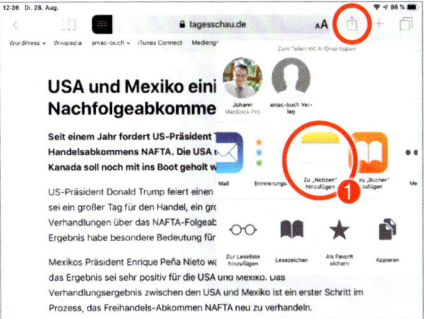

Das „Teilen"-Symbol gibt es in vielen Apps, z. B. „Karten" (links) und „Safari" (rechts).

Notizen

Im *Teilen*-Menü befindet sich die Funktion *Zu „Notizen" hinzufügen* ❶. Wenn Sie sie antippen, können Sie weiteren Text ❷ den Daten hinzufügen. Außerdem müssen Sie festlegen, ob eine neue Notiz erstellt werden soll oder ob die Daten einer bereits vorhandenen Notiz hinzugefügt werden sollen ❸. Mit *Sichern* ❹ werden die Daten zu den Notizen übertragen. Wenn Sie dann später in der Notiz auf die eingefügten Elemente tippen, z. B. eine URL oder einen Standort, wird die dazugehörige App mit den Daten geöffnet.

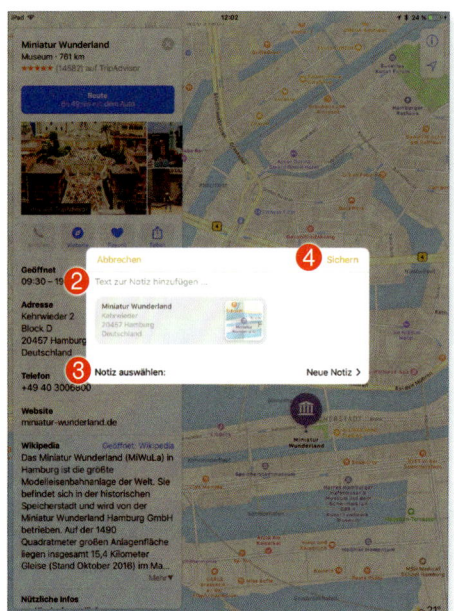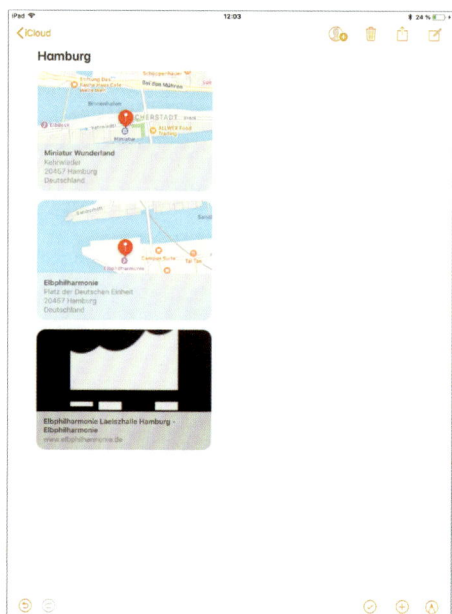

Im „Teilen"-Menü können die Daten an „Notizen" übertragen werden (rechts).

Ordner für Notizen

Damit Sie Ihre Notizen besser organisieren können, gibt es die Möglichkeit, mehrere Ordner anzulegen und die Notizen darauf zu verteilen. Die Ordner erreichen Sie, wenn Sie in der Übersicht links oben auf den Pfeil Ⓐ tippen. Dort können Sie dann mit *Neuer Ordner* rechts unten Ⓑ einen weiteren Ordner anlegen.

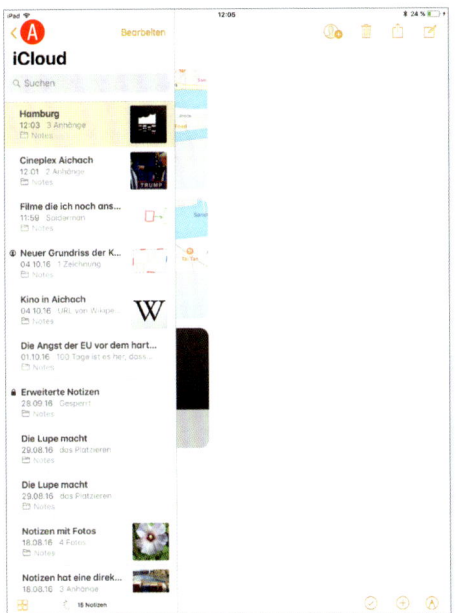 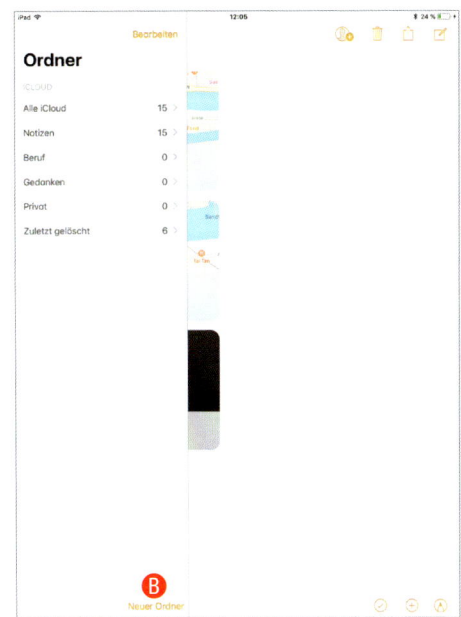

Ein neuer Ordner ist schnell erstellt.

> **!** Wenn Sie iCloud nutzen, werden die neuen Ordner sofort auf alle anderen Apple-Geräte übertragen (iPhone, Mac). Umgekehrt ist es natürlich genauso: Wenn Sie auf dem Mac in den „Notizen" einen neuen Ordner oder eine neue Notiz anlegen, wird dieser bzw. diese sofort via iCloud mit dem iPad und iPhone synchronisiert. Wenn Sie das nicht wollen, dann müssen Sie auf dem iPad bei **Einstellungen –> Ihr Name (Apple-ID, iCloud, iTunes & App Store) –> iCloud** die Option **Notizen** ausschalten.

Ab sofort können Sie in dem neuen Ordner Notizen anlegen oder vorhandene dorthin verschieben. Sie legen eine Notiz an anderer Stelle ab, indem Sie sie in der Übersicht nach links schieben und dann auf das Ordnersymbol ❶ tippen. Anschließend müssen Sie nur noch den Zielordner bestimmen. Um mehrere Notizen gleichzeitig zu verschieben oder zu entfernen, tippen Sie in der Übersicht oben auf *Bearbeiten*, markieren die entsprechenden Notizen ❷ und wählen zum Schluss entweder *Bewegen* ❸ oder *Löschen* ❹ am unteren Rand aus.

Notizen

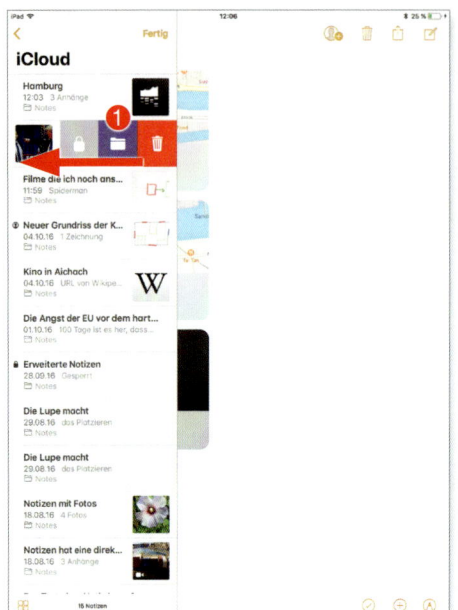 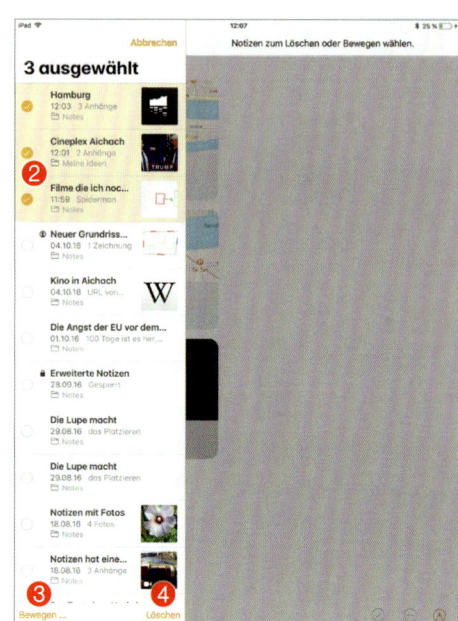

Notizen können einzeln (links) oder gemeinsam verschoben oder gelöscht werden (rechts).

Die Notiz-Ordner werden im Normalfall bei iCloud gesichert, wenn der iCloud-Zugang eingerichtet ist. Ansonsten sind die Ordner bzw. Notizen nur auf dem iPad vorhanden. Sie können aber auch andere Speicherorte verwenden. Viele E-Mail-Postfächer bieten zudem die Möglichkeit, Notizen aufzunehmen und zu speichern. Dazu müssen Sie in den *Einstellungen* bei *Passwörter & Account* den jeweiligen Account öffnen und die Option *Notizen* einschalten. Wenn Sie dann zurück zu der *Notizen*-App wechseln, werden Sie in der Ordnerübersicht das E-Mail-Postfach finden.

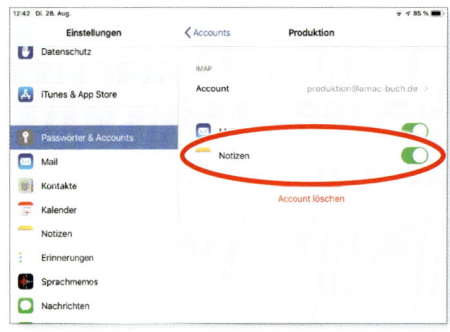 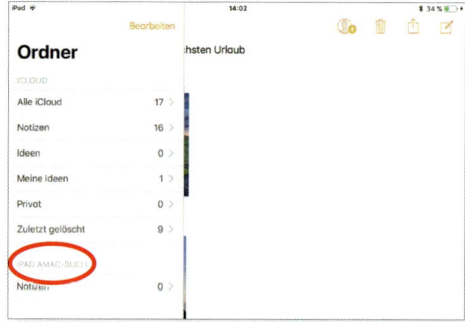

Die App „Notizen" kann auch die Notizen der E-Mail-Postfächer verwalten.

Notizen im Account „Auf meinem iPad"

Normalerweise werden Notizen sofort zu iCloud hochgeladen, wenn Sie einen iCloud-Account besitzen und aktiviert haben. Sie können aber die Notizen auch lokal auf dem iPad abspeichern. Dazu müssen Sie den Account *Auf meinem iPad* einschalten. Diesen finden Sie unter *Einstellungen –> Notizen*. Sobald er eingeschaltet ist, wird in der App Notizen ein neuer Bereich mit dem Namen *Auf meinem iPad* eingeblendet. Alle Daten, die dort erstellt bzw. abgelegt werden, existieren nur auf dem iPad.

> Diese Funktion steht Ihnen nur zur Verfügung, wenn Sie in den Notizen mit einem Account (iCloud oder sonstige) arbeiten. Sobald Sie weder iCloud noch einen sonstigen Account für die Notizen verwenden, werden die Notizen automatisch nur auf dem iPad gesichert.

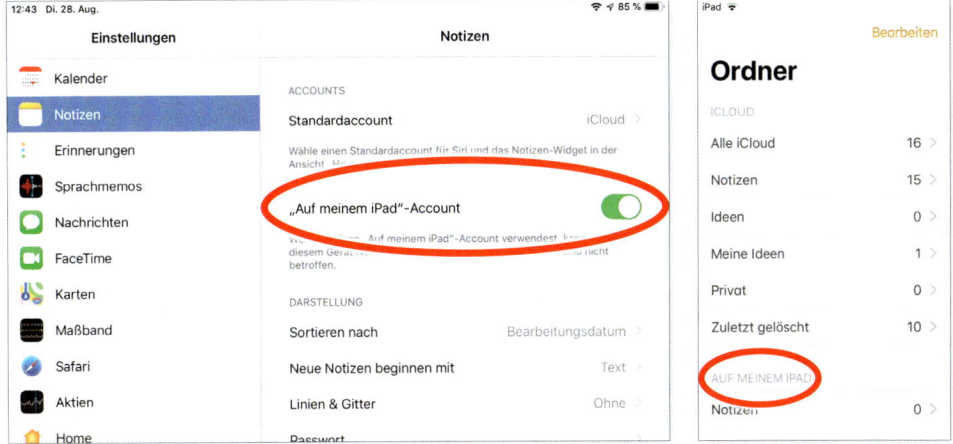

Notizen können auch nur auf dem iPad gesichert werden.

Notizen anheften

Wenn Sie sehr viele Notizen haben, wird es manchmal schwierig, die wichtigsten zu finden. Sie könnten zwar die Suchfunktion verwenden, aber wesentlich einfacher ist es, die Notizen, die wichtig sind oder die Sie sehr oft benötigen, an den Beginn der Liste zu stellen. Dafür gibt es die Funktion *Anheften*.

Um eine Notiz an den Beginn der Liste anzuheften, müssen Sie sie nur nach rechts verschieben, damit die Stecknadel eingeblendet wird. Wenn Sie anschließend auf die Stecknadel tippen, wird die Notiz an den Beginn der Liste im Bereich *Angeheftet* verschoben.

Das Ganze kann auf dieselbe Weise wieder rückgängig gemacht werden: Schieben Sie die Notiz wieder nach rechts, und tippen Sie auf die durchgestrichene Stecknadel. Die Notiz wird wieder ganz normal in die Liste einsortiert.

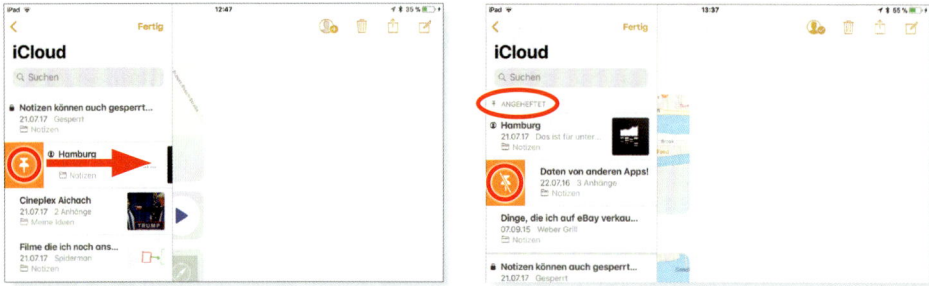

Wichtige und oft benötigte Notizen können angeheftet werden.

Notizen teilen

Wie bereits am Anfang erwähnt, können Sie einzelne Notizen mit anderen Personen teilen. Wenn Sie eine einzelne Notiz öffnen, finden Sie rechts oben die Funktion zum Teilen. Tippen Sie sie an und entscheiden Sie anschließend, auf welchem Weg die Einladung zur gemeinsamen Nutzung der Notiz zum Empfänger geschickt werden soll. Wenn Sie eine Methode ausgewählt haben, geben Sie die Zielperson an. Diese erhält dann eine Nachricht, Mail etc. mit einem Link, den sie aufrufen muss, um die Notiz in die eigene Verwaltung aufzunehmen. Sie können noch weitere Personen einladen, wenn Sie erneut auf das Teilen-Symbol tippen und dann *Personen hinzufügen* auswählen.

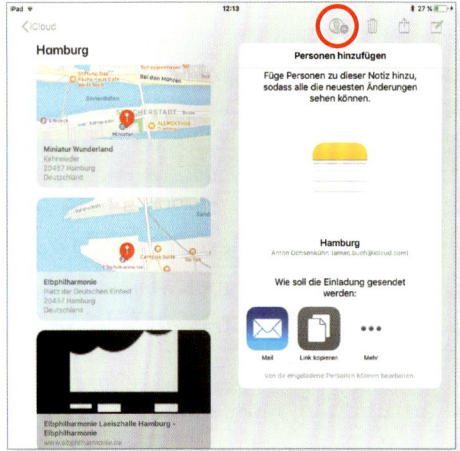
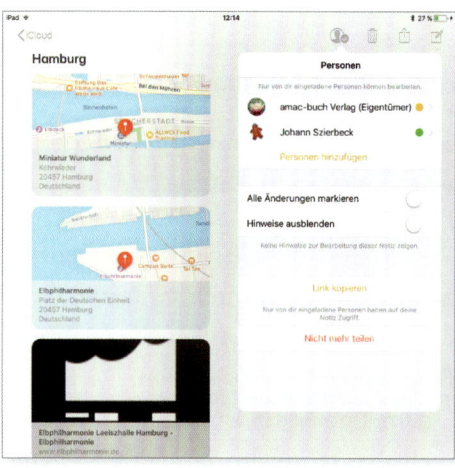

Notizen können mit anderen Personen, die auch ein Apple-Gerät besitzen, geteilt werden.

 Das Teilen einer Notiz funktioniert in beiden Richtungen. Die Notiz kann sowohl von Ihnen als auch von allen eingeladenen Personen gelesen und verändert werden.

Notizen sperren

Die Notizen-App hält noch ein weiteres Feature bereit: die Möglichkeit, einzelne Notizen mit Passwort zu sperren. Wenn Sie also z. B. eine Notiz haben, die Ihre Zugangsdaten für diverse Netzwerke oder Geräte enthält, können Sie diese mit einem eigenen Passwort versehen. Nur wer das Passwort hat, kann den Inhalt der Notiz einsehen und bearbeiten.

Die Sperrfunktion finden Sie im *Teilen*-Menü ❶ rechts oben. Wenn Sie eine Notiz geöffnet haben und dann auf das Symbol klicken, wählen Sie die Funktion *Notiz sperren* ❷ aus. Anschließend definieren Sie ein Passwort zum Schutz der Notiz. Das Passwort ist auch Voraussetzung für das Entsperren der Notizen mit Touch ID. Sie können dann also die Notizen entweder mit dem Passwort oder Touch ID wieder aufsperren.

 Das Passwort, das Sie definieren, wird für alle gesperrten Notizen verwendet. Sie können keine individuellen Passwörter für die einzelnen Notizen festlegen. Via **Einstellungen –> Notizen –> Passwort** können Sie es ändern bzw. zurücksetzen lassen.

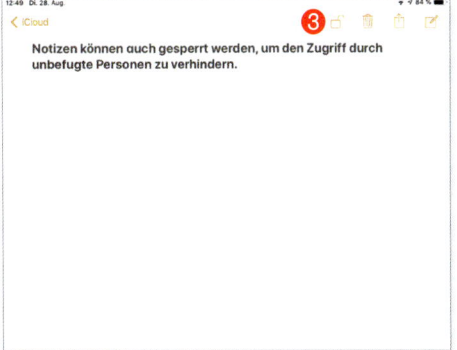

Für das Sperren von Notizen muss entweder ein Passwort definiert werden, oder Sie verwenden „Touch ID".

Nachdem Sie das Passwort festgelegt haben, können Sie die Notiz endgültig sperren. Dazu müssen Sie das Symbol für die Sperrfunktion rechts oben antippen ❸. Der Inhalt der gesperrten Notiz ist damit nicht mehr einsehbar. Erst wenn Sie auf das Sperrsymbol tippen oder auf *Notiz anzeigen* ❹, wird der Inhalt wieder sichtbar.

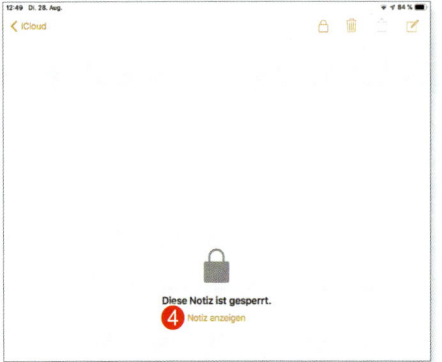 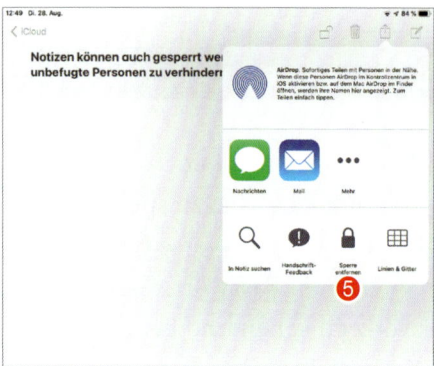

Die Notiz ist nun gesperrt und kann nur mit dem Passwort bzw. per Fingerabdruck wieder geöffnet werden.

Die Sperrung kann auch wieder entfernt werden. Dazu öffnen Sie zuerst den Inhalt der gesperrten Notiz und tippen anschließend rechts oben auf das *Teilen*-Symbol. Im *Teilen*-Menü wählen Sie dann die Funktion *Sperre entfernen* ❺ aus.

> ❗ Gesperrte Notizen lassen sich nicht mit anderen Personen teilen.

Karten

Wissen Sie, wo Sie sich gerade befinden? Nein? Dann fragen Sie doch Ihr iPad! Durch die integrierte GPS-Ortung weiß das iPad immer ganz genau, wo es sich gerade befindet (und Sie auch). Die Standortbestimmung können Sie dazu nutzen, um sich vom iPad zu bestimmten Orten navigieren zu lassen oder bestimmte Orte in der näheren Umgebung zu suchen. Dafür benötigen Sie die App *Karten*.

Damit die Karten-App den aktuellen Standort herausfinden kann, müssen Sie der App erlauben, die *Ortungsdienste*, also die GPS-Ortung zu nutzen. In den *Einstellungen* bei *Datenschutz* sollten Sie also zuerst kontrollieren, ob die *Ortungsdienste* eingeschaltet sind und ob die App *Karten* diese verwenden darf.

Kapitel 8 Das Alltoundtalent

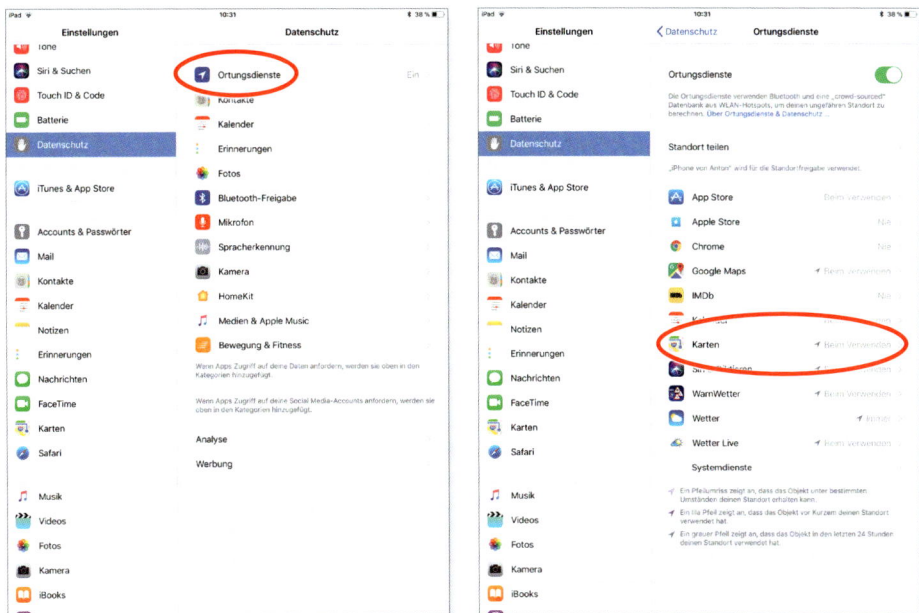

In den „Ortungsdiensten" können Sie genau festlegen, welche Apps die Standortbestimmung nutzen dürfen.

Standort zeigen

Haben Sie die Ortungsdienste eingeschaltet, dann können Sie die Karten-App öffnen. Um den eigenen Standort auf der Karte zu sehen, tippen Sie auf den blauen Pfeil ❶ zur Standortbestimmung. Damit wird sofort auf Ihren aktuellen Standort gezoomt, den Sie an einem pulsierenden blauen Punkt erkennen können ❷. Falls Sie auch die Himmelsrichtung wissen wollen, in die Sie gerade blicken, tippen Sie erneut auf den blauen Pfeil. Dadurch wird nicht nur ein kleiner Kompass ❸ eingeblendet, sondern auch ein „Blickkegel" für die Blickrichtung ❹. Wenn Sie auf den Kompass tippen, wird die Blickrichtung wieder ausgeschaltet.

Karten

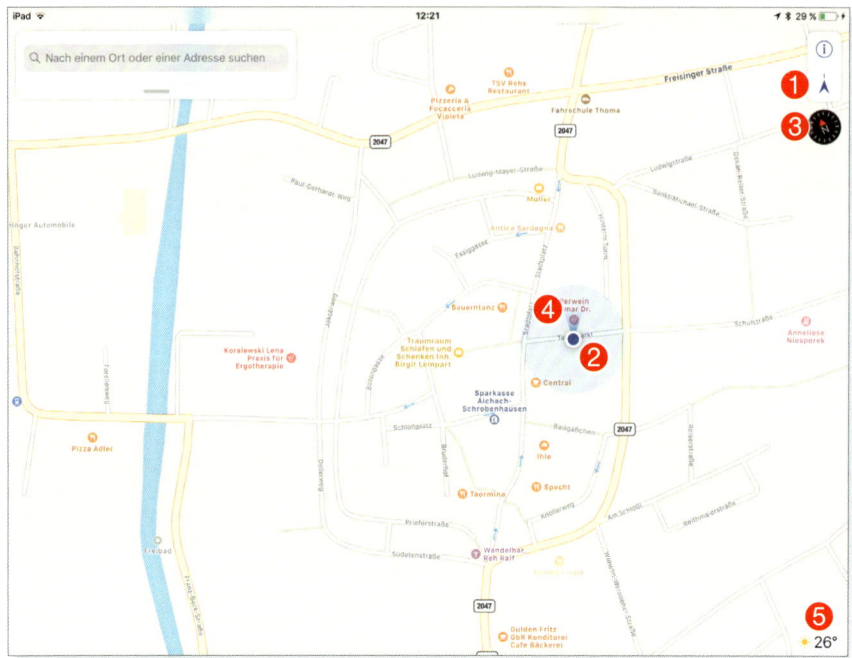

Der eigene Standort ist schnell ermittelt.

> **!** Wenn Sie genau hinsehen, entdecken Sie rechts unten ❺ einen Hinweis auf das aktuelle Wetter des derzeitigen Kartenausschnitts. Wenn Sie den Kartenausschnitt verschieben, ändert sich auch die Wetteranzeige. Falls sie nicht sichtbar ist, müssen Sie etwas größer in die Karte hineinzoomen.

Orte suchen und Route planen

Mit der Karten-App können Sie auch nach Orten suchen und bei Bedarf eine Route dorthin planen. Dabei wird die Karten-App zu einem Navigationssystem, das Sie sicher zum Zielort leitet.

In der Eingabezeile Ⓐ müssen Sie natürlich zuerst den Ort eingeben, den Sie ansteuern wollen. Sie können entweder nur den Ort eingeben oder zusätzlich Straße und Hausnummer. Wenn Sie den Straßennamen nicht kennen, reicht sehr oft auch eine Angabe des Gebäudes, z. B. „Rathaus Augsburg" oder „Krankenhaus Augsburg". In der Ergebnisliste Ⓑ werden Ihnen dann die möglichen Treffer angezeigt. Wenn Sie einen der Treffer antippen, wird der Kartenausschnitt Ⓒ sofort auf diesen Ort zentriert. Außerdem wird sofort eine Route zum Zielort berechnet Ⓓ.

Kapitel 8 Das Alltoundtalent

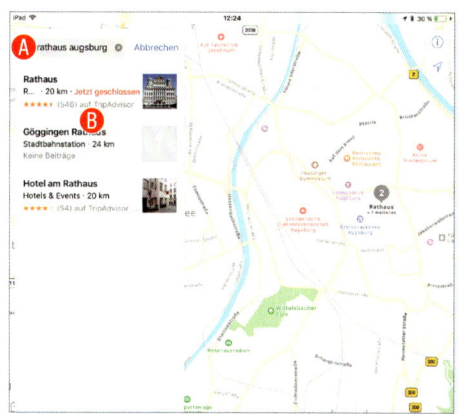 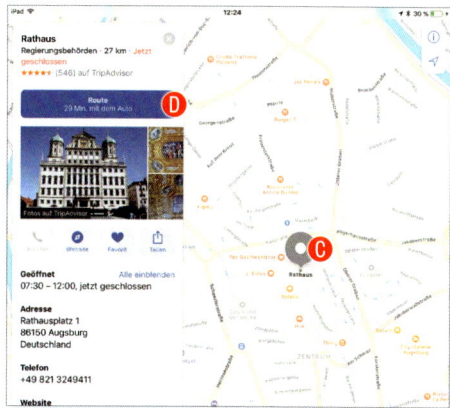

Die Suche nach einem bestimmten Ort liefert sehr schnell Ergebnisse.

Wenn Sie auf die blaue Schaltfläche mit der Routenangabe D tippen, erhalten Sie mehrere Routen zur Auswahl. Meistens handelt es sich um die schnellste, die kürzeste und noch eine alternative Route E. Wenn Sie eine Route für das Auto berechnet haben, dann können Sie für die Berechnung zusätzlich festlegen, ob Mautstraßen oder Autobahnen erlaubt sind. In den *Fahroptionen* I lassen sich die beiden Optionen einstellen. Die Fahroptionen finden Sie am Ende der möglichen Routen, wenn Sie nach unten scrollen.

 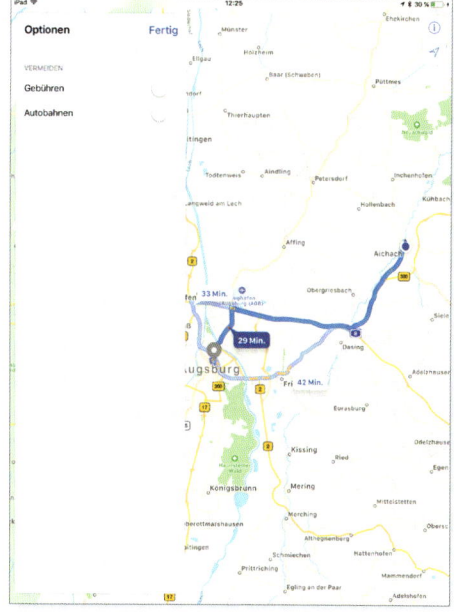

In den „Fahroptionen" können Sie festlegen, ob Sie auch auf gebührenpflichtigen Straßen und/oder auf Autobahnen unterwegs sein wollen. Dies lässt sich zudem in „Einstellungen –> Karten –> Fahren" vorab schon definieren.

291

Sie müssen nur eine der angezeigten Routen auswählen und anschließend auf die grüne Schaltfläche *Los* F tippen. Damit wird sofort die Navigation gestartet, und die App führt Sie Schritt für Schritt ans Ziel. Während der Routenführung können Sie im unteren Bereich G die ungefähre Fahrtzeit zum Ziel ablesen.

Die App „Karten" kann auch als Navi verwendet werden.

Standardmäßig wird die Route für eine Fahrt per Auto berechnet. Wenn Sie aber zu Fuß in einer fremden Stadt unterwegs sind, nützt Ihnen diese Routenfunktion wenig. Deswegen können Sie beim Auswählen der Route auch die Option *Zu Fuß* oder *ÖPNV* verwenden H. ÖPNV steht für „öffentlicher Personennahverkehr" und beinhaltet Bus-, Tram- und Bahnverbindungen. Die Karten-App zeigt Ihnen mit dieser Option alle Verbindungen und Umsteigestellen an, die Sie nehmen müssen, um das Ziel zu erreichen.

 Der Dienst **ÖPNV** ist zurzeit nur für Berlin verfügbar. Apple baut diesen Service allerdings kontinuierlich aus.

Eine Neuerung ist die Anbindung von Fahrdienst-Apps unter *Fahrt*. Damit können Sie direkt zu einer Ihrer installierten Apps (z. B. *Uber*) wechseln, um ein Fahrzeug für die Fahrt zum Zielort zu bestellen.

Während der Routenführung lassen sich weitere Optionen einblenden (nur iPad Cellular), wenn Sie den Bereich mit den Zeit- und Entfernungsangaben nach oben verschieben. Sie können damit nicht nur eine Routenübersicht oder die Details zur Route einblenden, sondern haben auch Zugriff auf POI (Points of Interest) entlang der Strecke. So können Sie z. B. sehr schnell eine Tankstelle in der Nähe ansteuern.

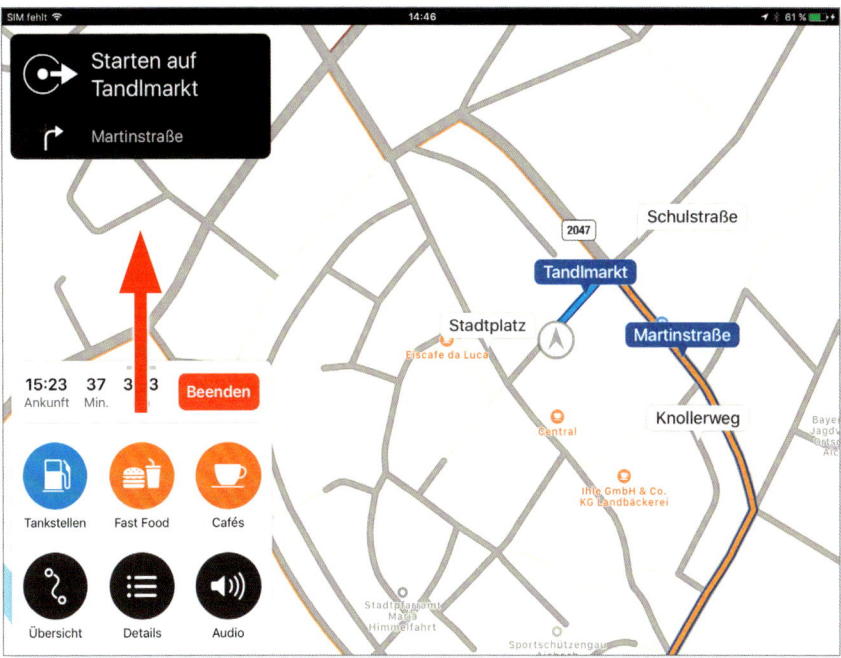

Im Rahmen der Routenführung stehen zahlreiche weitere Optionen zur Verfügung.

Parkplatzmarkierung

Ein weiteres Feature der Karten-App ist die automatische Markierung des Standorts, an dem Sie Ihr Auto geparkt haben. Falls Sie das iPad via Bluetooth mit Ihrem Auto verbunden haben oder Sie ein Auto mit CarPlay besitzen, merkt sich das iPad automatisch den Standort, wenn Sie das Auto verlassen. Der Standort wird dann in der Karten-App markiert. Auf diese Weise können Sie Ihr geparktes Auto sehr leicht finden.

Wenn Sie auf das Autosymbol in der Karten-App tippen, können Sie nicht nur ablesen, wann Sie das Auto verlassen haben, sondern auch mit *Standort bearbeiten* den Standort noch genauer bestimmen lassen. Das ist interessant, wenn die aktuelle GPS-Ortung nur einen sehr ungenauen Standort ergeben hat.

Karten

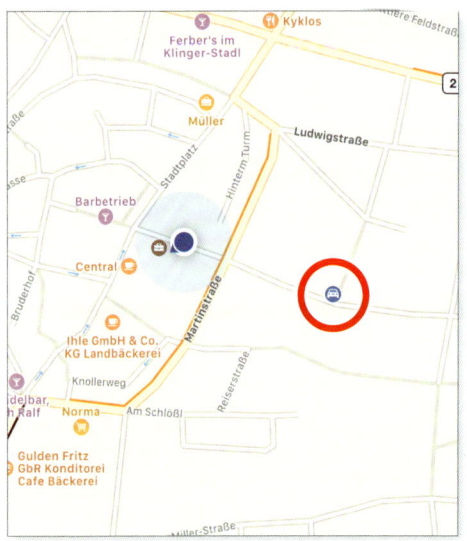 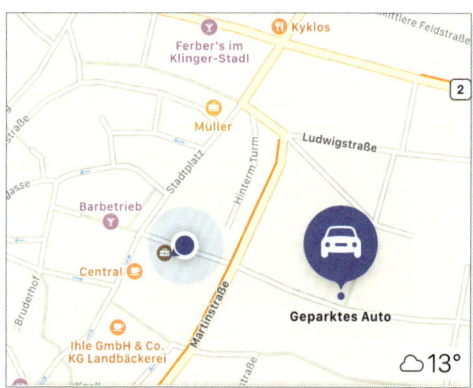

Das geparkte Auto kann mit der „Karten"-App sehr leicht wiedergefunden werden.

 Falls Sie diese Funktion nicht nutzen wollen, können Sie in den **Einstellungen** bei **Karten** die Option **Standort des geparkten Autos** ausschalten.

Kartenansicht ändern

Die Standardansicht von *Karten* gleicht einer normalen Straßenkarte mit Linien und Beschriftungen. Es gibt aber auch eine Satellitenansicht mit Luftaufnahmen, die es manchmal leichter machen, einen bestimmten Ort zu finden. Die Satellitenansicht erhalten Sie, wenn Sie rechts oben auf das Info-Symbol ❶ tippen. Schalten Sie in dem Fenster, das damit geöffnet wird, von *Karte* ❸ auf *Satellit* ❷ um. Damit Sie nicht in einen Verkehrsstau geraten, können Sie noch zusätzlich mit *Verkehr* ❹ die Strecken markieren lassen, auf denen die Verkehrslage aktuell ungünstig ist. Mit der Option *Beschriftungen* ❺, die es nur bei der Satellitenansicht gibt, können Sie die Straßen und Bezeichnungen aus- bzw. einblenden. Die Option *ÖPNV* ❻ ist aktuell nur für Berlin verfügbar und blendet das Streckennetz der öffentlichen Nahverkehrsmittel ein.

Kapitel 8 Das Alltoundtalent

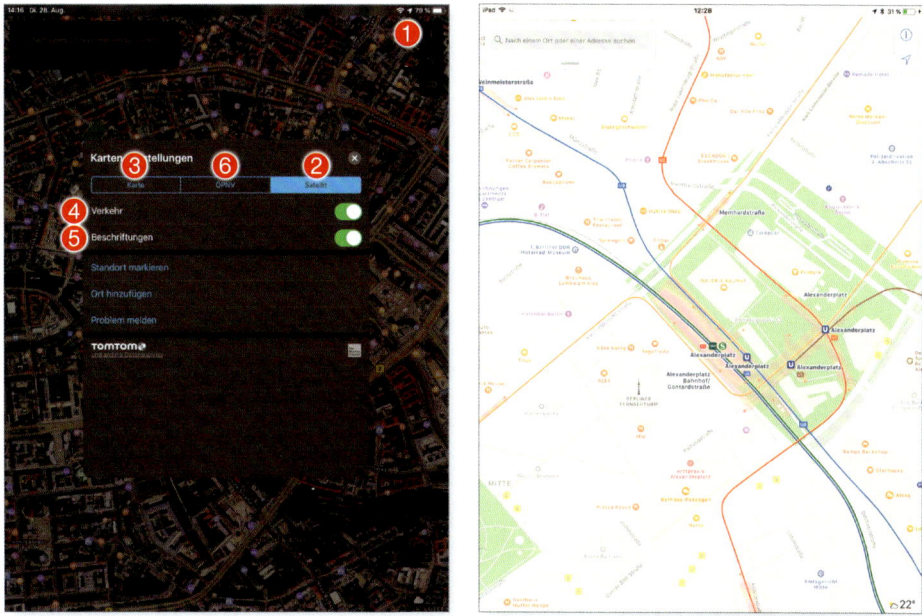

Die Kartenansicht kann man wechseln. Für Berlin kann sogar das Streckennetz des öffentlichen Nahverkehrs eingeblendet werden (rechts).

Es gibt noch eine weitere Ansichtsart: die 3D-Ansicht. Diese ist nur für größere Städte verfügbar und bietet eine Gebäudeansicht sowohl in der normalen Karten- als auch in der Satellitenansicht. Die 3D-Ansicht erhalten Sie, wenn Sie mit zwei Fingern nach oben streichen und sozusagen die Ansicht „kippen". Zur 2D-Ansicht können Sie dann wieder rechts oben zurückkehren.

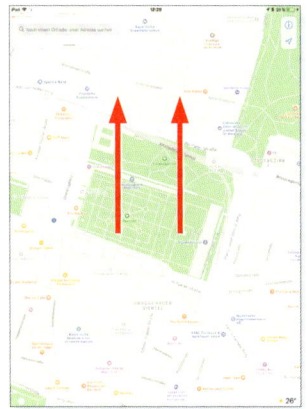 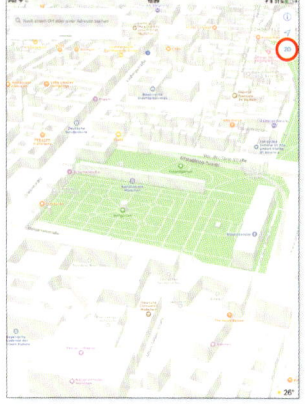 

Die 3D-Ansicht der Karten-App.

Zusätzliche Informationen

Wenn Sie einen Ort in die Suchmaske der Karten-App eingeben, erhalten Sie nicht nur die Möglichkeit, eine Route dorthin zu planen, sondern noch weitere interessante Dinge. Scrollen Sie im Ergebnisfenster einfach etwas weiter nach unten. Sehr oft gibt es einige Fotos vom Zielort, die von einem Reiseportal kommen. Wenn der Zielort ein Gebäude oder eine Einrichtung ist, werden sogar die Telefonnummer und die Adresse eingeblendet, die Sie gleich weiternutzen können, um z. B. dort anzurufen. Und sogar Wikipedia-Informationen sind vorhanden, die Sie auch direkt öffnen können.

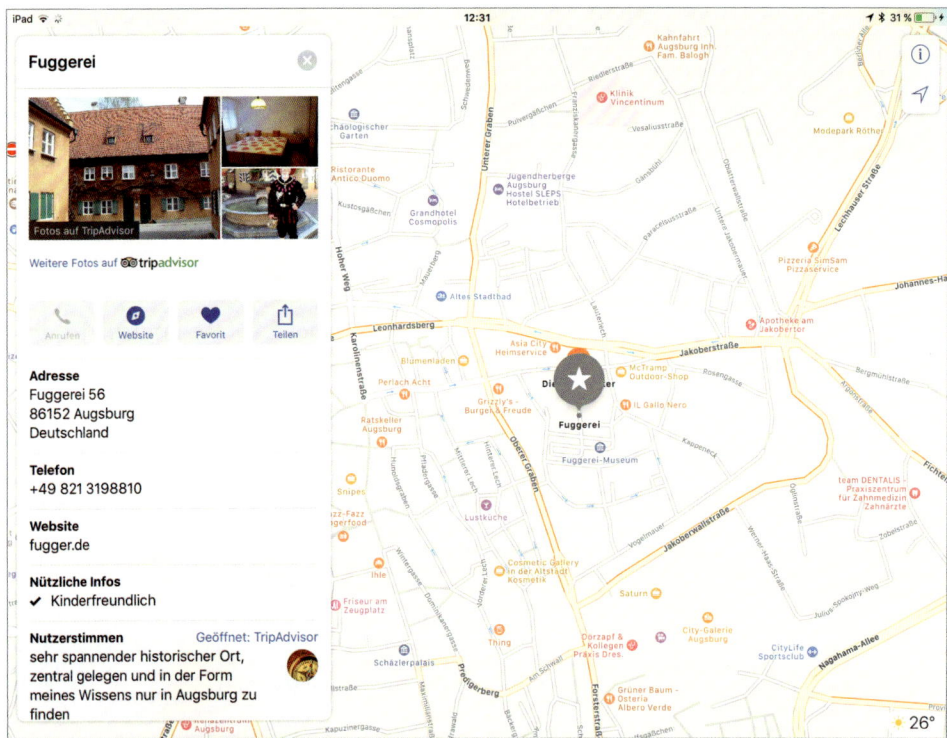

Über den Zielort gibt es eine ganze Menge zusätzlicher Informationen.

Kapitel 8 Das Alltoundtalent

Aktien

Die App Aktien ist vielen iPhone-Besitzern bekannt und hat nun auch den Weg aufs iPad gefunden. Mit der Aktien-App haben Sie immer einen Überblick über Ihre Aktien in der Tasche. Die App zeigt die aktuellen Kurse von ausgewählten Aktien an. Dabei bleibt es nicht nur beim aktuellen Kurs, sondern Sie können sich auch ein Chart mit der Kursentwicklung anzeigen lassen. Die Einstellungen für die App können mit Hilfe von iCloud mit dem Mac und iPhone synchronisiert. Seit macOS Mojave gibt es auch für den Mac eine Aktien-App, die synchron zur iOS-App arbeitet.

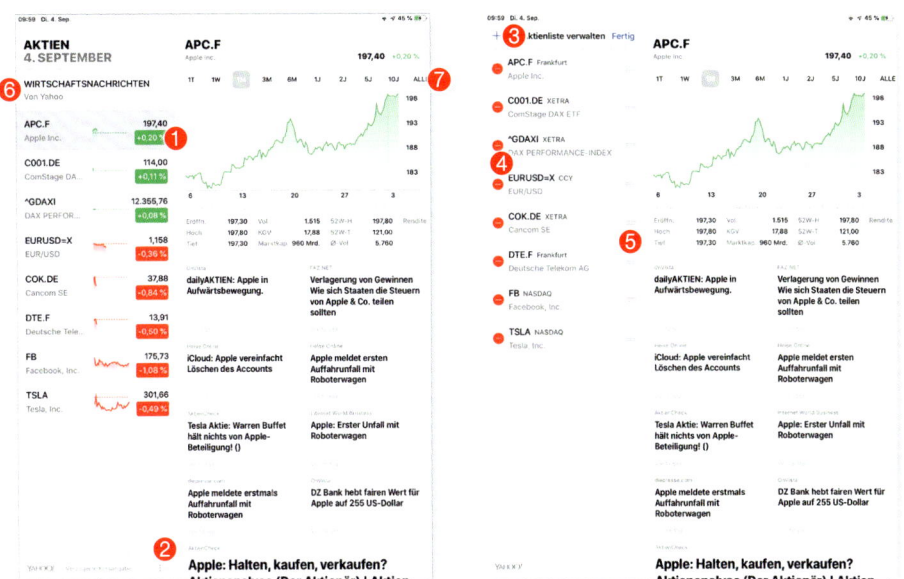

Mit der App „Aktien" haben Sie die Kurse von ausgewählten Aktien im Blick.

Die Aktien-App enthält bereits einige Aktien bzw. Indexe. Die Liste kann natürlich angepasst werden. Neben den Aktien sehen Sie in grünen bzw. roten Feldern die Kursentwicklung. Wenn Sie eines der Felder antippen ❶, können Sie die Anzeige zwischen prozentualer Änderung, Kursänderung und Marktkapitalisierung wechseln. Um die Liste zu bearbeiten, müssen Sie unten auf das Symbol ❷ tippen. Wenn Sie eine zusätzliche Aktie in der Liste haben wollen, dann tippen Sie auf das blaue Plussymbol ❸ links oben. Mit den weiß-roten Minuszeichen ❹ können Sie einen Eintrag wieder entfernen. Die Reihenfolge der Aktien in der Liste wird mit den drei Strichen ❺ auf der rechten Seite geän-

Aktien

dert. Fassen Sie einen Eintrag an diesen drei Strichen, und verschieben Sie ihn nach oben bzw. unten.

In der Übersicht sehen Sie im oberen Bereich ❻ die *Wirtschaftsnachrichten*. Wenn Sie diesen Bereich öffnen erhalten Sie aktuelle Nachrichten zu den Aktien, die in Ihrer Liste enthalten sind. Wenn Sie gezielt zusätzliche Informationen und Nachrichten zu einer Ihrer Aktien haben wollen, dann müssen Sie diese nur antippen. Die Aktie wird dann mit allen Details geöffnet.

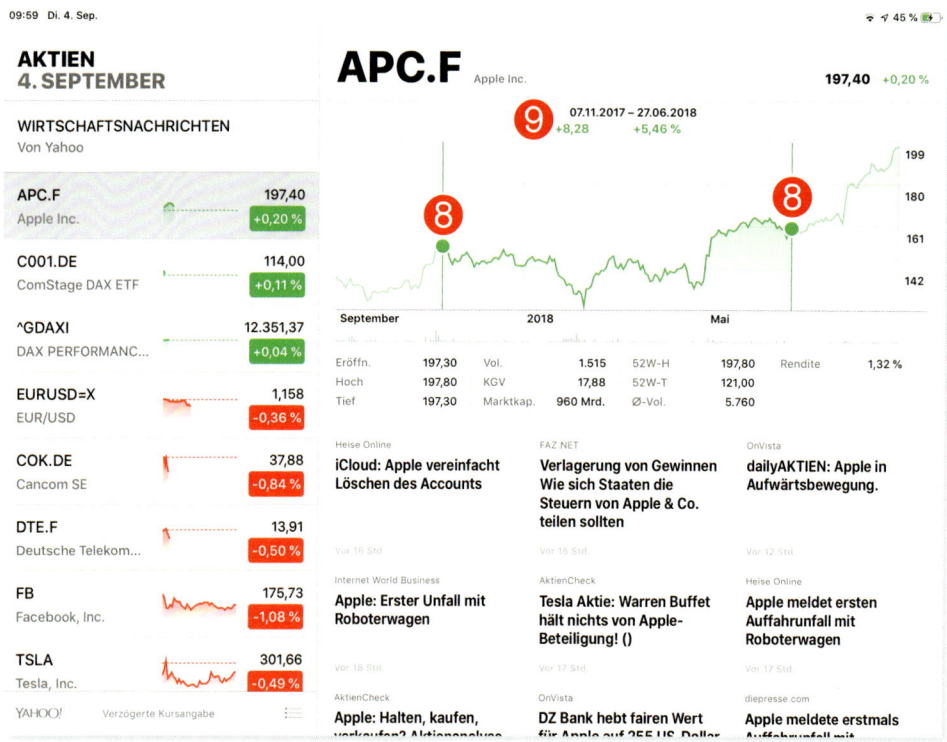

Wenn man eine Aktie antippt erhält man detaillierte Informationen und Charts. Mit zwei Fingern kann die Kursentwicklung über einen bestimmten Zeitraum einblenden.

Im oberen Bereich können Sie den Zeitraum ❼ für das Chart ändern und somit die Kursentwicklung über einen bestimmten Zeitraum abbilden. Um noch bessere Informationen über die Entwicklung innerhalb eines Zeitraums zu erhalten, legen Sie jeweils einen Finger an den Beginn und das Ende des gewünschten Zeitraums ❽. Die App zeigt Ihnen dann die prozentuale und reelle Kursentwicklung an ❾.

Kapitel 8 Das Alltoundtalent

Wecker und Timer

Zwei Funktionen, die Ihr tägliches Leben erleichtern können, sind der Wecker und der Timer, die Bestandteil der App *Uhr* sind. Mit dem Wecker und dem Timer können Sie sich an ausgewählte Uhrzeiten erinnern lassen. Im Gegensatz zu der App *Erinnerungen* ertönt das Wecker- bzw. Timersignal so lange, bis Sie es ausschalten. Bei einer Erinnerung erhalten Sie nur einmal einen Signalton, der dann sehr leicht überhört werden kann.

Wenn Sie die App *Uhr* starten, finden Sie in der unteren Symbolleiste den *Wecker* ❶ und den *Timer* ❷. Außerdem enthält die App unter *Weltuhr* ❸ eine Anzeige mit verschiedenen Uhrzeiten von Orten auf der Welt und eine *Stoppuhr* ❹.

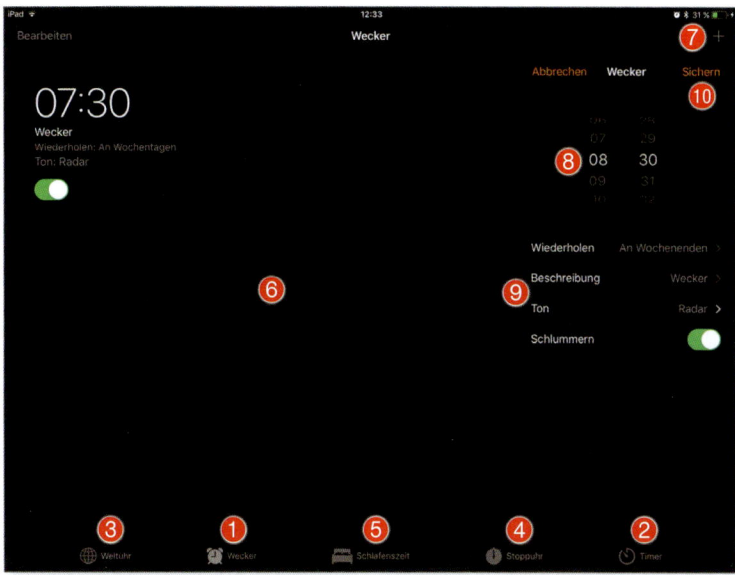

Die App „Uhr" ist für den „Wecker" und den „Timer" zuständig.

Wenn Sie eine Weckzeit einstellen wollen, blenden Sie den Bereich *Wecker* ❻ ein und tippen dort rechts oben auf das Plussymbol ❼. Anschließend bestimmen Sie die Weckzeit ❽ und die Optionen ❾ für den Wecker. In den Optionen können Sie bei *Wiederholen* den Wecker automatisch an ausgewählten Tagen läuten lassen. Mit *Sichern* ❿ nehmen Sie den Wecker in die Liste auf. Er ist dann sofort aktiv. Sie können noch weitere Weckzeiten für verschiedene Zwecke hinzufügen.

Wecker und Timer

 Ein aktiver Wecker wird durch ein kleines Symbol in der Statusleiste des iPads angezeigt.

Dieses Symbol zeigt einen aktiven Wecker an.

Schlafenszeit

Parallel zum Wecker gibt es auch eine *Schlafenszeit* ❺. Diese Funktion soll Ihnen dabei helfen, regelmäßig zu einer vernünftigen Zeit ins Bett zu gehen und damit gesünder zu schlafen. Wenn Sie diese Funktion nutzen wollen, müssen Sie zuerst einige Fragen beantworten, z. B. „Wie lange wollen Sie schlafen?" oder „Wann stehen Sie auf?". Sind diese Fragen beantwortet, erinnert die Uhr Sie daran, wann Sie zu Bett gehen müssen, damit Sie einen gesunden Schlaf bekommen.

 Die „Schlafenszeit" kann auch von Gesundheitsapps genutzt bzw. die Daten an diese weitergeleitet werden, um Ihren Schlaf zu analysieren.

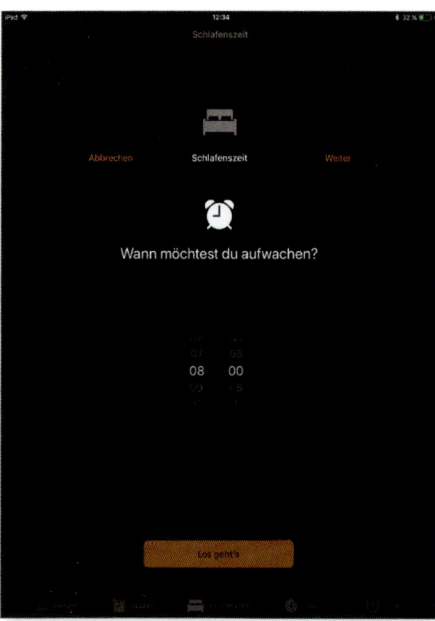
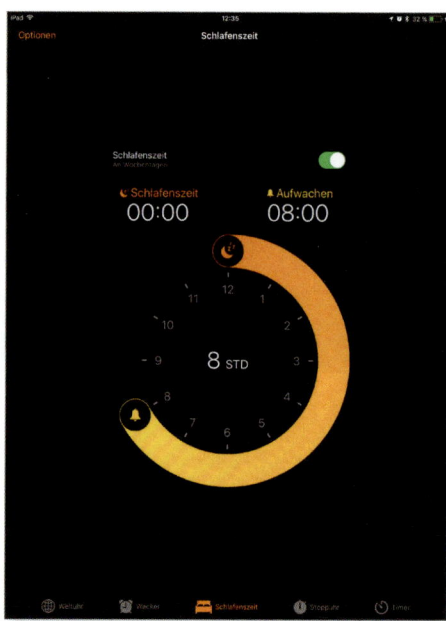

Die „Schlafenszeit" soll Sie daran erinnern, wann es Zeit ist, ins Bett zu gehen, um eine regelmäßige Schlafzeit einzuhalten.

Timer

Der *Timer* in der Uhr-App kann Ihnen dabei helfen, festgelegte Zeitabschnitte einzuhalten, z. B. um die Parkzeit nicht zu überschreiten. Der Timer ist sehr einfach gestrickt: Sie müssen als Erstes den Zeitraum **A** für den Timer festlegen. Bei *Timer-Ende* **B** wird der Signalton eingestellt, der nach Ablauf der Zeit erklingen soll. Mit *Start* **C** wird der Timer in Gang gesetzt. Falls Sie den Timer sehr oft benötigen, können Sie ihn direkt aus dem *Kontrollzentrum* heraus öffnen **D**. So sparen Sie sich den Umweg über das Öffnen der App *Uhr*.

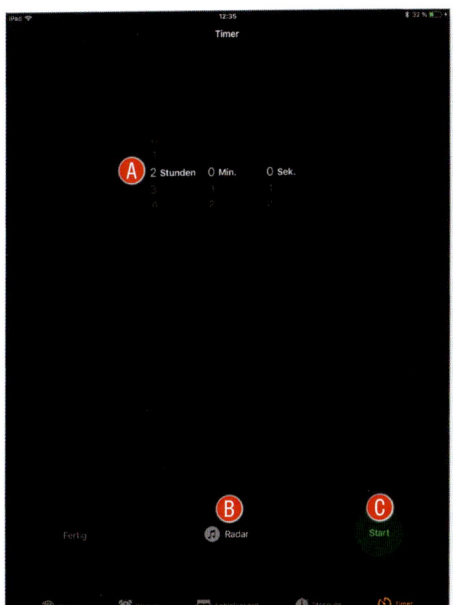 

Der „Timer" kann direkt im Kontrollzentrum geöffnet werden.

Sprachmemos

Die App *Sprachmemos* gibt es schon seit längerem für das iPhone. Mit iOS 12 hat diese App ebenfalls den Weg auf das iPad gefunden. Da es diese App auch für das iPhone und den Mac (ab macOS Mojave) gibt, können Sie Sprachaufnahmen mit Hilfe von iCloud mit den anderen Geräten synchronisieren.

Die Bedienung der App ist ganz einfach. Wenn Sie sie starten, müssen Sie nur einmal auf den Aufnahmeknopf ❶ tippen und Ihre Memo aufzeichnen. Nach der Aufnahme wird das Sprachmemo in die Liste einsortiert und kann abgespielt werden ❸. Mit zwei Buttons ❹ können Sie die Aufzeichnung jeweils 15 Sekunden vor- oder zurückspulen. Falls Sie die Ortungsdienste für die App aktiviert haben, wird automatisch der aktuelle Standort als Name für das Memo verwendet ❷ (*Einstellungen –> Sprachmemos –> Ortsabhängige Benennung*; dort kann zudem die Audioqualität noch justiert werden). Wollen Sie den Namen ändern, tippen Sie zweimal kurz hintereinander auf den vorhandenen Namen.

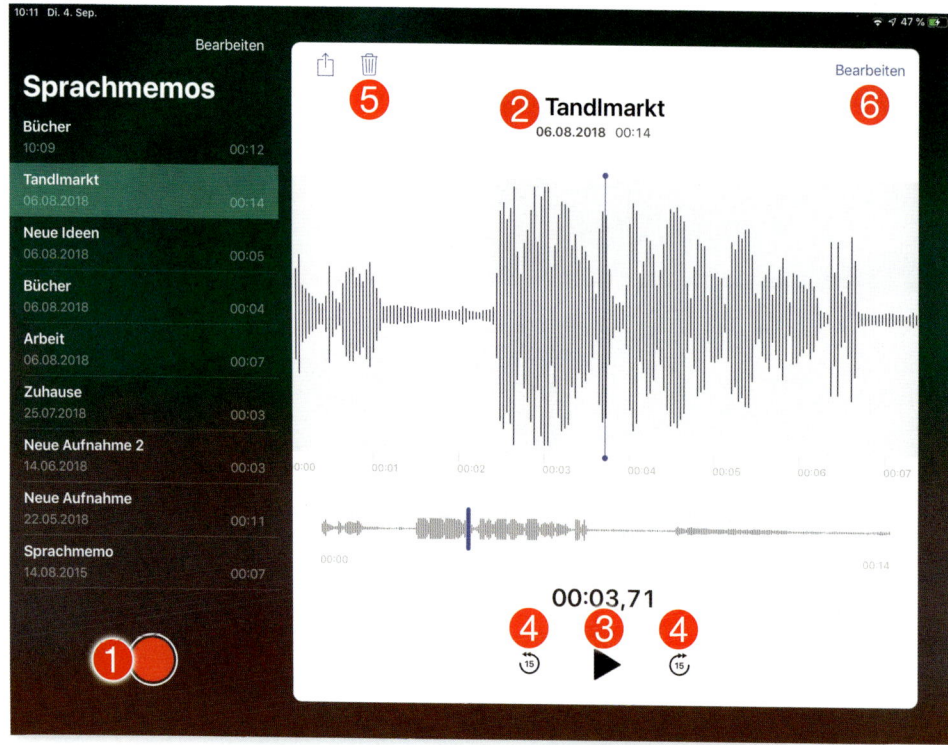

Die App „Sprachmemos" zeichnet Ihre gesprochenen Gedanken auf.

Kapitel 8 Das Alltoundtalent

Um eine Aufzeichnung zu löschen, tippen Sie auf das Mülleimersymbol ❺. Für die Nachbearbeitung müssen Sie auf *Bearbeiten* ❻ tippen. Dort lässt sich die Aufnahme kürzen, duplizieren oder weiterleiten.

Aufnahmen kürzen

Wenn Sie eine Sprachmemo aufzeichnen, dann kann es schon mal passieren, dass Sie am Beginn oder am Ende störende Geräusche aufgezeichnet haben. Diese lassen sich aus der Sprachmemo sehr leicht entfernen, da Sie jede Aufzeichnung auch kürzen können. Dazu wählen Sie zuerst die Aufnahme aus und tippen auf *Bearbeiten* ❻. Danach tippen Sie auf das Symbol fürs *Kürzen* Ⓐ. Mit den gelben Linien am Anfang und Ende der Aufzeichnung Ⓑ können Sie die Aufnahme von vorne bzw. hinten kürzen. Sobald Sie dann auf *Kürzen* Ⓒ tippen wird die Aufnahme beschnitten. Zum Abschluss tippen Sie rechts oben auf *Sichern*.

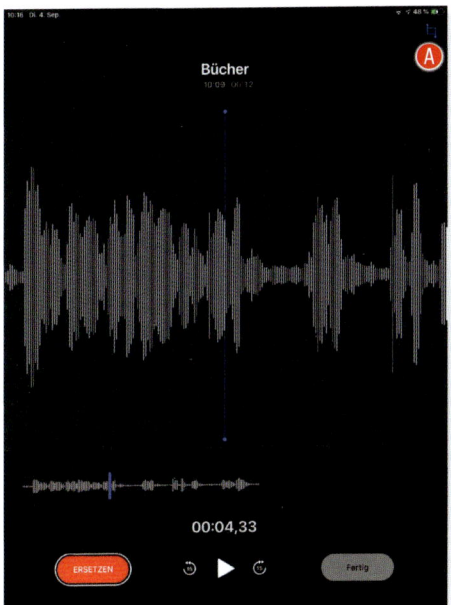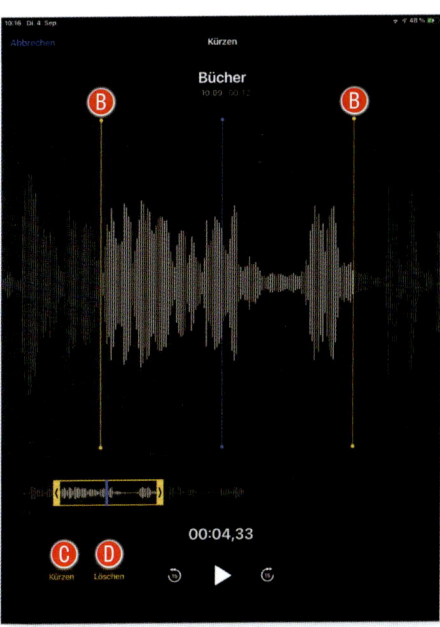

Aufgezeichnete Memos lassen sich auch nachträglich kürzen.

Teilbereiche löschen

Neben dem Kürzen können Sie auch Teile einer Aufnahme entfernen. Dazu müssen Sie genauso vorgehen wie beim Kürzen (siehe vorherigen Abschnitt). Der Unterschied besteht nur darin, dass Sie mit den beiden gelben Linien den

Bereich eingrenzen, der entfernt werden soll. Wenn dies geschehen ist, dann tippen Sie auf *Löschen* ❻ und der Bereich zwischen den beiden gelben Linien wird aus der Aufnahme entfernt.

Die Aufnahme überschreiben oder fortführen

Teilbereiche einer vorhandenen Sprachmemo können jederzeit überschrieben oder fortgeführt werden. Dazu müssen Sie zuerst in den *Bearbeiten*-Modus. Nun platzieren Sie die blaue Linie (Abspielkopf) ❶ an die Stelle die überschrieben bzw. an der die Aufnahme fortgesetzt werden soll. Jetzt müssen Sie nur noch auf *Ersetzen* ❷ tippen und die Aufzeichnung wird gestartet. Dabei werden die vorhandenen Bereiche überschrieben. Wenn Sie die Aufnahme beendet haben, tippen Sie auf *Fertig* ❸ und die Änderung zu sichern.

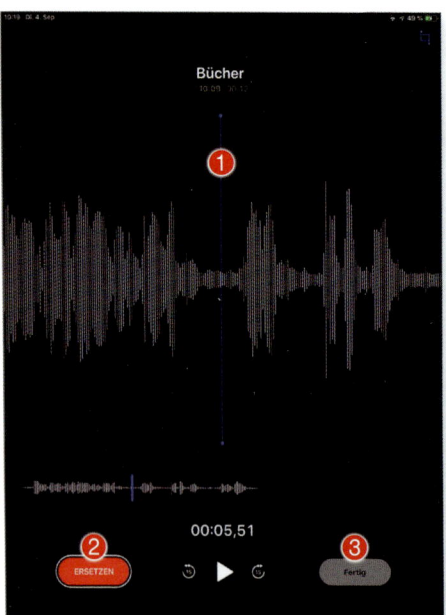
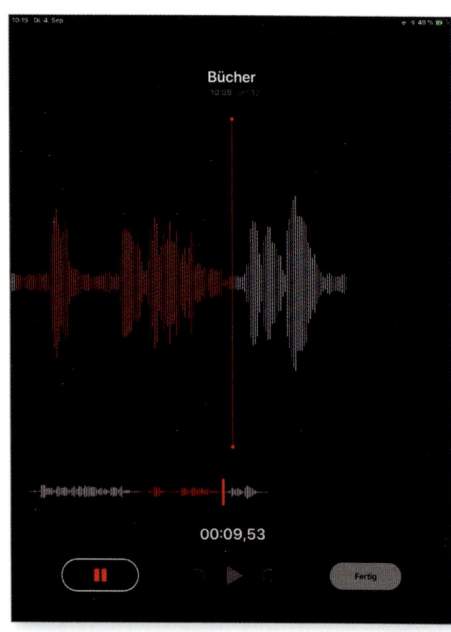

Die rote Markierung zeigt an, dass die aktuelle Aufnahme überschrieben wird.

Mit iCloud und anderen Geräten synchronisieren

Die aufgezeichneten Sprachmemos können via iCloud mit anderen Geräten synchronisiert werden. Das betrifft nicht nur die Synchronisation zwischen iPads, sondern auch iPhones und Macs. Natürlich werden die Sprachmemos nur zwischen den Geräten synchronisiert, die unter Ihrer Apple-ID bei iCloud registriert sind. Falls Sie diese Synchronisation nicht haben wollen, dann öffnen

Sie *Einstellungen –> Ihr Name (Apple-ID, iCloud, iTunes & App Store) –> iCloud* und deaktivieren den Schalter bei *Sprachmemos*.

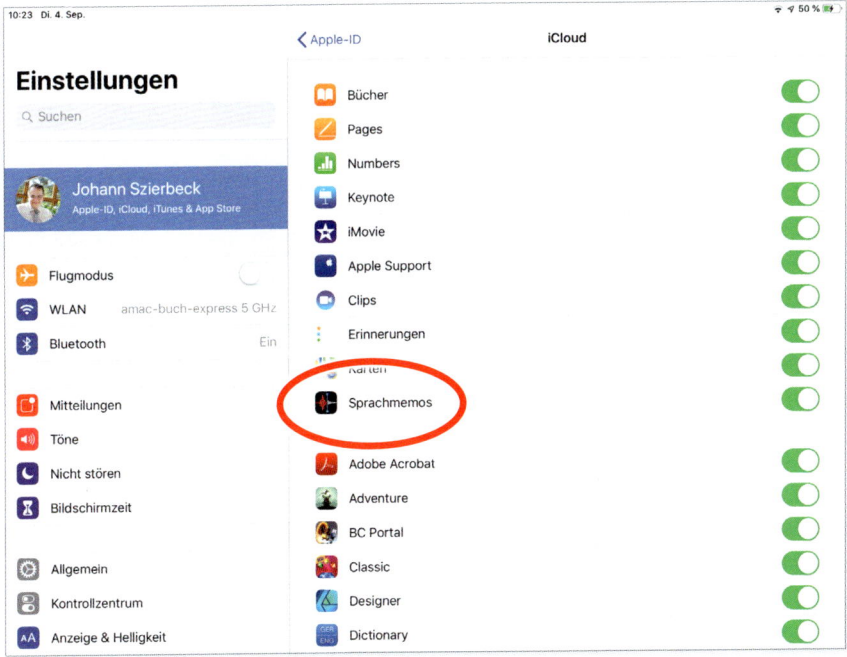

Die iCloud-Synchronisation für die Sprachmemos kann auch deaktiviert werden.

Maßband

Unglaublich, aber wahr: mit dem iPad können Sie mithilfe der App *Maßband* Dinge ausmessen. Möglich macht es die AR-Software (Argumented Reality), die Bestandteil von iOS ist.

Sobald die App gestartet und die nunmehr geöffnete Kamera ein Objekt erkannt hat, können Sie loslegen. Tippen Sie auf das Plus-Symbol ❶ und bewegen die Kamera am Objekt entlang. Ein erneutes tippen auf das Plus-Symbol beendet die Messung und zeigt mit einer Linie die Bemaßung ❷ an.

Maßband

Über die Maßband-App ist es ein Leichtes, Längen auszumessen.

Aber damit nicht genug. Die App kann ebenso zweidimensionale Objekte bzw. Flächen in einem Arbeitsschritt vermessen. Die Objekte werden automatisch erkannt und eben in beiden Dimensionen ausgemessen. Mit der Taste ❸ können Sie von der Vermaßung einen Screenshot erstellen lassen. Sie haben auch die Möglichkeit die Messung rückgängig ❹ zu machen und zu löschen ❺ und von vorne zu beginnen.

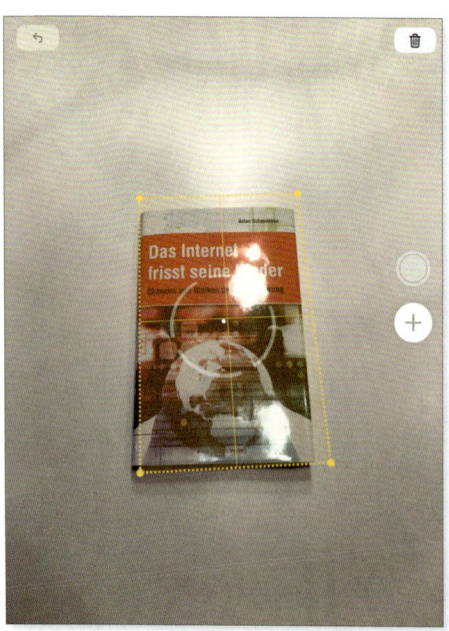 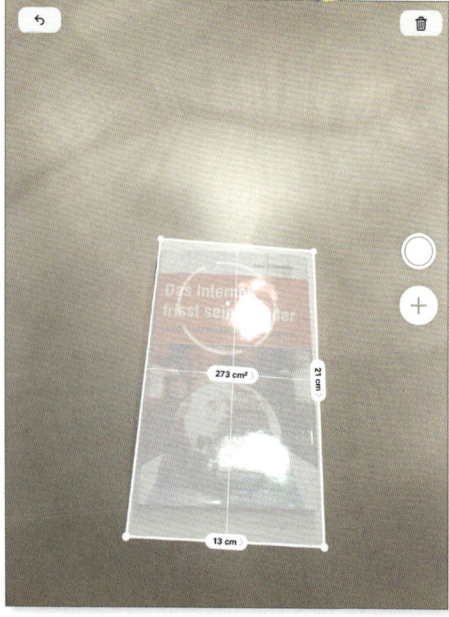

Auch 2D-Objekte und Flächen können in einem Schritt vermessen werden.

Kapitel 8 Das Alltoundtalent

Siri – alles noch einfacher

Die vielen Apps und Funktionen des iPads sind meistens sehr benutzerfreundlich und intuitiv. Es gibt aber Situationen, in denen ein Assistent ganz gut wäre, der Ihnen die Arbeit abnimmt, z. B. das Tippen einer E-Mail oder die Suche im Internet. So einen Assistenten haben Sie bereits auf dem iPad: Sein Name ist Siri.

Siri ist ein intelligenter Sprachassistent, der Ihnen die unterschiedlichsten Aufgaben abnehmen kann. Anstatt z. B. einen Text für eine Nachricht oder E-Mail mühsam über die kleine Tastatur einzutippen, können Sie ihn mithilfe von Siri einfach diktieren. Siri kann auch neue Kalendereinträge, Notizen oder Erinnerungen für Sie anlegen. Siri ist fest in das Betriebssystem des iPads integriert und kann deswegen sehr viele Aufgaben erledigen. Sogar wenn Ihnen langweilig ist und Sie ein bisschen Unterhaltung brauchen, können Sie mit Siri ein „Gespräch" führen.

Bevor Sie mit Siri arbeiten, sollten Sie sicherstellen, dass Siri auch aktiviert ist. Normalerweise können Sie das bereits beim Einrichten des iPads erledigen. Falls dies nicht geschehen ist, dann öffnen Sie die *Einstellungen* und danach *Siri & Suchen*. Dort finden Sie den Schalter *Für Siri Home-Taste drücken*, um Siri zu aktivieren.

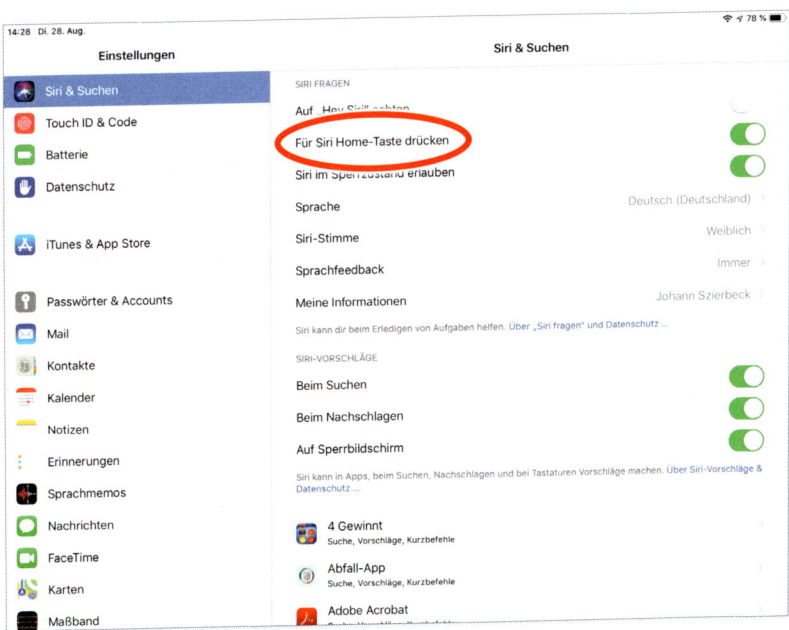

Siri muss zuerst aktiviert werden. Achten Sie zudem darauf, daß die korrekte Sprache eingestellt ist. Und via „Siri-Stimme" können Sie zwischen männlich und weiblich wählen.

Siri – alles noch einfacher

Wenn Siri eingeschaltet ist, können Sie den Assistenten aufrufen, indem Sie etwas länger die *Home-Taste* des iPads drücken. Anschließend können Sie Ihre Anweisungen sprechen.

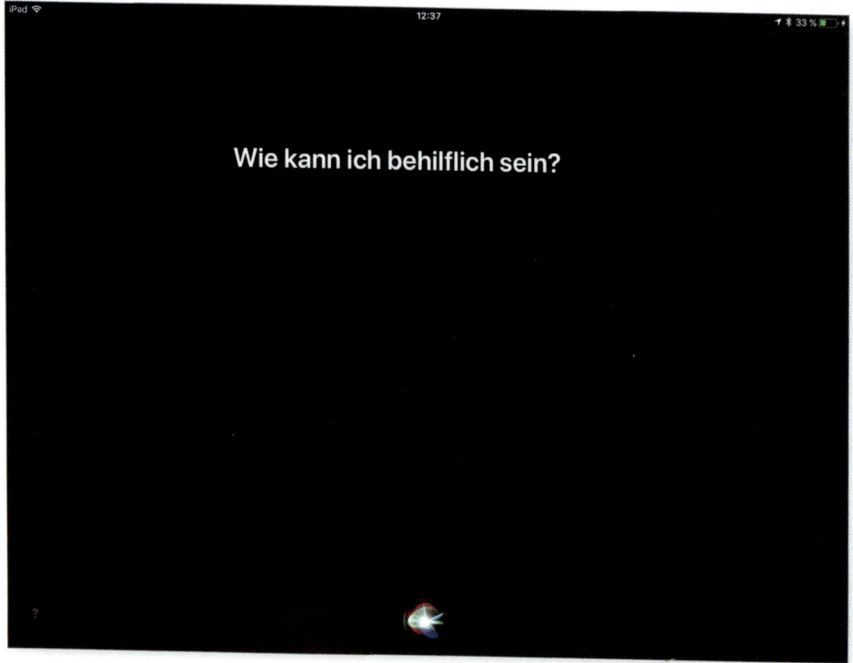

Siri wartet auf Anweisungen.

Schreiben statt sprechen

Normalerweise kommunizieren Sie mit Siri per Sprache. Es gibt aber Situationen, in denen man nicht sprechen kann oder will. In solchen Situationen können Sie Ihre Anweisungen für Siri auch eintippen. Um dies zu tun, müssen Sie allerdings unter *Einstellungen –> Allgemein –> Bedienungshilfen –> Siri* die Option *Siri schreiben* aktivieren. Sobald Sie diese Option eingeschaltet haben, werden beim Aufruf von Siri die Tastatur und ein Eingabefeld eingeblendet. In das Feld müssen Sie Ihre Frage bzw. Anweisung für Siri nun eintippen.

Kapitel 8 Das Alltoundtalent

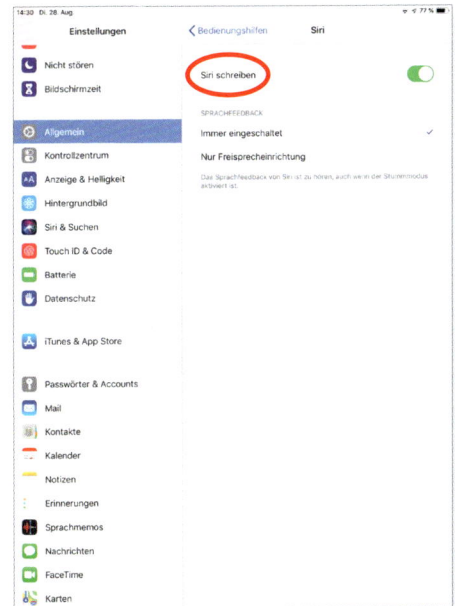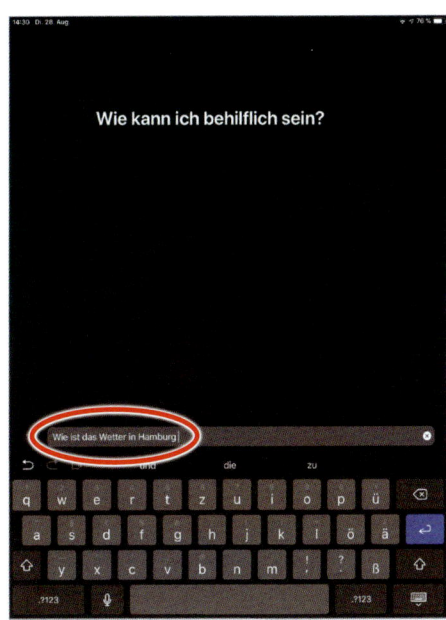

Die Anweisungen für Siri können auch eingetippt werden.

Siri und die Apps

Seit iOS 11 hat Apple Siri auch für die Nutzung durch andere Apps freigegeben. Wenn Sie also z. B. eine Suche mit Siri durchführen, werden nicht nur die Apps von Apple durchsucht, sondern auch Apps von anderen Entwicklern. Das Gleiche trifft auch auf Anweisungen zu, die es erfordern, eine fremde App zu starten oder zu verwenden.

Ob eine App mit Siri zusammenarbeitet, hängt von zwei Dingen ab. Zum einen muss die App eine Schnittstelle zu Siri besitzen, was der App-Entwickler steuert. Zum anderen müssen Sie auf Ihrem iPad der App erlauben, Siri zu nutzen. Dies machen Sie unter *Einstellungen –> Siri & Suchen*. Dort sind alle Apps aufgelistet, die mit Siri zusammenarbeiten. Öffnen Sie die gewünschte App, und aktivieren bzw. deaktivieren Sie die Option *Suchen, Vorschläge, Kurzbefehle*. Nur wenn diese Option eingeschaltet ist, kann Siri auf die Informationen der jeweiligen App zugreifen.

Siri – alles noch einfacher

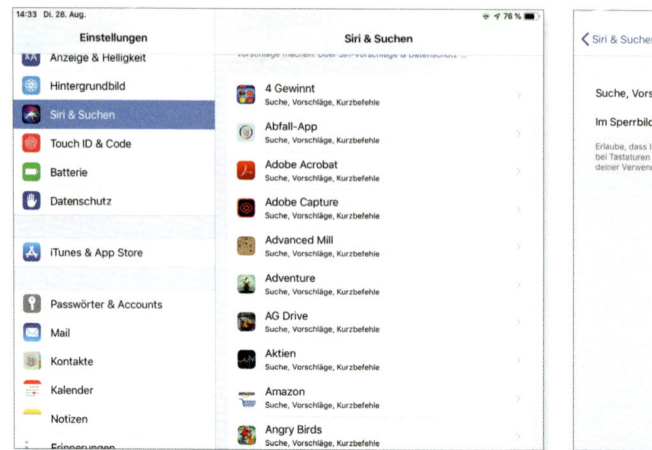
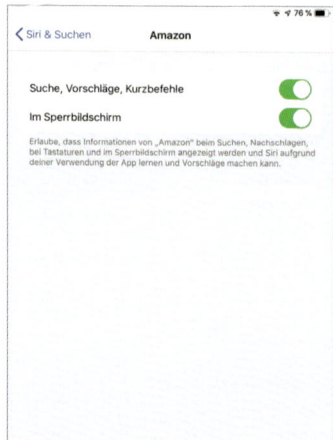

Die Siri-Unterstützung kann für die einzelnen Apps ein- bzw. ausgeschaltet werden.

Siri und iCloud

Siri ist ein lernender Assistent und wird durch häufige Nutzung immer intelligenter. Siri lernt Ihre Anfragen, Anweisungen und Gewohnheiten besser zu verstehen und kann dadurch effektiver arbeiten. Bisher war der Lernprozess immer auf ein einzelnes Gerät beschränkt: Dinge, die Siri auf Ihrem iPhone gelernt hat, konnten auf Ihrem iPad nicht genutzt werden. Dies hat sich seit iOS 11 geändert. Mithilfe von iCloud können Sie Siri zwischen Ihren Geräten abgleichen. Das, was Siri auf dem iPad gelernt hat, kann somit ganz leicht auch für den Mac oder das iPhone genutzt werden.

Damit Siri mit iCloud zusammenarbeitet, müssen Sie allerdings eine spezielle Funktion aktivieren. Dazu müssen Sie bei *Einstellungen –> Ihr Name (Apple-ID, iCloud, iTunes & App Store)* auf *iCloud* tippen. Dort finden Sie die Funktion *Siri*, die Sie einschalten müssen. Fertig!

Diktieren

Ein Bestandteil von Siri ist die Diktierfunktion. Diese ist grundsätzlich bei allen Eingaben verfügbar, für die eine Tastatur benötigt wird. Wenn Sie also z. B. den Text für eine E-Mail schreiben, können Sie ihn optional auch diktieren.

Kapitel 8 Das Alltoundtalent

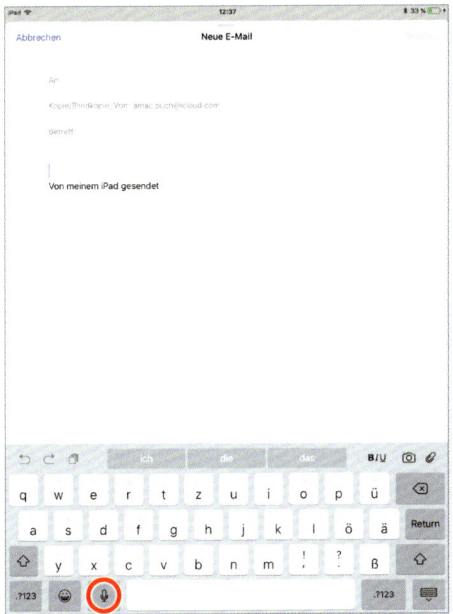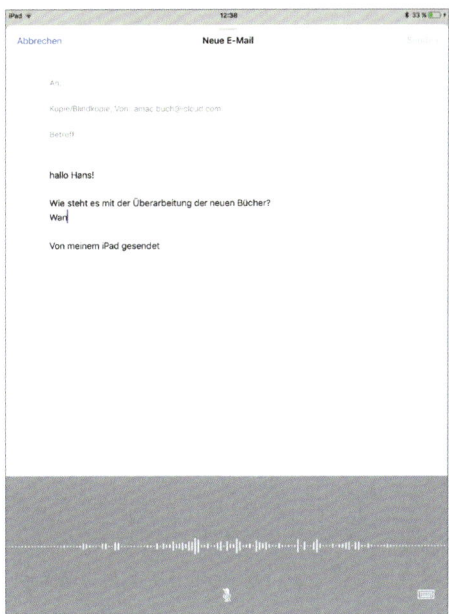

Text kann nicht nur geschrieben, sondern auch diktiert werden.

Möchten Sie einen Text diktieren, dann tippen Sie auf das Mikrofonsymbol in der Bildschirmtastatur. Anschließend müssen Sie den Text sprechen; die Sprache wird sofort in geschriebenen Text umgewandelt. Je deutlicher Sie sprechen, desto besser ist das Ergebnis. Sie können auch Satzzeichen wie „Punkt", „Komma" oder „Fragezeichen" sprechen, genauso wie die Anweisungen „Neue Zeile" oder „Neuer Absatz". Ebenso erkennt Siri Zahlen, auch wenn diese komplexer sein sollten, wie beispielsweise „eintausendvierhundertdreiundneunzig". Probieren Sie es einfach mal aus.

Während Sie diktieren, können Sie nun direkt auch die Sprache wechseln. Dadurch können Sie z. B. deutschen mit englischem Text mischen. Die Voraussetzung dafür ist, dass Sie die fremdsprachige Tastatur aktiviert haben. Diese finden Sie unter *Einstellungen –> Allgemein –> Tastatur –> Tastaturen*. Dort tippen Sie auf *Tastatur hinzufügen* und wählen die gewünschte Sprache aus. Überprüfen Sie anschließend, ob unter *Einstellungen –> Tastatur –> Diktiersprachen* auch alle Sprachen aktiviert sind.

Wenn Sie anschließend ein Diktat starten, dann sehen Sie links unten die Weltkugel. Wenn Sie sie antippen, wird die Diktatsprache gewechselt. Die Sprache wird daneben kurz eingeblendet. Somit können Sie während des Diktats jederzeit zwischen unterschiedlichen Sprachen wechseln.

Siri – alles noch einfacher

Während Sie diktieren, können Sie bei Bedarf die Sprache wechseln.

Fragen Sie Siri

Wie bereits erwähnt, ist Siri Ihr Assistent. Und am besten können Sie ihn nutzen, wenn Sie ihm Fragen stellen. Dabei müssen Sie keine künstlichen Sätze formulieren, sondern Sie fragen Siri genau so, als hätten Sie eine reale Person vor sich. Siri kennt auf fast alles die Antworten, da es auch eine Internetsuche startet, um die Antwort zu finden. Wenn Sie also Siri aufrufen, können Sie Dinge fragen wie: „Wo ist das nächste Café?", „Wann habe ich das Treffen mit XYZ?", „Wo ist meine Frau?", „Wie alt ist Bastian Schweinsteiger?", „Wie ist das Wetter morgen in Berlin?", „Wie viele Dollar sind 3 Euro?" etc. Und Sie können Siri sogar nach Übersetzungen fragen: „Wie heißt Überzeugung auf englisch?".

 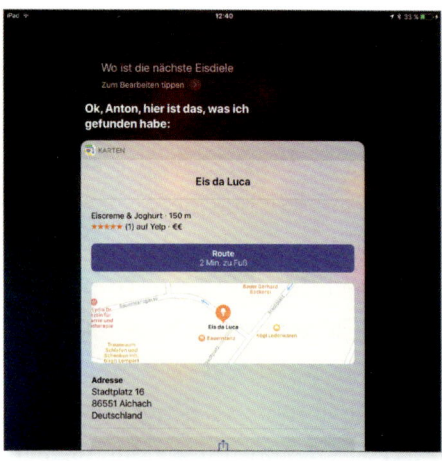

Siri kennt auf (fast) alles die Antwort!

Dinge erledigen

Ein Assistent ist nicht nur zum Beantworten von Fragen da, sondern vor allen Dingen, um Sachen zu erledigen. Auch das kann Siri! Siri kann neue Termine anlegen, Notizen erstellen, Nachrichten verschicken und für Sie bei einer Person via FaceTime anrufen. Dazu müssen Sie Siri nur den entsprechenden Befehl geben, z. B. „Neue Nachricht an XYZ" oder „Neuer Termin für Freitag von 19 bis 22 Uhr".

Seit iOS 10 hat Apple Siri für Programmierer geöffnet. Sollten Sie also z. B. Skype nutzen, dann können Sie über das Sprachkommando „Rufe via Skype bei Martin an" dies initialisieren. Das Ganze funktioniert aber nur dann, wenn Sie Skype für Siri aktiviert haben: **Einstellungen –> Siri & Suchen**. Dort finden Sie eine Übersicht aller Apps, die Siri nutzen können.

Sie können Siri auch dazu nutzen, um Apps zu steuern bzw. zu starten. Wenn Sie z. B. den Timer oder Wecker neu einstellen wollen, sagen Sie einfach: „Stelle den Timer auf 60 Minuten" oder „Stelle den Wecker für morgen auf 7.30 Uhr". So einfach kann der Umgang mit Siri sein.

 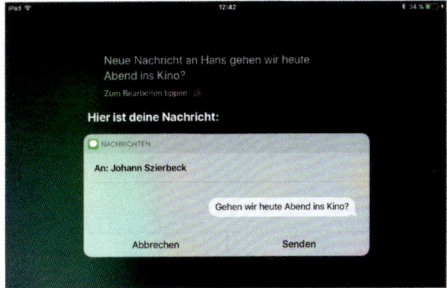

Siri erledigt zahlreiche Aufgaben für Sie.

Siri Kurzbefehle

Über die *Siri-Kurzbefehle* können Sie häufig benötigte Funktionen noch schneller aufrufen. Navigieren Sie beispielsweise zu *Einstellungen –> Siri & Suchen –> Alle Kurzbefehle –> Aktien*.

So können Sie also nach und nach alle häufig eingesetzten Funktionen durch ein Sprachkommando noch zügiger aufrufen. Alle neuen Kurzbefehle können Sie auf einen Blick unter *Einstellungen –> Siri & Suchen –> Siri-Kurzbefehle* einsehen. Nicht mehr benötigte können mit einer Wischgeste (von rechts nach links) ebenfalls entfernt werden.

Siri – alles noch einfacher

Sprechen Sie einen Text (z. B. „Apple Aktie") ein, um über Siri in Zukunft den Apple-Aktienkurs noch schneller abrufen zu können.

Nochmals zurück zum Erstellen von Kurzbefehlen. Ihr iOS-Gerät erkennt aufgrund der Dinge, die Sie mit ihm anstellen, welche Kurzbefehle nützlich für Sie wären. Diese werden Ihnen entsprechend auch vorgeschlagen (*Vorgeschlagene Kurzbefehle* bzw. *Alle Kurzbefehle*) und können somit konfiguriert werden.

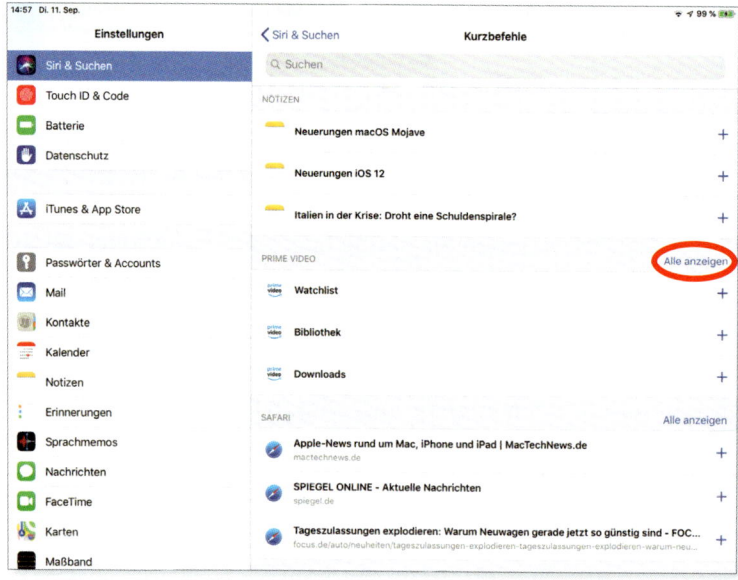

iOS analysiert permanent, was Sie an dem Gerät tun und erstellt deshalb entsprechende Kurzbefehle. Klappen Sie in der jeweiligen Kategorie „Alle anzeigen" auf, um weitere Optionen einsehen zu können.

Kapitel 8 Das Alltoundtalent

Diese Siri-Kurzbefehle sind also dann via Siri aufrufbar. Bisweilen werden Sie zudem merken, dass einige Kurzbefehle sich sowohl im Sperrbildschirm sowie in der Spotlight-Suche einklinken und mit einem Fingertipp direkt aufgerufen werden können.

 Siri-Kurzbefehle können zudem in diversen Einstellungen wie z. B. Kalender, Sprachmemos, Mail, etc. erstellt werden.

Wenn Sie noch komplexere Kurzbefehle erstellen möchten, dann ist die optionale gleichnachmige App für Sie genau richtig. Mit der App *Kurzbefehle* (zu finden im App Store) können Sie mehrere Befehle nacheinander ausführen lassen und sodann mit einem einzigen Siri-Befehl starten.

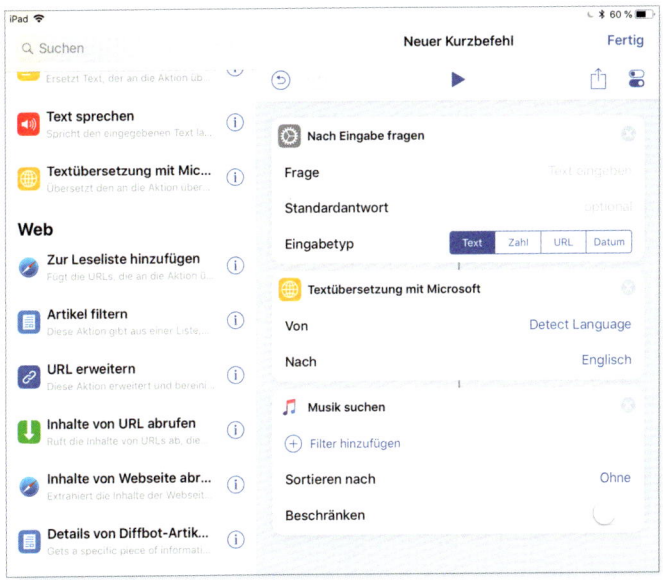

Über die „Kurzbefehle"-App können komplexe Abläufe zu einem Siri-Kurzbefehl zusammengefasst werden..

Hey Siri

Normalerweise wird Siri durch ein längeres Drücken der *Home-Taste* aufgerufen. Es kann aber auch auf das Kommando „Hey Siri" hören.

Zuerst müssen Sie die Funktion *Hey Siri* einrichten bzw. einschalten. Öffnen Sie die *Einstellungen* und wechseln Sie dann zu *Siri & Suchen*. Dort finden Sie die Option *Auf „Hey Siri" achten*. Wenn Sie die Option aktivieren, müssen Sie anschließend die Funktion in mehreren Schritten konfigurieren. Dabei müssen

315

Kontakte

Sie mehrmals „Hey Siri" in das Mikrofon des iPads sprechen, damit Siri später nur mit Ihrer Stimme gestartet werden kann. Ist alles eingerichtet, können Sie Siri nun mit dem Ausruf „Hey Siri" öffnen.

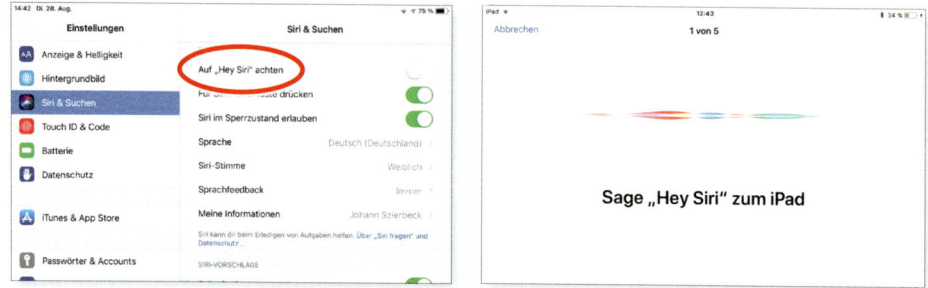

„Hey Siri" muss vor der ersten Benutzung erstmal eingerichtet werden.

Der Sprachassistent Siri hat einen dermaßen großen Funktionsumfang, dass er in diesem Buch gar nicht ausführlich beschrieben werden kann. Aber es gibt ein anderes Buch, das genau das leistet. Das „Siri Handbuch" (ISBN 978-3-95431-050-0) erhalten Sie beim amac-buch Verlag: Es erläutert den Sprachassistenten sehr detailliert. Dabei wird nicht nur die Nutzung auf dem iPad beschrieben, sondern auch auf dem iPhone, der Apple Watch und Apple TV.

Kontakte

Wie der Name bereits sagt, können Sie in der App *Kontakte* die Namen und Adressen von Personen speichern. Die Kontakte können bei einem aktiven iCloud-Zugang dann automatisch auf Ihre anderen Geräte übertragen bzw. mit ihnen synchronisiert werden. Wenn Sie also z. B. in Outlook unter Windows einen neuen Kontakt anlegen, wird dieser via iCloud sofort mit dem iPad synchronisiert, umgekehrt natürlich genauso.

Neuen Kontakt anlegen

Wenn Sie die *Kontakte*-App öffnen, sehen Sie die Liste mit allen bereits vorhandenen Kontakten. Oben gibt es ein Plussymbol ❶, mit dem Sie einen neuen Kontakt anlegen können. Zuerst sollten Sie natürlich den Namen ❷ eingeben.

Danach können Sie auf Wunsch ein Foto für den Kontakt auswählen ❸. Dabei können Sie entweder direkt ein Foto aufnehmen oder eines aus Ihrer Fotomediathek wählen. Als Nächstes ist die Telefonnummer ❹ an der Reihe – Sie können hier übrigens auch mehrere Telefonnummern hinterlegen. Um welche Art von Telefonnummer (*Privat*, *Arbeit*, *iPhone*, *Mobil* etc.) es sich handelt, lässt sich ebenfalls bestimmen. Sie müssen dazu nur auf den Begriff vor der Telefonnummer tippen ❺.

Ist die Telefonnummer eingegeben, können Sie weiter nach unten scrollen und weitere Informationen eintragen, etwa E-Mail-Adresse, Adresse, Geburtstag, URL. Am unteren Ende gibt es noch die Funktion *Feld hinzufügen*, mit der Sie zusätzliche Felder, wie z. B. *Spitzname* oder *Geburtsname*, in den Kontakt aufnehmen können.

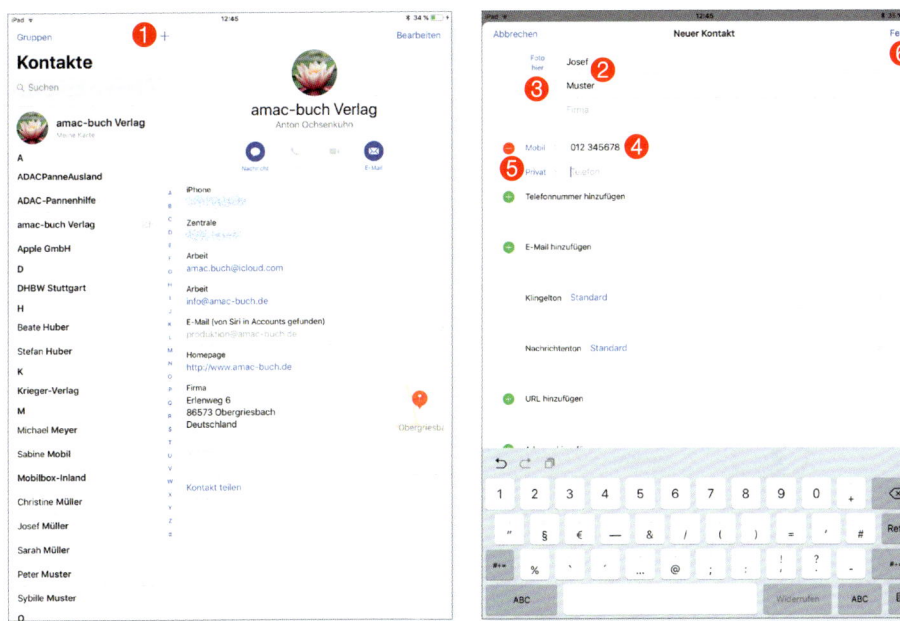

Ein neuer Kontakt wird angelegt.

Wenn Sie alle Angaben gemacht haben, tippen Sie rechts oben auf *Fertig* ❻, damit der Kontakt gesichert wird. Wollen Sie die Kontaktdaten nachträglich ändern, tippen Sie auf *Bearbeiten* ❼, und Sie können die vorhandenen Daten bearbeiten und ergänzen.

Kontakte

Der neue Kontakt ist angelegt. Er kann bei Bedarf ergänzt bzw. geändert werden.

Gruppen

Die Kontakte-App bietet auch die Anzeige von Kontaktgruppen. Damit können Sie nur ganz bestimmte Personen in der App anzeigen lassen. Leider kann man auf dem iPad keine neuen Kontaktgruppen erstellen bzw. eine Person einer Gruppe zuweisen. Dies geht nur auf einem Computer oder mit einem Browser auf icloud.com. Auf dem Mac können Sie im Programm *Kontakte* neue Gruppen anlegen und die Kontaktdaten entsprechend auf die Gruppen verteilen. Via iCloud werden die Gruppen dann mit Ihrem iPad synchronisiert.

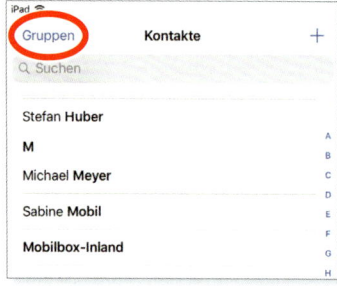 

Die „Kontakte"-App zeigt auch die Kontaktgruppen von iCloud oder anderen Diensten an.

Kontakt löschen

Die Kontaktdaten einer Person sind schnell gelöscht. Zuerst müssen Sie die Kontaktdaten öffnen, danach tippen Sie rechts oben auf *Bearbeiten*. Nun scrollen Sie ganz nach unten, bis Sie die Option *Kontakt löschen* sehen. Tippen Sie die Option an, um die Daten von Ihrem iPad zu entfernen.

Kapitel 8 Das Alltoundtalent

 Beachten Sie bitte, dass bei der Verwendung von iCloud der Kontakt nicht nur auf dem iPad gelöscht wird, sondern auch auf allen anderen Geräten, auf denen Sie iCloud verwenden.

Kontakte verwenden

Die Kontakte-App bietet viele Möglichkeiten, die Daten auf unterschiedlichste Weise zu verwenden. Wenn Sie einen Kontakt geöffnet haben, können Sie direkt aus der App heraus eine Nachricht versenden ❶, die Person via FaceTime anrufen ❷ oder einen Videochat tätigen ❸ beziehungsweise eine E-Mail senden ❹. Für diese Funktionen können Sie entweder einen der Buttons verwenden, oder Sie tippen direkt auf die Telefonnummer, E-Mail-Adresse, URL usw. Jeder Eintrag, der in blauer Farbe angezeigt wird, hat eine Verknüpfung zu den anderen Apps auf Ihrem iPad. Wenn Sie also z. B. auf eine URL tippen, wird sofort Safari gestartet und die entsprechende Internetseite aufgerufen. Mit Adressen können Sie sofort eine Routenführung in der Karten-App starten: Dazu müssen Sie nur auf die Miniaturkarte ❺ tippen. Man kann die Kontakte-App als Kommunikationszentrale betrachten, da man von hier aus eine Person auf unterschiedlichste Weise erreichen kann.

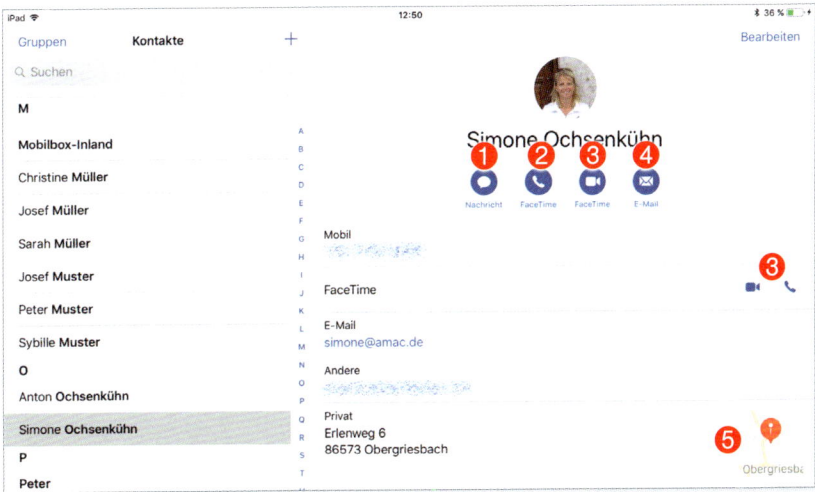

Mithilfe der Kontaktdaten können Sie direkt mit einer Person kommunizieren.

Einstellungen

Für die Kontakte-App gibt es noch eine Handvoll Einstellungen, die Sie kontrollieren bzw. ändern sollten. Öffnen Sie dazu die *Einstellungen –> Passwörter &*

Kontakte

Account. Bei *Accounts* Ⓐ können Sie festlegen, von welchen E-Mail-Accounts Sie die Kontakte verwalten, übernehmen und synchronisieren wollen. Falls Sie z. B. die Kontakte von einem Google-Konto nicht auf dem iPad haben wollen, können Sie sie hier deaktivieren Ⓔ.

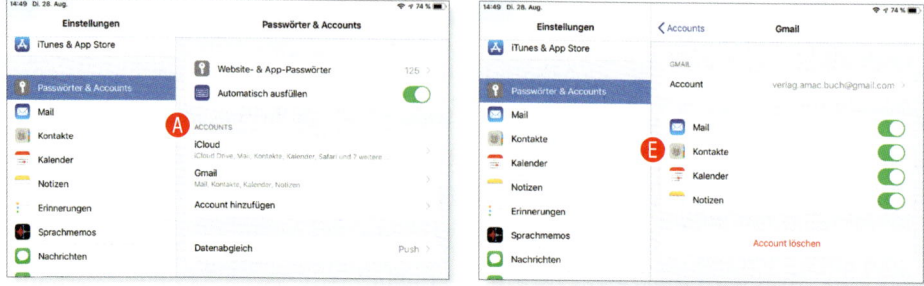

Die Einstellungen für die App „Kontakte".

Falls Ihnen die Sortierung der Namen in der Kontaktliste nicht gefällt, dann können Sie unter *Einstellungen –> Kontakte* die *Sortierfolge* und *Anzeigefolge* Ⓑ ändern. Die Sortierfolge ist für die Sortierung in der Übersicht zuständig, während die Anzeigefolge z. B. beim Eingehen eines Anrufs interessant ist.

Die „Anzeigefolge" bestimmt, wie der Name eines Kontakts z. B. bei einem eingehenden Anruf angezeigt wird.

Bei der Option *Meine Infos* Ⓒ legen Sie Ihre eigenen Kontaktdaten fest. Und dann sollten Sie noch den *Standardaccount* Ⓓ definieren – er wird für das Anlegen von neuen Kontakten gebraucht. Immer wenn Sie einen neuen Kontakt anlegen, wird dieser dann im Standardaccount gespeichert.

Kapitel 9 Datenaustausch

Auf den ersten Blick bietet das iPad keinerlei Anschlüsse, um z. B. einen USB-Stick einzustecken. Man bekommt den Eindruck, dass mit dem iPad keinerlei Datenaustausch mit anderen Geräten möglich ist. Das ist allerdings ein Irrtum! Es gibt sogar mehrere Methoden, um Dateien vom und zum iPad zu übertragen.

AirDrop

Die einfachste und schnellste Möglichkeit, um Daten auszutauschen, ist *AirDrop*. Mit dieser Technologie können Sie Daten zwischen Apple-Geräten (iPad, iPhone, Mac) austauschen, die sich in unmittelbarer Umgebung befinden. Da AirDrop via Bluetooth und WLAN mit den anderen Geräten kommuniziert, funktioniert es nur mit Geräten, die in Reichweite dieser Dienste sind.

AirDrop ist unkompliziert: Zuerst müssen Sie es einschalten – das passiert im *Kontrollzentrum*. Dort müssen Sie bei *AirDrop* den Empfang von Daten aktivieren. Tippen Sie etwas länger auf das AirDrop-Symbol um die detaillierten Einstellungen zu öffnen. Dort können Sie nun AirDrop aktivieren, wobei Sie die Beschränkung festlegen können, dass z. B. nur Personen aus Ihrem Adressbuch (*Nur Kontakte*) Ihnen etwas per AirDrop schicken können.

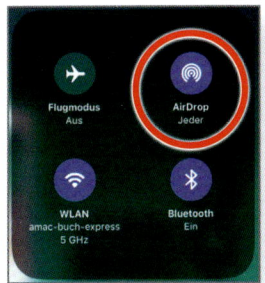

„AirDrop" kann im Kontrollzentrum eingeschaltet und auf Personen Ihres Adressbuchs beschränkt werden.

AirDrop

Wenn Ihnen nun jemand etwas per AirDrop schicken will, erhalten Sie auf dem Display eine Meldung. In der Meldung können Sie die gesendeten Daten *Annehmen* oder *Ablehnen*. Bei einer Annahme werden die Dateien (z. B. Bilder) automatisch der jeweiligen App zugeordnet.

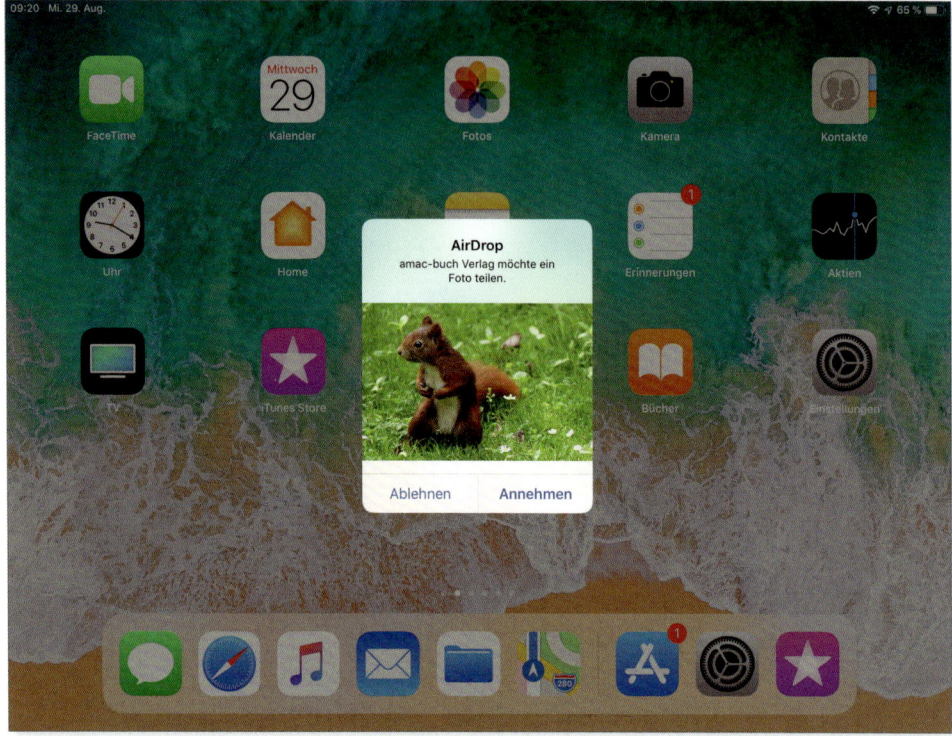

Jemand will Ihnen etwas via „AirDrop" übermitteln.

Falls Sie selbst etwas per AirDrop verschicken wollen, gehen Sie folgendermaßen vor:
1. Zuerst öffnen Sie das Dokument, das Sie weitergeben wollen, z. B. ein Foto, eine Notiz oder eine Internetseite.
2. Danach tippen Sie auf das *Teilen*-Symbol.
3. Im oberen Bereich des *Teilen*-Menüs sind nun alle Geräte bzw. Personen aufgelistet, die via AirDop erreichbar sind. Tippen Sie auf einen entsprechenden Kontakt, damit der Empfänger eine Meldung erhält.
4. Wenn der Empfänger die Daten annimmt, läuft die Übertragung. Das war es auch schon!

Kapitel 9 Datenaustausch

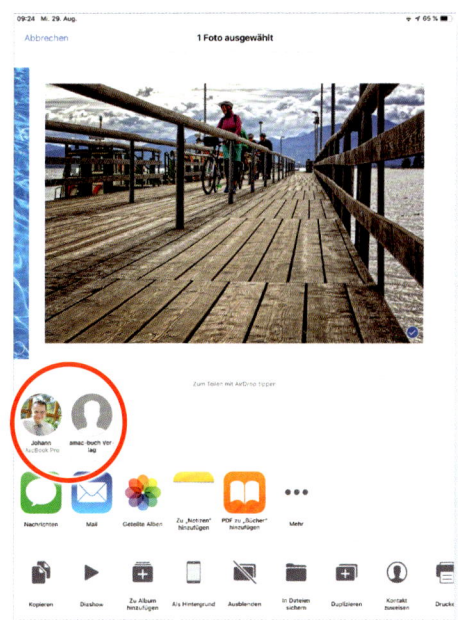

Über das „Teilen"-Menü können Sie Dateien und Dokumente per „AirDrop" verschicken.

Auf diese Weise können Sie Dokumente bzw. Daten aus den unterschiedlichsten Apps übertragen. Grundsätzlich kann jede App, die das *Teilen*-Symbol enthält, ihre Daten via AirDrop übertragen.

> Die Übertragung via AirDrop funktioniert auch vom iPad zum Mac und umgekehrt. Auf dem Mac müssen Sie dazu in der Seitenleiste **AirDrop** öffnen. Dann werden alle erreichbaren Geräte bzw. Kontakte eingeblendet. Per Drag-and-Drop können Sie dann z. B. ein E-Book aufs iPad übertragen.

„AirDrop" gibt es auch auf dem Mac.

AirPlay

AirPlay ist sozusagen ein Verwandter von AirDrop. Es wird verwendet, um Filme und Musik des iPads auf anderen Geräten abzuspielen. Zusätzlich kann damit auch der Bildschirminhalt übertragen werden. Mit AirPlay können Sie z. B. die Musik auf einem externen Lautsprechersystem abspielen oder einen Film mithilfe von Apple TV auf einem HD-Fernseher.

AirPlay befindet sich im *Kontrollzentrum*. Für die Übertragung des Displayinhalts via AirPlay, tippen Sie auf *Bildschirmsynchr.* ❶. Damit erhalten Sie eine Liste mit allen verfügbaren Geräten im WLAN, die AirPlay-fähig sind. Dort wählen Sie das gewünschte Gerät aus. Damit wird das Display des iPads auf das AirPlay-Gerät gespiegelt.

Der Bildschirm des iPads kann via AirPlay auf ein anderes Gerät übertragen werden.

Um die Audioausgabe via AirPlay auf einem anderen Gerät auszuführen, müssen Sie im Kontrollzentrum die Musiksteuerung ❷ öffnen, indem Sie den Finger etwas länger auf das Feld legen. Dort finden Sie ein AirPlay-Symbol ❸. Wenn Sie es antippen erhalten Sie eine Liste von allen Geräten, die eine Audiowiedergabe via AirPlay unterstützen. Die Musik bzw. die Filme oder das Display werden nur auf dem ausgewählten Gerät wiedergegeben.

Kapitel 9 Datenaustausch

„AirPlay" für die Audioausgabe wird im Kontrollzentrum bei der Musiksteuerung konfiguriert.

 Wenn Sie AirPlay wieder deaktivieren wollen, öffnen Sie erneut die Liste mit den AirPlay-Geräten und wählen **Synchronisierung stoppen** bzw. die internen Lautsprecher des iPads aus. Damit wird AirPlay ausgeschaltet.

AirPrint

Das iPad besitzt auch eine Funktion zum Ausdrucken: *AirPrint*. Voraussetzung für das Drucken mit AirPrint ist ein WLAN-Drucker, der diese Funktion beherrscht. Unter der Adresse *https://support.apple.com/de-de/HT201311* erhalten Sie eine Liste mit allen Druckern, die über AirPrint verfügen.

Wenn Sie z. B. eine Notiz ausdrucken wollen, müssen Sie zunächst das *Teilen*-Menü ❶ öffnen. Dort finden Sie dann die Funktion *Drucken* ❷. In der Druckfunktion müssen Sie dann einen Drucker ❸ angeben.

Selbst das doppelseitige Drucken gelingt, sofern es der Drucker auch zur Verfügung stellt ❹. Darüber hinaus kann auch der Druckbereich eingestellt werden: Wählen Sie bei *Bereich* ❺ die Seiten aus oder tippen Sie einfach darunter die Miniaturseiten an. Danach können Sie mit *Drucken* ❻ das aktuelle Dokument an den Drucker senden.

Die App „Dateien"

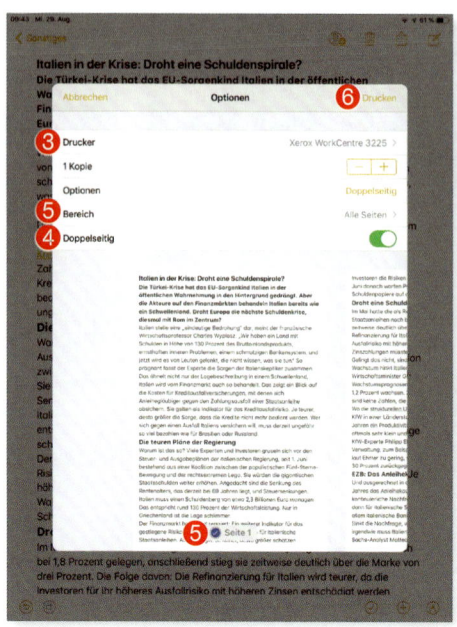

Mit „AirPrint" können Sie auch vom iPad aus einen Drucker ansteuern.

Die App „Dateien"

Wenn Sie einen iCloud-Zugang besitzen, können Sie auch die App *Dateien* für den Datenaustausch verwenden. Mithilfe dieser App können Sie problemlos jegliche Art von Daten bzw. Dokumenten zwischen dem iPad, dem iPhone und dem Mac austauschen. Mit einfachem Drag-and-Drop laden Sie Daten auf dem Mac zum iCloud Drive hoch und anschließend auf das iPad herunter.

 Viele Apps, nicht nur die von Apple, können das iCloud Drive nutzen, um Daten dort abzulegen bzw. zu synchronisieren. Eine Liste dieser Apps finden Sie unter **Einstellungen –> Ihr Name (Apple-ID, iCloud, iTunes & App Store) –> iCloud**. Dort können Sie das **iCloud Drive** auch ein- und ausschalten.

Eine Beschreibung, wie Sie z. B. ein E-Book mithilfe von iCloud Drive auf das iPad bekommen, finden Sie in Kapitel 6 ab Seite 230.

Bisher gab es auf dem iPad keine zentrale App, die die Dateien von allen Cloud-Speichern (iCloud, Dropbox, OneDrive etc.) verwalten konnte. Man

Kapitel 9 Datenaustausch

musste immer die jeweilige App des Anbieters öffnen, um Zugriff auf die dort gespeicherten Dateien zu bekommen. Seit iOS 11 hat sich das geändert: Nun gibt es nämlich die App *Dateien*. Mit ihrer Hilfe können Sie nicht nur alle Cloud-Speicher ansprechen, sondern auch Dateien für andere Anwender freigeben und mit Tags kennzeichnen.

Das Freigeben und das Zuweisen von Tags funktioniert nur mit Dateien, die auf dem iCloud Drive oder Dropbox gespeichert sind. Andere Dienste, z. B. oneDrive, unterstützen diese Funktionen in der App **Dateien** zur Zeit nicht.

Oberfläche

Wenn Sie die App Dateien öffnen, sehen Sie als Erstes den Inhalt des iCloud Drive, das standardmäßig ausgewählt ist. Wenn Sie andere Cloud-Speicher sehen wollen, dann tippen Sie links oben auf *Speicherorte* ❶. Im Querformat sind diese automatisch in einer eigenen Spalte permanent sichtbar. Am unteren Rand können Sie die Ansicht von *Durchsuchen* ❸ in *Verlauf* ❷ ändern. Dort sind die Dateien dann chronologisch und nach Tags angeordnet.

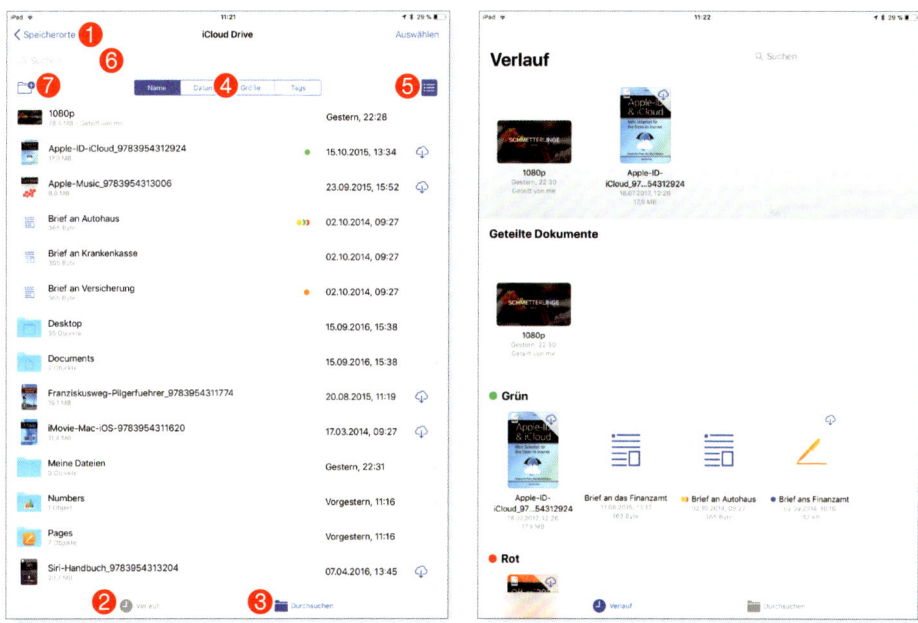

Die Oberfläche der App „Dateien".

Die Darstellung *Durchsuchen* bietet allerdings etwas mehr Sortiermöglichkeiten. Wenn Sie die Liste etwas nach unten verschieben, erhalten Sie die Möglich-

Die App „Dateien"

keit, die Dateien nach *Name, Datum, Größe* oder *Tags* ❹ zu sortieren. Außerdem können Sie noch zwischen Symbol- und Listendarstellung wechseln ❺ und es gibt eine Suche ❻. Um einen neuen Ordner bei iCloud Drive anzulegen, können Sie das Symbol ❼ links oben verwenden.

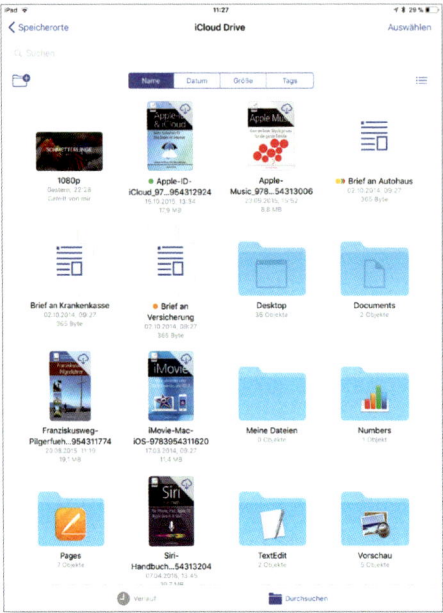 

Die App hat auch eine Symbolansicht (links), und man kann auf iCloud Drive neue Ordner anlegen (rechts).

Dateiverwaltung mit iCloud Drive

Die Dateien, die auf dem iCloud Drive liegen, können in der App verwaltet werden. Das bedeutet, Sie können sie löschen, umbenennen, verschieben, freigeben oder mit Tags versehen.

Um einzelne Dateien zu organisieren bzw. zu verwalten, können Sie das Kontextmenü verwenden. Dazu müssen Sie Ihren Finger nur etwas länger auf die Datei halten. Im Kontextmenü finden Sie dann alle benötigten Funktionen Ⓐ. Wollen Sie allerdings mehr als eine Datei löschen oder verschieben, dann müssen Sie zuerst rechts oben auf *Auswählen* Ⓑ tippen. Anschließend markieren Sie die Dateien Ⓒ, die bearbeitet werden sollen, und wählen am unteren Bildschirmrand Ⓓ die gewünschte Funktion aus. Wenn Sie die Auswahlumgebung wieder verlassen wollen, ohne eine Aktion auszuführen, tippen Sie rechts oben auf *Fertig* Ⓔ.

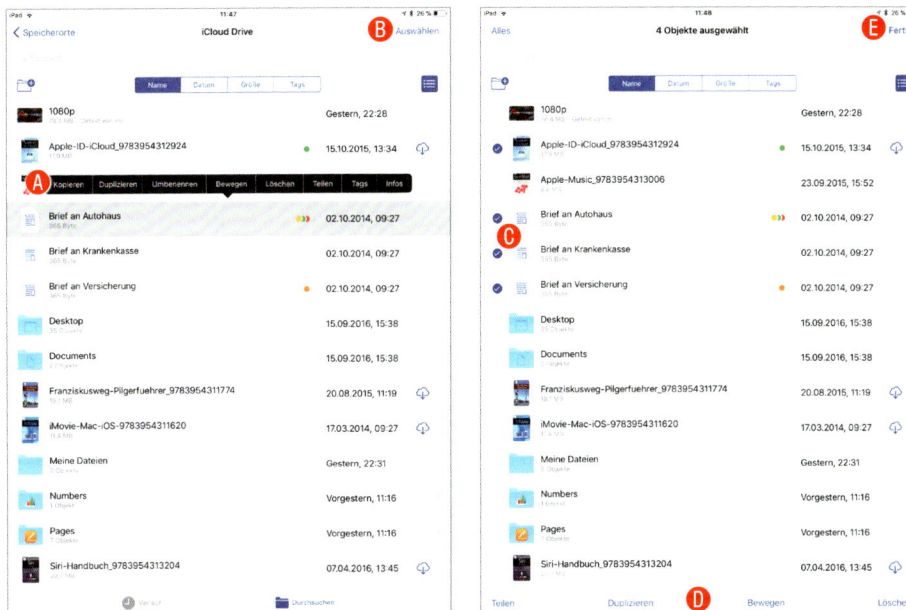

Einzelne Dateien können Sie über das Kontextmenü bearbeiten (links). Falls Sie mehrere Dateien bearbeiten wollen, müssen Sie diese zuerst auswählen (rechts).

Dateien teilen

Die Daten, die auf dem iCloud Drive liegen, können Sie anderen Personen zugänglich machen und so gemeinsam an Dateien arbeiten. Voraussetzung dafür ist, dass die Empfänger der Dateien über einen iCloud-Zugang verfügen.

Um eine Datei freizugeben, öffnen Sie zuerst durch längeres Fingerauflegen das Kontextmenü und wählen dort die Funktion *Teilen* aus. Tippen Sie nun auf *Personen hinzufügen*. Danach müssen Sie noch bestimmen, auf welche Weise die Datei an den oder die Empfänger verschickt werden soll, z. B. per E-Mail. Der oder die Empfänger erhalten dann eine E-Mail mit der Datei und können diese in ihr eigenes iCloud Drive übernehmen. Vergessen Sie zudem nicht, unter *Freigabeoptionen* noch zu definieren, ob die eingeladenen Personen die Daten *Nur ansehen* oder auch bearbeiten dürfen (*Bearbeitung erlauben* – ist standardmässig eingestellt).

 Wichtig ist noch, dass der oder die Empfänger die jeweilige App besitzen, um die Dateien zu bearbeiten. Wenn Sie z. B. ein Pages-Dokument teilen, sollte der Empfänger auch die App Pages installiert haben.

Die App „Dateien"

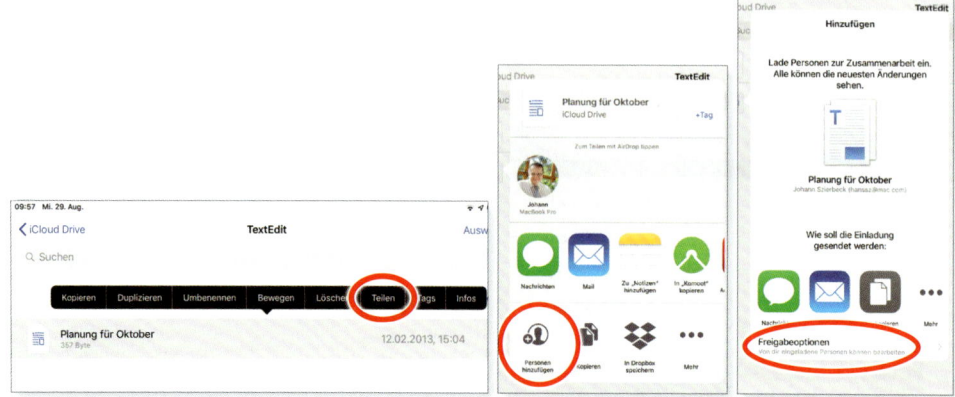

Dateien können an andere Personen verschickt und so gemeinsam bearbeitet werden.

Favoriten

Ordner können übrigens ganz einfach zu den *Favoriten* in die Seitenleiste hinzugefügt werden. Nutzen Sie dazu erneut das Kontextmenü. Wollen Sie zu einem späteren Zeitpunkt einen Eintrag aus den Favoriten entfernen, so wischen Sie einfach von rechts nach links und verwenden Sie *Entfernen*.

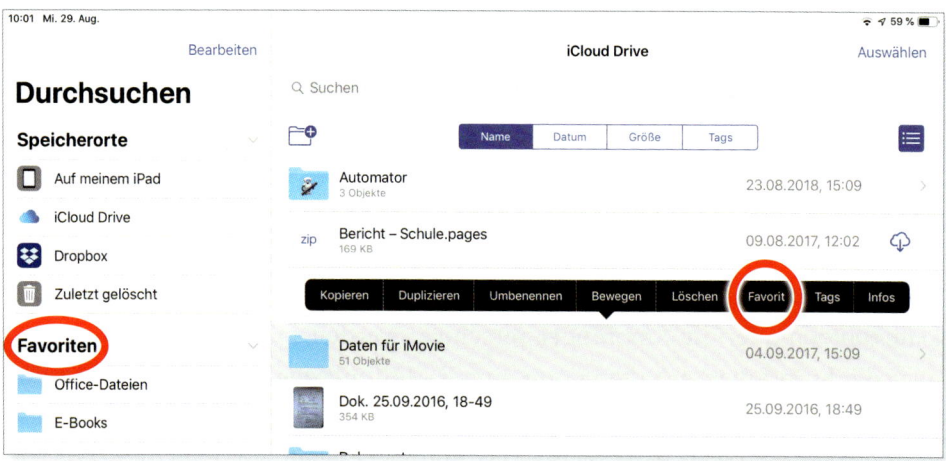

Ordner sind als Favoriten nochmals schneller im Zugriff.

Mit Tags arbeiten

Die Tags sind eine andere Möglichkeit, um die Dateien auf dem iCloud Drive zu organisieren. Jede Datei kann mit einem Tag (Etikett) gekennzeichnet werden, z. B. mit „Wichtig" oder „Familie". Wenn Sie Dateien mit einem Tag gekennzeichnet haben, können Sie sich dann in der Liste nur die Dateien anzeigen lassen, die ein bestimmtes Tag besitzen. Dadurch können Sie viel schneller die jeweiligen Dateien finden.

Ein Tag weisen Sie über das Kontextmenü zu. Wenn Sie dort auf die Funktion *Tags* tippen, werden in einem kleinen Fenster alle verfügbaren Tags aufgelistet. Sie müssen dann nur noch das gewünschte Tag antippen. Eine Datei kann auch mehr als ein Tag besitzen. Tippen Sie einfach auf ein weiteres Tag, das zugewiesen werden soll. Wenn Sie außerhalb des Fensters tippen, wird es geschlossen.

Sie können in dem Fenster auch ein neues Tag anlegen. Tippen Sie dazu in das Feld **Neues Tag hinzufügen** im oberen Bereich des Fensters.

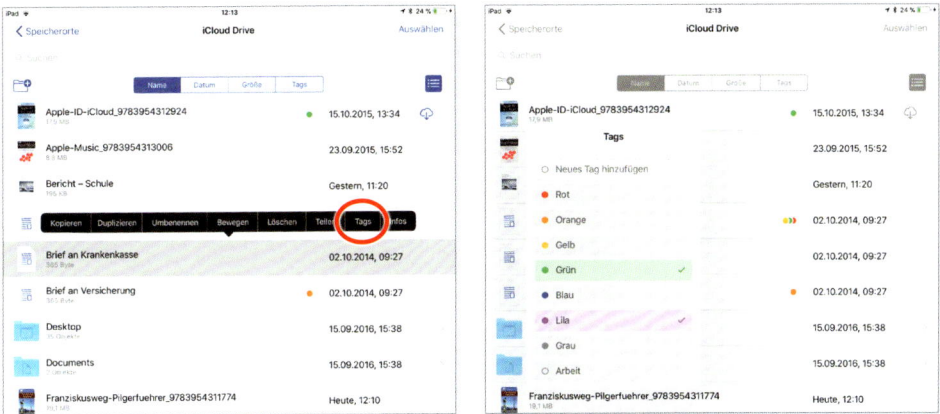
Tags können jeder Datei und jedem Ordner auf dem iCloud Drive zugewiesen werden.

Um nun z. B. nur die Dateien aufzulisten, die ein rotes Tag haben, müssen Sie die Seitenleiste einblenden. Im Querformat ist diese bereits im linken Bereich sichtbar. Wenn Sie Ihr iPad im Hochformat nutzen, tippen Sie links oben auf *Speicherorte*. In der Seitenleiste können Sie dann im Bereich *Tags* auswählen, welche Dateien angezeigt werden sollen.

Die App „Dateien"

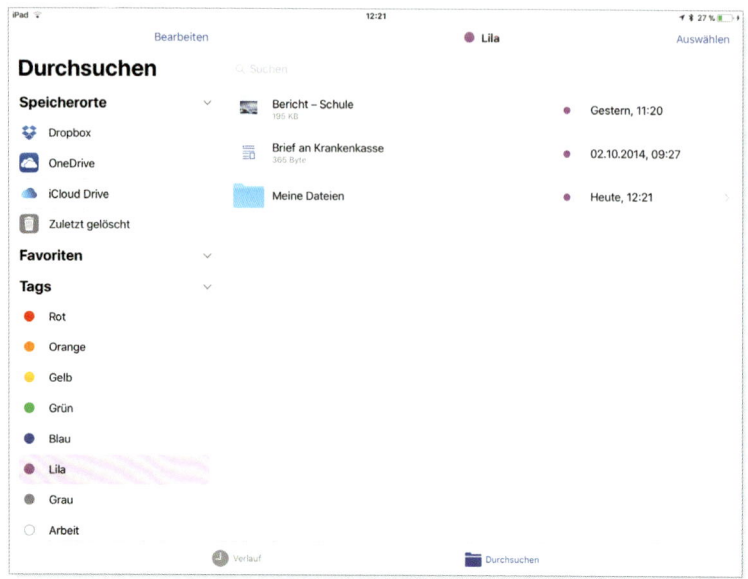

Nur die Dateien, die das Tag „Lila" besitzen, werden angezeigt.

> Wollen Sie wieder alle Dateien sichtbar machen, dann tippen Sie in der Seitenleiste auf **iCloud Drive**.

Sie können die Tags in der Liste auch entfernen und umbenennen, denn die Bezeichnungen „Rot", „Orange", „Gelb" usw. sind nicht sehr aussagekräftig. Um die Tags zu editieren, tippen Sie auf *Bearbeiten* im oberen Bereich der Seitenleiste. Anschließend können Sie ein Tag entfernen, wenn Sie auf das Minussymbol ❶ tippen. Zum Umbenennen tippen Sie auf den Namen ❷. Um die Reihenfolge zu ändern, verwenden Sie das Symbol mit den drei Strichen ❸. Mit *Fertig* ❹ können Sie die Tag-Bearbeitung wieder verlassen.

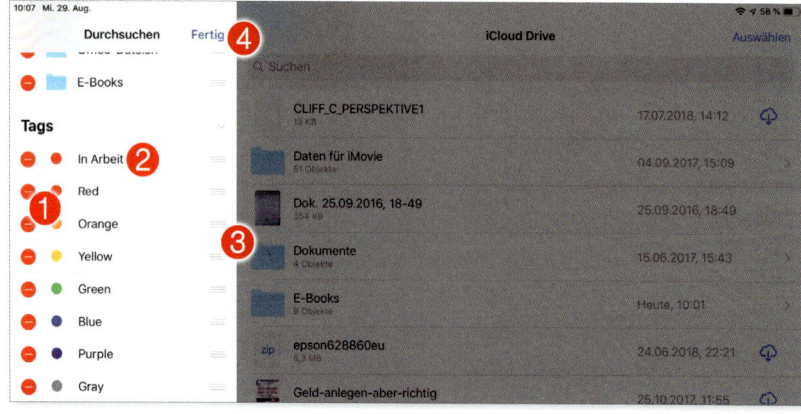

Die Tags lassen sich löschen und umbenennen.

Kapitel 9 Datenaustausch

 Befindet sich die App **Dateien** im Dock, dann sollten Sie ca. 1,5 Sekunden auf das Icon tippen, um raschen Zugriff auf die zuletzt verwendeten Dateien zu bekommen.

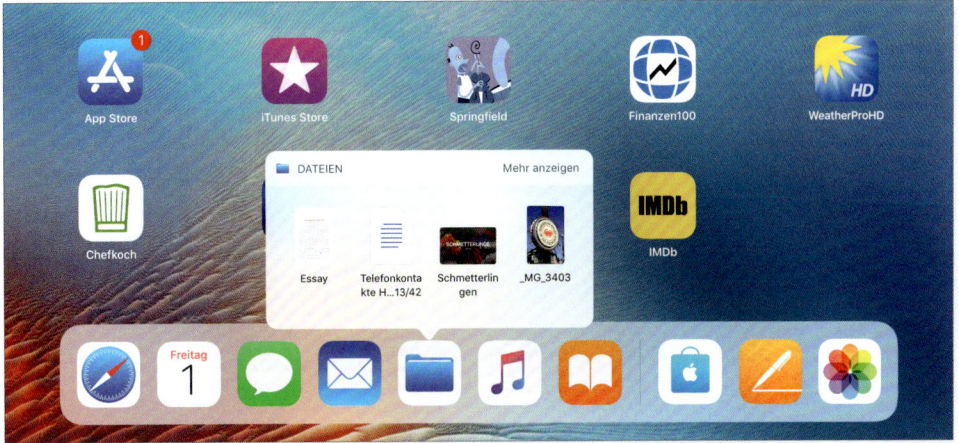

Über das Dock-Symbol kann man auf die zuletzt benutzten Dateien zurückgreifen. Das funktioniert auch mit Apps wie Pages, Keynote, Numbers etc.

Andere Cloud-Dienste nutzen

Die App *Dateien* kann auch auf die Dateien von anderen Cloud-Diensten (z. B. Dropbox, OneDrive, HiDrive, etc.) zugreifen. Somit haben Sie eine zentrale App, in der Sie alle Ihre Cloud-Dienste vereinigt haben. Damit Sie andere Cloud-Dienste nutzen können, müssen Sie zuerst die jeweiligen Apps der Dienste auf Ihr iPad installieren und dort Ihre Zugangsdaten eingeben.

Sobald die Apps installiert sind, klinken sie sich in die App Dateien ein. Dort müssen Sie dann nur noch den Zugriff auf die Cloud-Dienste aktivieren. Tippen Sie dazu in der Seitenleiste im oberen Bereich auf *Bearbeiten*. Anschließend schalten Sie die gewünschten Dienste ein und tippen anschließend auf *Fertig*.

Wenn Sie nun einen der Cloud-Dienste aufrufen wollen, tippen Sie ihn an. In einem eigenen Fenster werden dann die Inhalte des jeweiligen Speicherorts angezeigt.

 Welche Funktionen Sie mit der App **Dateien** bei den anderen Cloud-Diensten ausführen können, ist unterschiedlich. **Dropbox** bietet z. B. den gleichen Funktionsumfang wie iCloud Drive (Teilen, Tags etc.). Andererseits lassen sich bei **OneDrive** nur wenige Aktionen ausführen, z. B. Dateien öffnen oder im iCloud-Drive speichern.

Handoff

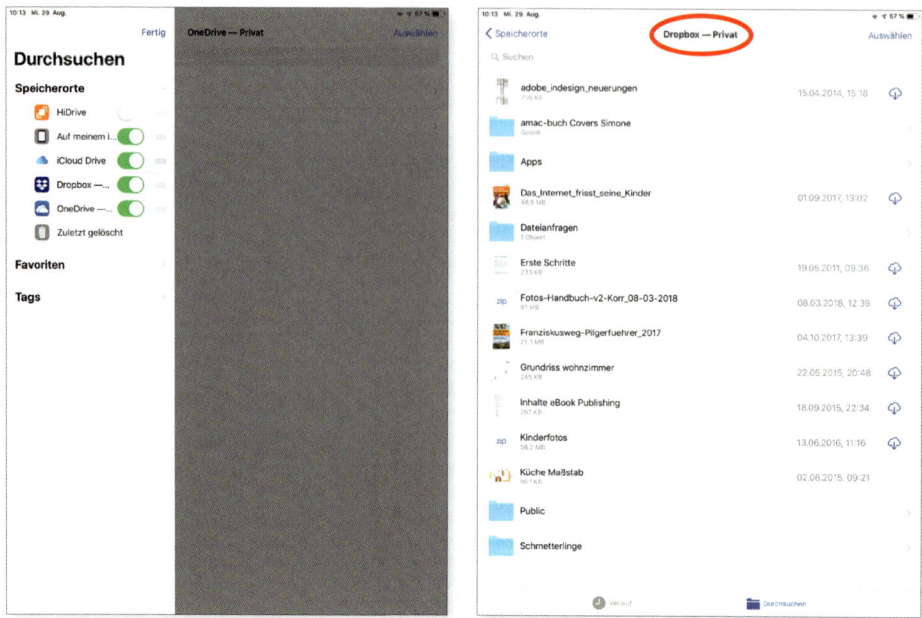

Die App „Dateien" kann auch auf die Inhalte von anderen Cloud-Diensten zugreifen.

Handoff

Es gibt noch eine pfiffige Technik, mit deren Hilfe Sie Daten zwischen den Apple-Geräten austauschen können. Die Technik *Handoff* ist zwar nicht für den eigentlichen Datenaustausch gedacht, sondern vielmehr für das nahtlose Weiterarbeiten beim Wechseln des Geräts. Stellen Sie sich vor, Sie sitzen am Mac und erstellen gerade einige Notizen. Wenn Sie den Arbeitsplatz verlassen, können Sie mithilfe von Handoff die Notizen am iPad weiterbearbeiten. Das funktioniert z. B. auch mit dem *Kalender* oder mit *Safari* und geht in beide Richtungen. Wenn Sie also auf dem iPad in den *Erinnerungen* arbeiten, können Sie damit nahtlos auf dem Mac weitermachen.

Die Voraussetzungen für Handoff sind nur ein aktiviertes Bluetooth und die Verwendung der gleichen Apple-ID auf den verwendeten Geräten. Außerdem müssen Sie auf dem iPad in den *Einstellungen* bei *Allgemein –> Handoff* die Funktion eingeschaltet haben.Im Dock wird die App, die Sie gerade auf einem anderen Gerät nutzen, mit einem speziellen Symbol gekennzeichnet. Sie müssen nur dar-

auf tippen, um die jeweilige App auf dem iPad zu öffnen und das entsprechende Dokument weiterzubearbeiten.

Wenn „Handoff" eingeschaltet ist, wird es auf dem iPad im Dock eingeblendet, ...

... während es auf dem Mac im Dock und im Programmumschalter auftaucht.

Datenaustausch via iTunes

Eine weitere Möglichkeit, Daten und Dokumente mit dem iPad auszutauschen, ist das Programm *iTunes* auf dem Computer. Viele Apps unterstützen die *Dateifreigabe* von iTunes, z. B. die Office-Apps von Microsoft. Wenn Sie ein Word-Dokument auf das iPad übertragen wollen, dann können Sie dies mit iTunes tun.

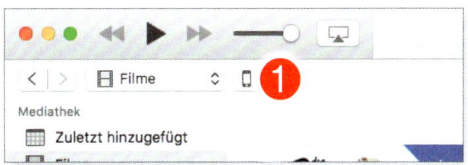

Das iPad muss entweder über WLAN oder ein USB-Kabel mit dem Rechner verbunden sein.

Datenaustausch via iTunes

Dort wählen Sie links oben das iPad aus ❶ und klicken anschließend in der Seitenleiste auf *Dateifreigabe* ❷. Im rechten Bereich sehen Sie dann zwei Spalten. In der linken Spalte ❸ sind alle Apps auflistet, die die Dateifreigabe unterstützen. In der rechten Spalte ❹ werden die Dokumente bzw. Dateien eingeblendet, die bei den jeweiligen Apps auf dem iPad gespeichert sind.

Mit „iTunes" können Sie Dateien auf das iPad übertragen und vom iPad herunterladen.

Um eine Datei vom Rechner zum iPad zu übertragen, klicken Sie am Ende der Dokumentenliste auf *Hinzufügen* ❺ und wählen anschließend die Datei aus. Natürlich muss es eine Datei sein, die von der jeweiligen App unterstützt wird. Alternativ dazu können Sie die Datei auch per Drag-and-Drop in die Spalte ziehen.

Sie können aber auch die Dateien vom iPad auf den Rechner übertragen. Dazu wählen Sie die gewünschte Datei in der rechten Spalte aus und klicken anschließend auf *Sichern* ❻. Als Alternative können Sie die Datei auch per Drag-and-Drop von der Spalte auf Ihren Rechner ziehen.

Kapitel 10 Sicherheit

Auf dem iPad sind Sicherheit und Datenschutz sehr wichtig. Nicht nur die Standard-Apps wie *Safari*, *Karten* oder der *App Store* verwenden Passwörter und Standortbestimmungen, sondern auch sehr viele Apps, die nicht von Apple sind. Damit Ihre Zugangsdaten und Ihre Privatsphäre geschützt werden, bedarf es einiger Einstellungen auf dem iPad.

Sperrcode und Touch ID

Eine der wichtigsten Schutzfunktionen auf dem iPad ist der Sperrcode bzw. die Touch ID. Mithilfe dieser beiden Funktionen können Sie Ihr iPad sehr gut schützen. Der Sperrcode wird nicht nur zum Entsperren des iPads genutzt, sondern auch, um alle Sicherheitsfunktionen des iPads zu ändern. Wenn Sie einen sehr einfachen Sperrcode oder vielleicht gar keinen verwenden, machen Sie es Dieben sehr einfach, die Daten auf Ihrem iPad einzusehen.

 Der Sperrcode sollte nicht aus einer vierstelligen Nummer bestehen, sondern mindestens aus einer sechsstelligen. Noch besser sollte ein alphanumerischer Code verwendet werden.

Der Sperrcode kann in den *Einstellungen* bei *Touch ID & Code* geändert werden. Dort sollten Sie bei *Code ändern* in den *Codeoptionen* einen längeren und damit sichereren Code vergeben.

Sperrcode und Touch ID

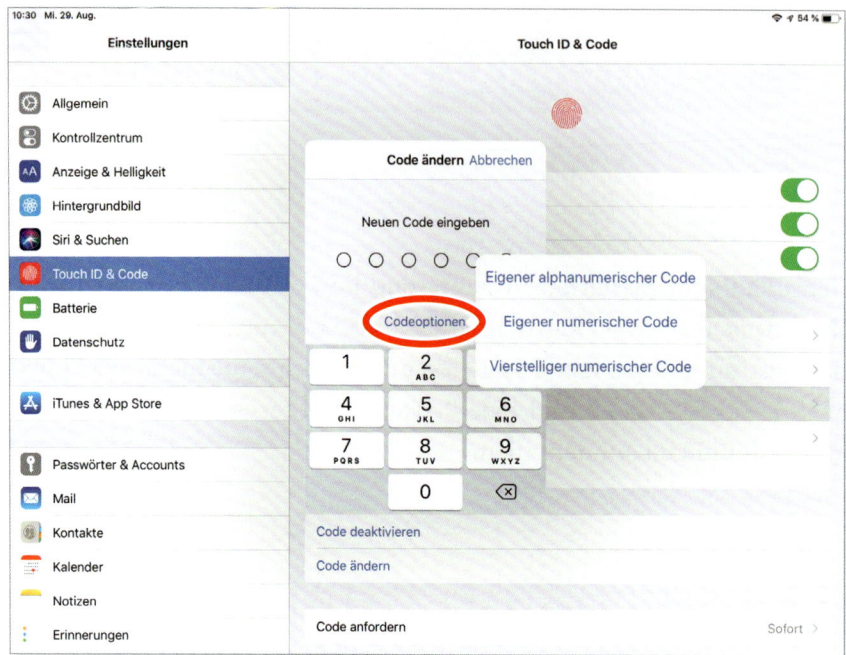

In den „Codeoptionen" können Sie einen sichereren Code definieren.

Da ein längerer Code beim Entsperren des iPads auch etwas mehr Zeit benötigt und auf die Dauer lästig sein kann, sollten Sie unbedingt noch zusätzlich eine Touch ID einrichten. Damit kann das iPad sehr schnell via Fingerabdruck entsperrt werden. Touch ID ist für alle iPads ab dem iPad Air 2 verfügbar. Außerdem können Sie die Touch ID für den Einkauf in den Stores auf dem iPad verwenden. Somit entfällt die Eingabe der Apple-ID beim Einkaufen.

Wie man einen Sperrcode und die Touch ID einrichtet und nutzt, ist in Kapitel 2 ab Seite 30 beschrieben.

Safari

Auch für das Surfen im Internet sollten Sie die Sicherheit bzw. den Datenschutz nicht vernachlässigen. Schließlich können Internetseiten eine Tür zu den Daten auf Ihrem iPad sein. Aus diesem Grund sollten Sie in den *Einstellungen* bei *Safari* einige Änderungen zum Schutz Ihrer Daten vornehmen. In Kapitel 5 ab Seite 184 erfahren Sie mehr darüber, wie Sie den Schutz von Safari nutzen können. Außer über die Einstellungen erfahren Sie dort auch etwas über das Surfen im *Privat-Modus* und über die Sicherung von Zugangsdaten für Internetportale.

Zwei-Faktor-Authentifizierung für die Apple-ID

Die Apple-ID ist der wichtigste Pass für die Nutzung des iPads, der Stores und der iCloud-Dienste. Dementsprechend sollte sie auch ganz besonders gesichert werden. Die Apple-ID ist normalerweise durch ein Kennwort geschützt. Das Kennwort selbst muss zwingend mindestens eine Ziffer und einen Großbuchstaben enthalten. Dadurch wird es schon ziemlich sicher. Allerdings kann es doch passieren, dass böse Menschen Ihr Kennwort herausfinden und dann damit uneingeschränkt Zugang zu Ihrem iCloud-Account haben und sogar in den diversen Stores einkaufen können.

Apple stellt aus diesem Grund eine Zwei-Faktor-Authentifizierung, kurz 2FA, für die Apple-ID zur Verfügung. Diese ist aber standardmäßig ausgeschaltet und muss von Ihnen zuerst konfiguriert werden.

Wenn Sie die 2FA einrichten, registrieren Sie ein oder mehrere vertrauenswürdige Geräte. Ein vertrauenswürdiges Gerät ist ein von Ihnen verwendetes Gerät, das Bestätigungscodes über den Dienst *Mein iPad suchen* oder per SMS empfangen kann. Allerdings muss mindestens eine SMS-fähige Rufnummer angegeben werden.

Sobald die 2FA aktiv ist, müssen Sie immer, wenn Sie sich anmelden, um Ihre Apple-ID zu verwalten, oder wenn Sie von einem neuen Gerät aus einen Ein-

Zwei-Faktor-Authentifizierung für die Apple-ID

kauf im iTunes Store, App Store oder Book Store tätigen, zur Bestätigung Ihrer Identität sowohl Ihr Kennwort als auch einen sechsstelligen Bestätigungscode eingeben, der an das vertrauenswürdige Gerät geschickt wird.

Die 2FA wird übrigens auch benötigt, wenn Sie mit einer Apple Watch Ihren Mac entsperren wollen.

Die 2FA können Sie auf dem iPad aktivieren. Öffnen Sie dazu die *Einstellungen* –> *Ihr Name (Apple-ID, iCloud, iTunes & App Store)*. Tippen Sie anschließend auf *Passwort & Sicherheit*, dort finden Sie dann die Funktion *Zwei-Faktor-Authentifizierung einrichten*.

Sollten Sie in der Vergangenheit die alte Zweistufige-Bestätigung für Ihre Apple-ID eingerichtet haben, dann müssen Sie diese zuerst deaktivieren, bevor Sie die 2FA nutzen können. Öffnen Sie das Internetportal **appleid.apple.com** und loggen sich ein. Anschließend klicken Sie im Bereich **Sicherheit** auf **Bearbeiten** und deaktivieren die Zweistufige-Bestätigung.

Die „Zwei-Faktor-Authentifizierung" wird in den iCloud-Einstellungen eingerichtet.

Klicken Sie darauf und folgen Sie der Schritt-für-Schritt-Anleitung. Halten Sie dafür die Telefonnummer für ein Gerät bereit, das SMS-Nachrichten empfangen kann. Im Laufe der Installation erhalten Sie einen Zahlencode per SMS, der als Bestätigung eingegeben werden muss.

Kapitel 10 Sicherheit und Datenschutz

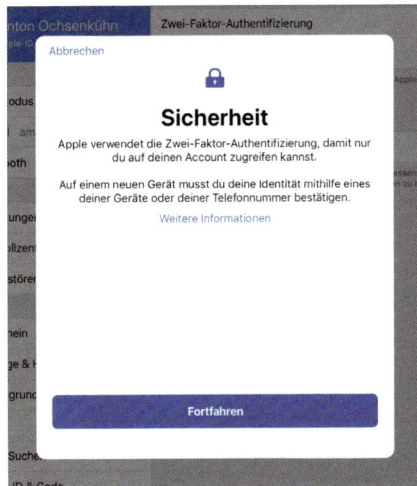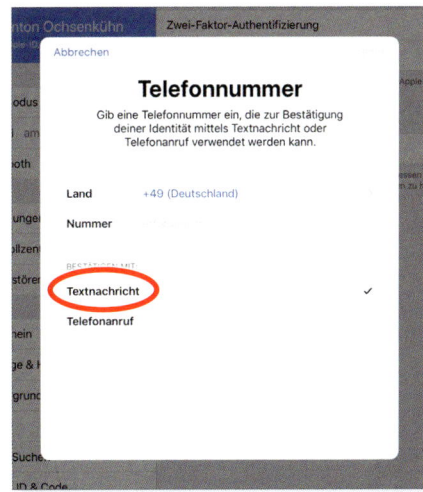

Im Lauf der Einrichtung müssen Sie eine Telefonnummer für den Empfang von Textnachrichten angeben.

Haben Sie alle Schritte durchgeführt und den Bestätigungscode eingegeben, ist die Zwei-Faktor-Authentifizierung aktiviert. Ab sofort können Sie also Änderungen an Ihrem Account oder Einkäufe mit einem neuen Gerät (iPad, iPhone, Mac, Windows) nur unter Verwendung der Zwei-Faktor-Authentifizierung tätigen. Sie benötigen dazu in Zukunft also das Passwort Ihrer Apple-ID und den 6stelligen zugesendeten Code, den Sie jedes Mal neu erhalten. Damit ist ein sehr guter Schutz Ihres Accounts bzw. Ihrer Apple-ID gewährleistet.

Wollen Sie die Daten Ihrer Apple-ID einsehen oder ändern, benötigen Sie den 6stelligen Code, …

Ortungsdienste

... der per Textnachricht an Ihr vertrauenswürdiges Gerät geschickt wird.

Ortungsdienste

In den anderen Kapiteln wurden bereits sehr oft die Ortungsdienste erwähnt. Die Ortungsdienste werden für die Standortbestimmung verwendet. Wenn eine App also den aktuellen Standort benötigt, werden die Ortungsdienste dafür herangezogen. Die Ortungsdienste verwenden die eingebaute GPS-Ortung, das Mobilfunknetz und WLAN-Netze, um den genauen Standort des iPads zu ermitteln.

 iPads mit Wi-Fi + Cellular verfügen über eine sehr gute GPS-Ortung, Wi-Fi-Modelle hingegen nutzen das WLAN, um ihren Standort zu definieren.

Wenn Sie keine Standortbestimmung auf Ihrem iPad haben wollen, dann können Sie die Ortungsdienste ausschalten. Sie können aber auch ganz individuell einstellen, welche Apps die Ortungsdienste nutzen dürfen.

Unter *Einstellungen –> Datenschutz –> Ortungsdienste* finden Sie den Schalter ❶, um die Ortung zu deaktivieren. Dort sind auch alle Apps aufgelistet, die die Standortfreigabe nutzen können ❷. Wenn Sie auf eine der Apps tippen, können Sie die Freigabe der App ausschalten ❸.

Kapitel 10 Sicherheit und Datenschutz

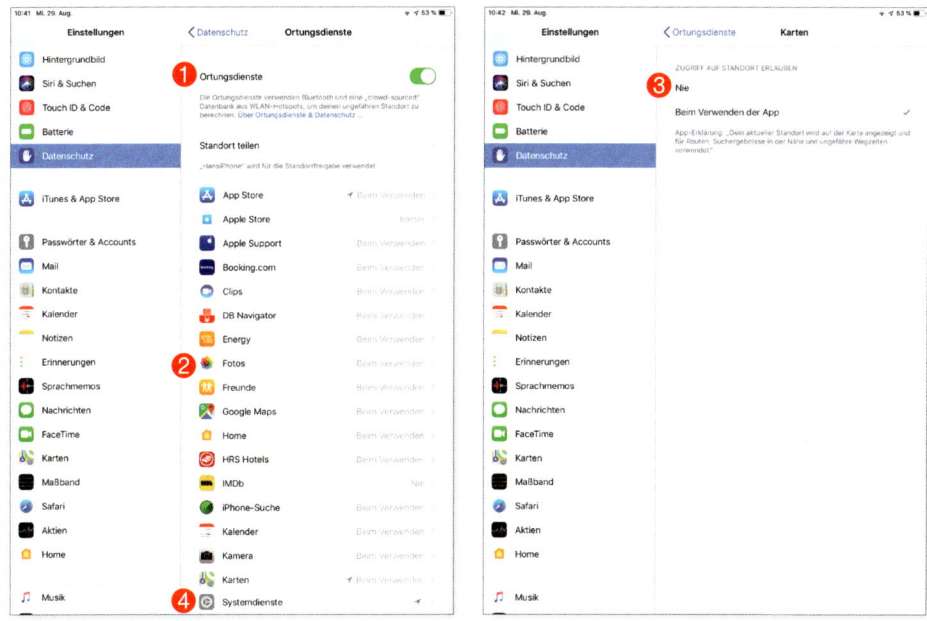

Die „Ortungsdienste" können für alle Apps ausgeschaltet werden (links) oder nur für spezielle Apps (rechts).

Wenn Sie etwas weiter nach unten scrollen, finden Sie den Punkt *Systemdienste* ❹. Dahinter verbergen sich die Funktionen von iOS, die die Ortungsdienste nutzen. Sie können dort gezielt verhindern, dass bestimmte iOS-Funktionen die Standortbestimmung nutzen, wie z. B. *Ortsabhängige Hinweise*, die in der Karten-App genutzt werden.

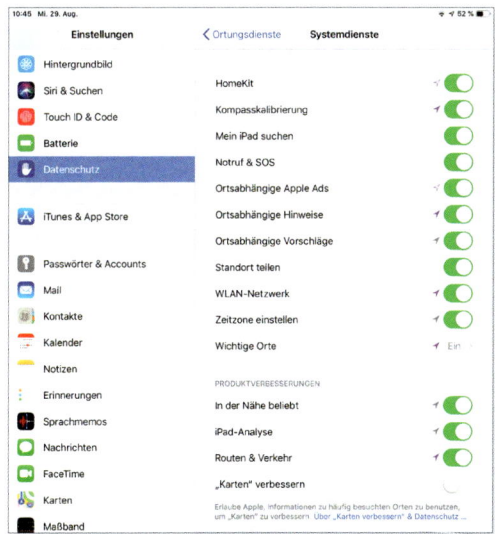

Die „Systemdienste" enthalten die Funktionen des iOS, die eine Standortbestimmung nutzen.

Sperrbildschirm

Der Sperrbildschirm ist ein weiteres Einfallstor für Fremde, um an Ihre Daten zu kommen. Er kann standardmäßig sehr viele Dinge anzeigen und öffnen. Um noch mehr Sicherheit zu gewährleisten, können Sie den Sperrbildschirm so konfigurieren, dass bestimmte Dinge nicht angezeigt und damit auch nicht direkt geöffnet werden können.

In den *Einstellungen* bei *Touch ID & Code* gibt es einen eigenen Bereich für die Einstellungen des Sperrbildschirms. Dort können Sie die einzelnen Funktionen ausschalten und somit die Sicherheit erhöhen. Zudem können Sie verhindern, dass das *Kontrollzentrum* auf dem Sperrbildschirm genutzt werden kann.

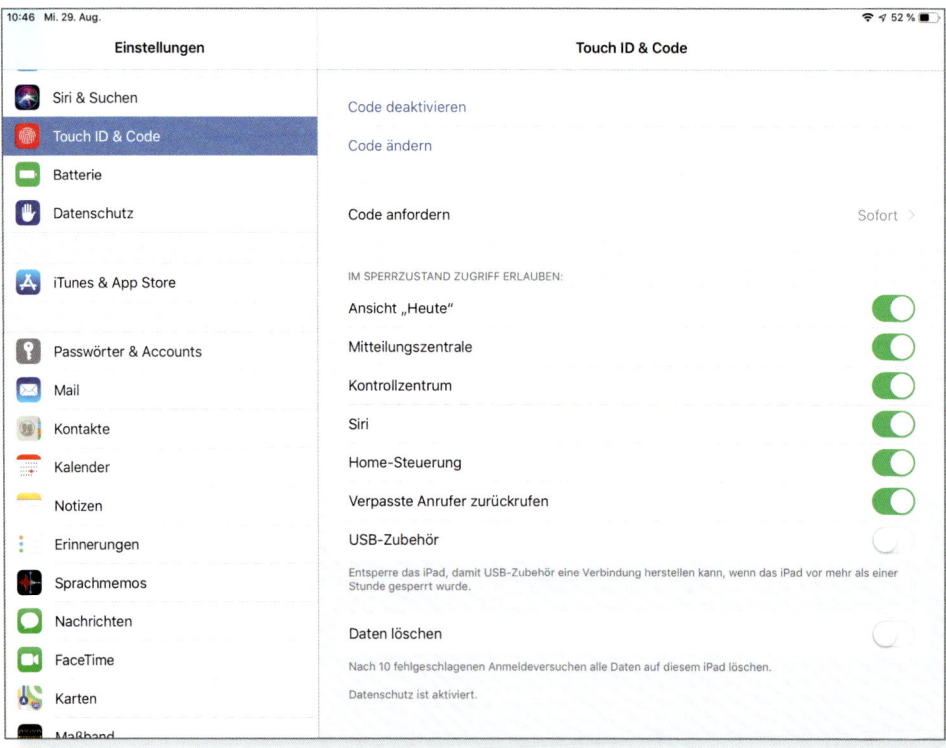

Die Funktionen im „Sperrbildschirm" können eingeschränkt werden. Wenn Ihr iPad öfters „herrenlos" auf dem Tisch liegen sollte, dann ist es sinnvoll die Funktionen Ansicht „Heute", „Mitteilungsansicht" und auch „Siri" zu deaktivieren.

Sonstiger Datenschutz

Neben den bereits erwähnten Funktionen und Einstellungen für den Datenschutz gibt es noch weitere Einstellungen, die Sie vornehmen können. Zum Beispiel können Sie die Nutzung der iPad-Kamera oder des Mikrofons oder der Kontakte durch fremde Apps einschränken bzw. nicht erlauben.

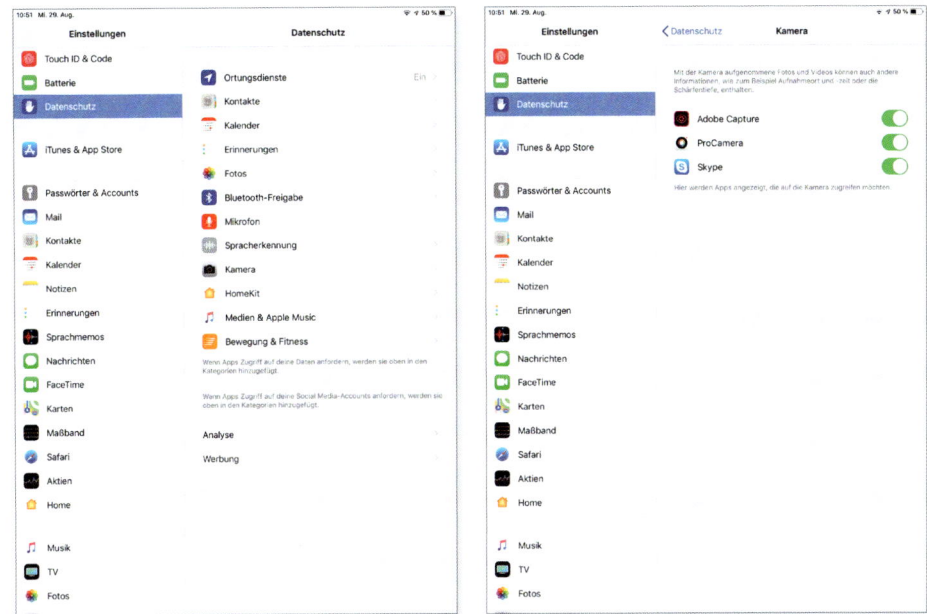

Die Nutzung der diversen iPad-Komponenten und Funktionen durch andere Apps kann eingeschränkt werden.

Unter *Einstellungen –> Datenschutz* sind die Funktionen aufgelistet, deren Nutzung Sie einschränken können. Wenn Sie z. B. auf *Kamera* tippen, sehen Sie alle Apps, die die Kamera nutzen. Wollen Sie das verhindern, deaktivieren Sie diese Funktion für die entsprechende App.

Mein iPad suchen

Ein besonderes Highlight in Zusammenhang mit iCloud ist das Auffinden von vergessenen, verlorenen oder gestohlenen iPads. Zum Auffinden der Geräte werden beim iPad GPS, das Mobilfunknetz und registrierte WLAN-Hotspots verwendet. Allerdings müssen die Geräte richtig vorbereitet sein, damit man sie finden kann.

Vorbereitungen für das iPad

Auf dem iPad müssen Sie zuallererst die *Ortungsdienste* in den *Einstellungen* bei *Datenschutz* aktivieren. Als Nächstes aktivieren Sie noch die Funktion *Mein iPad suchen* unter *Einstellungen –> Ihr Name (Apple-ID, iCloud, iTunes & App Store) –> iCloud*. Damit erlauben Sie der Web-Applikation von iCloud, das Gerät anhand der Ortungsdienste zu finden.

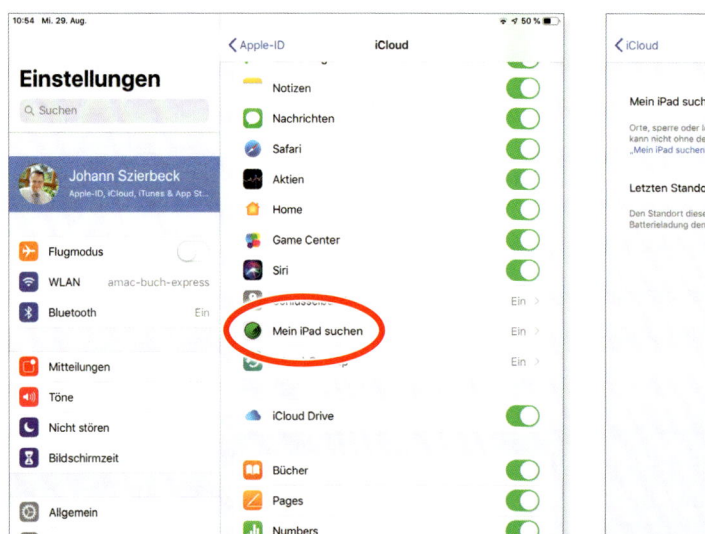 

In den iCloud-Einstellungen muss die Option „Mein iPad suchen" aktiviert werden. Zudem ist die Einstellung „Letzten Standort senden" empfehlenswert.

Jetzt müssen Sie noch kontrollieren, ob die *Push*-Funktion bei *Einstellungen –> Passwörter & Accounts* aktiviert wurde. Ist dies der Fall, steht dem Auffinden des iPads bzw. iPhones über die Web-Applikation von iCloud nichts mehr im Wege.

Kapitel 10 | Sicherheit und Datenschutz

Das iPad mit der Web-Applikation suchen

Wenn nun der Fall eingetreten ist, dass Sie Ihr iPad wiederfinden müssen, loggen Sie sich mit Ihrer Apple-ID ins Internetportal *www.icloud.com* ein. Nach dem Einloggen stehen Ihnen verschiedene Web-Applikationen zur Verfügung, unter anderem auch *iPhone-Suche*.

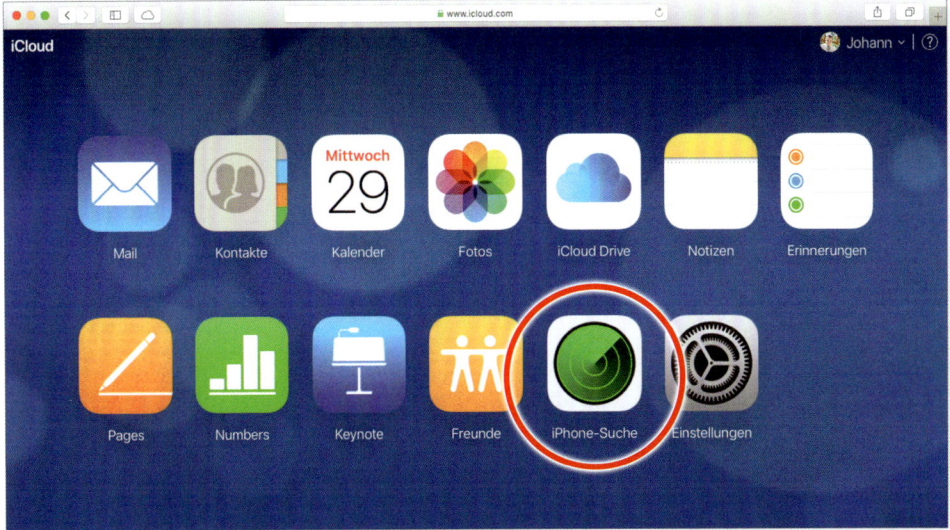

Die Web-Applikationen von „www.icloud.com".

Sobald Sie die Web-Applikation *iPhone-Suche* öffnen, beginnt die Suche nach Ihren Geräten. Dies kann unter Umständen einige Zeit dauern.

 Die Web-Applikation heißt zwar „iPhone-Suche", aber mit ihr werden auch iPads, Macs und Apple Watches lokalisiert. Wenn die Familienfreigabe aktiviert ist, werden auch die Geräte der Familienmitglieder aufgelistet.

Mein iPad suchen

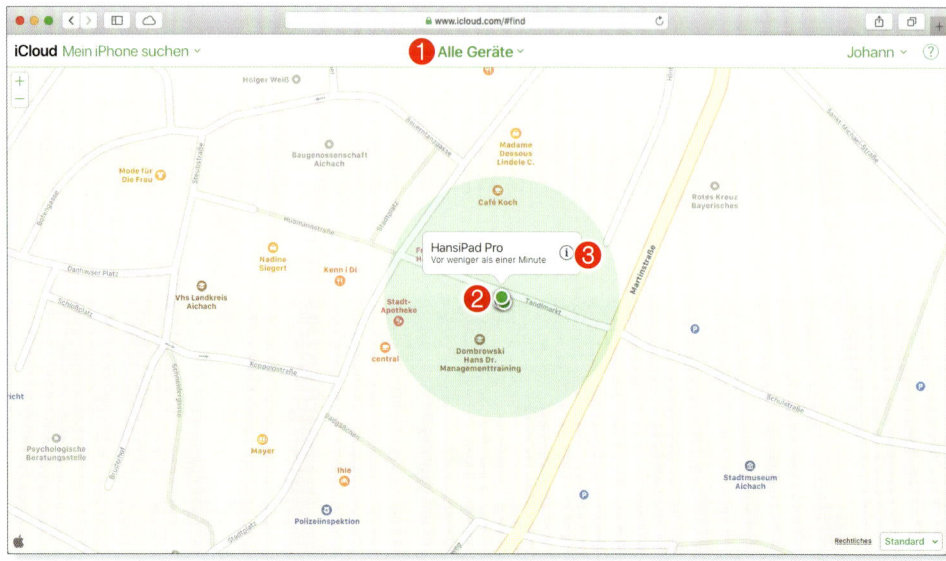

Das iPad wurde lokalisiert.

Oben in der Mitte werden bei *Alle Geräte* ❶ die Geräte aufgelistet, die mit Ihrer Apple-ID registriert wurden. Um eines davon auf der Karte zu sehen, müssen Sie es nur anklicken. Ein grüner Punkt auf der Karte ❷ zeigt den Standort an, und auf der rechten Seite werden die Optionen dafür eingeblendet, wenn Sie auf das Infosymbol ❸ klicken oder im Menü ❶ Ihr Gerät auswählen.

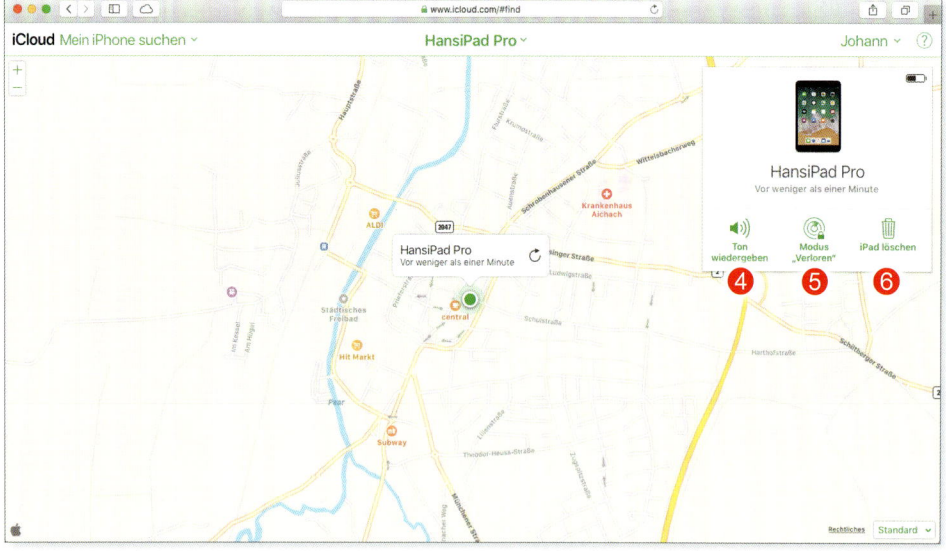

Weitere Funktionen für das gefundene Gerät.

Im Infobereich des Geräts können Sie die folgenden drei Funktionen ausführen:

 Für alle drei Funktionen erhalten Sie nach erfolgreicher Ausführung immer eine E-Mail an Ihre Apple-ID.

- *Ton wiedergeben* ❹: Damit können Sie auf dem Gerät einen Alarmton abspielen lassen. Der Alarmton ist sinnvoll, wenn Sie z. B. das iPad im Haus verlegt haben.
- *Modus „Verloren"* ❺: Damit können Sie das Gerät sperren. Es kann dann nur durch einen vierstelligen Code wieder entsperrt werden, den Sie direkt in der Web-Applikation eingeben müssen. Zusätzlich können Sie eine Nachricht auf dem iOS-Gerät anzeigen lassen, in der Sie z. B. den ehrlichen Finder darum bitten, eine zuvor eingegebene Telefonnummer anzurufen, unter der Sie erreichbar sind. Falls Sie auf Ihrem Gerät bereits eine Code-Sperre eingerichtet haben (*Einstellungen –> Allgemein –> Touch ID & Code*), wird zum Entsperren der dort angegebene Code verwendet.
- *iPad löschen* ❻: Damit werden die Daten auf Ihrem Gerät gelöscht. Dabei wird der gesamte Inhalt entfernt, und das Gerät kann nicht mehr verwendet werden. Zum Löschen müssen Sie zuerst Ihre Apple-ID eingeben. Dies ist eine hilfreiche Funktion, wenn Ihr Gerät gestohlen wurde.

Insgesamt gesehen ist *iPad-Suche* eine hervorragende Funktion, um verlorene, verlegte oder gestohlene Geräte wiederzufinden oder vor unerlaubtem Zugriff auf Ihre Daten zu schützen.

 Seit iOS 7 ist es für Diebe wesentlich schwerer geworden, ein gesperrtes bzw. gelöschtes iPad weiterzuverwenden. Man benötigt nämlich unbedingt die Apple-ID und das Passwort, mit denen das iPad registriert ist. Nur wer diese Informationen besitzt, kann ein gestohlenes bzw. gefundenes iPad entsperren und weiterverwenden. Wenn Sie zudem die Zwei-Faktor-Authentifizierung verwenden (siehe Seite 339), ist das iPad für fremde Personen vollkommen nutzlos.

Übrigens gibt es sowohl für das iPad als auch für das iPhone eine App namens *Mein iPhone suchen*, mit der ebenfalls die oben genannten Funktionen ausgeführt werden können.

Mein iPad suchen

 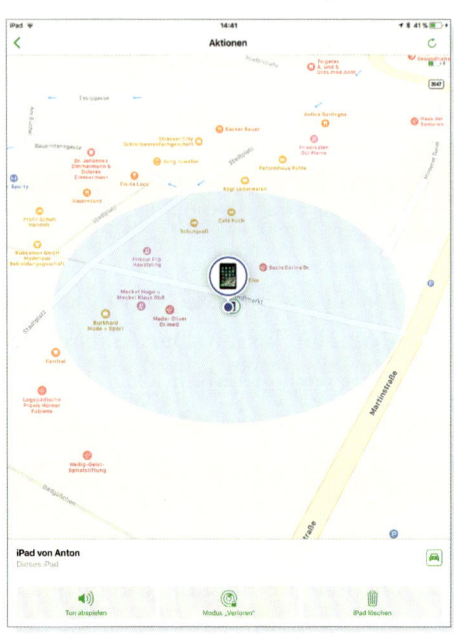

Die App „Mein iPhone" kann ebenfalls auf entfernte Geräte zugreifen.

Kapitel 11 Energie/Probleme

Strom sparen

Es gibt einige Maßnahmen, die Sie ergreifen können, um die Akkulaufzeit Ihres iPads zu verlängern und somit den Akku optimal zu nutzen. Zuerst sollten Sie feststellen, welche App wie viel Energie verbraucht. Dazu öffnen Sie *Einstellungen* –> *Batterie*. Dort können Sie ablesen, welche Apps innerhalb der letzten 24 Stunden A bzw. letzten Tage B am meisten Strom verbraucht haben. Um nun die Akkulaufzeit zu verlängern, sollten Sie die Nutzung dieser Apps einschränken.

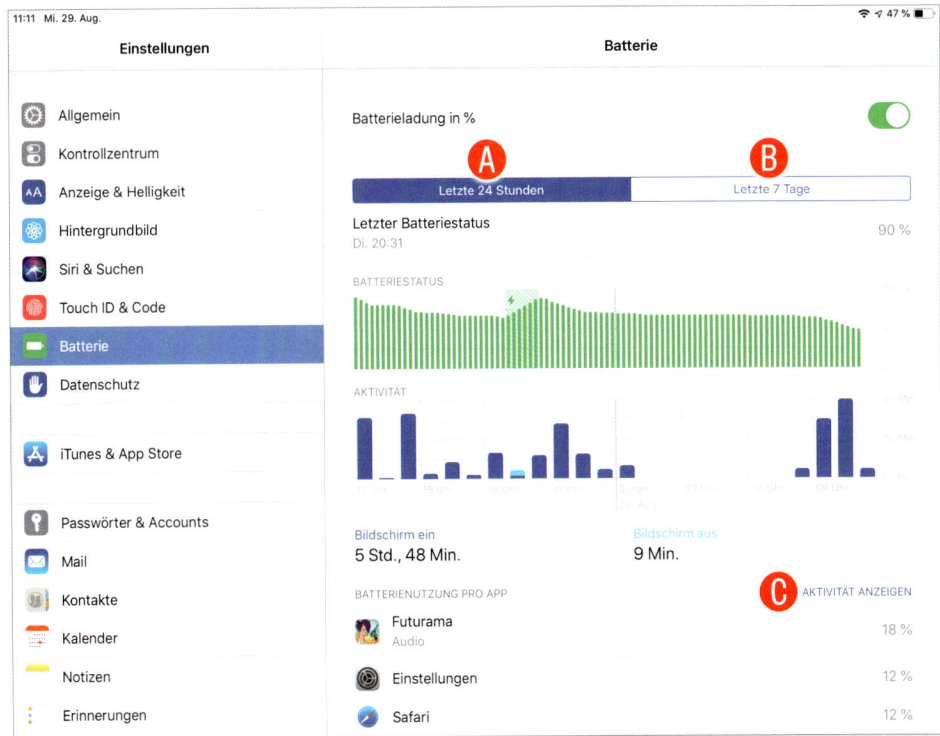

Im Bereich „Batterienutzung" finden Sie die am häufigsten verwendeten Apps und deren Energiebedarf. Tippen Sie auf „Aktivität anzeigen" C, um die Detailinformationen einzusehen.

351

Strom sparen

Mit einigen Maßnahmen können Sie aktiv die Akkuleistung verlängern. Dazu gehören vor allen Dingen jegliche Kommunikationsarten des iPads mit der Außenwelt. Wenn Sie z. B. keine externen Bluetooth-Geräte mit dem iPad ansteuern, dann ist es sinnvoll, diesen Dienst auszuschalten. Das Gleiche gilt z. B. für das WLAN. Wenn Sie unterwegs sind und kein WLAN benötigen, dann schalten Sie diese Funktion aus. Auf diese Weise wird die Akkulaufzeit verlängert.

Folgende Funktionen bzw. Dienste können Sie deaktivieren, damit der Akku des iPads länger durchhält:

- Bluetooth und WLAN über das Kontrollzentrum
- Ortungsdienste
- kürzeres Zeitintervall für die automatische Sperre verwenden (*Einstellungen –> Anzeige & Helligkeit*)
- Push-Funktion für E-Mail-Postfächer ausschalten (*Einstellungen –> Passwörter & Accounts*)
- *Mobile Daten und LTE* (nur bei iPads mit Wi-Fi + Cellular): Wenn Sie unterwegs keine Internetverbindung benötigen, dann können Sie diesen Dienst ausschalten. Zusätzlich können Sie die LTE-Verbindung deaktivieren, denn die benötigt mehr Akkuleistung als die Kommunikation über das 3G-Netz. Beide Funktionen können Sie unter *Einstellungen –> Mobiles Netz* ändern. Dort finden Sie einen Schalter für *Mobile Daten* ❶, und bei *Datenoptionen* ❷ lässt sich das LTE-Netz (4G) ausschalten ❸.

Diese Einstellungen für das „Mobile Netz" beeinflussen die Akkulaufzeit.

- *Persönlicher Hotspot* (nur bei iPads Wi-Fi + Cellular): Die Funktion *Persönlicher Hotspot* (*Einstellungen –> Persönlicher Hotspot*) macht das iPad zu einem WLAN-Router. Das iPad generiert damit ein eigenes WLAN, in dem sich andere Geräte (z. B. das iPhone oder ein Notebook) anmelden und den Internetzugang nutzen können. Die Aufrechterhaltung eines WLANs nimmt sehr viel Akkuleistung in Anspruch. Aus diesem Grund sollten Sie diese Funktion nicht permanent aktiviert lassen.

- *Flugmodus einschalten:* Wenn Sie den *Flugmodus* über das Kontrollzentrum einschalten, wird jegliche Kommunikation blockiert. WLAN, Bluetooth, GPS und das Mobilnetz sind damit mit einem Rutsch ausgeschaltet. Wenn Sie also z. B. mit dem Zug oder dem Auto unterwegs sind und das iPad nicht benötigen, dann können Sie den Flugmodus aktivieren, um Strom zu sparen.
- *Parallaxeffekt und Animationen:* Weiterere Stromfresser sind der Parallaxeffekt (die 3D-Darstellung des Home-Bildschirms) und die Animationen, die beim Öffnen und Wechseln von Apps ausgeführt werden bzw. die Effekte, die die Nachrichten-App senden und empfangen kann. Diese beiden Funktionen können Sie also auch deaktivieren, um den Energieverbrauch zu senken. Unter *Einstellungen –> Allgemein –> Bedienungshilfen* müssen Sie dazu die Option *Bewegung reduzieren* einschalten.
- *Displayhelligkeit:* Auch die Helligkeit des iPad-Displays hat Einfluss auf die Akkuleistung. Wenn Sie sie also über das *Kontrollzentrum* reduzieren, lässt sich die Akkulaufzeit erhöhen.
- *Hintergrundaktualisierung:* Eine weitere Funktion, die die Akkuleistung negativ beeinflusst, ist die *Hintergrundaktualisierung* unter *Einstellungen –> Allgemein*. Ist diese Funktion aktiviert, können die Apps selbstständig im Hintergrund Inhalte bzw. Daten herunterladen. Das beste Beispiel dafür sind Nachrichten-Apps. Und da jede Nutzung des mobilen Netzes ein Stromfresser ist, können Sie auch diese Funktion ausschalten.

Strom sparen

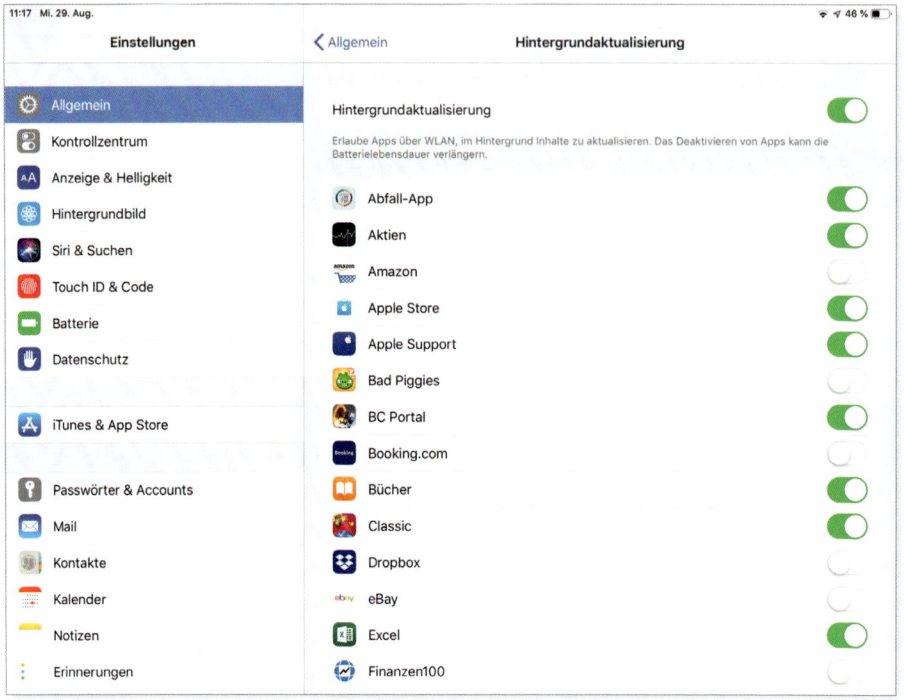

Die „Hintergrundaktualisierung" kann hier deaktiviert werden.

- *Ausschalten:* Wenn das iPad vollständig ausgeschaltet ist, verbraucht es natürlich auch keinen Strom. Sie können das iPad ausschalten, wenn Sie den Ein-/Aus-Schalter am Gehäuse einige Sekunden drücken oder Sie öffnen *Einstellungen –> Allgemein –> Ausschalten*.

Wie Sie sehen, gibt es eine ganze Menge Möglichkeiten, die Akkulaufzeit des iPads zu erhöhen. Was natürlich am besten funktioniert, ist das Ausschalten des iPads. Denn eins ist sicher: Ein abgeschaltetes iPad verbraucht gar keinen Strom.

Kosten und Strom sparen beim iPad Wi-Fi + Cellular

Da das iPad inkl. SIM-Karte auch mobil das Internet nutzen kann, sollten Sie einige Einstellungen prüfen, um nicht ungewollt hohes mobiles Datenaufkommen zu erzeugen:

- *Einstellungen –> Bücher –> Mobile Daten:* **Verwenden Sie die App Bücher** intensiv, dann können via *Mobile Daten* Informationen wie Lesezeichen bzw. Notizen genauso wie Sammlungen synchronisiert werden. Im Zweifelsfalls sollten Sie das deaktivieren. Ähnliche Einstellungen gibt es auch in anderen Apps wie bei *Musik, Podcasts, iTunes U, TV, Safari,* etc.

- *Einstellungen –> Mobiles Netz –> WLAN-Unterstützung:* **Diesen Eintrag** finden Sie ganz unten in der Liste. Er dient dazu, bei schlechtem WLAN-Empfang lieber auf das mobile Netz auszuweichen. Ich empfehle Ihnen, diese Funktion zu deaktivieren, da Sie bei vielen Anwender unzuverlässig funktioniert und deshalb hohes Datenaufkommen nach sich ziehen kann.
- *Einstellungen –> iTunes & App Store – > Mobile Daten verwenden:* **Auch diese** Funktion sollte deaktivert sein, weil damit bisweilen Updates mit großen Datenmengen unversehens mobil geladen werden.
- *Einstellungen –> Mobiles Netz –> Mobile Daten:* **Hier sehen Sie alle installierten Apps**, die das mobile Datennetz nutzen. Sie können hier entscheiden, welche App sich auch unterwegs mit frischen Daten versorgen darf. Damit Ihnen die Entscheidung leichter fällt, sind jeweils angefallene Datenmengen aufgelistet. Ganz unten finden Sie die Funktion *Statistiken zurücksetzen*, um die Datenverbrauchsmessung erneut zu starten.

Troubleshooting

Das iPad läuft zwar recht stabil, aber trotzdem kann es einmal vorkommen, dass eine App das System beeinflusst und es einfriert oder abstürzen lässt. In einem solchen Fall sollten Sie wissen, wie man das iPad neu startet bzw. eine App beendet. Außerdem ist es wichtig zu wissen, wie man das iPad komplett löscht, wenn Sie es z. B. verkaufen oder komplett neu installieren wollen.

Neustart, wenn das iPad nicht mehr reagiert

Falls Ihr iPad einfriert, also auf keine der Eingaben reagiert, dann müssen Sie einen Neustart durchführen. Meistens liegt es an einer App, wenn das iPad einfriert. Kommt es öfter dazu, sollten Sie die installierten Apps überprüfen und bei Bedarf vom iPad löschen (siehe Kapitel 6 ab Seite 196).

Einen Neustart können Sie durchführen, wenn Sie die *Home*- und *Standby*-Taste gleichzeitig einige Sekunden gedrückt halten, bis das Display dunkel wird und das Apple-Logo eingeblendet ist. Dann können Sie die Tasten wieder loslassen. Das iPad führt nun einen Neustart durch.

Wenn Sie die *Home*- und *Standby*-Taste noch etwas länger gedrückt halten, dann verlangt Ihr iPad nach iTunes, denn es befindet sich im *Wiederherstellungsmodus*. Nun kann das iPad wiederhergestellt oder auch aktualisiert werden. Bei letzterem wird versucht, iOS neu auf das iPad zu übertragen. Dabei bleiben alle Daten und Einstellungen erhalten.

Eine App beenden

Wenn eine App nicht mehr reagiert, dann sollten Sie versuchen, die App gewaltsam zu schließen und danach wieder zu öffnen. Apps können jederzeit im *Multitaskingmenü* des iPads geschlossen werden. Das Multitaskingmenü erhalten Sie, wenn Sie zweimal kurz hintereinander auf die *Home-Taste* drücken. Suchen Sie die App, die ein Problem hat, und schieben Sie sie nach oben aus dem Menü. Dadurch wird die App geschlossen. Drücken Sie nun einmal auf die *Home-Taste*, um zum Hauptbildschirm zurückzukehren, und starten Sie die App erneut.

Kapitel 11 Energie und Probleme

Über den App Switcher kann eine App gezielt geschlossen werden. Verwenden Sie mehrere Finger, um in einem Schritt gleich mehrere Apps zu beenden.

> **!** Falls Sie das Gefühl haben, dass der Akku Ihres iPads sehr schnell leer wird, sollten Sie über das Multitaskingmenü die Apps beenden. Viele Apps verrichten im Hintergrund einige Tätigkeiten, z. B. nehmen sie eine Standortbestimmung vor. Diese Tätigkeiten verbrauchen Akkuleistung. Genauso verbrauchen Apps, die noch nicht an das aktuelle iOS angepasst sind, unter Umständen auch mehr Energie. Wenn Sie die Apps also beenden, können Sie dem hohen Energieverbrauch einen Riegel vorschieben.

Das iPad löschen

Wenn Sie Ihr iPad verkaufen oder es komplett neu einrichten bzw. installieren wollen, sollten Sie alle Daten auf dem Gerät löschen. In den *Einstellungen* bei *Allgemein* finden Sie am Ende der Liste die Funktion *Zurücksetzen*. Dort gibt es mehrere Möglichkeiten, das iPad zu löschen:

- *Alle Einstellungen zurücksetzen:* Damit wird die komplette Konfiguration, die Sie in der App *Einstellungen* vorgenommen haben, gelöscht und auf den Werkszustand zurückgesetzt. Die Apps und Daten, die Sie auf dem iPad installiert haben, bleiben dabei erhalten.

Troubleshooting

- *Alle Inhalte & Einstellungen löschen:* Mit dieser Funktion wird das komplette iPad gelöscht – nicht nur die Einstellungen, sondern auch alle Apps, Fotos und sonstige Daten, die auf dem iPad gespeichert sind. Das iPad wird praktisch in den Lieferzustand zurückversetzt. Diese Funktion sollten Sie verwenden, wenn Sie das iPad verkaufen oder neu einrichten wollen.
- *Netzwerkeinstellungen:* Falls Sie Probleme haben, sich bei einem WLAN anzumelden, sollten Sie die Netzwerkeinstellungen löschen. Damit wird nicht nur die Liste mit den bekannten WLANs entfernt, sondern es werden auch alle Zugangsdaten zu den Netzen gelöscht.
- *Tastaturwörterbuch:* Damit lassen sich alle Wörter löschen, die Sie bei der Eingabe über die Tastatur für die Rechtschreibprüfung erstellt haben.
- *Home-Bildschirm:* Mit dieser Option wird der *Home-Bildschirm* in den Lieferzustand zurückversetzt. Dabei werden Apps, die nicht zum Home-Bildschirm gehören, auf eine andere Bildschirmseite verschoben und die Standard-Apps (*Mail*, *Safari*, *Nachrichten*, *Kalender* etc.) neu angeordnet.
- *Standort & Datenschutz:* Hiermit können Sie alle Einstellungen löschen, die die Standortbestimmung und den Datenschutz betreffen.

Aufnahmen vom Display

Eine wichtige Hilfe bei Problemen auf dem iPad, kann die Weitergabe von Bildschirmfotos an den Support sein. Der Support kann dann das Problem auf dem iPad wesentlich besser eingrenen.

Auf dem iPad gibt es zwei Möglichkeiten, um die aktuelle Darstellung auf dem Display zu sichern: Sie können entweder ein Bildschirmfoto machen oder die Tätigkeiten am iPad als Video aufzeichnen. Egal welche Art von Aufnahme Sie erstellen, das Bildschirmfoto oder das Video wird immer in der App *Fotos* im Album *Aufnahmen* gespeichert.

Das Bildschirmfoto gibt es schon sehr lange. Wenn Sie die Home-Taste und den Ein-/Ausschalter gleichzeitig drücken, wird die aktuelle Darstellung abfotografiert. Danach können Sie das Bildschirmfoto sofort mit Markierungen versehen und sogar verschicken. Sobald Sie ein Bildschirmfoto gemacht haben, wird es links unten auf dem Display als Miniatur angezeigt ❶. Wenn Sie diese Miniatur antippen, wird sie in einer eigenen Umgebung geöffnet. In dieser Umgebung können Sie anschließend das Bildschirmfoto mit Markierungen versehen ❷. Mit den Anfassern an den Ecken und Seiten ❸ kann das Bild zugeschnitten werden. Wenn Sie es dann verschicken wollen, verwenden Sie dazu die *Teilen*-Funktion

Kapitel 11 Energie und Probleme

❹. Ihre Arbeitsschritte können Sie links unten auch wieder rückgängig machen ❺. Wenn Sie die Bearbeitung abgeschlossen haben, tippen Sie links oben auf *Fertig* ❻ und speichern das Bild in der App Fotos.

Bildschirmfotos können direkt nach der Aufnahme mit Markierungen belegt werden.

> 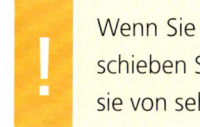 Wenn Sie einem Bildschirmfoto keine Markierungen zuordnen wollen, dann verschieben Sie die Miniatur ❶ einfach nach links oder warten einige Sekunden, bis sie von selbst verschwindet.

Eine andere Möglichkeit, um den aktuellen Inhalt des Bildschirms zu speichern, ist die Aufnahme eines Videos, um Ihre Tätigkeiten am Bildschirm aufzeichnen. Dazu müssen Sie allerdings zuerst die Funktion *Bildschirmaufnahme* im *Kontrollzentrum* ausführen. Wie man diese Funktion dem Kontrollzentrum hinzufügt, können Sie in Kapitel 2 ab Seite 46 nachlesen.

Wenn Sie das Symbol für die Bildschirmaufnahme Ⓐ etwas länger drücken, öffnen sich die erweiterten Einstellungen, von wo aus Sie die Aufnahme starten Ⓑ und das Mikrofon ein- und ausschalten Ⓒ können. Nach einem Countdown von drei Sekunden werden die Tätigkeiten auf dem iPad aufgezeichnet.

Troubleshooting

Über das Kontrollzentrum kann eine Bildschirmaufnahme gestartet werden.

Während der Aufzeichnung sehen Sie rechts oben ein Aufnahmesymbol **D**. Wenn Sie ihn antippen, können Sie die Aufzeichnung stoppen und das Video speichern. Den Film finden Sie dann im Album *Videos* in der App *Fotos*.

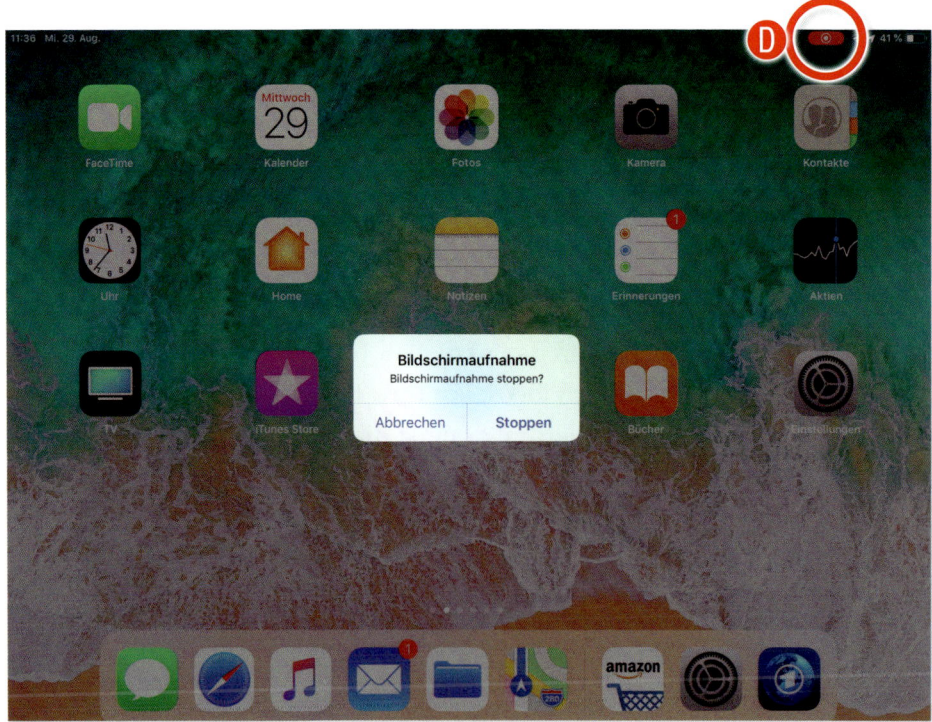

Der rote Balken steht für eine laufende Aufzeichnung. Über ihn kann die Aufzeichnung gestoppt werden.

System aktualisieren

Apple entwickelt iOS permanent weiter und bereinigt Fehler oder fügt neue Funktionen hinzu. Damit Sie immer auf dem aktuellen Stand sind, sollten Sie ab und zu überprüfen, ob es ein Systemupdate für iOS gibt und dieses gegebenenfalls installieren. In den *Einstellungen* bei *Allgemein* gibt es den Eintrag *Softwareupdate*. Wenn Sie diese Funktion öffnen, überprüft das iPad, ob es ein neues Update gibt. Wenn das der Fall ist, wird es angezeigt und kann sofort installiert werden.

Mit einem Systemupdate werden keinerlei Einstellungen oder Apps vom iPad gelöscht. Sie müssen also nachträglich keine Apps erneut installieren oder irgendwelche Einstellungen kontrollieren.

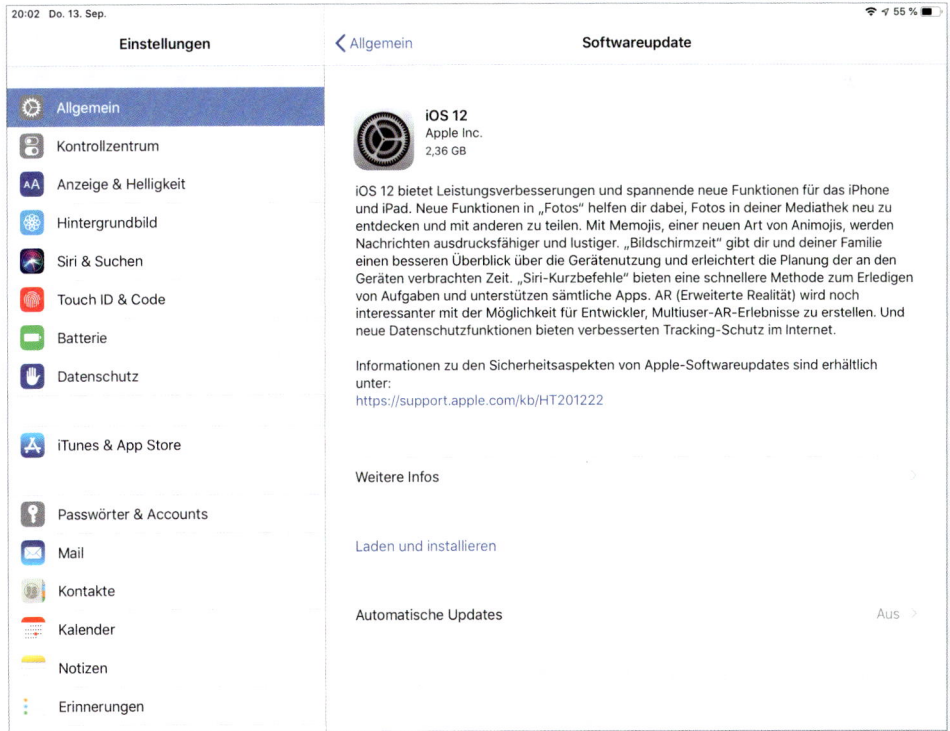

Ein Update für iOS kann direkt auf dem iPad installiert werden. Diese Vorgehensweise nennt man OTA („over the air"). Selbst ein automatisches Update kann nun definiert werden.

Es gibt noch einen zweiten Weg, ein Systemupdate durchzuführen, und zwar mithilfe von iTunes. Wenn Sie iTunes auf Ihrem Rechner öffnen und das iPad per USB-Kabel anschließen, sollten Sie die *Übersicht* öffnen. Dort finden Sie auf

Troubleshooting

der rechten Seite die Funktion *Nach Update suchen* für das Systemupdate. Falls es ein Update gibt, können Sie es direkt in iTunes herunterladen und auf das iPad übertragen.

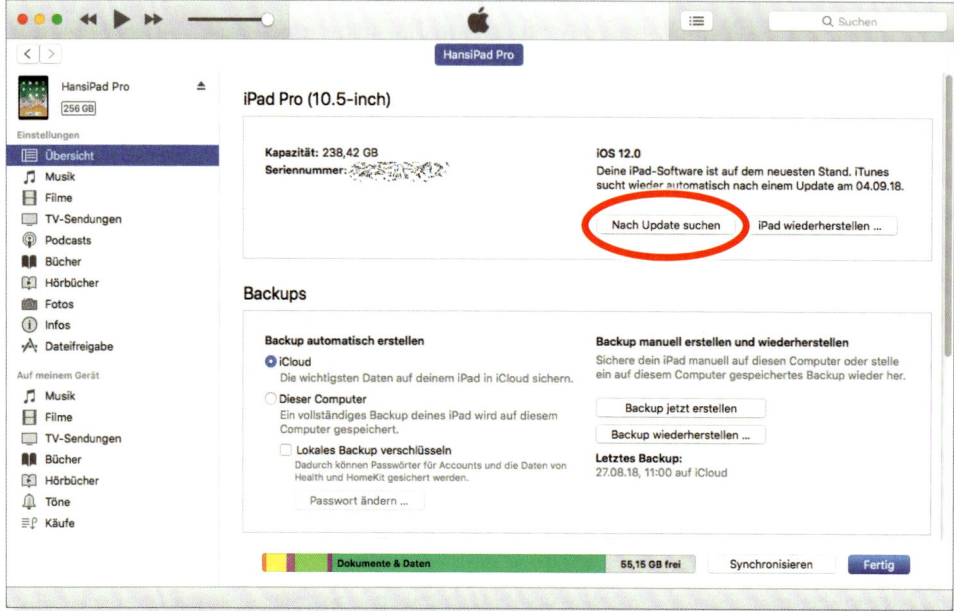

Auch mit iTunes können Updates für das iPad aufgespielt werden.

Index

Symbole
„."-Kurzbefehl … 75

A
Accounts … 129
AirDrop … 321
AirPlay … 324
AirPods … 88
    Autom. Ohrerkennung … 89
    Bluetooth … 88
AirPrint … 325
Aktien … 297
Alle Einstellungen zurücksetzen … 357
Alle Inhalte & Einstellungen
löschen … 20, 358
Als neues iPad konfigurieren … 14
Android … 24
Anrufe blockieren u. identifizieren … 159
Ansicht „Heute" … 344
Anzeigezoom … 35
Apple Book Store … 218
Apple-ID … 15, 187
Apple Music … 208
Apple Pencil … 82
App-Limits … 56
Apps
    beenden … 356
    entfernen … 196
    erneut installieren … 196
    Ordner anlegen … 196
    Updates … 202
    verschieben … 194
App Store … 188
    Gutscheine … 191
    In-App-Kauf … 189
    Touch ID … 191
App-Umschalter) … 28
Argumented Reality … 305
AssistiveTouch … 64
Audionachrichten … 113
Aus iCloud-Backup wiederherstellen … 20
Aus iTunes-Backup wiederherstellen … 22
Ausschalten … 354
Ausschneiden … 70
Aussprache … 63
Auswahl sprechen … 62
Auszeit … 54
Auto-Helligkeit … 34
Auto-Korrektur … 73
Automatische Sperre … 32

B
Backspace … 70
Banner … 93
Bannerstil … 93
Batterien … 83
Bedienungshilfen … 59
Beschränkungen … 57
Bewegen … 150
Bewegung reduzieren … 41, 64
Bibliothek … 219, 227
Bildschirmaufnahme … 359
Bildschirmfoto … 358
Bildschirminhalt sprechen … 62
Bildschirmzeit … 52
Book Store … 218

C
Cellular
    Mobile Daten verwenden … 355
    Statistiken zurücksetzen … 355
    WLAN-Unterstützung … 355
Cloud-Schlüsselbund … 183
Code aktivieren … 29
Code anfordern … 31
Codeoptionen … 29, 337
Cookies blockieren … 185
Cross-Sitetracking verhindern … 184

D

Data Detector	157
Dateien	326, 327
Tags	330
Teilen	329
Dateifreigabe	335
Datenabgleich	140
Datenaustausch	321
Datenoptionen	352
Datenschutz	345
Daten von Android übertragen	25
Datum & Uhrzeit	45
Diktieren	70, 310
Diktiersprachen	311
Display-Anpassungen	60
Displayhelligkeit	353
Dokumente scannen	278
Drag-and-Drop	260
Drucken	325

E

E-Books	223
Ein/Aus-Beschriftungen	64
Einrichtungs-Assistent	11
E-Mail	131
Anhänge	146
Anhang hinzufügen	139
antworten, weiterleiten, löschen	143
Bewegen	150
Data Detector	157
Datenabgleich	140
empfangen	140
Entwurf sichern	134
formatieren	135
Fotos versenden	136
Konversationen	145
Kopie/Blindkopie	132
markieren	150
Markierungen	137
Markierungsstil	152
Ordner erstellen	149
Signatur	156
Teilen	148
Ungelesen	142
Videos versenden	136
Vorschau	154
Zip-Dateien	147

Emojis	69, 124
Entfernte Bilder laden	155
Erinnerungen	262
erstellen	263
Geplant	265
Ortsabhängig	263
synchronisieren	267
Tagesabhängig	263

F

FaceTime	159
Familienfreigabe	203, 58
Farben umkehren	60
Farbfilter	60
Farbtemperatur	36
Fetter Text	63
Feuerball	119
Fingerabdruck	13
Fingerabdruck hinzufügen	30
Flugmodus	353
Fotos	242
Alben	242
Bilder bearbeiten	250
Fotostreams	248
Markierungen	250
Videos bearbeiten	251
Videos erstellen	246
Fotostreams	248

G

Geplant	265
Gesten	51
Geteilte Alben	248
Größerer dynamischer Text	34
Gutscheine	191

H

Handoff	334
handschriftliche Notiz	117
Helligkeit	34
Herzschlag	119
Heute-Ansicht	98
Hintergrundaktualisierung	353
Hintergrundbild	40
HomeKit	48
Home-Taste	28
Hörbücher	226
Hören	48

I

iBooks	218
Hörbücher	226
iCloud	230
lesen	223
PDF	224
Sammlungen	227
iCloud-Backup	19
iCloud Drive	230, 328
Tags	330
iCloud-Schlüsselbund	21
iMessage	107
aktivieren	107
In-App-Kauf	189
Instant Hotspot	39
Intelligente Interpunktion	73
iPad entsperren	31
iPad löschen	357
iPad-Name	27
iPhone-Suche	347
iTunes	21
Backup wiederherstellen	24
Datenaustausch	335
iTunes Store	205
ausleihen	208
kaufen	207
Vorschau	206

K

Kalender	269
Abos	272
anlegen	271
Ansichten	269
Ganztägig	270
Teilnehmer	270
Termin erstellen	269
Wegzeit	270
Kalenderwochen	269
Kamera	233
Aufnahmen bearbeiten	238
Bedienung	234
Einstellungen	240
HDR	235
Pano	236
Quadrat	236
Raster	241
Selbstauslöser	235
Serienbilder	236
Slo-Mo	237
Zeitraffer	237
Karten	104, 288
3D-Ansicht	295
Ansichtsarten	294
Fahroptionen	291
Hinweise	104
ÖPNV	292, 294
Parkplatzmarkierung	293
POI	293
Route	291
Satellit	294
Standort zeigen	289
Suche	290
Verkehr	294
Kennzeichen	92
Konditionen	85
Kontakte	316
Accounts	320
Anzeigefolge	320
Gruppen	318
löschen	318
Neuer Kontakt	316
Sortierfolge	320
Standardaccount	320
verwenden	319
Kontrast erhöhen	61
Kontrollzentrum	46
AirDrop	321
AirPlay	324
Konversationen	145
Kopieren	70
Korrekturvorschläge	70, 72
Kurzbefehle	70

L

Landessprache	11
Lauter	28
Leiser	28
Lesebestätigungen	111
Leseliste	175
Lesezeichen	173
Letzten Standort senden	346
Live Photos	
bearbeiten	239
Lokales Backup verschlüsseln	22
Lupe	59

M

Mail	129
Accounts	129
Postfach einrichten	129
Standardaccount	157
Streichgesten	155
Suche	153
versenden	131
VIPs	152
Manuell konfigurieren	13
Markierungen	250
Maßband	305
Mein iPhone suchen	346
Mitteilungen	91
Banner	93
Bannerstil	93
erlauben	92
Kennzeichen	92
Sperrbildschirm	93
Töne	92
Vorschau zeigen	93
Mitteilungen erlauben	92
Mitteilungsgruppierung	93
Mobile Daten	352
Musik-App	209
Kontrollzentrum	213
Playlists	211
Steuerung	212

N

Nachrichten	107
Audionachrichten	113
Emojis	124
Fotos	112
Hintergründe	120
Konversation	110
Konversationsgruppe	125
Lesebestätigungen	111
löschen	126
Scribble	117
senden	109
Sprechblasen	120
Standort	115
Sticker	122
Tapbacks	121
Uhrzeit	128
Videos	112
Nachrichtenton	42
Nachrichtentöne	41

Nachschlagen	78
Netzwerkeinstellungen	358
Neue Rückblicke erstellen	245
Neustart	356
Nicht stören	44
Night Shift	36
Notizen	275
anheften	285
Auf meinem iPad	285
Dokumente scannen	278
erstellen	275
Ordner	282
Sperrbildschirm	280
sperren	287
Tabellen	277
teilen	286
To-do-Listen	275
Nutzungsdauer	56

O

ÖPNV	292
Ortungsdienste	, 16, 244

P

Parallaxeffekt	353
Passswort automatisch ausfüllen	31
PDF	224
Persönlicher Hotspot	352, 38
Pop-Ups blockieren	184

Q

QR-Codes	, 48

R

Reader-Modus	166
Rechtschreibprüfung	73
Return-Taste	70
Rückblicke	245
Rückgängigmachen	70

S

Safari	163
als PDF sichern	168
Cookies blockieren	185
Desktop-Site anfordern	165
Einstellungen	180
Favoriten	174
Home-Bildschirm	175
iCloud-Tabs	177

Index

In „Bücher" öffnen	229
Leseliste	175
Lesezeichen	173
Mobil-Version	165
Passwörter	181
Pop-Ups blockieren	184
Privater Modus	185
Privat-Modus	339
Reader-Modus	166
Suche auf der Seite	169
Suchmaschine	180
Symbolleiste	164
Tabs	177
Verlauf und Websitedaten löschen	185
Zwischenablage	170
Sammlungen	220
Schlafenszeit	300
Schnellstart	13
Scribble	117
Seitenschalter	28
Shift-Taste	68
Signatur	156
Siri	307
Diktieren	310
einrichten	16
Hey Siri	315
iCloud	310
Nutzung durch Apps	309
schreiben	308
Siri-Kurzbefehle	313
Siri-Stimme	307
Siri & Suchen	101
Siri-Vorschläge	101
Slide over	254
Smart Case	33
Smart Cover	33
Smart Keyboard	81
SMS	128
Softwareupdate	361
Sonderzeichen	69
Speicherorte	327
Speicherplatz	85
Sperrbildschirm	344
Sperrcode	28, 337
Split View	178, 256
Drag-and-Drop	260
Safari	258

Spotlight	100, 101
In App suchen	100
innerhalb einer App	102
Sprachausgabe	62
Sprache & Region	45
Sprachmemos	48, 302
Stand-by-Taste	28
Standort	115, 289
Standort & Datenschutz	358
Sticker	122
Stoppuhr	299
Streichgesten	155
Suchmaschine	180
Systemdienste	343

T

Tabellen	277
Tabs	177
Tags	330
Tapbacks	121
Tastatur	67
abdocken	67
Tastaturanschläge	71
Tastatur hinzufügen	76
Tastaturwörterbuch	358
Tasten	27, 68
Home-Taste	28
Lauter/Leise	28
Stand-by-Taste	28
Tastenformen	63
Teilen	267
Textersetzung	74
Textgröße	34
Textlupe	77
Textvorschläge	70, 72
Timer	299, 301
Ton beim Sperren	41
Töne	41
Touch ID	13, 28, 30, 191, 337
Trackpad	71
Transparenz reduzieren	61
True Tone	34
TV-App	214

U

Uhr	299
Schlafenszeit	300
Timer	301

V

Verlauf und Websitedaten löschen	185
VIPs	152
Vorschau zeigen	93

W

Wackelmodus	194, 196
Websitetracking ablehnen	184
Wecker	299
Weißpunkt reduzieren	61
Weltuhr	299
Widgets	98
Als Nächstes	99
Mehr	99
Wiederherstellen	70
Wiederherstellungsmodus	356
Wirtschaftsnachrichten	298
WLAN	
Automatisch verbinden	37
Passwort übernehmen	37

Z

Zeichenvorschau	75
Zip-Dateien	147
Zoom	60, 235
Zuletzt geschlossene Tabs	163
Zum Öffnen Finger auflegen	29
Zum Wiederrufen schütteln	66
Zurücksetzen	20
Zwei-Faktor-Authentifizierung	339
Zwischenablage	170, 172

Weitere interessante Bücher und E-Books
rund um die Themen Apple, iPhone, iPad, Apple Watch und Apple TV
finden Sie unter www.amac-buch.de.